Götz Eisenberg

Zwischen Arbeitswut und Überfremdungsangst

Zur Sozialpsychologie
des entfesselten Kapitalismus
Band 2

■ EDITION GEORG-BÜCHNER-CLUB

»Götz Eisenberg hat in einem sehr schönen Artikel auf den *Nachdenkseiten* darauf hingewiesen, wie sehr uns diese griechische Lebensfreude abstößt, wie sehr uns das wütend macht – die Fähigkeit von Menschen, auch ohne Profitmaximierung durchs Leben zu kommen, ohne darüber nachzudenken, dass ich aus irgendeinem Geschäft das Maximum herauspresse. Das ist für unsere protestantisch geprägte deutsche, turbokapitalistische Gesellschaft so schwer zu ertragen. Du siehst in Griechenland Leute, die mit ihrem Körper etwas anderes machen. Das ist so bizarr – die tanzen.« *(Max Uthoff, »literatur konkret« Oktober 2015)*

»Eisenberg macht eine alltägliche Beobachtung und knüpft einen so frappierenden Gedanken daran, dass uns ein einziger Satz den medialen Schleier von den Augen nimmt.« *(Matthias Altenburg in der »Frankfurter Rundschau«)*

Götz Eisenberg, geboren 1951 in Arolsen, Hessen. Studium der Politikwissenschaft, Soziologie und psychosomatischen Medizin an der Justus-Liebig-Universität Gießen. Promotion mit einer Arbeit zur Geschichte der sozialen Bewegungen. Ausbildung zum Familientherapeuten. Von 1985 bis 2016 Gefängnispsychologe an der JVA Butzbach. Organisierte dort Kulturprojekte, Theateraufführungen und Lesungen. Buch- und Zeitschriftenveröffentlichungen seit den frühen 1970er Jahren in der Tradition der Kritischen Theorie, u. a. zu Amok, Hass und Gewalt.

Götz Eisenberg

Zwischen Arbeitswut und Überfremdungsangst

Zur Sozialpsychologie des entfesselten Kapitalismus
Band 2

VERLAG WOLFGANG POLKOWSKI

»Ich meine, es war, als würde man
auf dem Marktplatz eine Guillotine aufstellen.
Du rechnest doch nicht damit, dass zig Leute Schlange stehen,
um den Kopf reinzulegen.«
Dave Eggers

»Das Fragment
scheint die angemessene Kunstform
unserer Zeit zu sein.«
Susan Sontag

»Unsere Schatten werden durch Wien wandern,
durch die Paläste irren und die Herren erschrecken.«
*Diese Zeilen hat Gavrilo Princip, der die tödlichen Schüsse von Sarajevo abgab,
in die Wand seiner Zelle in Theresienstadt geritzt.*

Die Deutsche Nationalbibliothek verzeichnet diese Publikation in der
Deutschen Nationalbibliografie; detaillierte bibliografische Daten
sind im Internet über
http://dnb.d-nb.de abrufbar

1. Auflage 2016
Edition Georg-Büchner-Club
Verlag Wolfgang Polkowski, Gießen
Erlengasse 3, 35390 Gießen
Alle Rechte vorbehalten
Titelbild: Jacques Armand Cardon
Umschlaggestaltung und Satz: Wolfgang Polkowski
Gesetzt aus der Agmena Pro
Druck: Kopa Printing Solutions, Kaunas, Litauen
ISBN 978-3-9818195-1-9

Inhalt

I. FREIWILLIGE DIGITALE KECHTSCHAFT

Die Begradigungsmaschinerie · Eine Vorbemerkung   11
Ethnologie des Inlands: Vater und Sohn   21
Zum Verhältnis von Angst und Demokratie · Über Rechtsextremismus, Amok und Terrorismus   23
Ethnologie des Inlands: Deutschland rüstet auf   32
Zur Dialektik des Begriffs »Selbstwert«   35
Ethnologie des Inlands: Die Kettensäge   37
Der Schein von Mitgefühl · Computer sollen mit »emotionaler Intelligenz« ausgestattet werden   41
Ethnologie des Inlands: Die automatische Müllabfuhr   45
»Brauchbare Illegalität« · Über das Verschwinden der Moral aus der Wissenschaft   47
Ethnologie des Inlands: Der Erziehungsvorsatz   50

II. FLUCHT UND FLÜCHTLINGE

Durch die Seele ein Riss · Über die Folgen von Krieg, Flucht und Traumatisierung   53
Ethnologie des Inlands: Die Rückkehr der Wölfe   59
Orwell war noch zu optimistisch   61
Über den Einsatz von Algorithmen in der Verbrechensbekämpfung   61
Ethnologie des Inlands: Herr W.   65
Selfies mit Blutflecken · Zur Kritik des digitalen Somnambulismus   67
Ethnologie des Inlands: Schrille Schreie   73
Fluten, Wellen, Ströme · Wie wir über Flüchtlinge reden   75
Ethnologie des Inlands: McKinsey bei Lageso   88

III. GRIECHENLAND-BASHING UND FLUZEUGAMOK

Von Grillen und Ameisen · Sozialpsychologische Aspekte des Griechenland-Bashings und der Sparpolitik   93
Ethnologie des Inlands: Stillende Mutter   109
Alles mitreißen in den Untergang · Über den mutwillig herbeigeführten Absturz eines Airbus' in den französischen Alpen   111
Ethnologie des Inlands: Die Watte der Überbehütung   122
Aus der Welt gefallen · Eine Nachbetrachtung zum Absturz der Germanwings-Maschine   125
Ethnologie des Inlands: Digitale Verlassenheit   131

IV. VON PSYCHOPATHEN LERNEN, HEISST SIEGEN LERNEN

Die Industrialisierung des Mitleids · Über den Einsatz von Robotern in der häuslichen Pflege   137
Ethnologie des Inlands: Von Psychopathen lernen   139
Die Verwanzung der Kinderzimmer · Spielzeuge sammeln Daten über die Kleinsten   141
Ethnologie des Inlands: Riesenknast mit Grünanlagen   144
Über die Gewalt · Die mediale Resonanz auf die Frankfurter Blockupy-Demonstration vom März 2015   147
Ethnologie des Inlands: Die Ökonomisierung der Hoffnung   153
Medialer Zynismus à la FAZ   155
Über die Reprivatisierung gesellschaftlicher Konflikte   155
Ethnologie des Inlands: Das Geld meditiert   158

V. PEGIDA UND DIE ANGST VOR DEM FREMDEN

»Überfremdung – Zur Sozialpsychologie eines Gefühls« · Ein Rückblick auf ein Jahr Pegida-Bewegung   163
Ethnologie des Inlands: Kinder auf Bestellung   179
Ohne Angst verschieden sein können   181
Ethnologie des Inlands: Ein Lebensmittelmarkt als Sozialstation   188
Hessischer Machiavellismus · Über Jan Seghers' Roman »Die Sterntaler-Verschwörung«   191

Ethnologie des Inlands: Stolpersteine   195
Normalungetüme · Der Faschismus entspringt der
»Mitte der Gesellschaft«   197
Ethnologie des Inlands: Besuch im Sterbehospiz   201
Platonischer Ausländer-Hass · Von den Grenzen der Aufklärung   203
Ethnologie des Inlands: Religionsersatz   206

VI. DAS NIRWANA DES GELDES

Die Transparenz-Hölle · Über Dave Eggers' Roman Der Circle   211
Ethnologie des Inlands: Der Karneval   215
Der Sieg der Ökonomie über das Leben · Zum Gedenken
an Robert Kurz   217
Ethnologie des Inlands: Uniformierte Arbeiter   224
Nachruf auf einen Räuber · Ein nachgetragenes »Biogramm«   227
Ethnologie des Inlands: Männer tragen wieder Bärte   244

VII. SARAJEVO UND DER HUNGER NACH SINN

Die Schüsse von Sarajevo – oder: Die Abdrift der Geschichte   249
Ethnologie des Inlands: Der Untergang der Lusitania   270
Getaktete Muße ist keine Muße · Über zeitgenössische
psychische Fitness-Übungen   271
Ethnologie des Inlands: Spirituelle Kompetenzen   273
Sinnentzug – Hunger nach Sinn · Zum 80. Geburtstag von
Alexander Kluge   275
Ethnologie des Inlands: Blickverhältnisse   287
Warum macht man keine Revolution? · Zum 100. Todestag des
Dichters Georg Heym   289
Ethnologie des Inlands: Der Einkaufszettel   299
Bindungen eingehen! · Unzeitgemäße Anmerkungen zum Umgang
mit Menschen – nicht nur im Gefängnis   303
Ethnologie des Inlands: Die Gefängnispforte   310

NAMENSREGISTER   313

I.

FREIWILLIGE DIGITALE KECHTSCHAFT

Die Begradigungsmaschinerie
Eine Vorbemerkung

»Aber dann stand ich vor der Möglichkeit, ein Gedicht zu schreiben. Aber ein Glück war nicht mehr da. Nur mein zerstörter Kopf. Mein Kopf mit seiner Zerstörung. Ich hatte ihn aus der Begradigungs- und Sanierungsmaschinerie gerade noch herausgezogen. Dass ich das feststellen durfte, war das einzige Glück noch. … Die Beschäftigung mit diesem Unglück war mein einziges Glück.« *(Herbert Achternbusch)*

»… welches Joch könnte man Menschen auferlegen, die nichts benötigen?« *(Jean-Jacques Rousseau)*

»Der Kopf ist rund, damit das Denken die Richtung wechseln kann«, heißt ein Aphorismus von Francis Picabia. Spontane Richtungsänderungen des Denkens sind unkontrollierbar und potenziell subversiv. Deswegen ist Herrschaft bestrebt, das mäandernde Denken zu begradigen und ihrer Kontrolle zu unterstellen. Die »eindimensionale Gesellschaft« arbeitet mit Hochdruck an der Begradigung der Gedankenflüsse und Normierung der Köpfe. Fünfzig Jahre nach dem Erscheinen von Herbert Marcuses Buch *Der eindimensionale Mensch* wachsen der Macht die technischen Möglichkeiten zu, diese nicht nur anzustreben, sondern auch zu verwirklichen. »Heute sind die Zeiten nicht günstig für die Entstehung von Individualität. Die Vernetzung aller mit allen ist die große Stunde des Konformismus«, stellt Rüdiger Safranski eingangs seines Buches *Goethe. Kunstwerk des Lebens* fest. Dabei wird diese Konformität nicht gewaltsam von außen und oben erzwungen, sondern von den Menschen selbst begeistert angestrebt. Orwell hätte sich eine derartige freiwillige Datenabgabe und Offenlegung noch der intimsten Lebensbereiche in seinen schlimmsten Alpträumen nicht vorstellen können. Alle großen Diktatoren haben von solchen Überwachungs- und Kontrollmöglichkeiten nur geträumt. Während man bei Polizei und Justiz dazu übergegangen ist, elektronische Fußfesseln zur Verbrechensbekämpfung und Kontrolle entlassener Straftäter einzusetzen, reißen sich die Leute um GPS-gestützte Handys, die ihre ständige Ortung möglich machen. Das herrschende System hat es geschafft, dass die Leute ihre umfassende Kontrolle in eigene Regie nehmen.

Schon Mitte des 16. Jahrhunderts hatte sich der eng mit Montaigne befreundete französische Jurist und Schriftsteller Etienne de la Boétie über die Tyrannenverehrung seiner Mitmenschen gewundert und diese »freiwillige Knechtschaft« genannt. Dabei erscheint uns Heutigen der Anteil der Freiwilligkeit an der Unterwerfung unter die damaligen Formen feudal-absolutistischer Herrschaft mit ihrem reichhaltigen Arsenal außerökonomischer Zwangsmittel eher gering. Und dennoch fragte sich Boétie, warum er seine Zeitgenossen »als elende Knechte und mit dem Nacken unterm Joch gewahren« müsse. Spinoza hat hundert Jahre später die Rolle der Religion bei der Erzeugung der Unterwerfungsbereitschaft betont: »Aber mag es auch das letzte Geheimnis einer monarchischen Regierung bleiben und völlig in ihrem Interesse liegen, die Menschen in der Täuschung zu erhalten, und die Furcht, durch die sie im Zaume gehalten werden sollen, unter dem schönen Namen Religion zu verbergen, damit sie für ihre Knechtschaft kämpfen, als sei es für ihr Heil.«

Eine neue, digitale Form der »freiwilligen Knechtschaft« ist im Begriff, zur Signatur unseres Zeitalters zu werden – was natürlich nicht bedeutet, dass nicht auch andere, direkt repressive und gewaltförmige Typen der Machtausübung fortexistieren, zumal dann, wenn man sich den Kapitalismus nicht nur in den Metropolen anschaut, sondern als Weltsystem vergegenwärtigt. Der Cartoon von Jacques Armand Cardon[1], der auf dem Cover dieses Bandes zu sehen ist, zeigt Menschen in verschiedenen Sta-

---

[1] Nachdem ich Cardon angeschrieben und um Erlaubnis gefragt hatte, seinen Cartoon auf dem Buchcover verwenden zu dürfen, antwortete er: »Ich würde bedauern nicht dabei zu sein bei der Anklage des entfesselten Kapitalismus. Ich hoffe, dass diese Zeichnung Ihrem Buch dient.« Vielen Dank an Jacques Armand Cardon! Anselm Jappe hat den Kontakt zu Jacques Armand Cardon hergestellt und Briefe übersetzt. Auch ihm gilt mein Dank für seine Unterstützung. Dank gebührt ebenfalls Herbert Schweiger, der die Druckfahnen korrekturgelesen hat.

dien ihrer Normierung. Nirgendwo ist ein Soldat oder Polizist zu sehen, der sie mit vorgehaltener Waffe zwingt, ihre Schädel in die Schablonen in der Wand zu stecken. Die zweite Gestalt von Links scheint noch zu zögern und sich zu fragen, ob sie ihren Kopf tatsächlich in die Begradigungsmaschine hineinstecken soll. Von Links und Rechts wird sie dazu ermuntert: »Nun mach schon, rein damit!« An diese Figur können wir unsere Hoffnungen knüpfen. Was zählt, ist der Einzelne, der sich der Riesenmaschinerie verweigert; der Zögernde, Denkende, der sich seine eigenwillige Kopfform bewahrt; der Deserteur, der sich unerlaubt von der Realitätstruppe entfernt; der Partisan, der sich seitlich in die Büsche schlägt und die Wirklichkeit aus dem Hinterhalt attackiert; schließlich der Narr, der der Macht den Spiegel vorhält und sie der Lächerlichkeit preisgibt.

»Der Feind ist der Einzelne, der Feind sind wir«, heißt es in Horkheimers »Notizen« aus dem Jahr 1958. Noch gibt es vereinzelt Köpfe, die nicht gänzlich erfasst und geformt sind und in denen die Gedanken »spontan« zirkulieren können. Spontaneität bezeichnet bei Kant das Vermögen, ohne äußeren Zwang und fremde Beeinflussung zu denken und zur Vernunft zu kommen. Als selbstbestimmter, nur Verstand und Vernunft verpflichteter Pol der Erkenntnis ist Spontaneität die Produktivkraft der menschlichen Freiheit. Die Hoffnungen der *Kritischen Theorie* leben davon, dass Menschen nie zur Gänze in ihrer gesellschaftlichen Prägung und Formung aufgehen und sich Reste von »Spontaneität« bewahren. Alexander Kluge setzt in einem Gespräch mit Richard David Precht auf die Bereiche im und am Menschen, die nicht digitalisierbar sind und sich der Erfassung und Regelung durch Algorithmen entziehen. Die Partisanen unter unseren Sinnen seien stärker und verhielten sich störrisch gegenüber den Versuchen ihrer Kolonisierung. Einige der in diesem Buch versammelten Texte beschreiben den Angriff der digitalen Welt auf die wenigen verbliebenen analogen Reservate. Diese werden, wenn wir nicht energisch gegensteuern und bestimmten Entwicklungen Einhalt gebieten, bald nur noch in der Erinnerung existieren – an eine Zeit, »als die Menschen noch Dinge machten und Maschinen benutzten, statt umgekehrt.« (Richard Ford)

Wenn wir noch eine Chance haben wollen, müssen wir uns beeilen. Wer mit wachen Sinnen durch die Welt geht, spürt, dass sich um uns herum etwas zusammenzieht und -braut. Die Luft wird dünner für die übrig gebliebenen Einzelnen, sie drohen zu ersticken. Wenn die Krisen des Finanzkapitalismus sich zuspitzen, die Kluft zwischen Arm und Reich sich weiter vertieft und die Unübersichtlichkeit eskaliert, wenn die unkontrollierten und unkontrollierbaren Wanderungsbewegungen anhalten und in großem Stil Angst und Anomie freisetzen, droht die Gefahr einer Faschisierung von Teilen der Bevölkerung – und zwar in ganz Europa. Pegida und die Wahlerfolge der Alternative für Deutschland (AfD) bei den Landtagswahlen im März 2016 haben uns in Deutschland einen Vorgeschmack davon geliefert.

»Die alte Welt liegt im Sterben, die neue ist noch nicht geboren; es ist die Zeit der Monster«, hat Antonio Gramsci zwischen den beiden Weltkriegen gesagt. Die Zeit der Monster bricht dann an, wenn eine herrschende Ordnung von Krisen geschüttelt und vom Zerfall bedroht ist, ohne dass, wie in früheren Jahrhunderten, neue gesellschaftliche Kräfte schon bereitstehen, die etwas qualitativ Neues an die Stelle des zerfallenden Alten setzen können[2]. In dieser Zwischenphase ist alles in der Schwebe, und solche Schwebezustände bergen große Gefahren. Ambivalenztoleranz, also die Fähigkeit, Unsicherheit und Ungewissheit zu ertragen, mehrdeutige Situationen in ihrer Mehrdeutigkeit prüfend zu belassen, ist bei durchschnittlich sozialisierten Menschen nicht sonderlich entwickelt. Sie wollen Klarheit und Eindeutigkeit, und zwar schnell. Solche klaren und prompten Antworten liefert im Zweifelsfall eher die politische Rechte mit ihren rückwärtsgewandten Konzepten. Wenn es der Linken nicht gelingt, in den Krisen der Gegenwart eine libertär-sozialistische Alternative zu formulieren und zu praktizieren, die die Menschen fasziniert und hinter dem Ofen hervorlockt, dann werden die frei-flottierenden Energien und Unmutspotenziale von rechten Monstern (sensu Gramsci) angeeignet.

---

[2] Laut Hans Mayer findet man das Szenario von Gramsci bereits in Büchners *Leonce und Lena* beschrieben: »Das Lustspiel gibt Antwort auf die Frage, wie eine Welt aussieht, die ihren Sinn verloren hat, richtungslos agiert und doch nicht zu sterben vermag, da sie nicht an Erschöpfung, am Versagen des élan vital verenden kann wie ein menschlicher Organismus, sondern getötet werden muss, ohne dass sich jemand fände, der ihn den Gnadenstoß gäbe.« (Georg Büchner und seine Zeit, Frankfurt/Main 1972, S. 328) Büchner schildere eine in sich sinnlos gewordene Gesellschaft, eine Ordnung ohne Funktion und ohne Gnade, ohne Entwicklungsmöglichkeiten und Willen zur Umänderung. Die ganze Gesellschaft kranke an leerer Geschäftigkeit. Ihr Grundgefühl sei die Langeweile und dank ihrer grassiere die Konsumptionswut, die Gier nach immer neuen Sensationen. Die Genusssucht sei ein Versuch der Betäubung, der Übertünchung der inneren Leere. Die Parallelen zur Gegenwart sind in der Tat nicht zu übersehen.

Es gilt also, die utopischen Potenziale des Sozialismus wiederzubeleben und zu erneuern, die »Unterernährung der sozialistischen Phantasie« zu beenden, die Ernst Bloch schon an der Weimarer Linken feststellte und kritisierte. Utopien mögen für realitätstüchtig gewordene Erwachsene wenig Bedeutung haben, für Kinder und Jugendliche und alle diejenigen, die sich einen Rest von Sensibilität und Lebendigkeit ins Erwachsenenalter hinübergerettet haben, sind sie lebenswichtig. Ohne eine Dimension, das den unbefriedigenden und repressiven Status quo in Richtung Befreiung und Solidarität transzendiert, stirbt das Leben ab.

Wir müssen mit unseren Entwürfen einer anderen Gesellschaft, wenn sie nicht abstrakt bleiben sollen, Anschluss an die Welt der Träume, Tagträume, Phantasien, Wünsche, Sehnsüchte und Hoffnungen der real existierenden Menschen finden – und zwar bevor die Wünsche und Sehnsüchte durch kompensatorischen Konsum vollends ins Bestehende zurückbetrogen werden.

Wovon träumt die Supermarktkassiererin, während sie acht Stunden lang die Einkäufe der Kunden über den Scanner zieht?

Wovon träumt der Angestellte, der nach einem Tag im Büro in sein Appartement zurückkehrt, seine Krawatte lockert, auf den Balkon tritt und sich eine Zigarette anzündet?

Wovon träumt die alte Dame, die ihren Rollator durch den Park schiebt, bevor sie in ihr Seniorenstift zurückkehrt?

Wovon träumt die Schülerin, die gelangweilt in ihrer Bank sitzt und ihren Blick durchs Fenster nach draußen schweifen lässt? Oder heftet sich der Blick zeitgenössischer Schülerinnen und Schüler nur noch auf ihr Smartphone? Gibt es in zeitgenössischen Schulen überhaupt noch Fenster mit Bäumen und ziehenden Wolken davor?

Wovon träumt ein Gefangener, wenn er in der Ferne einen Zug vorbeifahren hört; wenn er in seiner Zelle auf den Tisch steigt, um aus dem Fenster zu schauen?

Wovon träumt der ältere Herr, der am Sonntagvormittag mit seinem Hund zur Autobahnbrücke geht, sich aufs Geländer stützt und stundenlang die unter ihm hindurchfahrenden Autos beobachtet?

Wovon träumt die Frau, die in der Küche steht und Kartoffeln schält?

Wovon träumt das Kind, das mit traurigen Augen vor sich hinstarrt, während seine telefonierende Mutter es hinter sich herzieht?

Wir müssen uns auf all das beziehen, was keinen Preis und keinen Markt hat, was noch nicht erfasst ist, und dafür kämpfen, dass es auch so bleibt oder sich gar ausbreitet. Wir müssen verhindern, dass immer weitere Bedürfnisse Warenform annehmen. Das Grundmodell dieses Transformationsprozesses besteht, wie Ivan Illich einmal gesagt hat, in der Verwandlung von »Durst in Nachfrage nach Coca-Cola«.

Der eigentliche Skandal der bürgerlichen Gesellschaft ist nicht, dass sie periodisch Krisen produziert, die Entwicklung der Produktivkräfte hemmt oder Ressourcen verschleudert, sondern dass unter der Vorherrschaft von Ware und Geld das menschliche Leben erstirbt. Das niedergedrückte und an der Entfaltung gehinderte Leben bildet Schattenräume, in denen Träume, Wünsche und Sehnsüchte entstehen, die die politische Linke nicht als irrational abtun und ignorieren darf, sondern aufgreifen muss. Es sind Wünsche nach Glück, Solidarität, aufrechtem Gang, menschlichen Zeitmaßen und Stille, Träume von Heimat, aufgehobener Entfremdung und einem Leben ohne stupide Plackerei. Warum steht auf dem Leben nach wie vor eine Strafe von achtstündiger Arbeit pro Tag, wo doch die objektiven Möglichkeiten, das Leben von der Diktatur der Arbeit als Vollzeitbeschäftigung zu befreien, längst vorhanden sind? Viele Menschen merken, dass das Bedürfnis, alle zwei Jahre ein neues Auto, einen neuen Fernsehapparat und das neueste Handymodell zu kaufen, ihre Befreiung verhindert und ihre »freiwilligen Knechtschaft« verewigt. Überfluss und Wohlstand sind genau in dem Maße repressiv, wie sie die Befriedigung von Bedürfnissen fördern, die es nötig machen, die Hetzjagd des täglichen Existenzkampfes fortzusetzen. Wir benötigen die Idee eines libertären Sozialismus, für den es sich lohnt, auf den ganzen konsumistischen Plunder zu verzichten, der ja nur einen schäbigen Ersatz für entgangenes, ungelebtes Leben und eine Belohnung für unseren Gehorsam darstellt.

»Es gibt immer Orte zu finden, die leer von Macht sind. Die institutionelle Umklammerung des Lebens ist zu Anteilen Schein«, beobachtete Peter Brückner sogar in der Zeit des Nationalsozialismus. Bei anderer Gelegenheit sprach er von »Löchern und Lücken im Vergesellschaftungsprozess« oder – etwas laxer – von »Löchern im Staatskäse«, die man für die Entwicklung alternative Praxis- und Lebensformen nutzen könne. In umfassend angeeigneten Lebensbedingungen erlischt Macht, die letztlich in der Enteignung von Zeit, Raum, Subsistenzmitteln und Fähigkeiten besteht.³ Dieses »Abseits«, das es einstweilen ist, erschließt sich ihm als »sicherer Ort«, in dem einzig Erfahrungen zu machen sind, die der Rede wert sind. Einem Bewohner eines solchen Abseits begegnen wir in Birgit Vanderbekes Roman *Das lässt sich ändern*. Schon der Titel ist eine Kampfansage an die vermeintliche Alternativlosigkeit des Bestehenden. Mit großem ideologischen Aufwand soll verhindert werden, dass jene ehernen Regeln und ökonomischen Gesetzmäßigkeiten, deren Grausamkeit man zu Naturgesetzen erklärt, den Menschen plötzlich gestehen, dass sie sie selbst gemacht haben und folglich auch ändern können. Adam, eine der Hauptfiguren des Romans, vollzieht diese Entzauberung praktisch. Er war »schon immer draußen« und zieht ein Leben im Abseits einer Existenz mit Normalarbeitstag und geregeltem Einkommen vor. Er bereitet auf, was andere wegwerfen, und repariert, was kaputt gegangen ist. »Adam fand immer etwas Vernünftiges, das er der Vergänglichkeit entreißen und in eine Zukunft mitnehmen musste, die seiner festen Überzeugung nach dem heillosen Wahnsinn geweiht und ein Desaster würde, weil sie uns bis dahin so weit hätten, dass wir zu blöd zum Kartoffelschälen wären und nicht mal mehr einen Knopf würden annähen können.«

Der britische Maler und Schriftsteller John Berger, der wie Birgit Vanderbeke in Frankreich lebt, teilt deren Befürchtungen und verknüpft sie mit einer Warnung vor Identitätsverlust, aus dem wiederum ein wachsendes Bedürfnis nach Sündenböcken resultiert, auf die sich die Malaise verschieben lässt. In seinem neuen Buch *Bentos Skizzenbuch* heißt es: »Die Konsumgesellschaft zehrt alle Fragen auf, die Vergangenheit wird obsolet. In der Folge verlieren die Menschen ihr Selbst, das Gefühl für ihre Identität, und dann spüren sie einen Feind auf, um sich selbst zu definieren. Und dieser Feind – ganz egal, welche ethnischen oder religiösen Zugehörigkeit – ist immer unter den Ärmsten zu finden. Dieses Grundmuster ist ein Teufelskreis.«

Jean-Jacques Rousseau erkannte bereits Mitte des 18. Jahrhunderts, »… dass alle Bedürfnisse, an die das Volk sich gewöhnt, ebensoviel Ketten sind, mit denen es sich belädt. … Die amerikanischen Wilden, die nackt umherlaufen und nur von den Produkten ihrer Jagd leben, konnten nie-

---

3 Kürzlich stieß ich auf einen Text von Marianne Gronemeyer, in dem sie ganz ähnlich argumentiert: *Das Abseits als wirtlicher Ort* – zu finden unter www.kritisches-netzwerk.de

mals gebändigt werden. In der Tat, welches Joch soll man Menschen auferlegen, die nichts benötigen?« Wer nach nichts begehrt, worüber die Macht verfügt, muss sich ihr auch nicht unterwerfen. Der Bedürfnislose entzieht sich ihrer Kontrolle und lässt die Konformitätszwänge ins Leere laufen.

Es ginge also darum, den Kreis der Bedürfnisse zu reduzieren, die uns an das System von Ware und Geld ketten, und die wenigen Fähigkeiten, über die wir noch verfügen, gegen Enteignungsprozesse zu verteidigen. Salopp gesagt muss die Nachfrage nach Coca-Cola in gewöhnlichen Durst zurückverwandelt werden und wir müssen dabei bleiben, Kartoffeln zu schälen und unsere Strümpfe zu stopfen. In diesem Bemühen können wir von Sokrates lernen. Eines Tages fragten ihn die Händler auf dem Athener Markt, warum er täglich auf den Markt komme, aber nie etwas kaufe: »Ich freue mich, dass es so viel Dinge gibt, die ich nicht brauche.«

Richard Huelsenbeck erinnert sich an die Entstehung von DADA 1916 in Zürich: »Wir, ich und die Freunde in Zürich, besaßen nichts außer unserer Energie und unseren Talenten; wir waren arm an Geld und Gütern, aber reich an etwas, was man in keinem Laden der Welt kaufen kann.« Genau darauf kommt es an!

Es bildet sich unter unseren Augen so etwas wie eine Welteinheitskultur heraus. Alle wischen über dieselben Geräte, alle hören dieselbe Musik, essen denselben Fraß (»Malbouffe« – Scheißfraß – hat der französische Bauernrebell José Bové die Angebote der Fastfood-Ketten genannt), alle tragen dieselben Klamotten, sprechen dieselbe reduzierte Sprache und denken in denselben Schablonen. Die Sprache ist funktional und ist dabei, den Konjunktiv – die Möglichkeitsform – aus sich zu verbannen.[4] Da Denken an Sprache gekoppelt ist, zieht eine Verarmung der Sprache auch eine Verarmung des Denkens nach sich. Eines Tages kann das geschichtlich längst Mögliche nicht einmal mehr gedacht werden, weil die Menschen es nicht mehr formulieren können. Es fehlen ihnen die sprachlichen Ausdrucksmittel. Dann wäre es der herrschenden Gestalt der Wirklichkeit vollends gelungen, sich das Realitätsmonopol anzueignen und alles

---

4 Der gerade gestorbene Roger Willemsen hat angesichts der Hegemonie des Indikativs in seinem Buch *Momentum* daran erinnert: »Als Kinder spielten wir: ›Du wärst nach Hause gekommen, und ich hätte im Bett gelegen, du hättest mich erst nicht gesehen, dann wärst du …‹ Konjunktiv.«

andere als unrealistische Spinnereien zu exkommunizieren. Noch regt sich gegen die Herausbildung der Welteinheitskultur auch Widerstand. Dieser muss dringend dem Sog der Regression auf archaisch-tribalistische Formen entrissen und in eine aufklärerische Richtung gebracht werden. Dazu werden wir aber nur dann imstande sein, wenn wir unser Denken zu den Leidenserfahrungen der Menschen hin öffnen und diese in emanzipatorischer Absicht aufzugreifen vermögen.

Die in diesem Band versammelten Texte stammen aus den letzten Jahren und sind zum größten Teil auf den *Nachdenkseiten* oder im Online-Magazin *Auswege* bereits erschienen. Ich habe sie für diese Veröffentlichung ergänzt und überarbeitet. Sie schlagen einen Bogen vom Attentat von Sarajevo, dessen Sozio- und Psychogenese erstaunliche Parallelen zu gegenwärtigen Formen des Terrors und seiner politischen Indienstnahme aufweist, über das Pegida- und AfD-Unwesen, den Flugzeug-Amok in den französischen Alpen, die Debatten um den Verbleib Griechenlands in der Europäischen Union bis hin zum dem, was man als »islamistischen Terror« und »Flüchtlingskrise« bezeichnet. Eingestreut sind die Kurzbiographien zweier Strafgefangener, die an eine Serie mit dem Titel *Berichte aus dem Dunklen* anknüpfen, die ich vor einigen Jahren für die Wochenzeitung *Der Freitag* geschrieben habe. Einige Texte kreisen um die digitalen Parallelwelten, die sich neben den herkömmlichen Formen der Wirklichkeit ausbreiten und sie mehr und mehr überwuchern und auszehren. »Orwell war«, so der Horkheimer entlehnte Titel eines Essays über Sumpfblüten der schönen neuen digitalen Welt, in vielen Dingen »noch zu optimistisch«. In seinem neuen Roman, der auf Deutsch *Unschuld* heißt, vergleich Jonathan Franzen den Zugriff des Internets auf die Menschen mit der Kontrollwut der ehemaligen DDR, der einer seiner Romanfiguren entstammt. Die sogenannten sozialen Netzwerke bildeten »ein System, dem man sich nicht entziehen konnte. … Ersetzte man Sozialismus durch Netzwerke, hatte man das Internet. Dessen miteinander konkurrierende Plattformen einte der Ehrgeiz, jeden Aspekt deiner Existenz zu definieren.« Dagegen waren ältere Herrschaftsformen lückenhafte, stümperhafte Gebilde.

Der Impuls, die Texte noch einmal in gedruckter Form herauszubringen, ist der gleiche wie beim ersten Band der *Sozialpsychologie des entfesselten Kapitalismus*. Veröffentlichungen im Internet sind durch eine große Flüchtigkeit gekennzeichnet: Sie schlagen manchmal ein paar Tage hohe Wellen, dann aber versinken sie ebenso schnell in den Tiefen des *World Wide Web* und in den Archiven des jeweiligen Blogs. Dieser digitalen Flüchtigkeit verdankt sich mein Wunsch, den Texten noch einmal eine andere, beständigere Form zu geben: die eines Buches. Einzelne kleinere Wiederholungen ließen sich bei dieser Entstehungsgeschichte nicht vermeiden. Auf wissenschaftliche Zitiergewohnheiten und andere akademische Stoßdämpfer habe ich auch diesmal zugunsten der Lesbarkeit weitgehend verzichtet. Hier und da habe ich bei der abschließenden Durchsicht eine ergänzende Fußnote eingefügt. Auch die Kompositionsweise des Bandes ist die gleiche geblieben: Auf längere Essays folgt eine alltägliche Beobachtung und deren Reflexion. Diese Einschübe heißen auch diesmal wieder: *Ethnologie des Inlands* und sind zur Unterscheidung typografisch abgesetzt. Die Reihenfolge der Texte folgt der Chronologie ihrer Entstehung, allerdings in umgekehrter Richtung: Die jüngsten bilden den Anfang. Ein Vorteil von Büchern wie diesem besteht darin, dass man überall einsteigen und mit der Lektüre beginnen kann. Alles ist gleich weit vom Mittelpunkt entfernt.

Da das Erscheinen dieses zweiten Bandes der »Sozialpsychologie des entfesselten Kapitalismus« mit dem Ende meiner Jahrzehnte währenden Tätigkeit als Gefängnispsychologe zusammenfällt, möchte ich ihn all jenen Gefangenen widmen, die es mir gestattet haben, ihnen in ihre psychischen und biographischen Abgründe zu folgen, die im Übrigen auch meine und unser aller Abgründe sind. Wir sogenannten Normalen haben lediglich gelernt, sie anders zu überbauen. Der Straftäter ist unsere Wahrheit, so wie wir die seine sind. Sartre brachte das in seiner Genet-Biographie auf die Formulierung: »Man muss schon wählen: Wenn jeder Mensch der ganze Mensch ist, muss dieser Abweichler entweder nur ein Kieselstein oder ich sein.«

Die Gefangenen wandten sich an mich mit der Sehnsucht einer Wirkung nach ihrer Ursache. Manchmal ist es uns im Rahmen langer Gespräche gelungen, Selbstverborgenheit aufzuheben und verdrängten Lebenskrisen auf die Spur zu kommen. Das hat nicht nur meine Erfahrungen verbessert, sondern ist mitunter auch den Gefangenen zugutegekommen. Manchem gelang ein Ausstieg aus fatalen Wiederholungsspiralen, die sein Leben bislang in lauter Unglücksserien zerlegten.

Götz Eisenberg, Gießen im Mai 2016

ETHNOLOGIE DES INLANDS

Vater und Sohn

In Bad Wildungen gibt es eine kleine und gut sortierte Buchhandlung, die wir immer aufsuchen, wenn wir während eines Edersee-Aufenthaltes dort zum Einkaufen sind. In einer Ecke dieser Buchhandlung befindet sich auch ein kleines Café. Nachdem zwei extrem laute Kundinnen – sie lachten kreischend und brüllten sich irgendwelche Dummheiten zu – gegangen waren, die den Aufenthalt in diesem Bereich der Buchhandlung unmöglich gemacht hatten, setzten wir uns nieder und bestellten einen Kakao. U. hatte ein tolles Kinderbuch eines in Paris lebenden Chinesen entdeckt und wir blätterten es nun durch. Sie las die dazugehörigen Texte vor. Am Nebentisch, an dem bis vor wenigen Minuten jene brüllenden Frauen gesessen hatten, hatten nun ein Mann und sein kleiner Sohn Platz genommen. Das schätzungsweise zwei Jahre alte Kind saß in einem dieser erhöhten Kinderstühle und blätterte in einem Bilderbuch. Der Vater saß daneben und las in einer Zeitschrift. Beide tranken gelegentlich einen Schluck Schokolade beziehungsweise Kaffee. Ab und zu deutete das Kind auf etwas in seinem Buch und richtete eine Frage an seinen Vater, der sich ihm zuwandte und geduldig antwortete. Dann widmete sich jeder wieder seiner eigenen Lektüre. Die beiden saßen ganz ruhig nebeneinander, von einem imaginären Kokon umgeben. Keinerlei Unruhe, kein Gebrüll und Geschrei, kein Smartphone. Diese Kokons sind aus emotionalen Bindungen gewebt, die dem Kind Sicherheit und Vertrauen geben. Manchmal schaute der kleine Junge auf und musterte seine Umgebung. Irgendwann hob er sein Buch an und blinzelte über dessen Rand hinweg zu U. hinüber. Als sie seinen Blick erwiderte, versteckte er sich hinter dem Buch, linste dann wieder herüber. Als der Vater dieses Spiel bemerkte, sagte er in unsere Richtung: »Er ist gerade mal zwei Jahre alt und schon flirtet er mit wildfremden Frauen.« Auch den aufmerksamen Buchhändlerinnen fiel dieses ungewöhnliche Kind auf und sie schenkten ihm einen Flummi.

Uns beiden haben Vater und Sohn den Glauben an die Welt und die Zukunft zurückgegeben. Kurz zuvor hatte ich draußen eine junge, maskenartig-schöne und kalt wirkende Mutter gesehen, die rauchte und ihr Smartphone in der Hand hielt. Ihrem verloren hinter ihr her trottenden Kind rief sie über die Schulter zu: »Komm schon! Beeil dich!« Noch existieren beide Varianten der Beziehung nebeneinander. Wie lange noch?

Kinder, die ihre Eltern und andere Erwachsene unablässig telefonieren und auf ihren Smartphones herumwischen sehen – was werden das für Erwachsene?

Diogenes soll einmal am helllichten Tag mit einer Laterne in der Hand über den Markt von Athen gegangen sein. Er habe dabei jedem ins Gesicht geleuchtet, den Kopf geschüttelt und sei weitergegangen. Irgendwann fragte ihn jemand, was er denn am helllichten Tage mit seiner Laterne wolle. «Ich suche einen Menschen!«, erwiderte er.

Gegen Ende der Buches »Der Mensch ist gut«, in dem Leonhard Frank mitten im Ersten Weltkrieg die Vision einer kommenden Revolution beschwört, die dem Morden ein Ende setzen und eine freie, menschliche Gesellschaft hervorbringen wird, heißt es: »Und das Ungeheuerste wird zum Ereignis: Es kommt vor, dass man auf der Straße Menschen begegnet, denen man ansieht, dass sie nicht nur leiden, sondern auch ... denken.«

Zum Verhältnis von Angst und Demokratie
Über Rechtsextremismus, Amok und Terrorismus

> »Aus dem Sumpf des Unbewussten blubbert wie stinkende schweflige Lava der über viele Jahre im Zaum gehaltene Antisemitismus wieder hoch. Meine Prophezeiung vor Jahrzehnten, dass die dritte Generation das Nazitum zurückbringen wird.« *(Imre Kertész)*

Die Landtagswahlen vom 13. März 2016 haben uns vor Augen geführt, wie groß das rechtsextreme und antidemokratische Wählerpotenzial in Deutschland ist. Von anderer Seite und aus anderen Motiven gehen die sogenannten Terroristen gegen die westliche Lebensform vor. In Gefahr gerät die Demokratie aber auch durch die panischen Gegenreaktionen des Staates, der in Namen der Terrorbekämpfung bereit ist, wesentliche Bestandteile des demokratischen Rechtsstaates auf dem Altar der Sicherheit zu opfern.

Der Aufstieg der AfD und die Mär vom Protestwähler

Die Landtagswahlen vom 13. März 2016 brachten einen großen Erfolg für die *Alternative für Deutschland* (AfD). In den beiden westlichen Bundesländern Rheinland-Pfalz und Baden-Württemberg landete sie bei rund 12 und 15 Prozent, in Sachsen-Anhalt bei circa 25 Prozent. Da, wo Fremde selten sind und der Ausländeranteil gerade mal bei 1,9 Prozent liegt, sind das Ressentiment gegen Flüchtlinge und die Überfremdungsangst am stärksten ausgeprägt. In der Auseinandersetzung mit der Dresdner Pegida-Bewegung und unter Rückgriff auf einen Begriff von Imre Kertész hatte ich dieses eigenartige Phänomen »platonischen Ausländerhass« genannt. In einzelnen Wahlkreisen errang die Partei über 30 Prozent, in

Bitterfeld 31,9 Prozent der Stimmen. Im Mannheimer Norden, wo traditionell SPD gewählt wurde, gewann die AfD das Direktmandat. Ich sah im Fernsehen einen alten Sozialdemokraten, der angesichts der Erfolge der AfD im ehemals roten Mannheim Mühe hatte, die Tränen zurückzuhalten. Und es ist ja auch tatsächlich zum Heulen!

In den Tagen nach den Landtagswahlen und den Triumphen der AfD ist allenthalben davon die Rede, es handele sich um eine »Protestwahl«, die Leute hätten den »etablierten Parteien einen Denkzettel verpassen« wollen. Diese Interpretation greift zu kurz und verharmlost das Problem. Außerdem zeugt sie von genau der elitären Arroganz, die die Leute nach diesem Interpretationsschema zu ihrer Wahlentscheidung veranlasst hat. Die »etablierten Parteien« beziehen die Wahlentscheidung für die AfD auf sich: Es handele sich um lupenreine CDUler beziehungsweise SPDler, die aus einer gewissen Unzufriedenheit heraus dieses eine Mal AfD gewählt hätten. Es sind gewissermaßen Leihstimmen, die die AfD künstlich aufblähen und ihr eine Stärke verleihen, die ihr eigentlich nicht zukommt. Man müsse die jeweiligen Positionen und Parteiprogramme in Zukunft »besser kommunizieren«, schon würden die Fremdgänger reumütig in ihre angestammte politische Heimat zurückkehren. Selbst Katja Kipping, Vorsitzende der Partei DIE LINKE, griff, als man sie fragte, warum in Sachsen-Anhalt viele linke Wähler zur AfD abgewandert seien, zu der Erklärung: Im Osten sei die Linke nun mal eine Volkspartei und sei dort dementsprechend genauso abgestraft worden wie CDU und SPD.

Die medialen und von Politprofis jedweder Couleur vorgetragenen Versuche einer interpretierenden und erklärenden Aneignung des Triumphes der AfD erinnern mehrheitlich an den Versuch eines Betrunkenen, seinen verlorengegangenen Haustürschlüssel im Lichtschein einer Straßenlaterne zu suchen, statt dort, wo er ihn verloren hat. Im fahlen Licht der oben skizzierten Deutungsmuster stößt man auf allerhand beschwichtigende Erklärungsversuche. Der Schlüssel zum Rätsel AfD indessen scheint dort nicht zu finden zu sein. Im Übrigen spekuliert man darauf, dass sich das Problem AfD im Zuge interner Querelen von selbst erledigt. Was, wenn Petry, Gauland, Meuthen und Höcke uns diesen Gefallen nicht tun und die AfD nicht von innerparteilichen Zentrifugalkräften zerrissen wird?

Die entscheidenden Fragen werden von den herrschenden Interpretationen umgangen, weil ihre Beantwortung unangenehm und schmerzhaft ist. Warum rufen deutsche Wählerinnen und Wähler, wenn sie unzufrieden sind, gleich nach einem »schnapsglasgroßen Hitler«? Warum drohen sie, wenn sie sich von den demokratischen Parteien nicht hinreichend repräsentiert fühlen, gleich mit der Abschaffung der Demokratie? Sie könnten doch auch – und besser – mit ihrer Vollendung antworten, mit wahrhaft gelebter Demokratie, die jene utopischen Überschüsse, die ihr von Anbeginn als Versprechen innewohnen, endlich einlöst. Wer unzufrieden ist mit den herrschenden Zuständen, könnte doch auch zum Revolutionär werden.

Die bittere Wahrheit, die wir zur Kenntnis nehmen müssen, lautet: Unter einem dünnen Firnis angepassten Verhaltens existiert ein bedrohliches, faschistoides, antidemokratisches Potenzial, das den Wandel der politischen Systeme überdauert hat. Das ist der eigenartige Doppelsinn des viel zitierten Stalin-Satzes: »Die Hitler kommen und gehen, das deutsche Volk aber bleibt bestehen.« Das Nazi-Regime ging unter, aber das deutsche Volk und seine Mentalität blieben. Hinter einem demokratischen Paravent haben sich ältere Reaktionsmuster durchgehalten, die unter Bedingungen gesellschaftlich-ökonomischer Stabilität in den Untergrund bloßen Meinens und des Stammtischgeredes abgedrängt werden. Das, was man »Flüchtlingskrise« nennt, hat die im gesellschaftlichen Untergrund grummelnden Ressentiments aus der Latenz hervortreten und in Pegida und AfD politische Gestalt annehmen lassen. Da die Völkerwanderung der Armen gerade erst begonnen hat und sich auch durch alle möglichen Abwehrmaßnahmen dauerhaft nicht eindämmen lassen wird, ist nicht damit zu rechnen, dass sich das Problem der fremdenfeindlichen Ressentiments und damit der AfD von allein erledigt.

Unter dem Druck von Angst und aufflackernder Panik regredieren Menschen auf primitivere Mechanismen der psychischen Regulation und sehnen sich nach einfachen Lösungen. Es schlägt die Stunde der Fanatiker und Scharlatane. Ein hoher Angst- und Panikpegel ist auf Dauer der Tod der Demokratie. Deswegen braucht Demokratie den Sozialstaat, der den Menschen Existenzängste nimmt und Netze spannt, die verhindern, dass jemand, der vom Markt als überzählig ausgespuckt wird, aus der Welt fällt. Wer den Sozialstaat zur Plünderung freigibt und Lebensrisiken reprivatisiert, trägt zur großflächigen Ausbreitung von Angst bei und legt die Axt an die Wurzeln der Demokratie. Jetzt, in der aus vielen Teilkrisen zusammengesetzten Krise, hätten wir einen voll entfalteten Sozialstaat bitter nötig, an dessen Demontage der Neoliberalismus seit nunmehr drei Jahrzehnten arbeitet. So droht die Gefahr einer Faschisierung. Ernst Bloch hätte der Linken in einer solchen Situation dringend angeraten, aufklärerische Aneignungsformen für jene Energien und Sehnsüchte zu entwickeln, die sich Rechte und Faschisten betrügerisch unter den Nagel reißen.

Amok und Terror

»Die alte Welt liegt im Sterben, die neue ist noch nicht geboren; es ist die Zeit der Monster«, hat Antonio Gramsci zwischen den beiden Weltkriegen in seinen *Briefen aus dem Kerker* geschrieben. Zu diesen Monstern im Sinne Gramscis werden wir nicht nur die zeitgenössischen Rechtsextremen und Faschisten (von dem NSU über Pegida bis hin zur AfD) rechnen müssen, sondern auch die sogenannten Terroristen. In einer eigenartigen Zangenbewegung schicken sich beide an, Rechtsstaat und Demokratie zu zerstören.

Fanatiker, hat Georg Christoph Lichtenberg gesagt, seien zu allem fähig, sonst aber zu nichts. Da sie bereit sind, ihr Leben in die Waagschale zu werfen, lassen sich unsere zeitgenössischen Fanatiker durch nichts von der Ausführung ihres Vorhabens der Auslöschung der Ungläubigen abbringen. Aufklärung, Verbote und Strafandrohungen reichen in ihre hermetisch abgeriegelte Welt nicht hinein und bleiben wirkungslos. Stefan Zweig sprach in seiner Erzählung *Der Amokläufer* aus dem Jahr 1922 von »diesem furchtbaren Blick geradeaus«, den man an den Amokläufern in Indonesien beobachten könne. Diese kennen keine Handlungsalternativen mehr, blenden alles Irritierende aus und sind voll und ganz auf das Ziel der Vernichtung möglichst vieler anderer gerichtet. Im gesamten südostasiatischen Raum besaß der Amoklauf den Status eines kulturellen Musters, einer »Ventilsitte«, wie es in der Ethnologie genannt wird. Ventilsitten fungieren als sozialpsychologische Schleusen, durch die Gesellschaften den Spannungs- und Panikpegel des Gesellschaftskörpers und den ihrer Mitglieder regulieren. Wer einen nicht zu verkraftenden Gesichtsverlust, eine außerordentliche Kränkung, ein schweres Trauma erlitten hatte, dem stellte die Kultur den Ausweg zur Verfügung, nach einer Phase des sozialen Rückzugs und »Brütens« mit dem Ruf »Amok!Amok!« und »verdunkeltem Blick« auf die Straße zu stürzen und mit seinem Dolch auf jeden einzustechen, der seinen Weg kreuzte. Auf diesen Ruf, so der Ethnopsychoanalytiker Georges Devereux, reagierten die Malaien etwa so, wie wir auf eine Alarmsirene reagieren. An den Straßenecken hatten die Behörden Lanzen aufgestellt, mittels derer die Passanten versuchen konnten, sich den Amokläufer vom Leib zu halten. Der Amoklauf endete im Regelfall mit dem Tod des Amokläufers.

In der zweiten Hälfte des 20. Jahrhunderts begegnen wir einer abgewandelten Form des Amoklaufs, zunächst in den USA: Der Krummdolch wird durch Schusswaffen ersetzt, gegen die keine Lanzen mehr Schutz bieten. Der ehemalige Marinesoldat, Pfadfinderführer und Waffenliebhaber Charles Whitman erstach 1966 zunächst seine Mutter und seine Frau im Schlaf, verbarrikadierte sich anschließend auf der Aussichtsplattform eines Turms, von wo aus er das Feuer auf den Campus der Universität von Austin eröffnete und 15 weitere Menschen tötete, bevor er selbst schließlich von einem Polizisten erschossen wurde. Eine literarische Schilderung dieses Amoklaufs finden wir in Lars Gustafssons Erzählung *Die Tennisspieler*. Peter Bogdanovich drehte 1968 in freier Anlehnung an diesen Fall, der in den USA unter dem Namen *Texas Sniper* geführt wird, den Film *Targets – Bewegliche Ziele*. Seither reißt die Kette der Amokläufe in den USA nicht mehr ab. Seit Klebold und Harris 1999 an der Colombine Highschool in Littleton ein Massaker unter ihren Mitschülern anrichteten, entstand eine spezifisch jugendliche Variante, die man *Schoolshooting* nennt. Die beiden dürsteten nach Ruhm und Anerkennung, und da sie diese auf üblichem Weg nicht finden konnten, entschieden sie sich, ihren Abgang aus der Welt in ein furioses Feuerwerk zu verwandeln. Am 20.4.1999 schritten sie nach einjähriger Vorbereitungszeit – und nicht zufällig am einhundertzehnten Geburtstag Adolf Hitlers – zur Tat. Sie trugen Masken und lange schwarze Trenchcoats, betraten mit selbstgebauten Bomben und Gewehren bewaffnet um kurz nach 11 Uhr die Schule und eröffneten das Feuer auf ihre Mitschüler. In der Bibliothek und der Cafeteria töteten sie zwölf als Jocks (sportliche Jungen) oder aus rassistischen Gründen verhasste Mitschüler und einen Lehrer, bevor sie sich selbst erschossen.

Auch vor Littleton hatte es bereits vereinzelt Schulamokläufe gegeben, aber das Columbine-Massaker markiert nicht nur wegen der bis dato unerreichten Brutalität und der Anzahl der Opfer eine Zäsur: Es ist der erste Schulamoklauf des globalen und digitalen Zeitalters. Das Fernsehen ist live dabei, und die aus dem Hubschrauber aufgenommenen Bilder fliehender Schülerinnen und Schüler gehen um die Welt. Überwachungskameras halten den mörderischen Auftritt von Klebold und Harris in der Schulcafeteria fest, die Bilder gelangen später ebenso ins Internet wie die Tonbandaufnahmen der Handy-Notrufe. Beinahe zwei Jahrzehnte nach Littleton müssen wir konstatieren, dass *Columbine* zum Oberbegriff und Symbol für Schießereien an Schulen und Universitäten geworden ist und eine grausige Mode begründete. Bereits einen Monat nach dem Amoklauf von Littleton griff der nächste Jugendliche in Conyers, einer Kleinstadt bei Atlanta, zum Gewehr, betrat, ebenfalls mit einem schwarzen Trenchcoat gekleidet, seine Schule und verletzte 6 Mitschüler. Im November 1999 übersprang der ›Virus‹ den Atlantik und erfasste den 16-jährigen Lehrling Martin P. aus Bad Reichenhall, der mit väterlichen Waffen aus dem Fenster der elterlichen Wohnung auf Passanten feuerte und vier Menschen und sich selbst tötete. Seither reißt die Kette jugendlicher Amokläufe und Schulschießereien in Nordamerika sowie in Mittel- und Nordeuropa nicht ab. Im Sinne von George Devereux müssen wir uns fragen, ob der ursprünglich im südostasiatischen Raum beheimatete »Amok« sich nicht längst, mit entsprechenden kulturspezifischen Modifikationen, auch in den Metropolen des Westens als ein »Modell des Fehlverhaltens«, als Ventilsitte etabliert hat. Es ist so, als würde die Gesellschaft dem Individuum sagen: »Tu es nicht, aber wenn du es tun musst, dann muss es so und so gemacht werden.« Die Indikation für den jugendlichen Amok lautet: »Wenn du dich ausgegrenzt und nicht wahrgenommen fühlst, wenn sich in deinem Leben Kränkung an Kränkung reiht und du deswegen einen wachsenden Hass verspürst, dann kannst du einen Amoklauf in Erwägung ziehen. Zu dessen Vorbereitung empfiehlt es sich, am Computer das Schießen und die Choreographie zu trainieren und sich systematisch zu desensibilisieren. Denke rechtzeitig an deine multimediale Selbstdarstellung, um deinen Nachruhm zu sichern. Wenn der Tag der Rache gekommen ist, hole die Waffen aus dem Versteck, kleide dich schwarz und maskiere dich. Begib dich ins Epizentrum deiner

Kränkungen und zeige aller Welt, dass sie dich verkannt hat und wozu du imstande bist. Verwandele die Stätte deiner Traumatisierungen in den Ort deines Triumphes und lass dein geschundenes und verkanntes Selbst in einem gigantischen finalen Feuerwerk verglühen.« Für kurze Zeit steht der Täter auf der anderen Seite der Angst: Endlich einmal hat nicht er Angst, sondern die anderen fürchten sich vor ihm; er spürt seine Macht und verwandelt die Geschichte seiner Zurückweisungen und Niederlagen in einen letzten Triumph absoluter Macht über Leben und Tod.

Warum dieser Exkurs in die Geschichte des Amoklaufs? Weil ich davon überzeugt bin, dass das, was gegenwärtig unter dem Begriff »Terrorismus« verhandelt wird, eine große Schnittmenge mit dem Phänomen Amok aufweist. Möglicherweise sind die Anschläge von Paris und Brüssel Amokläufe, die sich einer in der Luft liegenden pseudoreligiösen Codierung bedienen. Ein an sich richtungs- und subjektloser Hass hat seit einiger Zeit einen Namen und eine Richtung bekommen. Der islamistische Terror entwickelt sich zu einem »Modell des Fehlverhaltens« (Georges Devereux) für abgehängte, perspektivlose, frustrierte jugendliche Migranten. Er ist ein Zweig am Amok-Baum.

Im Jahr 2005 entlud sich dieser Hass in den Pariser Vororten in wochenlangen tumultuarischen nächtlichen Krawallen, die den Charakter von Ghetto-Revolten aufwiesen. Wer eine Ahnung von der Beschaffenheit des Hasses der abgehängten Jugendlichen in den Banlieues bekommen möchte, schaue sich Mathieu Kassovitz's Film *Hass* aus dem Jahre 1995 an, der uns das Gemisch aus Arbeits- und Perspektivlosigkeit, Langeweile, Verzweiflung und Wut vor Augen führt, das zehn Jahre später explodierte. Ähnliches wiederholte sich 2011 in Großbritannien. Blind und ungerichtet schlugen Jugendliche auf die gesellschaftliche Fassade ein, plünderten Geschäfte und lieferten sich Straßenschlachten mit der Polizei.[1]

Nichts hat sich an der Ghetto-Lage dieser Jugendlichen seither geändert. Von ihrer damals vehement geforderten »Integration in die Gesellschaft« kann nach wie vor keine Rede sein. Die Migrantenkinder sind eingeklemmt zwischen zwei Welten, denen sie gleichermaßen nicht

---

[1] Ich habe mich zu diesen Unruhen unter der Überschrift »Die große Wut der ‚Überzähligen'« im ersten Band der Sozialpsychologie *Zwischen Amok und Alzheimer* ausführlicher geäußert, Seite 210 ff)

angehören. Fehlende Anerkennung und Beachtung ist für die Seele, was Hunger für den Magen ist. Umso verlockender ist da das Angebot, das der militante Islamismus bereithält. Er stillt diesen Hunger, sammelt die Wut der jungen Leute auf, bündelt sie und gibt ihr eine Richtung – gegen die Masse der Ungläubigen und den westlichen Lebensstil, die als Feinde angesehen werden. Die zuvor identitätslosen und zerrissenen Jugendlichen und jungen Männer bekommen eine Identität, ihr Leben erhält Sinn und Ziel. Aus Außenseitern und Verlierern werden junge Männer, die für etwas eintreten und kämpfen. Etwas Vergleichbares hat die herrschende Gesellschaft ihnen nicht zu bieten.

Wer immer sich einen Rest sozialer Sensibilität bewahrt hat, wird nicht umhinkommen, dem englischen Schriftsteller und Künstler John Berger zuzustimmen, der konstatiert: »Was einen Terroristen ausmacht, ist zunächst einmal eine bestimmte Art der Verzweiflung. Oder genauer gesagt, das Streben, über die Verzweiflung hinauszugehen, indem er sein Leben einsetzt und so der Verzweiflung einen Sinn gibt.«

Medialer Narzissmus

Man wird sich von der IS-Fassade nicht täuschen lassen dürfen. Alle Versprachlichungen – mögen sie nun Hitler, Mohammed, IS oder sonst wie heißen – sind letztlich nur Chiffren. Es geht auch bei den jungen Männern aus Molenbeek im Kern darum, aus dem Nichts einer randständigen Existenz, aus der Bedeutungslosigkeit herauszutreten und ein Gefühl des Existierens zu erzeugen. Das auf dem Laptop eines der Brüsseler Attentäter gefundene Testament spricht für diese Deutung. Er hat keine Lust, sein Leben in einer Gefängniszelle zu beenden und will sich der Strafvollstreckung durch einen Suizid entziehen. Er kann und will sich aber nicht damit begnügen, sich still und leise umzubringen, sondern möchte seinen Abgang grandios in Szene setzen und dabei am liebsten die ganze Welt mitreißen. Anreiz für die Schattenexistenzen sind nicht so sehr die berühmten 72 Jungfrauen, die angeblich im Jenseits auf die Märtyrer warten, sondern eine riesige mediale Resonanz und ein Platz der *Hall of Fame der Übeltäter*, die man vorwegphantasiert und im Vorfeld der Tat schon genießt. Die mediale Resonanz ist ein wesentlicher Faktor in der Planung von Tätern, die auf Anerkennung aus sind. Der Täter produziert den Schrecken in der sicheren Gewissheit, dass die Medien ihn verbreiten. Dieser mediale Narzissmus ist etwas, das die heutigen westlichen Terroristen mit anderen jugendlichen Amokläufern gemeinsam haben.

Wenn es stimmt, dass Amokläufer und Selbstmordattentäter von dem Wunsch angetrieben werden, aus der Bedeutungslosigkeit ihrer Existenz herauszutreten und ins Rampenlicht öffentlicher Aufmerksamkeit zu geraten, dann macht sich, wer Bilder der Tat und des Täters verbreitet, unbewusst zu seinem Komplizen und Erfüllungsgehilfen. Der mediale Nachhall der Schüsse und Bombenexplosionen ist wesentlicher Teil der Tatplanung und wird von den Tätern intensiv vorwegphantasiert und genossen. Die toten Amokläufer/Terroristen und die Schläfer sind in einer weltumspannenden, imaginären Hassföderation vereint, die medial organisiert ist und von Bildern lebt. Jeder Bericht über die spektakuläre Rache eines Zukurzgekommenen und Übersehenen an seiner kränkenden Umwelt kann *Schläfer* wecken, die – verborgen in der anonymen Masse der Menschen mit chronischen Anerkennungsdefiziten – auf ihren Aufmerksamkeit garantierenden Auftritt warten. Wem es ernsthaft um Prävention zu tun ist, müsste dafür sorgen, dass die Berichterstattung über solche Massaker auf ein sachliches Minimum begrenzt wird. Vor allem dürften keine Bilder der Täter in Aktion und voller Kampfmontur in Umlauf gesetzt werden, weil diese den bösartigen Narzissmus amok- oder terrorismusgefährdeter Jugendlicher auf besondere Weise stimulieren und sie zur Nachahmung geradezu animieren.

Der Ausnahmezustand

Tragisch ist, dass die angegriffenen Gesellschaften, indem sie den Ausnahmezustand verhängen und dem Terror den Krieg erklären, die Zerstörung und Aushöhlung des demokratischen Rechtsstaates in eigene Regie nehmen. Eine Art von objektiver Ironie sorgt dafür, dass der Staat in seinem Bemühen, den Terrorismus zu bekämpfen, sich zum Vollstrecker seiner Ziele macht. In einem geschickten politischen Panikmanagement wird die Angst der Bürger umgemünzt in Zustimmung zur Militarisierung der inneren Sicherheit, zum Umbau des Rechtsstaates in einen Präventions- und Überwachungsstaat und zur Einschränkung ihrer bürgerlichen Freiheitsrechte. An die Lokomotive mit der Aufschrift »Islamistischer Terror« werden jede Menge Waggons angehängt, voll beladen mit allen möglichen neuen Paragraphen und Vorhaben, die man immer schon mal umsetzen wollte und die überwiegend mit Terrorismusbekämpfung wenig oder gar nichts zu tun haben.

Tragisch auch, dass der islamistische Terrorismus der anderen Spielart des Monströsen im Sinne Gramscis Nahrung und Material liefert. Vampiristisch zehrt der Rechtsextremismus von seinem Widerpart, dem militanten Islamismus. Der Umstand, dass die terroristischen Akteure der jüngsten Zeit Muslime waren, Kontakte zum IS unterhielten oder sich des Islam zur Legitimation ihres mörderischen Handelns bedienten, leitet Wasser auf die Mühlen derer, die das Abendland in Gefahr sehen und gegen alles Fremde und vor allem Muslimische abschotten wollen. In allen westlichen Gesellschaften ist ein Anwachsen von Fremdenfeindlichkeit und Rassismus zu beobachten.

Da auf eine perfide Weise die Themen *Terrorismus* und *Flüchtlinge* vermischt werden, drohen jene Bestrebungen Oberwasser zu bekommen, die Zuwanderung begrenzen oder unterbinden und das Asylrecht einschränken oder abschaffen wollen. So hat die rechte polnische Regierung ihre Zusage, 400 Flüchtlinge – in Worten: vierhundert! – aufzunehmen, unter Verweis auf die Brüsseler Anschläge prompt zurückgenommen. Angst und demokratisches Bewusstsein verhalten sich umgekehrt proportional zueinander. Je mehr Angst die Menschen haben oder eingetrichtert bekommen, desto größer wird ihr Bedürfnis nach Grenzen. Von außen soll nichts Fremdes hereindringen, im Inneren soll alles rein und möglichst homogen sein. Reinheit und Homogenität widersprechen aber dem Geist der Demokratie, der eine Gesellschaft anstrebt, in der sich Verschiedenheit entfalten kann.

ETHNOLOGIE DES INLANDS

Deutschland rüstet auf

In der Ausgabe der Sendung *Kulturzeit* vom Montag, 25. Januar 2016 wird berichtet, dass die Waffenkäufe seit den Silvester-Angriffen auf Frauen in Köln und anderen Städten um bis zu 600 Prozent gestiegen sind. Die Waffenläden der Republik kommen mit ihren Bestellungen kaum hinterher – von Pfefferspray über CS-Gas bis zu Schreckschusspistolen. Pfefferspray und Schreckschusswaffen sind weitgehend ausverkauft. Seit der Silvesternacht ist außerdem die Nachfrage nach Selbstverteidigungskursen stark angewachsen. Die Angst grassiert und lässt im ganzen Land Bürgerwehren entstehen. Man rüstet auf für den Bürgerkrieg gegen die Fremden.

Wenn Menschen sich vom Staat und seinen Organen nicht mehr hinreichend geschützt fühlen, wächst das Bedürfnis, ihre Sicherheit in eigene Regie zu nehmen. Christoph Hein hat in einem seiner Romane einen solchen Menschen beschrieben. Da der Gebrauchtwagenhändler Willenbrock sich von der Polizei vor Dieben und Gewalttätern nicht hinreichend geschützt sieht, nimmt er die Herstellung von Sicherheit und die Verfolgung derer, die sie gefährden, schließlich in die eigenen Hände. Seine Smith & Wesson tritt an die Stelle der Verfassung und des staatlichen Gewaltmonopols.

Das, was man den Gesellschaftsvertrag nennt, basiert auf einem stillschweigenden Tauschhandel: Im Prozess der Zivilisation tauscht der Mensch ursprüngliche Glücks- und Befriedigungsmöglichkeiten gegen Sicherheit und gedämpfte Leidenschaften ein. Die Bürger verzichten im Alltag auf die Anwendung körperlicher Gewalt, deren Ausübung Teil des staatlichen Gewaltmonopols wird. Wenn der Staat Sicherheit als Gegenleistung für erbrachte Verzichtsleistungen nicht mehr gewährleisten kann, gerät die Geschäftsgrundlage des zivilisierten Alltags ins Wanken. Die Ausbildung einer legitimierten, an gesetzliche Regelungen gebundenen und der Hitze von Näheverhältnissen entrückten staatlichen Strafinstanz stellt den Versuch dar, eine archaische Strafwut zu bändigen und die Rachegelüste zu zivilisieren. Justiz ist also einerseits entsagende Rache, darf aber andererseits, darauf hat D.W. Winnicott wiederholt hingewiesen, die Straf- und Rachebedürfnisse der Gesellschaftsmitglieder nicht aus den Augen verlieren. Unbestrafte Übertretungen und Verbrechen oder Bestrafungen, die in der Wahrnehmung des Publikums zu mild ausfallen, «lassen das Reservoir der unbewussten öffentlichen Rachsucht anschwellen, und wenn diese Rache nicht in gewissen Abständen ihren Ausdruck findet, dann wird sie in irgendeiner üblen Form herauskommen. Die wichtigste Funktion des Strafverfahrens ist die Prävention von Lynchjustiz, die immer hinter der nächsten Straßenecke lauert, …. Die Öffentlichkeit braucht ihre Rache." (D. W. Winnicott)

Viele Menschen sind geneigt zu glauben: »Es sind die fremden Eindringlinge, die unser Leben stören und unsere Sicherheit gefährden«. Seit der Silvesternacht glaubt diese Angst ein reales Substrat zu besitzen. Dennoch bleibt nach wie vor wahr: Nicht die Fremden bedrohen uns, sondern das Fremde, das uns in Gestalt intransparenter finanzieller Abstraktionen gefangen hält. Es ist die vor sich hin nullende Null, die sich selbst vorantreibende Teufelsmühle des Kapitals, die uns alles entfremdet und fremd erscheinen lässt. Wenn schon »Heimatschutz«, dann vor den wahren Zerstörern von Heimat: den Waffenhändlern, den Lebensmittelspekulanten, den Hedgefonds-Managern, der tobsüchtig gewordenen freien Marktwirtschaft, dem Geld, das vollkommen unpatriotisch ist und dahin fließt, wo die Bedingungen für seine Vermehrung am günstigsten sind. Das Geld hat alle Grenzen niedergerissen und ist in die Abstraktion geschossen. Es sind die riesigen, weltumspannenden Medienkonzerne, die die kulturellen Besonderheiten einebnen und die Menschen in Anhängsel ihrer Apparate und stammelnde Analphabeten verwandeln. Es sind die großen Fastfood-Ketten, die den Geschmackssinn zerstören, die regionalen Kochkünste ruinieren und die Leute in verfettete Idioten verwandeln. Gerade angesichts der sogenannten Flüchtlingskrise ist es wichtig zu betonen, dass es das Kapital selber war und ist, das die Globalisierung vorantreibt und damit eine historisch beispiellose Woge transnationaler Mobilität ausgelöst hat, von der wir einstweilen nur die Anfänge erleben. Wer sich nach Heimat und bergender Gemeinschaft sehnt – und diese Sehnsucht ist im Sinne Ernst Blochs eine zutiefst menschliche, uns allen innewohnende –, kann diese nur im Kampf gegen die kapitalistischen Modernisierer und Flexibilisierer gewinnen, die sich unser Lebensgelände unter den Nagel reißen und uns in hochmobile Geld- und Warensubjekte verwandeln. Die Flüchtlinge, deren massenhafte Ankunft viele erschreckt und ängstigt, sind der vollkommen falsche Adressat des Protests, ein klassischer Sündenbock. In ihrem Schicksal könnten wir uns und unsere Zukunft als deterritorialisierte, bindungslose und entwurzelte Nomaden erkennen. Über kurz oder lang werden wir alle zu Bewohnern von *transit points*. Möglicherweise ist das eine der verschwiegenen Quellen der Wut, die die Flüchtlinge auf sich ziehen. »Wenn man das eigene Spiegelbild nicht akzeptieren kann, zerbricht man den Spiegel«, hat der kürzlich gestorbene André Glucksmann in seinem Buch *Hass* geschrieben.

Zur Dialektik des Begriffs »Selbstwert«

In letzter Zeit frage ich mich, ob die Rede vom Selbstwert, vom Selbstwertgefühl nicht der Ökonomisierung des Psychischen und der heutigen rastlosen Suche nach narzisstischen Gratifikationen mächtig in die Hände gearbeitet hat. Als der Begriff in der Folge der Kohut-Rezeption in den 1970er Jahren aufkam, war es ein emanzipatorischer Begriff. Die Betonung des Selbstwertes ist zu verstehen als Reaktion auf die von der *Schwarzen Pädagogik* systematisch betriebene massive Entwertung des sich entwickelnden menschlichen Lebens. Ihre Maximen klingen uns allen noch in den Ohren und hallen in unseren seelischen Innenräumen nach: »Du taugst nichts, du bist nichts wert!« Begierig stürzten wir uns auf die Bücher von Alice Miller, die beschrieb, wie narzisstische Schädigungen durch mangelnde Anerkennung und Spiegelung kindlicher Bedürfnisse entstehen. Ihr *wahres Selbst*, der Kern ihrer Persönlichkeit, bleibt verschüttet. Seit nunmehr dreißig Jahren gehören Kränkungsvermeidung, Wachstums- und Selbstwertförderung zu den Maximen einer fortschrittlichen Pädagogik, auf Grenzsetzungen und Versagungen soll weitgehend verzichtet werden. Narzisstisches Wachstum soll gefördert werden als wichtige *Humanressource*. Und genau dieser Begriff markiert den anderen Teil der Dialektik. *Ressource* ist ein ökonomischer Begriff, der die Betriebsmittel bezeichnet, über die ein Unternehmen, eine ganze Gesellschaft verfügt. Die Entdeckung des eigenen Selbst, das uns die rauschhafte Erfahrung bescherte: »Ich bin etwas wert!«, ist umgeschlagen in die zeitgenössische Egomanie. Aus der frühen, eher zaghaften Sorge um das eigene Selbst entstanden die zeitgenössischen Techniken des *Selbst-Managements* und der *Selbst-Optimierung*. Im Begriff des Wertes ist diese Ökonomisierung im Kern schon enthalten, wenn er anfangs auch anders konnotiert war. Die In-Wert-Setzung des Seelischen, des Selbst, anfangs streitbar gegen eine rabiate Entwertung im Kontext einer autoritären Erziehung gewendet, schlägt um in die Ökonomisierung und Monetarisierung noch der intimsten Binnenwelten. Der Imperialismus wendet sich, nachdem er den ganzen Erdball verschlungen hat, nach innen und errichtet dort seine Kolonien. An den Begriffen, mit denen heutige Menschen sich über ihr Innenleben und ihre Beziehungen verständigen, ist diese Tendenz ablesbar. Hört man heutige Paare über ihre Beziehung streiten, so gewinnt man den Eindruck, als sei eine neue Art von informeller Börse entstanden, an der mit Gefühlswerten gehandelt wird. Die Krise, der Beziehungs-Crash, hat meist mit der Enttäuschung zu tun, dass das eingesetzte Gefühls-Kapital nicht genügend Surplus abgeworfen hat. Dann fallen Sätze wie: »Ich habe so viel in dich investiert. Und was habe ich zurückbekommen?« Oder: »Ich bin es leid, immer nur der (die) Gebende zu sein. Ich möchte auch einmal von dir profitieren!« Man möchte Beziehungen nach dem Modell der ökonomischen Vernunft als Win-win-Situation gestalten.

Was nicht auf Bildschirmen erscheint und sich nicht in Geld übersetzen lässt, existiert für uns nicht. Die ökonomische Vernunft dringt in die letzten Nischen vor, die bislang von der Logik des Tausches und des Geldes ausgenommen und verschont geblieben waren. Vielleicht wohnte dem Begriff des Selbstwerts, freilich ohne dass wir das geahnt haben, von Anfang eine Dialektik inne, eines Tages in dem schmählichen ökonomischen Begriff des Tauschwerts aufzugehen. Das zeugt wieder einmal von der erstaunlichen Fähigkeit der kapitalistischen Gesellschaft, Kritik und Opposition zum Motor der eigenen Entwicklung zu machen. Hegelianisch gesprochen: Der kapitalistische Profitgedanke bedient sich seiner Widersacher, um zu sich selbst zu kommen. Das Selbstwertgefühl ist nicht autark und in sich ruhend – oder nur bei äußerst souveränen und charakterstarken Menschen –, im Regelfall bedarf es der Spiegelung durch die anderen und ihrer anerkennenden Resonanz. Dem Selbstwertgefühl wohnt eine Tendenz inne, sich äußerlich darstellen zu wollen, sich zu inszenieren und sehen zu lassen. Es möchte als selbstsicheres Auftreten und blendendes Aussehen in Erscheinung treten und für die anderen sichtbar werden. Genau diesen Umstand macht der Konsumismus sich zunutze, indem er den Menschen suggeriert, ein brüchiges Selbstwertgefühl ließe sich mittels Erwerb bestimmter Produkte aufpäppeln. Der Konsum avancierte in den letzten Jahrzehnten zur wichtigsten Selbstwert-Prothese. Er bildet in all seinen Facetten den libidinösen Kitt der Gesellschaft und das zentrale Medium der sozialen Integration. Eine Abstraktion wie »die Gesellschaft« kann nicht wirklich zum Gegenstand libidinöser Besetzung werden, sehr wohl aber Konsumgüter und technische Apparate. Der späte Kapitalismus hat das Kunststück fertig gebracht, dass die Menschen die Funktionsimperative der Gesellschaft auf ihrem gegenwärtigen Entwicklungsstand als eigene Bedürfnisse erleben. Diese Verzahnung von menschlichen Selbstkonzepten und Triebbedürfnissen mit den Erfordernissen und Funktionsweisen des herrschenden Systems liefert den Schlüssel zur Lösung des Rätsels der heutigen Gestalt der »freiwilligen Knechtschaft« (de la Boétie) und die Antwort auf die Frage, warum die Masse der Menschen die bestehenden Verhältnisse akzeptiert und tagtäglich mehr oder weniger engagiert an ihrer Reproduktion arbeitet. Die Leute stürzen sich mit Begeisterung und Euphorie in die Arbeit und den kompensatorischen Konsum. Diese Euphorie ist die Vorstufe dessen, was man neuerdings *Burn-out-Syndrom* nennt: das stumme Nein des Körpers zu unerträglichen Arbeitsbedingungen und Zeitvorgaben, ein Kollaps der überbeanspruchten Seele, die medizinisiert und mit pharmazeutischen Produkten ins Bestehende zurückbetrogen werden. Dazu mehr im Abschnitt *Medialer Zynismus à la FAZ*.

ETHNOLOGIE DES INLANDS

Die Kettensäge

Vor ein paar Tagen wurde ich vom Jaulen und Kreischen von Motorsägen aus dem Schlaf gerissen. Als ich nachsah, woher der Lärm kam, sah ich auf einem benachbarten Grundstück Männer, die dabei waren, mittels einer Hebebühne eine Birke zu zerlegen. Seit Jahrzehnten fiel mein Blick, wenn er beim Nachdenken während des Schreibens aus dem Fenster schweifte, auf diese wunderbare, große Birke, die selbst dann schön war, wenn sie ihre Blätter abgeworfen hatte und kahl war. Gegen halb neun war von der Birke nichts mehr da, außer einem Stumpf. Ein Jahrhundert lang ist sie gewachsen, in einer halben Stunde ist sie niedergebrochen und zersägt worden. Aber damit nicht genug. Im Garten wimmelte es von Männern, die an den Seilzügen ihrer Sägen rissen, um die

Motoren in Gang zu setzen. Sie metzelten nieder, was ihnen in die Quere kam, und stellten im Garten einen Kahlschlag her. In den folgenden Tagen stellte sich heraus, dass man den Garten in Parkplätze verwandeln möchte. Deren Vermietung bringt Geld.

Selten habe ich das Kreischen der Sägen derart aggressiv erlebt wie an diesem Morgen. Ich war voller ohnmächtiger Wut – gegen den Lärm, gegen die willigen Vollstrecker der Naturzerstörung und deren Auftraggeber. In letzter Zeit habe ich den Eindruck, dass überall gerodet wird, was das Zeug hält. An den Straßenrändern werden Hecken und Büsche niedergemacht, Bäume werden gefällt, weil ihre Blätter in Dachrinnen, auf Carports, auf Autodächer und betonierte Garagenauffahrten fallen. Die Natur schmutzt und soll zum Verschwinden gebracht werden. Es gab eine Zeit, da waren dem willkürlichen Fällen von Bäumen Grenzen gesetzt, heute kann offenbar jeder nach Belieben wüten und sägen. Wozu braucht es Bäume? Angesichts oder besser: angehörs des aggressiven Jaulens der Sägen träume ich von einem Kettensägen-Massaker, begangen an jenen, die so etwas machen und anordnen. Erst wenn der letzte Baum gefällt und alles zubetoniert ist, wird der Furor zur Ruhe kommen. Aber die Erde wird unbewohnbar sein wie der Mond und die Ruhe eine Friedhofsruhe.

Ich werde sie vermissen, die Birke, auf der mein Blick so lange ruhte. Nun schaue ich auf die sterile Betonfassade eines Bürogebäudes. Hoffentlich färbt das nicht auf mein Denken und Schreiben ab.

Immer häufiger geraten wir in die Lage des Pächters aus John Steinbecks Roman »Früchte des Zorns«. Das Land des Pächters ist verkauft worden, und ein Angestellter des neuen Besitzers naht mit einem Traktor, um sein Haus abzureißen. Der Pächter stellt den Fahrer zur Rede und droht ihn zu erschießen, wenn er an seinem Vorhaben festhält. Der Fahrer sagt: »Ich kann nichts dafür. Ich verliere meine Arbeit, wenn ich's nicht mache. ... Du bringst nicht den Richtigen um« »Ja, ja«, sagt jetzt der Pächter, »wer hat dir den Befehl gegeben? Dann werde ich mich an den halten. Er ist der, wo umgebracht werden muss.« »Du hast Unrecht. Er hat auch nur seinen Befehl von der Bank. Die Bank hat ihm gesagt: ›Schmeiß die Leute raus, oder du fliegst‹.« »Ja, aber es gibt doch einen Präsidenten von der Bank. Es gibt doch Direktoren. Da fülle ich eben mein Gewehrmagazin und gehe in die Bank.« Darauf sagt der Fahrer: »Jemand hat mir erzählt, die Bank hat Befehl aus dem Osten gekriegt. Und der Befehl war: ›Sorgt dafür, dass das Land was abwirft, sonst machen wir euch die Bude zu.‹« – »Aber, wo hört das den auf? Wen können wir denn erschießen? Ich habe keine Lust zu verhungern, eh‹ ich den Mann umgebracht habe, der wo mich aushungert.« – »Ich weiß es nicht. Vielleicht ist da überhaupt niemand zu erschießen. Vielleicht ist das Ganze überhaupt nicht von Menschen gemacht«, sagt der Fahrer.

Wo geht die Wut des Pächters hin? Sie dreht sich im Kreis, wendet sich gegen Ersatzobjekte oder gegen die eigene Person. Die Unmöglichkeit, auf eine unerträgliche Situation mittels Angriff oder Flucht zu reagieren, wird zur Quelle von Stress, der auf Dauer krank machen kann. Zielgehemmte Aggressionen verwandeln sich in ein chiffriertes Ausdrucksgeschehen. Teilweise entspannen sie sich dabei und bleiben nach außen hin stumm, oder aber sie erzwingen einen Daueralarm vegetativer Leistungen. Wegen der blockierten Handlung kommt es zu einer Aggressionsbereitschaft im physiologischen Bereich, die sich nicht mehr zurückbildet und die Form diverser Krankheiten, zum Beispiel eines chronisch gesteigerten Blutdrucks, annehmen kann. Wir wissen seit Längerem, dass das Raubbauverhältnis des Kapitalismus zur äußeren Natur eine *ökologische Krise* produziert hat, deren Folgen inzwischen unübersehbar sind. So etwas wie *eine ökologische Krise* existiert aber auch in Bezug auf die innere Natur des Menschen. Sie tritt in der Zunahme von psychischen und psychosomatischen Erkrankungen, Frühinvalidität, Alkoholismus, Drogen- und Tablettenkonsum in Erscheinung, die in den letzten Jahrzehnten sprunghaft zugenommen haben.

Der Lärm nimmt keinen Anfang und findet kein Ende. Es gibt gegen ihn keinen Schutz. Wie soll man da nicht krank oder verrückt werden? Herbert Marcuse hielt den Lärm für die akustische Begleitung eines im Kern gewaltförmigen und destruktiven kapitalistischen Fortschritts, das Bedürfnis nach Ruhe für ein revolutionäres Ferment und Stille für eine wesentliche Qualität einer befreiten Gesellschaft. In einem Interview aus dem Sommer des Jahres 1968 sagte er: »Es gibt keine freie Gesellschaft ohne Stille, ohne einen inneren und äußeren Bereich der Einsamkeit, in dem sich die individuelle Freiheit entfalten kann. Wenn es in einer sozialistischen Gesellschaft kein Privatleben, keine Unabhängigkeit, keine Stille, keine Einsamkeit gibt, das ist sie eben keine sozialistische Gesellschaft! Noch nicht."

Der Schein von Mitgefühl
Computer sollen mit »emotionaler Intelligenz« ausgestattet werden

Die Forschung arbeitet mit Hochdruck an der Entwicklung von mit *emotionaler Intelligenz* ausgestatteten Computersystemen und Robotern. Wir sollten uns fragen, warum diese Forschung betrieben wird und ob eine zur Vernunft gekommene Gesellschaft sie nicht stoppen sollte. Die hier verausgabten intellektuellen und finanziellen Ressourcen könnten sinnvoller für die Erreichung wirklich humaner Ziele eingesetzt werden.

In der Süddeutschen Zeitung vom 29. Januar 2016 findet sich ein Beitrag aus der Reihe *Künstliche Intelligenz* von Elisabeth André, die in Augsburg einen Lehrstuhl für *Human Centered Multimedia* innehat. Unter der Überschrift »Mit Gefühl« lesen wir gleich zu Beginn: »Gefühle sind für erfolgreiches Handeln wichtiger, als man vermuten würde.« Deshalb sei es erstrebenswert, auch Computer mit *emotionaler Intelligenz* auszustatten. Die Frage, was unter erfolgreichem Handeln zu verstehen sei, wird nicht erörtert. Computersysteme, deren Verhalten ausschließlich an rationalen Kriterien ausgerichtet sei, so André weiter, stießen bei der Interaktion mit Menschen an ihre Grenzen. Man arbeite deswegen mit Hochdruck daran, emotionale Kompetenz anhand geeigneter Simulationsmodelle nachzubilden und einer neuen Generation von Computersystemen einzupflanzen. Gefühlszustände drückten sich in Mimik, Gestik, Körperhaltung und Sprache des Nutzers aus, die der maschinelle Interaktionspartner lesen können müsse. Dieser müsse sich in die Gefühle eines Nutzers, wie zum Beispiel Stress oder Ärger, hineinversetzen können und angemessen darauf reagieren. Durch den Einsatz miniaturisierter Sensoren werde es möglich, alltäglich auftretende Verhaltensweisen weitgehend unverfälscht zu erfassen. So könne man in einem Callcenter eines Tages anhand akustischer und prosodischer Merkmale in der Stimme herausfinden, wie zufrieden ein Anrufer mit dem angebotenen Service sei.« Am Körper getragene Sensoren messen Hautleitwert, Temperatur und Pulsfrequenz und geben Aufschluss über den Erregungszustand einer Person. In Sitzmöbel integrierte Drucksensoren erlauben Rückschlüsse darüber, ob eine Person eher entspannt oder gestresst am Schreibtisch sitzt.« Noch könne ein noch so ausgefuchstes Computersystem allerdings nicht zwischen einem geschauspielerten und einem echten Lächeln unterscheiden, keine Ironie erkennen.

Computersysteme werden irgendwann auf die Emotionen eines menschlichen Gegenübers reagieren können. Bereits durch einfache Spiegelungen von Nutzeremotionen durch einen Roboter, so heißt es bei André weiter, könnte der Eindruck von Mitgefühl entstehen. Eine zentrale Fragestellung der Forschung sei, wie ein Computersystem Emotionen möglichst natürlich ausdrücken könne. Mithilfe von synthetischer Haut ließen sich mittlerweile auch bei Robotern Basisemotionen wie Trauer, Wut und Freude durch Verformungen des künstlichen Gesichts glaubhaft wiedergeben. Dies lasse Roboter natürlicher erscheinen und erhöhe ihre Akzeptanz. Die Fortschritte bei der Simulation *emotionaler Intelligenz* ließen erwarten, »dass interaktive Artefakte künftig mit verfeinerten emotionalen Fähigkeiten ausgestattet werden können und damit einem menschlichen Gegenüber zunehmend die Illusion von Individuen mit eigenen Gefühlen vermitteln«.

Soweit die Lehrstuhlinhaberin aus Augsburg. Beim Lesen ihres Textes stellte sich mir fortwährend die Frage: »Braucht's das? Müssen oder wollen wir das haben?« Irgendjemand wird das haben wollen. Hinter solchen Forschungen stehen in der Regel mächtige wirtschaftliche Kräfte, die in diesem Feld riesige Zukunftsmärkte wittern. In Dave Eggers Roman *Der Circle* kann man lesen, auf welch totalitärem Albtraum diese Entwicklungen hinauslaufen. Wir begeben uns sehenden Auges in ein digitales *Panoptikum*, wie Byung-Chul Han es formuliert hat. Frau André als Wissenschaftlerin stellen sich all diese Fragen nicht, jedenfalls erörtert sie diese in ihrem Beitrag für die *Süddeutsche Zeitung* nicht. Solche Fragen gelten als nicht zur Sache gehörig, als un- und außerwissenschaftlich. »Die Wissenschaft denkt nicht«, heißt es lapidar bei Heidegger. Sie forscht, ohne sich zu fragen, wem ihre Erkenntnisse zugutekommen und welche gesellschaftliche Entwicklung diese befördern. »Wissenschaftlich betrachtet ist Hass nicht schlechter als Liebe. Rein logisch gesehen ist das Vergnügen an der Qual der Liebe ebenbürtig«, hat Max Horkheimer gesagt. Von der *Kritischen Theorie* hat meine Generation gelernt, dass man nicht alles, was technisch möglich ist, auch tun muss. »Vielleicht wird die wahre Gesellschaft der Entfaltung überdrüssig und lässt aus Freiheit Möglichkeiten ungenützt, statt unter irrem Zwang auf fremde Sterne einzustürmen«, schrieb Adorno in seiner *Minima Moralia*.

Eine weitere Frage taucht auf: Warum bringt die *Süddeutsche Zeitung* im Feuilleton einen solchen kritiklosen, affirmativen Text? Wo bleibt die Gedankenschärfe und kritische Haltung, die sie in anderen Rubriken durchaus aufweist und für die zum Beispiel der Name Heribert Prantl steht?

In Brechts *Geschichten vom Herrn Keuner* heißt es: »Herr Keuner hatte wenig Menschenkenntnis, er sagte: ›Menschenkenntnis ist nur nötig, wo Ausbeutung im Spiel ist‹.« Menschenkenntnis braucht nach Brecht, wer vorhat, Menschen zu betrügen, ihnen etwas zu verkaufen, was sie nicht benötigen. In Zukunft werden die Stühle, auf denen Bewerber für eine Stelle platznehmen, mit Sensoren ausgestattet sein, die Daten über ihre Belastbarkeit unter Stress übermitteln. Computertelefonanlagen können demnächst Stimmungslagen eines Anrufers erkennen und entsprechend reagieren. Auch die Roboterisierung der Kranken- und Altenpflege ist in Arbeit und wird, wenn eine zur Vernunft gekommene Gesellschaft diesen Wahnsinn nicht stoppt, sich durchsetzen.

Angesichts dieser Entwicklungen fragte Cees Nooteboom in seinem 1999 erschienenen Roman *Allerseelen*: »Ich weiß nicht mal, wie man das ausdrücken soll. Wir haben Computer, oder wir sind Computer.« Das menschliche Gehirn stellen sich viele Zeitgenossen inzwischen als einen etwas zu langsamen, defizitären Rechner oder eine unzureichende Suchmaschine vor. Günther Anders sprach bereits in den 50er Jahren von der *prometheischen Scham* des Menschen angesichts der von ihm hervorgebrachten kunstvollen Maschinen, gegen die seine fehlerhafte und hinfällige Kreatürlichkeit verblasst. Der Mensch als Prometheus, als Macher der Maschinenwelt, sei in die peinliche Lage geraten, sich dem Gemachten dauerhaft unterlegen zu fühlen – sich vor ihm zu schämen.

Die modernen Naturwissenschaften haben im Interesse der Naturbeherrschung die Welt auf eine Summe gesetzmäßiger Mechanismen reduziert, die auf mathematische Formeln gebracht werden können. Dieses Denken, heißt es in André Gorz' *Kritik der ökonomischen Vernunft*, bringt schließlich eine Maschine hervor, »die das Denken der Äußerlichkeit durch die Äußerlichkeit dieses Denkens selbst ersetzt und seitdem als Bezugspunkt für den menschlichen Geist dient: der Computer, gleichzeitig Rechenmaschine und ›künstliche Intelligenz‹, Maschine zur Komposition von Musik, zum Schreiben von Gedichten, zur Krankheitsdiagnose, zur Übersetzung, zum Sprechen ... Die Fähigkeit zum Entwurf von Maschinen begreift sich schließlich selbst als Maschine; der Geist, der in der Lage ist, wie eine Maschine zu funktionieren, erkennt sich in der Maschine wieder, die in der Lage ist, wie er selbst zu funktionieren – ohne zu begreifen, dass in Wirklichkeit die Maschine nicht wie der Geist funktioniert, sondern nur wie jener Geist, der gelernt hat, wie eine Maschine zu funktionieren.«

Die Verwandlung von Menschen in Waren- und Geldsubjekte geht mit ihrer psychischen und emotionalen Verkrüppelung und Verarmung einher. Unsere soziale und emotionale Intelligenz, die Fähigkeit also, uns in andere einfühlen, mit ihnen mitfühlen und unser Verhältnis zu ihnen in richtiger Perspektive sehen zu können, mag zwar in uns angelegt sein, aber sie bildet sich vor allem in frühen Erfahrungen aus. Besser oder schlechter, oder eben gar nicht. Bei den arktischen Kältegraden, die in Familien herrschen, die bloß noch wie Familien aussehen, in Wahrheit aber das bloße Nebeneinander von lauter Einsamkeiten sind, verwandelt sich die seelische Innenwelt in eine Gletscherlandschaft eingefrorener Gefühle. In ihrer Anpassung an marktförmige Lebens- und Existenzbedingungen entwickeln die Menschen eine bestimmte Art von Tüchtigkeit, von Wendigkeit und Flexibilität – eine ganze Reihe von Eigenschaften, die ihnen Vorteile im täglichen Rattenrennen eintragen. Dazu gehört auch eine bestimmte Art der Härte gegen sich und andere. Sie verlieren aber dafür alle die Eigenschaften, die dem im Wege stehen und die wir bis vor kurzem als die gerade menschlichen angesehen haben. Die Menschen werden den Maschinen immer ähnlicher, die sie bedienen und in die sie mehr und mehr hineinkriechen. Das Leben unter den Bedingungen des losgelassenen Marktes bringt einen Menschtyp hervor, der dem von Psychiatern wie Cleckley und Hare diagnostizierten »Psychopathen« ähnelt. Dieser wird als psychisch frigide, oberflächlich charmant, durchsetzungsfähig, fokussiert, skrupellos, ausschließlich an privater Nutzenmaximierung interessiert und empathielos beschrieben. Wer diese Eigenschaften aufweist, hat beste Chancen, sich im neoliberalen Existenzkampf zu behaupten. Vielleicht sind eines Tages die mit *emotionaler Intelligenz* ausgestatteten Roboter die letzten Wesen, die noch menschliche Züge aufweisen, weil sie sie von den letzten Menschen ›gelernt‹ haben. In der Beschäftigung mit dem Artikel von Elisabeth André stieg plötzlich aus den Tiefen meines Gedächtnisses ein Witz an die Oberfläche, den mir vor vielen Jahren der Erziehungswissenschaftler Hans-Jochen Gamm erzählt hat und der ungefähr so lautet: Ein SS-Mann sagt zu einem Juden im KZ: »Du sollst heute in die Gaskammer geschickt werden, aber ich gebe dir eine Chance. Ich habe ein Glasauge; wenn du erkennst, welches, dann schenke ich dir dein Leben.« Der Jude schaut den SS-Mann an und sagt: »Das linke, Herr Obersturmbannführer.« – »Woran hast du das erkannt?« – »Weil es so menschlich blickt.«

Hans-Jochen Gamm hatte in den frühen 1960er Jahren ein Buch herausgebracht, das *Der Flüsterwitz im Dritten Reich* heißt. Gamm vertrat die These, dass es für autoritäre Formen der Herrschaftsausübung, ja für Macht überhaupt, nichts Schlimmeres gibt, als verlacht und verspottet zu werden. Für jene, die nicht oder nicht mehr mit dem Nationalsozialismus sympathisierten, bedeutete das Erzählen solcher Witze eine Form von Widerstand, der gleichzeitig subversiv und nicht unbedingt lebensgefährlich war. Ich lernte von Gamm, dass das Narrentum eine listige Variante des Protestes ist. Der Narr in der Tradition Till Eulenspiegels kultiviert den Widerstand der kleinen Schritte und vermag sich auf diese Weise der schmählichen Alternative, Handlanger des Systems zu sein oder von ihm als Opfer verschlungen zu werden, zu entziehen. Wir sollten dieses Narrentum einüben. Ich fürchte, wir werden es bald wieder brauchen.

ETHNOLOGIE DES INLANDS

Die automatische Müllabfuhr

In Holland sah ich neulich, dass die Müllabfuhr auf den Dörfern automatisiert worden ist. Ein Müllwagen fährt durch die Straßen, greift die Tonnen, leert sie und setzt sie wieder ab. Ein einziger Mensch ist noch nötig, um den Wagen zu lenken, die übrigen Müllmänner sind wegrationalisiert worden und verschwunden. Dieser Tage las ich, dass die Produktion von führerlosen LKWs bereits ins Versuchsstadium eingetreten ist. Demnächst werden also auch die LKW-Fahrer ins stetig wachsende Heer der Überzähligen und Arbeitslosen eingehen. Das Kapital emanzipiert sich von der menschlichen Arbeitskraft und vermehrt sich in einer tautologischen Selbstbewegung. Die Null nullt und gebiert noch mehr Nullen.

Matthias Egersdörfer fiel mir ein, der in einer seiner Nummern über eine führerlose U-Bahn am Schluss sagt, eigentlich brüllt: »Da fragt sich: Wenn der Totenreichtraum des Kapitals, das kein variables Kapital, also keinen U-Bahn-Kapitän, keine Bibliothekarin, keine Kassiererin im Schwimmbad, keinen Spaßmacher und keinen Eintrittskartenkäufer mehr braucht, wenn der erfüllt ist; wenn nur noch das Geld und die Maschinen die Welt beherrschen und kein Menschengesindel mehr stört – was macht das Kapital dann? Frisst das Geld selber die Schnitzel? Wofür gibt es sich selber aus? Geht das Geld in die Kneipe, schmeißt eine Runde und säuft sich mit einer lustigen Mannschaft zugedröhnter Drohnen einen an? Ficken sich Geld und Maschinen gegenseitig? Wäre das nicht eine gigantische nekrophile Sauerei? Oder wichsen die Drohnen einfach so vor sich hin? Und das Geld guckt zu und wird geil dabei?«

»Brauchbare Illegalität«
Über das Verschwinden der Moral aus der Wissenschaft

Die Sendung *Kulturzeit* des Senders 3sat befragte am 3. November 2015 den Bielefelder Organisationssoziologen Stefan Kühl zu den Korruptionsskandalen der letzten Zeit.

Die Moderatorin fragt Kühl, was seine Wissenschaft zu den Vorwürfen gegen den DFB und gegen den Volkswagenkonzern, die Weltmeisterschaft im eigenen Land gekauft beziehungsweise die Abgaswerte manipuliert zu haben, zu sagen habe. »Regelverstöße«, sagt Kühl »sind in Firmen und Organisationen normal und nötig, um flexibel auf Marktanforderungen reagieren zu können«. Unternehmen seien so gesehen »professionelle Heuchler«. Kühl nennt diese Verhaltensweisen im Anschluss an seinen Lehrmeister Niklas Luhmann »brauchbare Illegalität«. Diese garantiere wirtschaftlichen Erfolg, und keine Firma oder Organisation könne auf solche Praktiken verzichten.

Kühl macht seinem Namen alle Ehre und spricht darüber nüchtern, ohne jede ironische Brechung und ohne einen Hauch moralischer Empörung. Wenn er sagen würde: Man könnte das, was Volkswagen da macht, »brauchbare Illegalität« nennen, so ist halt der Umgang mit Normen und Regeln im Kapitalismus. So sagt er es aber nicht. Kühl liefert ein Bespiel für das, was man mit dem frühen Sloterdijk *Wissenschaftszynismus* nennen könnte. Er ist eben Systemtheoretiker, den nur das Funktionieren und das möglichst reibungslose Zusammenspiel der diversen Subsysteme, aus denen eine Gesellschaft zusammengesetzt ist, interessieren. Wie heruntergekommen ist diese Soziologie? Hegemonial scheint inzwischen eine amoralische, gefühllose Psychopathen-Soziologie zu sein!

Das Gros der sogenannten Psychopathen befindet sich nicht etwa in den Gefängnissen, sondern läuft frei herum und zeichnet sich teilweise sogar durch besonderen Erfolg im Beruf aus. Es sind *funktionale Psychopathen*, die gelernt haben, aus ihrer Störung – Gefühlskälte, Skrupellosigkeit und völlige Furchtlosigkeit – einen Vorteil zu machen. Sie zerstückeln niemanden – jedenfalls nicht körperlich -, sondern machen Karriere. Sie besitzen genau die Persönlichkeitsmerkmale, die man benötigt, um in kapitalistischen Unternehmen seinen Weg nach oben zu machen. Sie besitzen ein durch nichts zu erschütterndes Selbstbewusstsein, sie werden nicht von Selbstzweifeln und schlechtem Gewissen geplagt. Man findet Psychopathen in Spitzenpositionen von Gesellschaft, Industrie und Banken. »Gerade moderne Unternehmen mit ihren sich rasch wandelnden Strukturen stellen den idealen Nährboden für psychopathische Aufsteiger dar«, schreibt der britische Psychologe Kevin Dutton.

Was für ein Begriff: »brauchbare Illegalität«? Er unterstellt das Recht der Brauchbarkeit und Nützlichkeit. Die Erfüllung von Normforderungen wird auf jenes Minimum reduziert, das einen gerade noch vor strafrechtlicher Verfolgung schützt. Kant würde sich angesichts solcher Thesen im Grabe herumdrehen. In seinem Denken war es so: Wenn die Menschen mit dem Sittengesetzt und seinem kategorischen Imperativ nichts anfangen können, wenn ihr alltägliches Handeln mit dem Sittengesetz wenig zu tun hat, dann spricht das gegen das, was sie tun, nicht gegen das, was geschehen sollte. Es ist nicht das Sittengesetz, das es zu ändern gilt. Das Ziel, das Handeln am Sittengesetzt auszurichten, bleibt auch dann richtig, wenn es schwer fällt, es zu erreichen. Brauchbarkeit kann nicht das Kriterium sein bei der Beantwortung der Frage, ob eine Handlung moralisch richtig ist. Es würde dem Opportunismus Tür und Tor öffnen. Der Aufklärer Helvetius hat das früh gesehen und ironisch formuliert: Wenn Nützlichkeit das einzige Kriterium ist, das über die Richtigkeit einer Verhaltensweise entscheidet, ist gar nicht einzusehen, warum ich einen anderen nicht überfallen und ihm sein Geld wegnehmen soll, wenn Entdeckung ausgeschlossen ist.

Nach Kant muss ich mich fragen: Kann ich wollen, dass alle so handeln wie ich jetzt? Taugt der von mir befolgte Grundsatz als Basis der allgemeinen Gesetzgebung? Er gibt ein Beispiel: Wenn es für mich vorteilhaft ist, gebe ich ein lügenhaftes Versprechen ab mit der Absicht, es nicht zu halten. Das geliehene Geld gebe ich nicht wie versprochen zurück. Kann ich aber wollen, dass meine Maxime des geschickten Lügens ein allgemein anerkanntes Gesetz wird? Kants klare Antwort lautet: nein. Die kapitalistische Gesellschaft bringt die Moral auf blanken Utilitarismus herunter: Gut und Böse werden zu Kategorien der Ökonomie: Gut ist, was den Gewinn mehrt, schlecht, was ihn schmälert. Die *praktische Vernunft*, die laut Kant auf die Frage *Was soll ich tun?* antwortet, erweist sich als zu schwach angesichts der Wucht ökonomischer Prozesse. Die *instrumentell-ökonomische Vernunft* der industriellen Revolution triumphiert über die politisch-philosophischen Gehalte der bürgerlichen Revolution. Wer Kants Moralphilosophie ernst nimmt, muss zum Kritiker der bürgerlich-kapitalistischen Ordnung werden. Das Sittengesetzt verlangt die Abschaffung einer Gesellschaft, deren einziger kategorischer Imperativ die Bereicherung ist. Sozialismus heißt, den »Wahnsinn der rasenden Industrie zur Vernunft zu bringen«. (Max Horkheimer)

Was Ulrich Sonnemann in seinem Vorwort zum 1969 bei Kindler erschienenen Sammelband *Wie frei ist unsere Justiz?* in der Tradition Kants und Hegels über die Justiz schrieb, gilt auch für die Sozialwissenschaften: »Die Gerechtigkeit, die auf lateinisch Justiz heißt, ist mit dem Zustand, in dem sie die Welt vorfindet, unzufrieden; daher kann eine Justiz, die dem Bestehenden beim Bestehenbleiben behilflich ist, ihre Idee nicht erfüllen, sondern nur deren Perversion und Verrat sein.«

Der Begriff »brauchbare Illegalität« ist eine solche Perversion und ein Verrat!

Die Korruptions- und Betrugsskandale der letzten Jahre von Uli Hoeneß, über den ADAC bis hin zu DFB und Volkswagen haben mir und meinen Berufskollegen die Arbeit im Gefängnis nicht gerade leichter gemacht. Wie sollen wir als Therapeuten, Psychologen, Drogenberater, Anti-Aggressions-Trainer angesichts dieser Verhaltensweisen unserer Eliten als glaubwürdige Anwälte eines gesellschaftlichen Realitätsprinzips auftreten, für das es sich lohnt, die falschen Himmelfahrten der Droge, betrügerische Manipulationen oder gewaltsame Modi der Konfliktlösung aufzugeben? Was Sándor Márai in seinen *Tagebüchern* über die Nachkriegsungarn notierte, trifft mutatis mutandis auch auf unsere Situation zu: »Sie stehlen wie die Elstern; von Frachtkähnen, aus Wohnungen; warum sollten sie nicht stehlen? In den letzten zehn Monaten haben sie als Beispiel nichts anderes von ihren Herren und Führern gesehen als institutionalisierten Raub, Diebstahl, Gewalt.«

Der Erziehungsvorsatz

In der Stadt sah ich eine junge Mutter mit ihrer etwa elf/zwölfjährigen Tochter. Von ihrem Habitus her entstammte die elegant gekleidete Mutter vermutlich der Mittelschicht. Die Tochter saß auf einer Bank, hielt mit der einen Hand die Hundeleine umklammert, mit der anderen bediente sie ihr Smartphone. »Jetzt pack endlich mal dein Handy weg und kümmere dich um deinen Hund!«, forderte die Mutter ihre Tochter auf. Es klang so, als hätte sie diese Aufforderung schon einige Male vergeblich vorgetragen.

Eltern verausgaben Lebenszeit und -energie in das Vorhaben, das Kind, *ihr Kind* zu erziehen und zu prägen – und verlieren es dann an technische Geräte. Sie konkurrieren mit derart mächtigen äußeren Instanzen, dass ihr Erziehungsvorsatz auf ein bloßes »Wir würden oder möchten gern ...« schrumpft. Das Kind wird den Eltern geraubt, anders als in totalitären Regimen, aber nicht weniger grausam und vor allem viel radikaler und wirksamer. Im günstigsten Fall wollen Eltern ihren Kindern zu Autonomie und kritischem Urteilsvermögen verhelfen und erleben dann, wie sie sich er digitalen Verblödungsmaschine an den Hals werfen und zu Anhängseln ihrer Tablets und Smartphones werden.

II.

FLUCHT UND FLÜCHTLINGE

Durch die Seele ein Riss
Über die Folgen von Krieg, Flucht und Traumatisierung

Haifa 1989. Es ist die Zeit der *Ersten Intifada*. Seit 1987 lehnen sich meist junge Palästinenser gegen die israelische Herrschaft auf. Vor der Gründung des Staates Israel im Jahr 1948 lebten rund 62.500 Araber in Haifa. Die meisten palästinensischen Araber wurden durch massive Angriffe und Bombardements von Seiten Israels vertrieben, andere flohen vor der Permanenz der Gewalt. Es verblieben lediglich 15.000 Araber in Haifa, unter ihnen Mahmud und seine Familie. Ich bin ihm im Gefängnis begegnet, habe ihm zugehört und seine Geschichte aufgeschrieben. Wir sind den Text gemeinsam durchgegangen, und Mahmud hat mir die Genehmigung erteilt, ihn zu veröffentlichen. Sein Name wurde zum Schutz verändert.

Es ist ein spätsommerlich warmer Tag. Mahmuds Mutter sagt: »Geh auf die Straße spielen! Es ist noch eine Stunde bis zum vorletzten Gebet und zur Sperrstunde.« Mahmud trifft ein paar Nachbarskinder und sie beginnen, auf der Straße Fußball zu spielen. Plötzlich kommt ein Trupp israelischer Soldaten die Straße hinauf. Sie haben den Auftrag, das überwiegend von Palästinensern bewohnte Stadtviertel unter ihre Kontrolle zu bringen. Ein Soldat tritt auf Mahmud zu und sagt: »Geh nach Hause!« Mahmud protestiert: »Meine Mutter hat gesagt, ich darf bis zur Ausgangssperre spielen.« »Verschwinde, du Hundesohn!«, herrscht ihn der Soldat nun an. Mahmud ist zwar erst sechs Jahre alt, aber er weiß schon, wie man diese Beleidigung toppen kann. »Hurensohn!«, schreit er zurück. Der Soldat wird wütend und will Mahmud packen. Dieser entzieht sich seinem Zugriff und rennt weg, die Straße hinunter und um die nächste Ecke. Der Soldat will die Beleidigung nicht auf sich sitzen lassen und verfolgt Mahmud. Dieser Krieg kennt keine Altersgrenzen. Unter denen, die die israelische Armee mit Steinen attackieren, sind viel Halbwüchsige und Kinder. Mahmud rennt so schnell er kann. Er gerät in eine Sackgasse und sitzt in der Falle. Nirgends eine offene Tür, durch die er verschwinden könnte. Der Soldat kommt näher, tritt vor ihn hin. Mahmud hebt die Hände vor sein Gesicht, um sich vor den erwarteten Schlägen zu schützen. Doch der Soldat zieht ein Messer hervor und fährt ihm mit der Schneide über die Hände. Mahmud lässt schreiend die Hände sinken, Blut strömt aus der verletzten Hand. Die Rachsucht des Soldaten ist noch nicht abgeklungen. Er zieht dem Kind das Messer durchs Gesicht. Der Schnitt verläuft über die Stirn, knapp am Auge vorbei bis zum Nasenrücken. Jetzt lässt der Soldat von ihm ab und geht. Schließlich wagen sich Nachbarn aus den Häusern, kümmern sich um Mahmud und bringen ihn nach Hause. Die Mutter geht mit ihm ins nächste Krankenhaus, wo die Wunden genäht und verbunden werden. Im Schutz seiner Familie erholt sich Mahmud von dem Schrecken und den Schmerzen. Seine körperlichen Wunden verheilen. Doch der Schock der Messerattacke bleibt ein Fremdkörper in seiner Seele – ein inoperables Geschoss. Bis in die Gegenwart kehrt die Szene in seinen Träumen wieder, und er sieht das wutverzerrte Gesicht des Soldaten vor sich und seine Augen, die »aus dem Kopf springen«.

Die Familie besteht zu dieser Zeit aus der Mutter und seinen drei Geschwistern. Der Vater hat in Heidelberg Betriebswirtschaft studiert und arbeitet als Manager in Saudi-Arabien. Er kehrt nur im Urlaub für ein paar Wochen nach Haifa zurück. Mahmud führt ein halbwegs normales Leben, besucht ein Gymnasium und legt Ende der 1990er Jahre erfolgreich die Abiturprüfungen ab. Die Mutter ahnt, dass der Friede zwischen Palästinensern und Israelis, den das Oslo-Abkommen von 1993 gestiftet hat, brüchig ist. Kurz vor Beginn der *Zweiten Intifada* im Jahr 2000 schickt sie Mahmud nach Deutschland, wo seine Großeltern leben. Sie möchte ihn davor bewahren, dass er noch einmal in Gefahr gerät und die alten Wunden wieder aufbrechen. Er ist ein körperlich schmächtiger, intelligenter junger Mann, der die Möglichkeit erhalten soll, unter der Obhut der in Deutschland lebenden Teile der Familie zu studieren und sich eine Zukunft aufzubauen.

1999 kommt er nach Deutschland und wohnt zunächst bei den Großeltern mütterlicherseits, die in den 1960er Jahren aus dem permanenten Kriegszustand in Palästina nach Deutschland geflohen sind. Da seine

Mutter und die Großeltern bereits die deutsche Staatsangehörigkeit besitzen, erhält auch er problemlos einen deutschen Pass. Er verfügt nun über zwei Pässe: väterlicherseits über einen israelischen, mütterlicherseits über einen deutschen. Anders als viele andere Flüchtlinge muss er nicht um sein Bleiberecht kämpfen. Als Mahmud sich an der FH in Darmstadt einschreiben will, weist man ihn dennoch ab, weil er 16 Jahre alt ist und erst mit 18 Jahren zum Studium zugelassen werden kann. Er lernt Deutsch und überbrückt die Wartezeit mit Gelegenheitsarbeiten. Er erledigt Gartenarbeiten und räumt in einem Supermarkt Regale ein. Zwischendurch hängt er rum und lebt in den Tag hinein. Er verliert den Kompass, der seiner Lebensbewegung bisher die Richtung gewiesen hat, und gerät ins Trudeln. Er kommt mit Haschisch in Berührung und raucht ab und zu einen Joint. Er fährt ohne Führerschein Auto und einmal wird er mit gestohlenen Sachen erwischt, die er für jemand anderen transportiert. Er erhält Geldstrafen. Im Jahr 2001 wird er 18 Jahre alt, aber vor lauter Warten hat er das Ziel des Studiums aus den Augen verloren. Doch die Familie besteht darauf, und so beginnt er schließlich im Jahr 2006 an der Fachhochschule Darmstadt Elektrotechnik zu studieren. Er wohnt allein, aber im Nachbarhaus lebt seine ältere Schwester, die nach den ersten strafrechtlich relevanten Zwischenfällen ein Auge auf ihn hat und sich um ihn kümmert.

Ende 2007 möchte er seinen anderen Großvater in Mörfelden besuchen und bei ihm übernachten. Da er den ersten Bus verpasst, ist er gezwungen, an der Bushaltestelle auf den nächsten zu warten, der kurz nach 22 Uhr fahren soll. Irgendwann kommen aus einer gegenüber gelegenen Kneipe drei kahlköpfige und in Leder gekleidete Männer und überqueren die Straße, um zu ihren dort abgestellten Motorrädern zu gelangen. Sie unterhalten sich laut und lachen grölend. Es ist ein Gruppenlachen, das – so hat es Klaus Theweleit formuliert – häufig den Totschlag einleitet und begleitet. Die Männer sind sichtlich alkoholisiert und auf Krawall gebürstet. Und sie verfügen über eine feine Witterung für die Wahrnehmung von kleinsten Zeichen der Differenz. Als sie das Wartehäuschen passieren und Mahmud dort stehen sehen, erkennen sie in ihm sofort den Fremden. Das böse Genie für die Abweichung, bis heute ein Teil der deutschen Mentalität, schließt aus dunklen Haaren, Bart und Gestus, dass »der da« nicht »Unsereiner« ist und also »hier nichts verloren hat«. Sie fallen zu dritt über ihn her, schlagen ihn zusammen und treten, als er am Boden liegt, mit den Stiefeln auf ihn ein und gegen seinen Kopf. Währenddessen stoßen sie rassistische Beschimpfungen aus. Irgendwann wird Mahmud schwarz vor Augen. Neben der Kneipe, aus der die Männer gekommen sind, steht ein Imbisswagen. Davor stehen Leute und essen in aller Ruhe ihren Döner. Niemand springt ihm bei oder kümmert sich um ihn. Nachdem die Männer von ihm abgelassen haben und Mahmud sich wieder aufgerappelt hat, ruft er seinen Cousin an, der ihn ins Krankenhaus fährt. Er hat Angst, Anzeige zu erstatten, und gibt an, gestürzt zu sein und sich die Verletzungen selbst zugezogen zu haben. Monate später muss sein Kiefer operiert und gerichtet werden, den ihm die Männer mit ihren Schlägen und Tritten mehrfach gebrochen haben.

Nach dieser Attacke ist er ein anderer. Er ist verstört, schreckhaft und extrem ängstlich. »Die Sicherheit war weg. Ständig hatte ich Angst, dass jemand hinter mir ist«, sagt er. Als ich ihm von Jean Améry erzähle und ihm eine Passage aus dessen Buch *Jenseits von Schuld und Sühne* vorlese, in der er über die Folgen der in Auschwitz erlittenen Folter berichtet, stimmt er sichtlich ergriffen zu: »Wer der Folter erlag, kann nicht mehr heimisch werden in der Welt. Das in der Tortur eingestürzte Weltvertrauen wird nicht wiedergewonnen. Dass der Mitmensch als Gegenmensch erfahren wurde, bleibt als gestauter Schrecken im Gefolterten liegen. Darüber blickt keiner hinaus in eine Welt, in der das Prinzip Hoffnung herrscht.«

Eine besondere Wucht erhält die rassistische Attacke dadurch, dass nun die alte, leidlich vernarbte Wunde wieder aufbricht und sich wie ein Verstärker an die aktuelle Erfahrung anschließt. Plötzlich ist all das Verschüttete wieder da. Wie auf einem doppelt belichteten Foto schieben sich die Bilder des israelischen Soldaten und der deutschen Angreifer übereinander. In der Folgezeit wird Mahmud mehrfach für Monate in psychiatrische Kliniken eingewiesen. Man diagnostiziert eine *posttraumatische Belastungsstörung* und verabreicht ihm Medikamente. Während eines Urlaubs aus der Psychiatrie begleitet er einen seiner Brüder nach München, wo dieser ein Auto abholen will. Sie werden von der Polizei kontrolliert und man findet in Mahmuds Taschen eine winzige Menge Haschisch. Es wird gegen ihn ermittelt und die Staatsanwaltschaft erhebt Anklage wegen Verstoßes gegen das Betäubungsmittel-Gesetz. Sein Anwalt legt gegen die Verurteilung zu drei Monaten Gefängnis Rechtsmittel ein. Wiederholt muss er wegen dieser Haschisch-Sache und der Revisionsverhandlung nach München reisen. Einmal erwischt man ihn im ICE ohne gültigen Fahrschein. Wieder verurteilt man ihn zu einer Haftstrafe auf Bewährung. Aus verschiedenen Einzelstrafen wird anlässlich einer neuerlichen Verurteilung wegen Fahrens ohne Fahrerlaubnis schließlich eine Gesamtstrafe von 15 Monaten gebildet. Der Haftantritt verschiebt sich immer wieder, weil Ärzte Zweifel an seiner Haftfähigkeit anmelden. Beim vierten Mal wird diese Bescheinigung nicht mehr ausgestellt. Ein Haftbefehl wird erlassen, und als Mahmud von einem Besuch der Mutter in Israel zurückkehrt, wird er am Flughafen festgenommen. Zehn Monate verbringt er in einem Frankfurter Gefängnis.

Nach seiner Haftentlassung zieht er nach Mörfelden in die Nähe seiner Großeltern. Zum Studieren oder Arbeiten ist er psychisch und körperlich nicht imstande. Nach wie vor befindet er sich in psychiatrischer Behandlung und nimmt täglich einen Cocktail aus verschiedenen psychoaktiven Substanzen zu sich. Er ist in seiner Motorik spürbar verlangsamt und wirkt nach wie vor ängstlich und schreckhaft. Bei der kleinsten unverhofften Bewegung zuckt er zusammen. Er meidet jeden Blickkontakt, seine Gestalt ist gebeugt und eingesunken. Er verrichtet seine Gebete und geht an Freitagen in die Moschee. Er ist ein gläubiger, aber kein fanatischer Muslim. Eine ältere Nachbarin nimmt sich des seltsamen jungen Mannes an. Im Gegenzug schleppt er ihr die Einkäufe die Treppe hinauf. Ab und zu lädt sie ihn zum Essen ein. Bei einer dieser Gelegenheiten lernt er den Sohn der alten Dame kennen. Dieser ist ein vierschrötiger und ruchloser Typ, der mindestens mit einem Bein im kriminellen Milieu steht. Vom Alter her könnte H. Mahmuds Vater sein. Mahmud sehnt sich nach einem Vater. Er lässt sich willfährig von H. vor seinen Karren spannen. Mangel an Anerkennung ist für die Seele, was Hunger für den Magen ist. Das macht Mahmud anfällig für Verführungen. H. möchte Mahmud als Drogenkurier einsetzen. Mahmud kann dem erwachsenen und selbstbewusst auftretenden Mann gegenüber nicht Nein sagen und so gerät er ins Gravitationsfeld krimineller Machenschaften. In der Folgezeit transportiert er im Auftrag von H. mehrfach größere Mengen Amphetamine von da nach dort. Die Polizei kommt ihnen auf die Schliche. Ein größerer Transport nach Berlin wird überwacht und bei der Übergabe des Stoffs erfolgt der Zugriff. Mahmud wird festgenommen. Ein vom Gericht zurate gezogener Gutachter kann keinen kausalen Zusammenhang zwischen Mahmuds zweifellos vorhandener psychischen Störung und den Drogengeschäften erkennen und erklärt ihn für schuldfähig. Er wird zu rund sechs Jahren Gefängnis verurteilt.

2014 tritt er seine Haft an. Sein Status im sozialdarwinistischen Milieu des Gefängnisses ist prekär. Hier geben diejenigen den Ton an, die stark und skrupellos sind, über eine feine Witterung für Angst und Schwäche verfügen und mit Stärke und Härte darauf reagieren. In den Augen vieler Mithäftlinge ist Mahmud der Inbegriff dessen, was sie »Opfer« nennen. Sie treiben ihre Späße mit ihm und fordern ihn auf, endlich »ein Mann« zu sein. Die grobe Körperlichkeit der anderen macht ihm Angst. Er zieht sich zurück und versucht, den Mitgefangenen aus dem Weg zu gehen. Was für das Gros der Gefangenen gilt, gilt nicht für alle und jeden. Ein Gefangener mit arabischem Migrationshintergrund nimmt sich seiner an und sorgt für ihn wie für einen Bruder. Als er die Anstalt verlässt, macht er mich auf Mahmud aufmerksam und bittet mich darum, mich um ihn zu kümmern.

Mahmud träumt davon, nach der Haft sein Studium zu beenden. Er weiß, dass das ein großer Schritt für ihn sein wird und dass er bis dahin noch eine Menge Hindernisse zu überwinden hat. Einmal in der Woche trifft er eine externe Therapeutin, die mit ihm den Versuch unternimmt, sich den Traumatisierungen zu nähern und so die Knoten in seiner Biographie zu lösen. Ein Kollege aus dem allgemeinen Vollzugsdienst, der sich seine Sensibilität und Mitleidsfähigkeit durch etliche Dienstjahre hindurch bewahrt hat, hat Mahmud unter seine Fittiche genommen und führt mit ihm eine Art Selbstbewusstseinstraining durch. Er versucht ihm beizubringen, wie er die sichtbaren Spuren seiner Ängstlichkeit aus seinem Körper- und Gesichtsausdruck zurückdrängen kann. So oft es ihm seine Dienstpflichten erlauben, übt er mit ihm, wie man einigermaßen selbstsicher geht, blickt und laut und vernehmlich spricht. So etwas lernt man nicht in der Ausbildung. Die Initiative dieses Beamten ist ein Produkt seiner Menschlichkeit und seines Gespürs für Notlagen der Gefangenen, für die er verantwortlich ist.

Mahmud nimmt in der anstaltseigenen Schlosserei an einem Schweißer-Kurs teil. Es geht ihm, wie er selbst sagt, darum zu lernen, wie man getrennte Dinge zusammenfügen und zu einer Einheit verbinden kann. Das Zusammenschweißen von Metallteilen nährt Mahmuds Hoffnung, dass der Riss, der durch seine Seele und sein Leben geht, sich schließen könnte. Auch wenn an der Stelle der Zusammenfügung der Teile eine Narbe bleibt, die sogenannte Schweißnaht. Damit wird auch er leben müssen. In seiner gegenwärtigen Verfassung könnte er im moralischen Tierreich der Markt- und Konkurrenzgesellschaft nicht überleben. Er drohte vom Rudel verstoßen und totgebissen zu werden. Er wird nach geschützten Räumen suchen müssen, in denen er vielleicht den Weg zurück zu einem normalen Leben und zum »Weltvertrauen« finden kann. Dazu benötigt er Zeit und tragfähige Beziehungen zu Menschen, die es gut mit ihm meinen.

ETHNOLOGIE DES INLANDS

Die Rückkehr der Wölfe

Die *Süddeutsche Zeitung* brachte unlängst eine große Reportage über die Rückkehr der Wölfe nach Deutschland. Seit die Tiere Ende der 90er Jahre aus Polen eigewandert sind, existieren in Deutschland 31 Rudel und ein paar einzelne Exemplare. Sie leben vor allem in Sachsen, Sachsen-Anhalt, Niedersachsen und Brandenburg. Ab und zu sorgen sie für Schlagzeilen, wenn irgendwo Schafe oder Lämmer von Wölfen gerissen werden. Aktuelle Ängste mischen sich mit archaischen vorm *bösen Wolf*, den wir alle aus Märchen kennen. Um das Zusammenleben von Mensch und Wolf in geregelte Bahnen zu lenken, hat man das sogenannte Wolfsmanagement erfunden. »Monitoring, Herdenschutz, Aufklärung sind im Groben dessen Themen.« Bemängelt wird, dass jedes Bundesland sein Wolfsmanagement selbst gestalte, fünf Länder hätten noch gar keinen solchen Plan. »Hessen ist überhaupt nicht vorbereitet«, empört sich die Journalistin Elli Radinger. Sie fordert ein bundesweites Wolfsmanagement, einheitliche Standards im Umgang mit dem Tier, eine zentrale Datensammlung.

Da gewährt uns der Wolf die Gnade seiner Rückkehr, nachdem wir ihm im Laufe des 19. Jahrhunderts den Garaus gemacht hatten, und wie empfangen wir ihn? Mit einem Wolfsmanagement und einheitlichen Standards! Als Wolf würde ich mich, wenn ich das Wort Wolfsmanagement hörte, sofort wieder in die Karpaten oder die Weiten der russischen Steppe zurückziehen. Warum lässt man die Wölfe nicht einfach in Ruhe?

Orwell war noch zu optimistisch
Über den Einsatz von Algorithmen in der Verbrechensbekämpfung

»Gott bewahre uns alle davor, dass wir durchschaut werden!«
(Knut Hamsun)

Unter der Überschrift *Er wird, er wird nicht, er wird ...* berichtet die TAZ vom 24./25. Oktober 2015 über den Einsatz von Algorithmen in der Verbrechensbekämpfung. Auch hierzulande treten statistische Verfahren ihren Siegeszug an und verdrängen andere Ansätze des Umgangs mit Straftätern.

Der amerikanische Soziologe Richard Berk arbeitet seit etlichen Jahren mit den ausgefeiltesten statistischen Programmen daran, immer genauere Vorhersagen zu treffen. Wird jemand seine Kinder schlagen, wird jemand morden? Berk sagt, dass er für ungeborene Babys jetzt schon mit ziemlicher Sicherheit prognostizieren könnte, ob aus ihnen einmal Verbrecher werden. Noch traue sich da keiner ran, das werde sich aber bald durchsetzen.

Berk gilt auf seinem Gebiet als einer der besten in den USA, vielleicht sogar in der Welt. Seinen neuesten Algorithmus hat er für eine Behörde in Pennsylvania entworfen, die darüber entscheidet, ob jemand auf Bewährung aus dem Gefängnis entlassen wird. Das Programm soll Wahrscheinlichkeiten dafür liefern, ob ein Gefangener draußen wieder ein Verbrechen begehen wird und wenn ja, ob dieses eine Gewalttat sein wird. Es gibt glücklicherweise auch Kritik an dem, was Berk macht. Die Psychologin Teal Kozel beharrt darauf, dass selbst dann, wenn jeder bekannte Risikofaktor auf einen Menschen zutrifft, dieser doch am Ende noch eine Wahl hat und sich entscheiden kann. »Wenn man nur auf die Statistik vertraut, um manche Menschen aus der Gesellschaft auszuschließen, ist das ein wirklich fatalistischer Blick auf die Dinge. Ich weiß nicht, ob ich in so einer Welt leben will«, sagt sie. Sie selbst setzt auf psychologische Tests, die aus persönlichen Begegnungen und Gesprächen entstehen. Sie begreift nicht, dass das eine Vorstufe dessen ist, was Berk zur Vollendung treibt. Von Tests zu Algorithmen ist es kein weiter Weg. Was in beiden Verfahren auf der Strecke bleibt, ist die Sensibilität für die besonderen Umstände des jeweiligen »Falls«, der ja immer ein lebendiger Mensch ist, dem das Recht auf und die Fähigkeit zur Veränderung nicht abgesprochen werden darf. Die auch in unseren Gefängnissen inzwischen vorherrschenden behavioristischen, kriminaltherapeutischen Konzepte und Verfahren reduzieren den Gefangenen auf denjenigen, der die Tat begangen hat. So kann es schwerlich gelingen, den Vorrang des Vergangenen aufzulösen und dem Täter die Freiheit, sich neu und anders zu entwerfen, zurückzugeben.

Die Statistische Risikoanalyse ist dabei, sich auch bei uns durchzusetzen. »Der Gefangene X weist im Bereich der mittleren Eigentumskriminalität eine Rückfallgefahr von 78,7 Prozent auf«, kann man in Prognosegutachten lesen. Der mit einer solchen Prognose ausgestattete junge Mann könnte bei Gericht, das auf der Grundlage eines solchen Gutachtens seine vorzeitige Entlassung aus der Haft ablehnen wird, einen Kälberstrick beantragen. Es kommt ihm so vor, als würde die sattsam bekannte und aktenkundige Vergangenheit am Scharnier der Gegenwart einfach nach vorne umgeklappt und zur Zukunft hochgerechnet.

In den USA wird die Polizeiarbeit mehr und mehr durch solche Verfahren geprägt. In Chicago berechnet die Polizei seit einigen Jahren mit Hilfe eines Algorithmus', wie groß die Wahrscheinlichkeit für bestimmte Menschen ist, erschossen zu werden oder jemanden zu erschießen. Die Polizisten gehen dann von Tür zu Tür und warnen diese Personen, dass sie über ihre Lebensweise nachdenken sollen. Berk ist davon überzeugt, dass seine Algorithmen helfen können. Die Vorhersage, man könnte zum Verbrecher werden, wäre dann fast eine Art Glückslos, denn sie bietet die Gelegenheit, etwas dagegen unternehmen zu können. Die Alternative wäre, dass man gefährdete Menschen einfach präventiv wegsperrt. In den USA zur Abstimmung gestellt, würde sich für diese Art des Vorgehens sicher eine satte Mehrheit finden. Schwarz zu sein, gilt natürlich als Risikofaktor. Insofern kann man sagen, dass all diese Instrumente der Risikoanalyse rassistisch sind. Berk ist davon überzeugt, dass seine Methoden sich durchsetzen werden. »Maschinen werden immer mehr Entscheidungen treffen. Weil sie es einfach besser können.«

So haben schwedische Forscher das Computerprogramm UBBLE entwickelt, mit dessen Hilfe man sich berechnen lassen kann, wie hoch die Wahrscheinlichkeit ist, dass man in den nächsten fünf Jahren stirbt. Jeder kann den Test in wenigen Minuten online durchführen. Der zugrunde liegende Algorithmus bezieht seine Daten aus einer britischen Gesundheitsdatenbank.

Max Horkheimer schrieb bereits im Jahr 1968, Orwell sei » noch zu optimistisch« gewesen. Die im Staat von *1984* von der herrschenden Clique angewandten Praktiken der Überwachung und Kontrolle seien überholt. »Das wird in absehbarer Zukunft alles nicht mehr notwendig sein. Denn die Einzelnen werden von frühester Jugend an so erzogen, dass sie sich automatisch, ohne Zwang, ohne irgendwelche Bedürfnisse zum Aufruhr oder gar zum Nachdenken, in die Gesellschaft des Ameisenhaufens einpassen.« Haben wir angesichts des zeitgenössischen Handywahnsinns und der damit einhergehenden freiwilligen Selbstüberwachung Anlass, der düsteren Horkheimerschen Prognose zu widersprechen?

Der amerikanische Autor Dave Eggers hat einen Roman über ein fiktives, weltweit operierendes IT-Unternehmen namens *Circle* geschrieben, das wie eine Verschmelzung von *Facebook*, *Apple*, *Google*, *Amazon* und *Twitter* anmutet. (Siehe *Die Transparenzhölle in diesem Band*) Der *Circle* ist in gewisser Weise die Wiederaufnahme des Orwellschen Themas unter den Bedingungen des digitalen Zeitalters. Eggers lässt Kalden, einen der Gründer von *The Circle*, als ihm klar wird, dass das ganze Projekt auf einen totalitären Albtraum hinausläuft, den Satz sagen: »Ich meine, es war, als würde man auf dem Marktplatz eine Guillotine aufstellen. Du rechnest doch nicht damit, dass zig Leute Schlange stehen, um den Kopf reinzulegen.«

Auch Steven Spielberg hat sich verkalkuliert, als er die Handlung seines Films *Minority Report* ins Jahr 2054 verlegte. Dort verhindert die Abteilung *Precrime* der Washingtoner Polizei mittels Präkognition Morde. Sogenannte Precogs sehen dank ihrer hellseherischen Fähigkeiten die Morde der Zukunft und ihren Zeitpunkt voraus. Die prospektiven Täter werden aus dem Verkehr gezogen, präventiv in Verwahrung genommen und in eine Art von Strafkoma versetzt. Bei uns heißt diese Praxis Sicherungsverwahrung und wird seit Ende der 1990er Jahre immer breiter angewandt. Unsere Precogs heißen Sachverständige, deren Methoden mehr und mehr dem Arsenal der *Statistischen Risikoanalyse* entstammen, bis auch hierzulande algorithmengestützte Prognoseverfahren zur Anwendung kommen werden.

Parallel zu dieser Entwicklung machen Neurowissenschaftler sich anheischig, die Prognose von Straftätern aus deren Hirnströmen herauslesen zu können. Ein Pädophiler möchte vorzeitig aus der Haft entlassen werden. Man zeigt ihm kinderpornografische Aufnahmen und scannt währenddessen sein Gehirn. Zeigen sich in bestimmten Hirnarealen Anzeichen von Erregung, bleibt er drin. Der amerikanische Hirnspezialist James Fallon hat jahrelang Verbrecher in den Computertomographen geschoben und die Besonderheit ihre Hirne betont. Er war, ganz ähnlich wie Richard Berk, davon überzeugt: Nicht der Mensch entscheidet, ob er zum Verbrecher wird, die Natur bestimmt es schon vor seiner Geburt. Dann entdeckte er eines Tages im Rahmen einer Versuchsreihe, an der er selbst teilgenommen hatte, dass eine Aufnahme seines eigenen Gehirns genau dieselben Auffälligkeiten aufwies. »Mir war sofort klar, dass meine Theorie falsch sein musste«, erinnert er sich. Warum war er kein Verbrecher geworden, obwohl er doch die Veranlagung dazu offensichtlich mitgebracht hatte. Er sagt heute: Eine liebevolle Umgebung lässt eine solche Veranlagung nicht zum bestimmenden Faktor in einem Lebenslauf werden. Besonders seiner Mutter habe er es zu verdanken, dass er nicht zum Gewalttäter und Verbrecher wurde. Heute gehört er zu den Wissenschaftlern, die davon ausgehen, dass das Zusammenspiel von Veranlagung und sozialer Umgebung dafür verantwortlich ist, wie sich ein Mensch entwickelt.

Diese aus eigener Betroffenheit resultierende Korrektur seiner Position hält Fallon allerdings nicht davon ab, seine Forschungsergebnisse in den Dienst des Militärs zu stellen. Er hat nun herausgefunden, dass nicht alle Soldaten nach traumatischen Erfahrungen bei Kriegseinsätzen bleibende Schädigungen davontragen. Manche erholen sich erstaunlich schnell. Er will diese resilienten Soldaten nun vorher herausfinden, damit das Militär sie gezielt für gefährliche Auslandseinsätze auswählen kann.

Der große Gerhard Mauz, jahrzehntelang Gerichtsreporter des *Spiegel*, hat vor vielen Jahren im Konflikt zwischen Anlage-Theoretikern und jenen, die bei der Frage nach den Ursachen von Kriminalität auf die sozialen Bedingungen verweisen, eine für mich bis heutige gültige Formulierung gefunden: »Doch angesichts der nicht endgültig zu erschließenden Rolle der Anlagen haben wir um den Einfluss der Umwelt auf die menschliche Entwicklung so zu ringen, als sei ohne jedes Gewicht, in welchem Umfang mit schwer, mit kaum und gar nicht entrinnbaren Anlagefaktoren gerechnet werden muss. Jeder und jede, die an die Justiz geraten, angeklagt oder auf das drängend, was sie oder er für ihr Recht halten – ist eine, ist einer von uns.«

ETHNOLOGIE DES INLANDS

Herr W.

In der Stadt treffe ich W., der sein halbes Leben im Gefängnis verbracht hat. Er war ein Einbrecher alter Schule und hat gelegentlich auch an Überfällen mitgewirkt. Altersbedingt hat er nun die Kriminalität an den Nagel gehängt und fristet seit einigen Jahren eine bescheidene Rentnerexistenz. Es ist ein Skandal, dass Gefangene im Gefängnis Jahre lang arbeiten, ja arbeiten müssen, aber bis auf den heutigen Tag keine Rentenansprüche erwerben. W. lebt mit seiner Freundin H. zusammen, die ihm manchmal gehörig auf die Nerven geht. Einmal erkundigte er sich bei mir, ob er nicht ab und zu mal für ein paar Wochen in den Knast zurückkehren und sich dort erholen könne. Der Knast biete doch den unschätzbaren Vorteil, dass er einem die Frauen vom Hals halte. Ich sagte ihm, dass ich mir vorstellen könnte, dass der Knast bei weiter sinkenden Gefangenenzahlen und einer chronischen Unterbelegung der Gefängnisse eines Tages ehemaligen Gefangenen diesen Service anbieten könnte. Neuerdings sei seine Lebensgefährtin sehr vergesslich und frage ihn alles drei Mal. Er fürchte, dass ihm irgendwann der Geduldsfaden reiße.

Heute war er im Begriff, an einem Automaten Geld abzuheben. »Wie ich sehe, hat die Resozialisierung gegriffen: Sie heben Geld mit der EC-Karte ab und nicht mehr wie früher mit einem 38er«, sage ich. Er lacht und legt mir die Hand auf die Schulter. »Jetzt mal Spaß bei Seite: Das Leben ist ganz schön hart. Wenn die Eltern nicht dafür sorgen, dass mer was Gescheites lernt in der Kindheit, hat man ein Leben lang die Arschlochkarte gezogen. Das kann ich dir sagen!«

Wir verabschieden uns und gehen unserer Wege.

Selfies mit Blutflecken
Zur Kritik des digitalen Somnambulismus

»Es war eine Zeit, in der man glaubte, dem Staat als Herrschaftsinstanz gegenüberzustehen, der den Bürgern gegen deren Willen Informationen entreißt. Diese Zeit ist längst vorbei. Heute entblößen wir uns aus freien Stücken.« *(Byung-Chul Han)*

Die *taz* vom 16. November 2015 erschien mit einem Titelbild, das eine hübsche junge Französin zeigt, die an einem der Anschlagsorte vom Freitagabend ihre Trauer zum Ausdruck bringt. Unterm rechten Arm trägt sie einen in Papier eingeschlagenen Blumenstrauß, den sie dort niederlegen möchte. In der rechten Hand hält sie ihr Smartphone. Bin ich der einzige, den dieser Umstand stutzig macht und befremdet?

Sind diese Geräte bereits so sehr im Körperschema junger Leute verankert, dass sie selbst in so einem Moment nicht auf sie verzichten können? Sie nehmen den Widerspruch nicht einmal mehr wahr, der zwischen ihrem Gemütszustand und ihrer Vernetzung besteht. Oder besteht da möglicherweise gar kein Widerspruch? Selbst am Ort eines mörderischen Anschlags müssen sie *online* sein und wollen keine eingehende Nachricht verpassen. Direkt nach den Anschlägen, so war zu hören, soll in Paris das Handynetz zusammengebrochen sein, weil den Leuten nichts Besseres einfiel, als zu telefonieren, zu simsen oder Fotos zu posten. Selfies mit Anschlagsopfern und Blutflecken. Auch das seit dem Tod von Lady Diana zu einem Ritual gewordene Niederlegen von Blumen und Aufstellen von Kerzen an Tatorten finde ich befremdlich. Es sind mehr und mehr mediengerechte Inszenierungen. Man legt an einem Blumenabwurfplatz Blumen ab in der Gewissheit, dass daraus ein Foto wird. Trauer ist – oder war einmal – ein innerer Vorgang, und auch da, wo sie in Trost spendender Gemeinschaft stattfindet, ist sie eher still und weltabgewandt. Alles andere ist ein über Facebook inszeniertes mediales Spektakel, das Trauer demonstrieren soll, wo in Wahrheit keine ist. Die psychisch erkalteten Geldsubjekte bekommen medial eine Schablone dafür geliefert, wie Trauer und Anteilnahme auszusehen haben: Tränen, Blumen, Kerzen und jede Menge über sogenannte soziale Netzwerke verbreitete Betroffenheitsbekundungen. Und natürlich Fotos, die zeigen, dass man dabei gewesen ist. Zum ersten Mal bin ich auf dieses Phänomen aufmerksam geworden, als die Deutschtürkin Tugce in Folge einer nächtlichen Auseinandersetzung in der Offenbacher McDonalds-Filiale gestorben war. In einer beinahe obszönen Weise wurde ihr Tod medial in Szene gesetzt und vermarktet. Die Medien machten aus ihr den »Engel von McDonalds«, und eine Teilnehmerin der Trauerfeier sagte mit tränenerstickter Stimme und feuchten Augen in eine der zahlreichen Mikrofone und Kameras: »Ihr Herz war zu groß für ihren Körper.« Ein Satz, der nach Facebook klingt. Mich störte das Eventhafte, die öffentliche Inszenierung ihres Todes als Facebook-Party. Als hätten die Eltern den Tod ihrer Tochter an einen Privatsender verkauft, der nun alles weitere fernsehgerecht arrangiert und vermarktet – eine geradezu obszöne mediale Präsentation eines gewaltsamen Todes. Dazu passt, dass die *Bild*-Zeitung Ort und Zeit der Trauerfeier bekanntgibt. Während man drinnen im Krankenhaus an Tugces 23. Geburtstag die Maschinen abstellte, die sie nach ihrem Hirntod am Leben hielten, versammelten sich draußen tausende von Menschen mit Kerzen und bildeten mit Windlichtern den Namenszug Tugce. Dann hielten sie ihre Kerzen hoch, der an den Fenstern stehenden Familie entgegen. Die Familie oben macht das Licht aus. Die unten sehen, wie die Mutter und die Brüder herunterschauen. Der Vater muss sich oft abwenden, weil er von Gefühlen überwältigt wird.

Der gerade gestorbene Psychoanalytiker Arno Gruen hat sich in seinem Buch *Der Wahnsinn der Normalität* mit dem zeitgenössischen Krankheitsbild der Psychopathie auseinandergesetzt. Der Psychopath bietet nach außen das Bild eines angepassten, vollkommen normalen Menschen. Aber der psychisch frigide Mensch trägt lediglich eine Maske geistig-seelischer Gesundheit, die aus der Nachahmung menschlicher Gefühle und Regungen besteht. Er verhält sich wie ein Schauspieler, der auf der Schauspielschule gelernt hat, wie man Entsetzen, Staunen, Trauer oder Verliebtheit mimisch und gestisch darstellen und ausdrücken kann. Die Welt ihrer wahren Empfindungen ist ihm gänzlich fremd geblieben. Auf der Basis erfahrener Bindungslosigkeit konnten sich die klassischen seelischen Instanzen und psychischen Strukturen nicht ausbilden. Die Familie ist nicht mehr die Vermittlungsagentur zwischen Gesellschaft und Individuum, sondern die Gesellschaft hat das Individuum gewissermaßen unmittelbar in die Hand genommen; und dadurch, dass ihm die schützende Membran der Familie entzogen wird, wird es nicht mehr zum Individuum im alten Sinn. Playstation und Smartphone stellen eine größere Autorität dar als Vater und Mutter. Psychopathie ist durch den Verlust dessen gekennzeichnet, was man Innerlichkeit, Selbst und Person genannt hat. Von ihrem Inneren abgetrennt, tragen Psychopathen alles nach außen und reagieren prompt auf Signale ihrer Umwelt. Statt menschlicher Substanz wird das äußere Erscheinungsbild, die Fassade gefördert. David Riesman hat davon gesprochen, dass den Kindern durch ihre Eltern ein »innerer Kreiselkompass« eingepflanzt wurde. Er verschaffte den »innengeleiteten Menschen« Orientierung und hielt sie auf Kurs. Konformes Verhalten wurde über den Umweg der geprägten Innerlichkeit hergestellt. Heute wird der innere Kreiselkompass outgesourced und in das Smartphone verlagert. Was ich zu tun oder zu lassen habe, sagt mir nicht länger die Stimme des Gewissens, sondern der Abgleich mit den anderen – via soziale Medien. Deswegen greift es zu kurz, wenn ich oben gesagt habe, dass die Leute ihre Smartphones ständig und überall mit sich führen, weil sie keine Nachrichten verpassen wollen. Es ist viel dramatischer. Die Smartphones sind psychische Prothesen, Ich- und Selbst-Prothesen. Sie sind ihr Zentrum und ihre verhaltenssteuernde Instanz. Das Wesen des in Bildung begriffenen neue Menschentypus' besteht darin, dass er keine eigenen Erfahrungen mehr macht, sondern sich alle Erfahrungen von übermächtigen gesellschaftlichen Instanzen und Apparaten vorgeben lässt und der es eben darum zur Ichbildung, zur ›Person‹ überhaupt nicht mehr bringt. Die Gesellschaft geht bei der Herstellung konformen Verhaltens nicht länger den Umweg über die Innerlichkeit, was Unwägbarkeiten und Gefahren mit sich bringt, sondern nimmt die Menschen umweglos und direkt in Regie. Es sind die sogenannten sozialen Netzwerke, die den heutigen Subjekten sagen, was sie zu tun und zu lassen haben. »Geht jetzt massenhaft trauern und legt

Blumen an den Tatorten nieder!«, hieß es direkt nach den Anschlägen. Anfang der nächsten Woche lautete die Parole plötzlich: »Wir müssen ›unsere Art zu leben‹ verteidigen. Versteckt euch nicht, geht wieder aus, besucht Cafés, Bars und Kneipen. Amüsiert euch!« Nach dem Schock der Terroranschläge auf das *World Trade Center* hatte es noch eines präsidialen Befehls bedurft: »Amerikaner, geht einkaufen!«, forderte George W. Bush seine Landsleute auf, um die Rückkehr zur Normalität einzuläuten. Heute läuft so etwas ohne Regierungsbeteiligung über die sogenannten sozialen Netzwerke. Wir können an diesem Beispiel den Übergang zu einem neuen Typus von Macht und Herrschaft erkennen, der nach außen hin eine smarte, freundliche Form annimmt. Die ihm Unterworfenen erleben das neue Herrschaftssystem gar nicht mehr als von außen auferlegte Herrschaft, sondern als Ausdruck ihrer freien Selbstbestimmung. Damit wird Macht auf eine neue Weise unsichtbar und unangreifbar. »Das unterworfene Subjekt ist sich hier nicht einmal seiner Unterworfenheit bewusst. Es wähnt sich in Freiheit. Diese Herrschaftstechnik neutralisiert den Widerstand auf eine sehr effektive Art und Weise. Wogegen Protestieren? Gegen sich selbst?« (Byung-Chul Han)

Wahrhaft prophetisch hat Adorno bereits in den 40er Jahren des 20. Jahrhunderts über die Repräsentanten der »Radiogeneration« etwas geschrieben, was heute für die »Smartphone-Generation« erst recht gilt: »Glück heißt für sie weithin: sich einpassen, das können, was alle können, das noch einmal tun, was alle tun. Sie sind illusionslos. Sie sehen die Welt endlich, wie sie ist, aber um den Preis, dass sie nicht mehr sehen, wie sie sein könnte. Darum fehlt es ihnen auch an Leid. Sie sind ›abgehärtet‹ im physischen und im psychologischen Sinn. Ihre Kälte ist eines ihrer hervortretendsten Merkmale, kalt fremdem Leiden gegenüber, aber auch sich selbst gegenüber. Ihr eigenes Leiden hat so wenig Macht über sie, weil sie sich kaum daran zu erinnern vermögen: es vergeht so, wie der nach der Narkose erwachte Patient von den Schmerzen der Operation nichts mehr weiß.«

Vielleicht müssen wir durch eine Phase der digitalen Vereinsamung und psychischen Verelendung hindurch, bevor sich eines Tages wieder Bedürfnisse nach der Rückeroberung der Wirklichkeit und lebendigen Erfahrungen ausbilden. Die sinnliche Dichte der Welt ist im Begriff zu verschwinden; die wahrgenommene Wirklichkeit ist ihrer sinnlichen Qualitäten entkleidet, kaum noch ist irgendwo leibliche Anwesenheit erforderlich. Der Alltag verödet zusehends, er wird erfahrungsarm und monoton. Alle sind vernetzt und gleichzeitig sind die Menschen durch Abgründe voneinander getrennt und gegeneinander isoliert – digitale Autisten. Die Menschen kommunizieren ununterbrochen und haben sich doch nichts zu sagen. Es herrscht ein ständiges virtuelles Gemurmel ohne jede Bedeutung. Noch stehen die Leute Schlange, wenn ein neues Handymodell auf den Markt kommt. Sie kommen selbst auf für das Anlegen einer elektronischen Fußfessel, die ihre permanente Ortung erlaubt. Die digitale Vernetzung hat eine Gesellschaft vollkommener Überwachung hervorgebracht. *Google* und *Facebook* verwandeln die Gesellschaft in ein digitales Panoptikum, in dem keine Freiheit möglich ist. Perverser Weise erleben die Menschen ihre Versklavung und Verarmung als Freiheit.

Neulich hörte ich auf *Deutschlandradio Kultur* einen Beitrag aus der Reihe *Alltag anders*, in der Korrespondenten aus allen möglichen Weltgegenden über Facetten des dortigen Alltagslebens berichten. In diesem Beitrag ging es um das Thema Smartphone. Das Erschreckende war, dass es aus Peking, London, Singapur und Mexiko übereinstimmend hieß: Jeder hat ein Smartphone, führt es überall mit sich und lässt es nicht aus den Augen. In öffentlichen Verkehrsmitteln in Peking gibt es kaum jemand ohne Smartphone, in London sitzen vier Menschen um einen Tisch und speisen und beschäftigen sich nicht miteinander, sondern mit ihren Telefonen. In Singapur gehen die Menschen durch die Stadt und laufen Gefahr, überrollt zu werden oder zusammenzuprallen, weil sie unentwegt auf ihre Smartphones starren und wie Somnambule unterwegs sind. Der Titel der Sendung wird durch den Inhalt widerlegt: Nicht *Alltag anders*, sondern *Alltag homogen* müsste es heißen. »Das Schönste in Tokio ist McDonald‹s. Das Schönste in Stockholm ist McDonald‹s. Das Schönste in Florenz ist McDonald‹s. Peking und Moskau haben noch nichts Schönes«, sagte Andy Warhol Mitte der 1970er Jahre. Das ist inzwischen anders: Auch Moskau und Peking sind in die Welteinheitskultur eingemeindet worden, haben ihre McDonald-Filialen und sind online. Es scheint sich um eine planetarische Seuche zu handeln. Die ganze Welt befindet sich im Datenrausch. Die Enthüllungen von Edward Snowden haben daran nichts geändert. Die Leute wissen Bescheid, ändern aber ihr Verhalten nicht. Sie liefern sich begeistert den Überwachungspraktiken aus und leisten weiter freiwillig Spitzeltätigkeiten.

Auch diejenigen Menschen, die noch keinen Zugang zu Internet und Handys haben, sehnen sich danach, möglichst bald vernetzt zu werden. Als Überbleibsel aus dem analogen Zeitalter kommt es mir so vor, als würden wir Zeugen einer anthropologischen Mutation: der *homo sapiens* entwickelt sich unter unseren Augen zum *homo telephonans*, wie es der Historiker Christian Meier treffend formuliert hat. Schon berichten Neurowissenschaftler, dass der sogenannte Handy-Daumen zu nachweisbaren Veränderungen im Gehirn führt. Die Menschen verwandeln sich in Anhängsel der von ihnen selbst geschaffenen Geräte und Maschinen, bis sie selbst zu Maschinen werden.

Gerade las ich in der *Süddeutschen Zeitung* vom 30./31. Januar 2016 ein Interview mit der amerikanischen Psychologin Sherry Turkle. Sie plädiert im privaten wie im geschäftlichen Umfeld für eine Beschränkung des Smartphone-Gebrauchs und eine Rückkehr zu Formen der direkten Kommunikation. »In den letzten 20 Jahren ist die Empathiefähigkeit von Studenten um 40 Prozent gesunken. Ich fürchte, dass wir in fünf bis sieben Jahren einen unglaublichen Anstieg an Autismus beobachten werden«, warnt sie. »Sie glauben doch nicht im Ernst, dass sich der Trend zur elektronischen Kommunikation heute noch umkehren lässt?«, fragt die SZ-Redakteurin entgeistert, und Frau Turkle antwortet: »Aber man kann trainieren, eine Stunde von Angesicht zu Angesicht zu reden, ohne Telefon. Wir können das noch drehen.«

Soweit haben wir es schon gebracht: Man muss trainieren, eine Stunde mit einem leibhaftig anwesenden Menschen reden zu können, ohne Vermittlung eines Gerätes!

Mein Traum: Kurz vor der Verwandlung lebender Menschen in digitale Zombies bricht eine Revolte aus. Die Menschen werfen ihre Handys, Tablets und Laptops aus dem Fenster, sie verlassen ihre Häuser und entdecken das fast schon in Vergessenheit geratene Glück der leibhaftigen, direkten Begegnung. Sie beginnen, ohne Dazwischentreten eines Gerätes unmittelbar miteinander zu kommunizieren, sich zu begegnen. Mütter und Väter gehen mit ihren Kindern in den Park, ohne auf dem Smartphone herumzuwischen oder in ihre Handy hineinzusprechen. Menschen in öffentlichen Verkehrsmitteln sehen sich an und beginnen, miteinander zu reden. Sie entdecken das Glück, allein und unüberwacht durch die Straßen zu gehen, die Umgebung mit ihren Sinnen wahrzunehmen oder still den Gedanken nachzuhängen, zu denen man durch die Wahrnehmung der Umgebung und der Mitmenschen angeregt wird. Ich träume von einer Revolte gegen den Horror eines spurenlosen Lebens, das leibliche Anwesenheit, sinnliche Dichte und Markanz eingebüßt hat.

ETHNOLOGIE DES INLANDS

Schrille Schreie

Gerade als ich dabei war, meine morgendlichen Schreibübungen zu absolvieren, drang von der Straße das schrille Schreien eines Kindes zu mir herauf. Ich weiß nicht mehr, wann das angefangen hat, aber seit einiger Zeit stoßen kleine und kleinste Kinder grauenhaft schrille Schreie aus, und zwar einfach so, also ohne erkennbaren Anlass. Man hört ja, ob ein Kind weint, weil es leidet, traurig oder verängstigt ist, oder ob seine blinde, namenlose Wut herausschreit. Das Schreien, von dem ich spreche, ist ein solches Wutgebrüll. Es muss in und bei heutigen Kindern eine große Menge an Wut existieren. Vielleicht ist es aber auch ihre Art, auf sich aufmerksam zu machen, den übrigen Lärm um sie herum zu übertönen. Vielleicht vermittelt es ihnen ein frühes Gefühl, Macht über ihre Umgebung ausüben zu können. Erinnern Sie sich an die Schreie des Oskar Matzerath in der Verfilmung des Grass-Romans *Die Blechtrommel*? Als Oskar sich an seiner Trommel verletzt, und man versucht, sie ihm zu entreißen, tritt zum ersten Mal seine Fähigkeit in Erscheinung, Glas zu zerschreien. Die Glasscheibe der Standuhr geht zu Bruch, später, als er gelernt hat, sich seiner Fähigkeit zu bedienen, noch einiges mehr. An diese Schreie erinnern die Schreie heutiger Kleinkinder. Am Samstag auf dem Markt zum Beispiel: Eine Mutter tätigt am Gemüsestand ihre Einkäufe. Urplötzlich fängt ihre vielleicht dreijährige Tochter neben ihr an, diese spitzen Schreie auszustoßen. Die Mutter schien das bereits gewöhnt, denn sie zeigte keinerlei Reaktion. Die Erwachsenen rund herum wichen zurück und hielten sich die Ohren zu. Die Schreie sind durchaus geeignet, Trommelfelle zu schädigen. Ich kenne eine Lehrerin, die ihren Arbeitsplatz nur noch mit Ohrenstöpseln betritt. Ich vermute mal, dass irgendein Kind irgendwann in irgendeinem Kindergarten damit angefangen hat, und dass sich dann diese Art zu schreien per Nachahmung wie eine Epidemie übers Land verbreitet hat. In der Pubertät gehen die kindlichen

Schreie in jene nicht weniger schrillen Jubelschreie junger Frauen über, die man aus Fernsehsendungen und Castingshows kennt und die seither als Ausdruck von jugendlicher Lebensfreude gelten. Auch jungen Männern gelingt es gelegentlich, von ihrer Normalstimme auf eine Falsettstimme umzuschalten. Auch sie stoßen nun bei bestimmten Anlässen solche Falsettjauchzer aus. Bleibt zu hoffen, dass diese Epidemien abklingen und leisere Daseinsbekundungen an ihre Stelle treten. Lärm haben wir wirklich genug.

Fluten, Wellen, Ströme
Wie wir über Flüchtlinge reden

»We are all waves of the same sea« *(Mark Tobey)*

In welchen Begriffen reden wir über Flüchtlinge? Welche Bilder und Metaphern verwenden die Medien? Was sagt das über uns selber aus? Welche politisch-gesellschaftlichen Umstände begünstigen Integrationsbemühungen, welche behindern sie eher? Was droht uns, wenn Integration misslingt? Mein Nachdenken über diese Fragen geschieht in der Form eines Tagebuchs von unterwegs.

Ostende – 1936

Den September verbringe ich im Süden der Niederlande und lebe in einem Wohnwagen auf der Halbinsel Walcheren. Nicht weit von hier, auf der anderen Seite der Schelde, haben sich Mitte der 1930er Jahre Flüchtlinge getroffen, die vor den Nationalsozialisten fliehen mussten. Joseph Roth, Stefan Zweig, Egon Erwin Kisch, Irmgard Keun, Ernst Toller und andere begegneten sich einen Sommer lang im belgischen Ostende. Volker Weidermann hat diesen Sommer in seinem Buch *Sommer der Freundschaft* zu schildern versucht. Dort erfährt man, dass Tollers Frau Christiane ihrem Mann stets einen Strick ganz oben in den Koffer packen musste, damit er jederzeit über eine »Exit-Strategie« verfügte, wie Wolfgang Herrndorf das später genannt hat. Am 22. Mai 1939 machte er Gebrauch von diesem Strick und erhängte sich in einem Zimmer des Hotels Mayflower in New York aus Verzweiflung über die in Spanien gescheiterten letzten revolutionären Hoffnungen und zermürbt von langer Schlaflosigkeit. Der Freund Klaus Mann notiert in sein Tagebuch: »Grosses Grauen; grosse Erschütterung. Erinnerungen; Vorwürfe; all das Versäumte – was nie wieder gutzumachen ist. – Das Grauenhafte für uns alle. Ich will es nicht tun. Es ist zu grauenvoll. Man muss aus allen menschlichen Bindungen treten, ehe man es tut.« Die Druckwellen der Erschütterung, die dieser Tod für die deutschen Intellektuellen und Schriftsteller im Exil darstellte, waren noch in Paris spürbar. Joseph Roth, der inzwischen dort lebte, brach, als er vom Tod Tollers erfuhr, zusammen und starb wenige Tage nach ihm in einem Armenspital.

Frühe Prägungen

Ältere Schichten der Seele geben merkwürdige Inhalte frei, sobald man verborgene Türen der Erinnerung öffnet. Das Wort Flüchtling hörte ich als Kind wohl zum ersten Mal, als davon die Rede war, dass es einem Familienmitglied gelungen war, aus russischer Gefangenschaft zu fliehen. Auf abenteuerlichen Wegen hatte sich G. nach Hause zu Frau und Kindern durchgeschlagen. Von Nachbarn hieß es, sie seien aus dem Sudetenland vertrieben worden und hätten »vor den Russen fliehen müssen«. Andere waren »ausgebombt« worden, ihnen war alles verbrannt. In meinem Inneren verbanden sich diese Erzählungen mit den Bildern aus dem Struwwelpeter, das das erste Buch war, mit dem ich in Berührung kam. Wenn von Bränden die Rede war, sah ich Paulinchen vor mir, die beim Zündeln verbrennt. Das ganze Mädchen steht in Flammen, am Ende bleibt von ihr nur ein Häufchen Asche zurück.

Diese frühen Erinnerungen sitzen im Kinderkörper, steigen gelegentlich an unerwarteten Stellen auf und machen dem aufgeklärten Erwachsenenbewusstsein zu schaffen. Das Bild »vom Russen« ist für eine ganze Generation von Kriegs- und Nachkriegskindern durch derartige Erzählungen geprägt. Bestimmte heutige Nachrichten oder Bilder bohren längst verschüttete Schichten unseres Bewusstseins oder Unbewussten an, die sich dann als Verstärker und Verzerrer an die gegenwärtig gesehenen Bilder anschließen oder sich über sie schieben. Ich gehe an der Hand des Vaters durch die Stadt, der angesichts eines am Boden sitzenden Bettlers sagt: »Unsereinem ist auch nichts in den Schoß gefallen.« Die vielen Geschichten über »Zigeuner«, die an der B3 zwischen Kassel und Marburg lagerten: »Sie entführen gelegentlich kleine blonde Kinder, um ihr

Blut aufzufrischen. Vorn an der Haustür liest einem eine Zigeunerin aus der Hand, während hinten die Bälger ins Haus einsteigen und den Schinken aus dem Rauch holen und das Tafelsilber stehlen.«

Über Ablehnung und Sympathie entscheiden häufig solche lebensgeschichtlich frühen Erfahrungen. Der eine wirft einem Bettler etwas in den Hut, der andere verspürt den Impuls, ihm den Hut wegzutreten. In manchen existieren beide Regungen parallel und kämpfen miteinander. Es gibt einen Faschismus weit unterhalb des Kopfes, der sich unserer Affekte und Sinne bemächtigt hat. Wie durch ein Steigrohr kommt er plötzlich an die Oberfläche unseres erwachsenen Bewusstseins, wenn uns zum Beispiel ein bestimmter Geruch in die Nase steigt oder ein bestimmter Geschmack uralten Ekel auslöst. Im Unterbau der Seele gibt es diese archaischen Kindheitserinnerungen, und wer sie nicht spürt, dem ist nicht zu glauben.

Begrüßungsrituale

Seit Wochen sehe ich jeden Abend in der *Tagesschau* Polizisten, die, wenn sie Flüchtlinge in Empfang nehmen, Mundschutz und Gummihandschuhe tragen. Warum tun sie das? Man denkt unwillkürlich, dass die Fremden unter ansteckenden Krankheiten leiden, Pest und Cholera einschleppen. Man nähert sich ihnen wie Schmutz oder hochtoxischem Abfall. Was machen solche Fernsehbilder mit unserem Bewusstsein – und vor allem unserem Unbewussten? Und: Wie wirken Mundschutz und Gummihandschuhe auf die Ankömmlinge? Man berührt sie mit den spitzen Fingern des Ekels. Den Begleittext zu diesem Begrüßungsritual hörte ich im Fernsehen einen bayrischen Polizisten sprechen, der gerade eine syrische Flüchtlingsfamilie aus dem Auto eines ungarischen Schleusers herausgeholt hat: »Der Schleuser wird zur Bundespolizei verbracht, dort weiter bearbeitet und vernommen, dann auf Anordnung des Staatsanwalts einem Haftrichter vorgeführt und geht dann vermutlich in Untersuchungshaft. Die Flüchtlinge werden zur Bundespolizei transportiert, dort registriert und dann in eine Erstaufnahmeeinrichtung verbracht.«

Unmenschlichkeit kündigt sich in der Sprache an. Wer in einer verdinglichten Sprache (»sind zu registrieren, sind zuzuführen, müssen verbracht werden«) über Menschen redet, behandelt sie irgendwann auch wie Dinge. Als Amos Oz im Jahr 2014 den ersten Siegfried Lenz-Preis erhielt, sagte er im Interview mit der *Süddeutschen Zeitung*: »Ich habe eine bestimmte Verantwortung für die Sprache. Wenn sie missbraucht wird, ist es meine Pflicht loszubrüllen. Ich reagiere wie ein Rauchmelder. Wenn Menschen als ›unerwünschte Ausländer‹ bezeichnet werden oder als ›Parasiten‹, muss ich Alarm schlagen. Denn eine enthumanisierte Sprache ist das erste Indiz für eine enthumanisierte Gesellschaft.«

Victor Klemperer hat dem Nachweis dieses Zusammenhangs sein Lebenswerk gewidmet.

Fluten, Wellen, Ströme

Apropos Sprache: Wenn von den Flüchtlingen gesprochen wird, ist von *Flüchtlingsströmen*, einer *Asylantenschwemme*, von *Wellen, Ansturm, Flut* die Rede. Diese Begriffe legen nahe, dass wir uns dagegen schützen, zur Wehr setzen, Dämme errichten müssen, sonst gehen wir unter, werden wir überschwemmt, überflutet. Lloyd deMause und Klaus Theweleit haben gezeigt, dass die Verwendung von bestimmten Metaphern wenig über die solcherart Bezeichneten, aber viel über die Körpergeheimnisse, unbewussten Phantasien, Wünsche und Ängste derer aussagen, die sie verwenden. Die visuellen Botschaften der Leit-Medien repräsentieren laut deMause die *kollektive nationale Traumarbeit*. Sie wirken durch Titelbilder, Karikaturen, Schlagzeilen und filmische Darstellungen mit am Aufbau von »Gruppenphantasien«, die die Art und Weise prägen, wie Wirklichkeit wahrgenommen wird. Wer oder was droht da überflutet, überschwemmt zu werden? Wogegen werden Grenzzäune, Dämme und Barrieren errichtet?

Klaus Theweleit hat aus den schriftlichen Hinterlassenschaften der Freikorpsmänner der frühen 1920er Jahre ein Psychogramm des Faschisten und des Faschismus herausgelesen. Fast alles, was Theweleit dort gefunden und in seinem zweibändigen Buch *Männerphantasien* beschrieben hat, finden wir nun auch bei den zeitgenössischen Rassisten und Ausländerfeinden wieder. Aber eben nicht nur bei diesen, sondern auch in den Bildern und Metaphern, die in der medialen Berichterstattung über die Völkerwanderung der Armen verwendet werden. Die Dämme und Begrenzungen, die eingeführt werden, um die Ausländerflut zu stoppen, werden auch gegen das eigene Unbewusste errichtet. Die Bedrohung, die man im anderen zu sehen glaubt, ist ursprünglich im eigenen Inneren zu finden. Der gefürchtete Fremde ist die Verkörperung dessen, was wir auf dem Weg ins Erwachsenenalter verdrängen mussten und das uns in der Folge fremd geworden ist. Die Begegnung mit ihm löst Angst aus und es muss durch allerhand Abwehrmaßnahmen in Schach gehalten werden. Freud sprach im Anschluss an Jean Paul vom Unbewussten als dem »wahren inneren Afrika«, das wir in uns tragen und in dem das Ich seine Kolonien errichtet. Die Fremden, die nun zu uns kommen, sind also auch Sendboten jenes dunklen Kontinents, den wir in uns tragen. »Äußeres weist innen auf Verschüttetes«, hat der Schweizer Schriftsteller Reto Hänny einmal geschrieben, und diese Verzahnung von Innerem und Äußeren ist es, die den vermeintlichen Abwehrkampf gegen die Flüchtlinge psychisch antreibt. Um das Verschüttete unter der Schwelle des Bewusstseins zu halten, geht man gegen das Äußere vor, das es symbolisiert.

»Freude aus Verunsicherung ziehen«

Die Vehemenz der Abwehrreaktion hängt ab vom Ausmaß der Verdrängung, die ein Mensch leisten muss. Wer das Glück hatte, nicht autoritär erzogen und »zur Sau gemacht« worden zu sein, der wird die Zuwanderung gelassen sehen und die mit ihr verbundenen Schwierigkeiten nüchtern analysieren können. Vielleicht wird er es sogar gelernt haben, »Freude aus Verunsicherung zu ziehen« und kann die Zuwanderung als kulturelle und soziale Bereicherung erleben. Christa Wolf hatte die Formulierung »Freude aus Verunsicherung zu ziehen« in ihrer *Frankfurter Poetikvorlesung* gebraucht und mit der skeptischen Frage verbunden: »Wer hat uns das je beigebracht?« Je traditioneller ein Mensch geprägt ist, je mehr man ihn in einen Charakterpanzer gezwängt hat, desto schwerer wird er sich damit tun, angesichts von Neuem und Unbekanntem Freude zu empfinden.

Seit die sogenannte »Willkommenskultur« hegemonial geworden ist, sogar Angela Merkel sich die Parole »Wir schaffen das!« zu eigen gemacht und BILD die Aktion »Flüchtlinge willkommen« gestartet hat, fühlen sich die Ausländerfeinde nicht mehr so von oben ermuntert, wie sie es bislang gewohnt waren. Von den neuen Flüchtlingsfreunden wird zur

Begründung auf den ökonomischen Nutzen verwiesen, den die Bundesrepublik aus der Zuwanderung ziehen kann. Die Flüchtlinge sind überwiegend jung und füllen die Alterspyramide im unteren Bereich auf. Die Wirtschaft klagt über einen »Fachkräftemangel« und Hunderttausende unbesetzter Arbeitsplätze. Ifo-Präsident Hans-Werner Sinn möchte die Gunst der Stunde nutzen und sich einen lang gehegten Wunsch erfüllen und den Mindestlohn senken. In einem Beitrag für die *Wirtschaftswoche* schreibt er: »Um die neuen Arbeitskräfte in den regulären Arbeitsmarkt zu integrieren, wird man den gesetzlichen Mindestlohn senken müssen, denn mehr Beschäftigung für gering Qualifizierte gibt es unter sonst gleichen Bedingungen nur zu niedrigerem Lohn.« Bestimmte Kapitalfraktionen sehen in den Flüchtlingen Nachschub für den »Arbeiterstrich«, auf dem man sich je nach konjunktureller Lage kurzfristig mit billigen Arbeitskräften eindecken kann. Die Flüchtlinge dienen als Reservearmee und Druckmittel gegen Lohnforderungen. Massive Zusatzkosten für die Bewältigung der Flüchtlingskrise werden schon bald von der Politik als Grund genannt werden, warum für andere Belange kein Geld mehr da ist. »Dann wird es heißen, für Kita-Erzieherinnen, Schwimmbäder, Theater und Schulen ist kein Geld da, weil die Flüchtlinge ja so teuer sind. Und man muss nur eins und eins zusammenzählen, um sich auszumalen, wie dies von der momentan noch sehr solidarischen Öffentlichkeit aufgenommen werden dürfte«, schrieb Jens Berger am 14. September auf den *Nachdenkseiten*.

Wie auch immer der Umschwung in der Haltung den Flüchtlingen gegenüber motiviert sein mag, er kann eine nicht zu unterschätzende, gewaltmindernde Wirkung haben. Denn je autoritärer jemand strukturiert ist, desto wichtiger ist es für ihn, sich in seinem Denken und Handeln im Einklang mit der Obrigkeit zu befinden. Die Hegemonie der Ausländerfreunde hat allerdings auch zur Folge, dass ausländerfeindliche und rassistische Positionen sich in den Untergrund des Stammtischgeredes und privaten Meinens zurückziehen. Dort entwickelt sich ein Schwarzmarkt grummelnder Ressentiments. In Gießen hörte ich neulich auf dem Wochenmarkt einen Metzger in breitestem Hessisch zu einem seiner Kunden sagen: »Secht mer mal ebbes, wird mer gleich in die Eck gestellt. Vor einem Lotto-Geschäft in der Fußgängerzone sah ich zwei Männer stehen, so um die sechzig Jahre alt. Die Hände hielten sie auf dem Rücken verschränkt, die Hemden spannten über den Bäuchen. Als eine Gruppe junger Migranten vorüberging, sagte der eine: »Es werden immer mehr von denen.« Der andere stimmte zu: »Es sind jetzt schon viel zu viele ins Land gekommen und es kommen täglich mehr.« »Ich hab gehört, die Filiale eines Discounters muss schließen, weil die den Laden leerklauen«, sagte der Erste. »Wir brauchen einen kleinen Adolf«, schlussfolgerte der Zweite. Der Erste stimmte ihm zu und ergänzt: »Zu klein darf er aber auch nicht sein. Er muss schon durchgreifen und den Saustall ausmisten.«

Wenn es nicht gelingt, diese Ressentiments zu korrigieren und in eine aufklärerische Richtung zu bringen, könnte sich der Schwarzmarkt zu einer echten Bedrohung der Demokratie auswachsen. Es muss nur ein Charismatiker auftauchen, der den grassierenden Privatwahn verallgemeinert und zum politischen Programm erhebt. Das hatten wir schon einmal.

Migration und Solidarität

In basal auf Kälte, Konkurrenz und Feindseligkeit gestimmten Gesellschaften, wie es die kapitalistischen Gesellschaften vor allem nach der im Namen des Neoliberalismus betriebenen Planierung des Sozialstaats sind, droht der unorganisierte Zustrom fremder Menschen trotz aller ausländerfreundlichen Rhetorik in einem Desaster, in Pogromen und rassistischer Gewalt zu enden. Die anarchische Form der kapitalfixierten Globalisierung ruft nun eine ebenso anarchische Globalisierung auf Seiten der lebendigen Arbeitskraft hervor, die auch dahin strömt, wo sie ein besseres Leben vermutet. Die Flüchtlinge dehnen die freie Waren- und Geldzirkulation auch auf Menschen aus. Warum soll Grenzüberschreitung und Vorteilnahme in der Fremde ein Privileg des Kapitals und des Geldes sein? Die Menschen, die nicht vor Krieg und Bürgerkrieg, Folter und Misshandlung fliehen, sondern weil sie sich woanders ein besseres Leben versprechen, verkörpern den Typus des modernen Arbeitsnomaden, der hochmobil und flexibel dahin geht, wo er, beziehungsweise seine Arbeitskraft, gebraucht wird – oder wo er annimmt, dass sie gebraucht wird. Unser Wohlstand basiert auf ihrem Elend, es sind zwei Seiten einer Medaille. Und wer will es ihnen verübeln, wenn sie auch einmal die andere

Seite kennenlernen wollen? Sie werden – am Ziel ihrer beschwerlichen Wanderung angekommen – die schmerzliche Erfahrung machen, »dass es kein Deutschland gibt«, nicht einmal in Deutschland und für die meisten Deutschen. Und schon gar nicht für die Migranten und Flüchtlinge. Zehn Prozent der deutschen Bevölkerung verfügen über rund 60 Prozent des Gesamtvermögens, Tendenz steigend, die anderen neunzig Prozent teilen sich den Rest. Die unteren dreißig Prozent verfügen über gar kein Vermögen oder sind sogar verschuldet. Sie verkörpern die Zukunft der meisten Flüchtlinge, die bei ihnen auch – im Sinne einer Armutskonkurrenz – auf die größte Ablehnung und Feindseligkeit stoßen.

Bei der gegenwärtigen Wanderungsbewegung scheint es so etwas wie einen telekommunikativen Mitnahmeeffekt zu geben: Die zu Hause Gebliebenen empfangen per Smartphone Nachrichten und Bilder von denen, die sich auf den Weg gemacht haben und bereits angekommen sind. Heute wird das »globale Dorf« Wirklichkeit, von dem Marshall McLuhan bereits 1962 in seinem Buch *Die Gutenberg-Galaxis* gesprochen hatte. Via Echtzeit lassen die Medien den Raum verdampfen und die Entfernungen schrumpfen. Es existiert eine virtuell erzeugte Gleichzeitigkeit, die auch an der Herausbildung der Flüchtlingsströme der Gegenwart maßgeblichen Anteil hat. Natürlich bildet deren Hintergrund der kriegsbedingte Zusammenbruch der Staaten im Nahen und Mittleren Osten, aber initiiert wurde und wird die neue Völkerwanderung durch medial erzeugte und verbreitete Bilder. Die moderne Wanderungsbewegung wäre nicht möglich ohne die telekommunikativ ermöglichte Anwesenheit der anderen, die ihre Nachrichten und Bilder in die Welt schicken. Dieser Tage sah ich in einer Nachrichtensendung einen Flüchtlingsjungen aus einem Boot ins ufernahe Wasser springen. Die rechte Hand, in der er sein Handy hielt, reckte er hoch, um es vor der Berührung mit dem Wasser zu schützen. Natürlich dienen die Smartphones und die darauf installierten Flüchtlings-Apps der Aufrechterhaltung des Kontaktes zu zurückgelassenen Familienangehörigen und Freunden. Sie transportieren aber auch die Botschaft von der Möglichkeit und dem Gelingen der Flucht und verbreiten die Bilder der Ankunft in einer Gesellschaft, die ein »schönes Leben« verspricht. Das zieht neue Fluchten nach sich. Damit wir uns nicht missverstehen: Ich stimme nicht in den bescheuerten Satz und Pegida-Kalauer ein, der da lautet: »Die haben ja sogar Smartphones!« Ich schließe mich Adriano Sofri an, der über den kleinbürgerlichen Ausruf: »Die Gefangenen haben doch sogar Fernsehen« gesagt hat: »Die haben nur Fernsehen – wie alle Unglücklichen dieser Welt!«

Geschähe die Massenmigration innerhalb einer solidarischen Welt, in der gegenseitige Hilfe und Beistand für Schwächere oberste Prinzipien wären, wäre das Ganze wahrscheinlich kein Problem. Ernst Jünger hat anlässlich der Diskussionen um die Kosten der deutschen Wiedervereinigung einmal gesagt, man dürfe, wenn ein Bruder an die Tür klopft, nicht nach den Kosten fragen. So wäre das, allerdings ohne die spezifisch Jünger'sche Verengung des Begriffs »Bruder« auf das männliche Geschlecht, den soldatischen Kameraden und deutschen Volksgenossen, in einer solidarisch-egalitären Gesellschaft, die nicht mehr in ethnischen Kategorien dächte und handelte, sondern in Begriffen einer einzigen Menschheit. Was verbindet all die über den Globus verstreuten Individuen? Die Tatsache, dass sie Menschen und damit letztlich Brüder und Schwestern sind. »We are all waves of the same sea« – wir sind alle Wellen vom selben Meer, ist ein Satz des amerikanischen Malers Mark Tobey, auf den ich in einem Text von Arnold Stadler stieß.

In einer solidarischen Welt würde in jedem Haus, in jeder Wohnung ein Zimmer für Fremde und Flüchtende freigehalten, ein Gästezimmer, wie man früher sagte.[1] *Nationale Identität* ist ein überholtes Konzept

---

[1] Neulich schrieb mir die in Frankreich lebende Schriftstellerin Birgit Vanderbeke einen Brief, in dem sie in bissig-ironisierender Weise die Zustände in Frankreich nach den Attentaten von Paris am 13.11.2015 und die politischen Reaktionen auf sie schildert. Zum Stichwort »westliche Werte« heißt es im Postskriptum: »Was die westlichen Werte betrifft, gibt es in den letzten Wochen eine interessante Entwicklung in Deutschland. Während nämlich jegliche Demonstrationen – auch z. B. anlässlich der Klimakonferenz in Paris – in Frankreich strikt untersagt sind, wird beim Nachbarn geradezu dazu aufgerufen. Allerorten werden die Bürger mit Nachdruck zu Mut und zur Bekundung ihrer Lebensfreude ermuntert, die sie möglichst durch den massenhaften Besuch von Weihnachtsmärkten und den Genuss von Glühwein auf denselben manifestieren sollen. So kann's kommen. Noch bis vor kurzem galt Glühwein eigentlich eher als anrüchig, ein zusammengepanschtes Alkohol-Mischgetränk mit hohem Zuckeranteil und auch sonst bedenkliches Zeug zum Kopfschmerzenkriegen, aber inzwischen kann man keine politische Redesendung mehr einschalten, ohne dass einem mindestens einer der Teilnehmer eilig erklären, er jedenfalls würde sich den Genuss dieses Getränks keinesfalls versagen, weil die Weihnachtsmarkt- und Glühweinversagung genau das sei, was der islamistische Feind im Schilde führe: unsere

und organisiert uns falsch: Entscheidend ist nicht, ob jemand Chinese, Eritreer, Syrer oder Deutscher ist, sondern ob er für das Leben und das Lebendige eintritt. In einer solidarischen, egalitären Gesellschaft mit Freundlichkeit als vorherrschendem Kommunikations- und Umgangsstil würde den Menschen nicht mehr so viel Bosheit eingepresst, die sie im Vorurteil gegen Minderheiten und Fremde entweichen lassen müssen.

Bindungen als libidinöser Kitt der Gesellschaft und Antidot gegen Gewalt

Gewalt und Religion bestimmten die Formen der Integration in der feudalen Welt; die bürgerlich-kapitalistischen Gesellschaften setzen auf Geld, Markt (auch als Arbeitsmarkt) und Konsum als Modi der Integration; eine wahrhaft demokratische Gesellschaft würde stattdessen auf emotionale Bindungen, Solidarität und Empathie als Kräfte des gesellschaftlichen Zusammenhalts setzen. In Beziehung sein und bleiben, das ist das einzig wirksame Antidot gegen Gewalt und Zerstörung. Bindung bedeutet auch libidinöse Besetzung – von Menschen und Objekten. Das, wovon ich ein Teil bin und an das mich libidinös gebunden fühle, kann ich nicht schädigen oder gar zerstören wollen. Nun gehören emotionale Bindungen (wie Liebe und Zuneigung) zu jenen Qualitäten, die man nicht staatlicherseits verordnen kann. Eine Gesellschaft verfügt über sie und begünstigt ihre Ausbildung – Politiker wie Brandt und Palme zum Beispiel setzten auf menschliches Entgegenkommen und Solidarität – oder aber sie arbeitet an ihrer Zerstörung und sägt damit langfristig einen der Äste ab, auf denen sie selber sitzt. Für die Entwicklung spezifisch menschlicher Qualitäten wie Mitgefühl, wechselseitige Verantwortung und gegenseitige Hilfe ist es nicht unwichtig, in welcher gesellschaftlichen Umgebung man lebt. Ein funktionierender Sozialstaat begünstigt ihre Herausbildung, der von der Leine gelassene Markt

---

christliche Kultur zerstören! Uns das Trinken von Glühwein auf Weihnachtsmärkten austreiben! So weit wollen wir es bei aller Furcht und Besorgnis nicht kommen lassen, da leisten wir Widerstand! Darauf noch einen Glühwein!« (Der ganze Brief ist im Internet nachzulesen: *Der Spiegelfechter* vom 7. Dezember 2015)

ruiniert sie eher und entfesselt Mentalitäten und Haltungen der Feindseligkeit und Konkurrenz. Oskar Negt schreibt in seinem Buch *Philosophie des aufrechten Gangs*: »Zum ersten Mal in der Geschichte sind die wirtschaftlichen Mächte damit beschäftigt, in einer totalisierenden Warenproduktion Bindungen bewusst zu zerstören.« Zur gegenwärtigen Gesellschaft gehört der Imperativ, flexibel zu sein, was letztlich nichts anderes heißt, als ohne Bindungen zu existieren, weil Bindungen Flexibilität und Mobilität behindern. Die letzten Bastionen einer vorbürgerlichen Vergesellschaftungsform, einer gebrauchswert- und bedürfnisbezogenen Zwischenmenschlichkeit, die wie Inseln inmitten eines Meeres von Tauschabstraktionen lagen, werden geschleift. Das Tauschprinzip dringt in die Familie ein und löst ihre Bindekraft auf. Bindungslosigkeit droht zum allgemeinen Zustand zu werden, der libidinöse Kitt beginnt zu bröckeln. Diese Gesellschaft organisiert das Leben ihrer Mitglieder nur noch als sinn- und ziellosen individualistischen Konkurrenzkampf aller gegen alle. Jeder hat Angst, auf der Strecke zu bleiben, absolviert unbezahlte Praktika, arbeitet, sofern er einen Arbeitsplatz hat, bis tief in die Nacht, identifiziert sich mit seiner Firma, die ihn bei nächster Gelegenheit feuern wird. Nach Feierabend »gönnt man sich etwas«, kauft Klamotten, wirft irgendwelche Drogen ein, die die Stimmung aufhellen, surft stundenlang durchs Internet oder treibt Sport, um sich selbst zu optimieren und das Altern zu verhindern. Die berühmte und viel beschworene »westliche Wertegemeinschaft« besteht bei Lichte besehen aus einem Zugleich von Traditionsverlust, Entwurzelung und konsumistischem Nihilismus. Die Flüchtlinge sollen sich, so wird immer wieder gefordert, an unsere Kultur und Werte anpassen. Dabei tun wir so, als läsen unsere Mitbürger massenweise die Buddenbrooks, hörten Bach-Fugen und betrachteten Bilder von Max Beckmann. Die Wirklichkeit besteht aus Smartphone-Wischen, läppischen Whatsapp-Nachrichten, Oettinger-Bier, Marlboro Light, RTL 2 und Bild-Zeitung – wenn es dazu überhaupt noch reicht. Alles, was geblieben ist, ist eine wahrheitsvergessene, inhaltsleere Konsumkultur.

Gerade bei der Integration der Migranten müsste man aber auf die Entwicklung emotionaler Bindungen setzen. Bindungen bezeichnen Gefühle und Überzeugungen, die dafür sorgen, dass ein Mensch in seinem Verhalten und Erleben andere Menschen und deren Gefühle berücksichtigt.² Ohne Bindungen in diesem Sinn werden die Migranten fremd bleiben und Demokratie und Rechtsstaat werden für sie lediglich abstrakte Begriffe sein. »Innerhalb einer stark integrierten Gesellschaft sind die Hauptzwecke allen gemeinsam, und das Ziel, das andere sich setzen, wird für jeden zur Forderung«, hat Sartre einmal geschrieben. Die Masse der jungen Männer, die nun zu uns kommen, könnten sich unter diesen Bedingungen zu einer zeitgenössischen Form dessen entwickeln, was man früher »gefährliche Klassen« genannt hat.³ Viele von ihnen sind entwurzelte junge Männer zwischen Pubertät und Eheschließungsalter, für die keine verbindlichen oder wirksamen Regeln und Schranken des Verhaltens bestehen, die sich nichts und niemandem verpflichtet fühlen.

2   In der Wochenendausgabe der *Süddeutschen Zeitung* vom 12./13. Dezember 2015 findet sich eine Seite über den amerikanischen Schriftsteller Richard Ford. Ford sei überraschend groß, sein Gang gerade, sein Handschlag kräftig, berichtet der Redakteur im Vorspann. Zuvor hatte Ford ein TV-Team weggeschickt, als er die törichten Fragen hörte, die sie ihm stellen wollten. Der SZ-Redakteur Hordych zeigt Ford Fotos und bittet ihn, etwas zu diesen Bildern zu sagen. Eines der letzten zeigt einen vermummten Mann beim Knacken eines Autos. »Verstehe«, sagt Ford. »Ich habe Autos gestohlen. Oder Radkappen, Motorteile. Aber ich habe nie ein Auto aufgebrochen, wie auf diesem Foto. Hätte zu viel Ärger gegeben. In unserer Kirche in Jackson, Mississippi, dauerte der Gottesdienst von elf bis halb eins. Die Leute parkten ihre Autos und ließen die Autoschlüssel stecken. Mein Freund und ich stahlen jeder einen Wagen und fuhren am Stadtrand Rennen. Der Trick bestand darin, die Wagen zurückzubringen, bevor der Gottesdienst zu Ende war. Das machten wir ständig, aber erst beim Radkappenklauen erwischte mich die Polizei. Der Richter sagte, dass sie mich in eine Erziehungsanstalt stecken. Meine Mutter fing schrecklich zu weinen an. Nur weil der Richter das sah, hatte er Mitleid mit mir. Ich kam nochmal davon. Mein Vater war gerade gestorben, und ich verstand, dass ich meiner Mutter nicht noch mehr Schmerzen zufügen darf. Was mich rettete, war mein Einfühlungsvermögen. Das heißt, man muss das Leben eines anderen fühlen. Ich spürte, was es heißt, dass sie sich als Witwe eine Arbeit suchen musste. Um ihr zu helfen, holte mich mein Großvater nach Little Rock, damit er besser auf mich achtgeben konnte.« Ich habe diese Passage zitiert, weil sie ein Beleg dafür ist, wie wichtig Bindungen und das aus ihnen erwachsende Einfühlungsvermögen sind.

3   Im Wartezimmer des Zahnarztes stieß ich in der Zeitung *Die Welt* vom 11. Dezember 2015 auf einen Bericht mit der Überschrift *Die verschwundenen Kinder*. Unter den Flüchtlingen, die dieses Jahr nach Deutschland gekommen sind, befinden sich rund 60.000 unbegleitete Kinder und Jugendliche. Ein nicht unbeträchtlicher Teil von ihnen verschwindet aus den Einrichtungen, in denen man sie untergebracht hat. Sie verschwinden einfach vom Radar der Behörden und Jugendämter. »In Passau etwa ging noch bis August jeder dritte unbegleitete minderjährige Flüchtling verloren«, heißt es. Teile dieser Kinder und Jugendlichen landen in der Prostitution, weil sie sich in der Gewalt von Schleusern befinden, denen sie Geld ›schulden‹. Andere drohen in kriminelle Subkulturen zu geraten.

Weder Arbeit – sie haben meist keine – noch stabile Liebesbeziehungen, die dem schweifenden Trieb Dauer und Form verleihen, indem sie ihn an ein Objekt fest binden, verorten sie in der Gesellschaft und halten sie von Regelverletzungen zurück. Man hat ihre Köpfe via Fernsehen und Internet mit Bildern einer Welt des Luxus und der Mühelosigkeit versorgt, zu der man ihnen gleichzeitig den Zutritt verwehrt. Man hat in ihnen Wünsche geweckt, deren Erfüllung sie zu Mitgliedern dieser Gesellschaft machen könnte, gleichzeitig fehlen ihnen aber die Mittel dazu, sie sich auf gesellschaftlich lizenzierte Weise erfüllen zu können. So leben sie in einem Zustand permanenter Frustration und fürchten, mangels vorzeigbarer Statussymbole und demonstrativen Konsums aus der Gemeinschaft der Gleichaltrigen und der durch sie repräsentierten Gesellschaft herauszufallen oder gar nicht erst in sie hineinzukommen. Die Versuchung ist groß, sich die begehrten Dinge auf anderen, nicht legalen Wegen zu besorgen. Wenn jetzt an den notwendigen emotionalen und finanziellen Mitteln gespart wird, um die kriminalitäts- und brutalitätsgefährdeten jungen Männer zu integrieren, werden wir später viel Geld für Polizei und Gefängnisse ausgeben müssen.[4]

Unter Bedingungen einer fortschreitenden gesellschaftlichen und politischen Desintegration und eines rapiden Schwundes emotionaler Bindekräfte werden wir jedenfalls mit einem Rückgang der Zivilisation und einem Anwachsen der Barbarei rechnen müssen.

Eine einbeinige Möwe

Am Strand landete neben mir eine Möwe, die auf einem Bein zum Stehen kam. Das andere war offenbar verletzt und sie trug es angewinkelt am Körper Wenn der Wind sie aus dem Gleichgewicht zu bringen drohte,

---

[4] In der Zeitschrift *Der Vollzugsdienst* 4–5/2015 findet sich folgende nüchterne Berechnung: »Bei einer prognostizierten Zuwanderung in Höhe von einer Million Menschen werden voraussichtlich in rund 30.000 Fällen Strafverfahren durchgeführt werden müssen, die erfahrungsgemäß zu rund 2.000 Verurteilungen zu Freiheitsstrafen ohne Bewährung führen werden. Für diese Fälle werden die Bundesländer zusätzliche Haftplatzkapazitäten vorhalten müssen. ›Im Ergebnis fehlen dem Strafvollzug in Kürze damit insgesamt mindestens 11.000 Haftträume‹, stellt BSBD-Bundesvorsitzender Anton Bachl besorgt fest. Und mit jeder weiteren Million an Zuwanderern werden weitere 2.000 Haftträume benötigt werden.«

stütze sie sich auf der Seite des verletzten Beins mit einem Flügel im Sand ab. Ich warf ihr Apfelstücke zu, die sie vorsichtig hüpfend erreichte und gierig verschlang. Als die Apfelstücke verzehrt waren, flog sie davon, kam aber im Laufe der nächsten Stunden immer mal wieder zurück, um nachzuschauen, ob es etwas Essbares gäbe. Sie wurde immer zutraulicher und kam ziemlich dicht an mich heran. Irgendwann verschwand sie.

Wo wird sie Ruhe finden – auf nur einem Bein?

ETHNOLOGIE DES INLANDS

McKinsey bei Lageso

Das Berliner Flüchtlingsamt *Lageso* ist zum Symbol für die Unfähigkeit der öffentlichen Verwaltung im Umgang mit Menschen auf der Flucht geworden. Wir haben noch die Bilder von wartenden und frierenden Menschen vor Augen, die oft tagelang für ihre Registrierung anstehen mussten. Nach dem Rücktritt des bisherigen Chefs soll nun ein Unternehmensberater die Arbeitsabläufe verbessern. Seit dem vergangenen Jahr arbeitet das *Berliner Landesamt für Gesundheit und Soziales (Lageso)* bereits mit der Unternehmensberatung *McKinsey* zusammen. Nun wechselt einer der Berater an die Spitze der umstrittenen Behörde. Sebastian Muschter werde den Job kommissarisch übernehmen, teilte die Senatssozialverwaltung mit.

Das Lageso-Desaster ist das Resultat einer im Namen des Neoliberalismus betriebenen Sparpolitik und des Verschlankungswahns im öffentlichen Sektor. Nun soll es nach derselben Logik kuriert und behoben werden, die es verursacht hat. Selbst der Empfang der Flüchtlinge, eine zutiefst menschliche Aufgabe, soll nach dem Muster des Betriebs und der in ihm waltenden ökonomischen Vernunft abgewickelt werden. Eine andere steht uns offenbar nicht mehr zur Verfügung. Wo Gastfreundschaft und Menschlichkeit gefordert ist, sollen Qualitätssicherung und Standardisierung Einzug halten.

Ganze Sektoren der Gesellschaft, ganze Lebensbereiche müssen von der ökonomischen Vernunft freigehalten werden und verschont bleiben, wenn sie denn nicht in ihrem Kern zerstört oder beschädigt werden sollen. Diese Bereiche sind: Sozialisation im weitesten Sinne, Lernen, Bildung, Krankenpflege, Therapie und zwischenmenschliche Hilfe bis hin zu gutem Kochen und eben auch Gastfreundschaft. Allen diesen Bereichen ist gemeinsam, dass sie eine andere, qualitative Zeitstruktur besitzen. Hier kommt es darauf an, Zeit zu verlieren, nicht Zeit einzusparen; hier sind Haltungen gefragt, die geradezu spiegelbildliche Umkehrungen jener Verhaltenserwartungen sind, die den Markt beherrschen: Altruismus, Hilfsbereitschaft, Selbstzurücknahme, Empathie, Hingabebereitschaft. Die Hinzuziehung von *McKinsey* ist ein Offenbarungseid der Demokratie und eine Kapitulation der Menschlichkeit vor der Logik des Marktes und der Betriebswirtschaft. Die einzigen Rationalitätskriterien, die noch Geltung besitzen, sind der Markt- und Kapitallogik entnommen, deren organisierendes Bewegungszentrum die betriebswirtschaftliche Kalkulation ist. Im Kern ist diese Ökonomie eine der toten Arbeit, der Maschinensysteme, aus deren Zusammenhängen alles ausgeklammert ist, was für die individuelle Lebenswelt und die gedeihliche Struktur der Gesamtgesellschaft von Bedeutung ist. Alle diese und andere die Würde des Menschen betreffenden Kategorien fallen durch das Raster einer Ökonomie, die den betriebswirtschaftlich rational kalkulierten Einzelbetrieb zur Sozialutopie der gesellschaftlichen Gesamtordnung erhebt.

III.

GRIECHENLAND-BASHING UND FLUZEUGAMOK

Von Grillen und Ameisen
Sozialpsychologische Aspekte des Griechenland-Bashings und der Sparpolitik

> »Ganz Europa lässt sich seit einem Jahrhundert von den Leitordnern unterdrücken und die Unterdrückung der Leitordner verschärft sich, dachte ich. Bald wird ganz Europa von den Leitordnern nicht nur beherrscht, sondern vernichtet sein. ... vor allem die Deutschen haben sich von den Leitordnern unterdrücken lassen.« *(Thomas Bernhard)*

> »In Preußen ward Ideal und Sinn der Theokratie der zum Soldaten begnadigte Sträfling.« *(Hugo Ball)*

> »Ich mag, was lebt, und hasse, was tötet.« *(Urs Widmer)*

Wer hart arbeiten und sich ständig am Riemen reißen muss, droht zu einem Menschen des Ressentiments zu werden. Die Gewalt, die nötig war, um Menschen in Arbeitswesen zu verwandeln, wird in der Wut spürbar, mit welcher der arbeitende Mensch auf diejenigen reagiert, die es real oder vermeintlich besser haben. Es geht im Folgenden um die sozialpsychologischen Aspekte der Auseinandersetzung der Europäischen Union mit ihrem Außenseiter Griechenland und der dortigen Regierung. Was spielt sich unterhalb der Ebene der offiziellen Texte ab? Von welchen unbewussten psychischen Energien und emotionalen Kräften werden die Debatten angetrieben?

»Zu faul zum Hungern, diese Griechen!«

Wo man geht und steht, sind Sätze wie diese zu hören: »Die sollen endlich mal anfangen, zu arbeiten, diese Griechen«, »Wir müssen auch hart arbeiten für unser Geld«, »Das sehe ich überhaupt nicht ein, denen immer wieder Geld in den Arsch zu blasen«, »Bei diesen Südländern ist immer nur Siesta!«

Die *taz* präsentiert von Jan Böhmermann und Klaas Heufer-Umlauf gesammelte Schlagzeilen deutscher Medien zu Griechenland – von *Stern*, *Welt*, *Spiegel*, über die *Frankfurter Allgemeine Zeitung* bis hin zu *Bild*: »In Wirklichkeit sind die Griechen doppelt so reich wie wir.« »Nein, keine weiteren Milliarden für die gierigen Griechen.« »Verkauft doch eure Inseln, ihr Pleite-Griechen.« »Russen oder Griechen, wer ist eigentlich gefährlicher?« »Chaotische Verwaltung.« »Der Euro ist kein Geschenk der Götter.«

In der Auseinandersetzung mit und um die Syriza-Regierung, vor allem aber mit dem inzwischen zurückgetretenen griechischen Finanzminister Yanis Varoufakis spielt ein pädagogisches Vokabular eine große Rolle. Syriza und Varoufakis seien »ungezogen« und »unverschämt«, verhielten sich »unzivilisiert«, hätten ein »rüpelhaftes Benehmen«, Varoufakis sei ein »Halbstarker«, ein »Halb-Verrückter«. Man behandelt die griechische Regierung wie eine Horde von Rotzlöffeln, die zunächst zivilisiertes Verhalten einzuüben hätte, bevor man sie ernst nehmen und mit ihr vernünftig verhandeln könne. Man muss diese Rotzlümmel unter Kuratel stellen, am besten man entmündigt sie und bestellt einen Vormund aus den Reihen der *Troika*. Varoufakis ist für die Euro-Repräsentanten der Inbegriff alles Schrecklichen, und Tsipras hat ihn auf dem Weg zum Kompromiss geopfert.

In der Wochenendausgabe der *Süddeutschen Zeitung* vom 4./5. Juli 2015 wird den Leserinnen und Lesern Klaus Regling vorgestellt, Chef des *Europäischen Rettungsfonds*. Niemand habe den Griechen so viel Geld geliehen wie er, lesen wir. »Als kleiner Junge hat Klaus Regling in den 1950er Jahren erlebt, was es heißt, wenn das Geld knapp wird. Wenn alle sparen müssen – und es vielleicht trotzdem nicht reicht. Das prägt fürs Leben. Reglings Vater betrieb damals eine Tischlerei in Lübeck. Liefen die Geschäfte einmal nicht so gut, musste er das letzte Geld zusammenkratzen, um am Freitag die Lohntüten für seine Gesellen vollzumachen. ›Wenn die Lage nicht so gut war, mussten wir eben sparen‹. (...) 130 Milliarden Euro schulden die Griechen dem Europäischen Rettungsfond, den Regling aufgebaut hat und seit fünf Jahren leitet. Und Regling gab das Geld nur unter der Bedingung her, dass die Griechen sparen. Sparen wie einst seine Eltern in Lübeck. Wenn es jemanden gibt, der das griechische Drama erklären kann und all die Wirkungen rund um den Euro kennt, dann ist er es«, und so weiter und so weiter. Es ist unglaublich, wie hier die privaten Erfahrungen eines Tischlermeisters im Nachkriegsdeutschland auf die Lage eines ganzen Landes inmitten der Wirtschafts- und Finanzkrise der Gegenwart übertragen wird. Die Tischlerfamilie konnte damals mal nicht in Urlaub fahren, während die Griechenland verordnete Sparerei dazu führt, dass sich Menschen umbringen, Säuglinge sterben, die Arzneimittel knapp und die Hoffnungen der jungen Leute auf ein anständiges Leben zuschanden werden. Seit Beginn der von der *Troika* verantworteten sogenannten Reformmaßnahmen hat sich die Lage in Griechenland dramatisch verschlechtert. Der Schuldenberg wuchs von 240 Milliarden im Jahr 2008 auf rund 320 Milliarden. Die aufgezwungene Austeritätspolitik ist an die Wand gefahren und hat das Land vollends ruiniert. Griechenland ist ein Probierstand, auf dem die Untauglichkeit dieser Form von politischer Ökonomie nachgewiesen wird. Dabei hatten bereits die Bürger von Schilda entsprechende Erfahrungen mit dem Sparen. Die Schildbürger hatten ein Pferd, dem im Zuge von Sparmaßnahmen das Futter gekürzt wurde. Da das Pferd zunächst mit weniger Hafer die gleiche Leistung wie zuvor erbrachte, beschloss man, die Haferrationen nach und nach weiter zu kürzen. Am Tag, als die Schildbürger glaubten am Ziel zu sein, das Pferd also ganz ohne Futter arbeiten würde, fanden sie es tot im Stall.

Zur Psychodynamik des Ressentiments

> »Die Unglücklichen sind gefährlich!« *(Johann Wolfgang von Goethe)*

So wie der Chef des Rettungsschirms, Klaus Regling, denken Viele: »Wir haben auch den Gürtel enger schnallen müssen, warum tun das die Griechen nicht auch?« Die litauische Präsidentin Dalia Grybauskaite wandte sich dieser Tage mit folgender Botschaft an die Athener Adresse: »Die Zeit des Feierns auf Kosten anderer ist vorbei für Griechenland.« In der Sendung *Anne Will* vom 8. Juli 2015 unter dem bezeichnenden Titel *Nach der Kampfansage aus Athen – Ist Merkels Europa noch zu retten?* machte eine Rentnerin aus Litauen ihrer Empörung mit den Worten Luft: »Ich habe kein Mitleid mit den Griechen. Ich bin dafür, dass die Renten und Gehälter gekürzt werden, damit sie endlich mit Arbeiten beginnen und ihr Geld selbst verdienen.« Die ganze Sendung war durchzogen von dem Tenor: »Unsere Geduld mit Griechenland ist zu Ende!«

Das Griechenland-Bashing läuft nach dem Vorbild einer Fabel von Jean de La Fontaine aus dem 17. Jahrhundert ab, die die *Die Grille und die Ameise* heißt:

> Die Grille, die den Sommer lang
> zirpt' und sang,
> litt, da nun der Winter droht',
> harte Zeit und bittre Not:
> Nicht das kleinste Würmchen nur,
> und von Fliegen eine Spur!
> Und vor Hunger weinend leise,
> schlich sie zur Nachbarin Ameise,
> und fleht' sie an in ihrer Not,
> ihr zu leihn ein Stückchen Brot,
> bis der Sommer wiederkehre.
> »Hör'«, sagt sie, »auf Grillenehre,
> vor der Ernte noch bezahl'
> Zins ich dir und Kapital.«
> Die Ameise, die wie manche lieben
> Leut' ihr Geld nicht gern verleiht,
> fragt' die Borgerin: »Zur Sommerzeit,
> sag doch, was hast du da getrieben?«
> »Tag und Nacht hab' ich ergötzt
> durch mein Singen alle Leut'.«
> »Durch dein Singen? Sehr erfreut!
> Weißt du was? Dann tanze jetzt!«

Wie mühelos diese Fabel zu unseren Vorurteilen passt! Wir denken, dass sie die Griechenland-Krise erzählt und verhalten uns den Griechen gegenüber wie die Ameisen. Wir rufen aus: »Es ist doch so: Während wir hier schuften, den ganzen Tag lang und bis ins hohe Alter hinein, tänzeln die Südländer bloß ein bisschen herum und hauen unsere Ersparnisse auf den Kopf.«

Heinrich Böll hat im Jahr 1963 zum *Tag der Arbeit* für den *Norddeutschen Rundfunk* eine Geschichte verfasst, die von einem Touristen erzählt, der im Urlaub in einem südlichen Hafen einem Fischer begegnet, der am späten Vormittag dösend in seinem Boot liegt. Nachdem er ihm eine Zigarette angeboten hat, befragt er ihn zu seinen Fängen des Tages und erfährt, dass dieser bereits fertig gefischt hat und mit seinem Fang zufrieden ist. Der Tourist begreift nicht, wieso der Fischer nicht öfter ausfährt. Er versucht ihm klarzumachen, dass er sich dann ein größeres Boot kaufen und mehr Fische fangen könne. Sogar eine Konservenfabrik könne er bei größerem Arbeitseifer eröffnen. Der Fischer sieht nicht recht ein, was ihm das bringen solle. Der Tourist versichert ihm, am Gipfel seiner Karriere und zu Reichtum gekommen, könne er sich zur Ruhe setzen und tagsüber im Hafen herumdösen. Der Fischer ist erstaunt und erwidert, dass er das auch jetzt schon könne und praktiziere.

Die mediterrane Ökonomie, die noch die Kategorie des *Genug* kennt, prallt in dieser Geschichte auf die *protestantische Ethik* des Nordens mit ihren von Max Weber beschriebenen Berufs-, Arbeits- und Leistungsvorstellungen. Im Zuge der verordneten Wege aus der Eurokrise sollen Griechen und andere Südländer die kapitalistische Arbeitsmoral und Wachstums-Ideologie verinnerlichen. Es geht bei den sogenannten Reformvorschlägen auch um die Rache des asketisch-protestantischen Nordens am laxeren Lebensstil des Südens, wo man schon mal fünfe gerade sein ließ und mittags eine lange Pause einlegte.

Beim Bild des »faulen Griechen« handelt es sich natürlich nicht um die Realität, sondern um Projektionen und Phantasien. Die Griechen haben längere Jahresarbeitszeiten als die Deutschen, und wer einmal griechische Landwirte oder Bauarbeiter beobachten konnte und gesehen hat, was die unter heißer Sonne leisten, der wird seine Vorurteile schnell aufgeben und eines Besseren belehrt. Es ist dort aber trotz aller Mühe alles nicht so verbissen und verkrampft. Vielleicht trägt das mildere Klima etwas bei zur *Leichtigkeit des Seins*. Und tatsächlich können Griechen – nicht nur Alexis Sorbas – tanzen und haben allein dadurch etwas von den La Fontain'schen Grillen.

Der Süden ist ein Sehnsuchtsort der Nordeuropäer. Aufgrund bestimmter sozioökonomischer und psychohistorischer Bedingungen hat sich im Süden Europas eine andere Mentalität durchgehalten, ein anderes Verhältnis zur Arbeit und zum Körper. Die dort lebenden Menschen mussten nicht auf die gleiche Weise erwachsen werden wie die Nordeuropäer und haben sich etwas Spielerisch-Tänzerisches-Grillenartiges bewahren können. Der abendländische Erwachsenenhabitus ist durch Langsicht, Arbeitszentrierung, zweckrationales Denken, eine Vorliebe für rechte Winkel, Triebverzicht, Aufschub von Bedürfnisbefriedigung gekennzeichnet. Aus der Perspektive des Nordens wirken die Südländer wie Kinder, denen man die Hammelbeine langziehen und die man zur Vernunft bringen muss.

Friedrich Nietzsche hat in seinem Buch *Die fröhliche Wissenschaft* den abendländischen Erwachsenen und die ihm eigene Reizbarkeit unter dem Stichwort *Selbstbeherrschung* wie folgt beschrieben:

»Jene Morallehrer, welche zuerst und zuoberst dem Menschen anbefehlen, sich in seine Gewalt zu bekommen, bringen damit eine eigentümliche Krankheit über ihn. Nämlich eine beständige Reizbarkeit bei allen natürlichen Regungen und Neigungen und gleichsam eine Art Juckens. Was auch fürderhin ihn stoßen, ziehen, anlocken, antreiben mag, von innen oder von außen her – immer scheint es diesem Reizbaren, als ob jetzt seine Selbstbeherrschung in Gefahr gerate: Er darf sich keinem Instinkte, keinem freien Flügelschlag mehr anvertrauen, sondern steht beständig mit abwehrender Gebärde da, bewaffnet gegen sich selber, scharfen und misstrauischen Auges, der ewige Wächter seiner Burg, zu der er sich gemacht hat. Ja, er kann groß damit sein! Aber wie unausstehlich ist er nun für andere geworden, wie schwer für sich selber, wie verarmt und abgeschnitten von den schönsten Zufälligkeiten der Seele! Ja auch von aller weiteren Belehrung! Denn man muss sich auf Zeiten verlieren können, wenn man den Dingen, die wir nicht selber sind, etwas ablernen will.«

Die Innenseite des Sparens

> »Wie ist es dazu gekommen, fragte ich ihn, dass unsere Zivilisation Monster hervorbringt. Verhindertes Leben, sagte er. Was sonst. Verhindertes Leben.« *(Christa Wolf)*

Die Spardiktate und das Sparen haben eine Innenseite: Gespart wird nicht nur am Geld, sondern auch an Emotionen und Trieben. Es gibt nicht nur einen Haushalt im ökonomischen Sinn, sondern einen Triebhaushalt, den man sparsam bewirtschaften muss. Wenn man die Gesichtszüge des Chefsparers Wolfgang Schäuble auf den letzten Pressekonferenzen zu Griechenland beobachtet hat, so erinnerte seine Mundpartie an den zusammengezurrten Geldbeutel eines Geizigen. Laut Sartre ist ab vierzig jeder Mensch für sein Gesicht verantwortlich. Seine Lebenspraxis hat sich in ihm eingeschrieben und ihm seinen spezifischen Ausdruck verliehen.

Uns Ameisen geht angesichts dieser Grillen-Mentalität das Messer in der Tasche auf. Warum tut es das? Das Messer geht einem in der Tasche auf, wenn Äußeres innen auf Verschüttetes trifft. Die Begegnung mit der Grille erinnert einen daran, dass man auch einmal wie ein Mensch leben wollte und diesen Wunsch unter Schmerzen begraben musste. Nach Art des ressentimentgeladenen kleinen Mannes sagt man nun: »Die da reißen sich nicht so am Riemen wie wir«, und fordert gleiches Unrecht für alle. Die Krise in Griechenland gilt als Strafe für die Sünden der Griechen, und gemäß den heiligen Grundsätzen der »Schwarzen Pädagogik« darf man ihnen auf keinen Fall beispringen, weil Mitleid und Hilfe ihre laxe Haltung und notorische Faulheit begünstigen.

Sind die Griechen nicht dadurch bereits genug gestraft, dass sie neuerdings holländische Tomaten essen müssen?

Lob der Grille

Ursprünglich sind wir alle einmal Grillen gewesen. Uns Nordeuropäer erfolgreich in Ameisen verwandelt zu haben, kann als größtes »verhaltensmodifikatorisches Experiment der Geschichte« (Klaus Dörner) gelten. Immense Gewalt war vonnöten, um aus menschlichen Lebewesen Arbeitswesen zu machen und die Körper zu Arbeitsinstrumenten herzurichten. Am Ende des Experiments stehen Menschen, die unter entfremdeten Bedingungen arbeiten wollen und sich das Produkt ihrer Arbeit widerstandslos wegnehmen lassen. Nimmt man ihnen die Arbeit, drohen sie psychisch auseinanderzubrechen.

»Der Mensch«, hat Herbert Achternbusch einmal gesagt, »möchte etwas anderes als tüchtig sein, nämlich nichts als seinen Kopf in die Luft zu halten«. Richard Sennet berichtet, dass ihm eine Frau, die ehrenamtlich in einem Sterbehospiz arbeitet, erzählte, dass sie es nie erlebt hat, dass ein Sterbender sagt: »Ach, wäre ich doch früher öfter mal länger im Büro geblieben.«

Selbst der gestrenge Immanuel Kant mutmaßte in seinen naturwissenschaftlichen Kollegs, dass Paviane sprechen könnten, wenn sie nur wollten; sie täten es nur deshalb nicht, weil sie sonst befürchten müssten, zur Arbeit herangezogen zu werden.

Auch im Arbeiter-, Bauern- und Sportlerparadies DDR hatte die Idee der Reduzierung und Abschaffung der Arbeit Anhänger. Thomas Brasch schildert in seinem Roman *Vor den Vätern sterben die Söhne* (Berlin 1977) eine Szene, in der der zukünftige Leiter des Neuererbüros eines DDR-Betriebs, der bezeichnenderweise Fastnacht heißt, seine Kollegen auffordert, Verbesserungsvorschläge zu unterbreiten.

»Ich bitte um den ersten Vorschlag«, sagte er, und schon sprudelte es aus den Kolleginnen und Kollegen heraus.

»Wer bei der Arbeit schwitzt, wird entlassen, rief Kirsch. Der Beginn der Arbeit darf nicht vor zehn Uhr sein, sagte Frau Grasemann. Der Mindestlohn beträgt 5 Mark in der Stunde, rief Rosenau. Jeder Arbeiter erscheint im Maßanzug. Die Schneiderrechung bezahlt der Betrieb, sagte Grabow. Am 1. Mai steht die Bevölkerung auf der Ehrentribüne Marx-Engels-Platz, sagte Ramtur, und nimmt die Parade der Regierung ab. Während der Arbeit darf gesungen werden, rief Ramtur. Wer heiratet, bekommt die Aussteuer vom Betrieb, sagte Rita. Die Feier findet in der Wohnung des Werkleiters statt. Wer zwanzig Jahre gearbeitet hat, bekommt zwanzig Jahre Urlaub, rief Frau Grasemann. Beim Verlassen des Betriebes muss der Werkleiter jedem Arbeiter seinen Dank für die Tätigkeit aussprechen, rief Rosenau. Jeder Gang zur Toilette ist während der Pause verboten. Dafür muss die Arbeitszeit genutzt werden, rief Grabow. Von 12 bis 15 Uhr ist Mittagspause. Alle Arbeiter nehmen gemeinsam mit den technischen Zeichnerinnen an einer Tafel Platz. Das Mittagessen wird von der Betriebsleitung serviert, sagte Pohlandt. Jeder Arbeiter hat Anspruch auf die gleichen Ferien wie die Schulkinder, rief Ramtur. Heben wir unser Glas darauf, dass der Kollege Fastnacht als Leiter des Neuererbüros alle genannten Vorschläge zur Realisierung bringen kann, sagte Pohlandt.«

Jaques Prévert hat ein Gedicht geschrieben, das *Die verlorene Zeit* heißt und den im Inneren eines Arbeiters stattfindenden Kampf zwischen Lust- und Realitätsprinzip zum Thema hat.

Vor dem Tor zur Fabrik
Hält der Arbeiter plötzlich an
Das schöne Wetter hat ihn am Rock gezupft
Und als er sich umwendet
Und die Sonne betrachtet
Die rot leuchtet und blendet
Lächelnd im bleigrauen Himmel
Zwinkert er ihr vertraulich zu
Sag Kamerad Sonne
Meinst nicht auch du
Man sollte sich verdammt bedenken
Einen solchen Tag
Dem Chef zu schenken?

Paul Lafargue, der ungeliebte Schwiegersohn von Karl Marx, schrieb eingangs seines Buches *Lob der Faulheit*:

»Eine seltsame Sucht beherrscht die Arbeiterklasse aller Länder, in denen die kapitalistische Zivilisation herrscht. Diese Sucht, die Einzel- und Massenelend zur Folge hat, quält die traurige Menschheit seit zwei Jahrhunderten. Diese Sucht ist die Liebe zur Arbeit, die rasende, bis zur Erschöpfung der Individuen und ihrer Nachkommenschaft gehende Arbeitssucht. Statt gegen diese geistige Verirrung anzukämpfen, haben die Priester, die Ökonomen und die Moralisten die Arbeit heiliggesprochen.«

»Die Arbeit bekommt immer mehr alles gute Gewissen auf ihre Seite: der Hang zur Freude nennt sich bereits Bedürfnis der Erholung und fängt an, sich vor sich selber zu schämen«, stellte Friedrich Nietzsche in *Die fröhliche Wissenschaft* fest und erinnerte daran, dass diese nahezu einhellige Wertschätzung der Arbeit neueren Datums und anderen Kulturen durchaus fremd ist. Noch im späten Mittelalter dachte man ganz anders: Gerade die Mußelosigkeit, die Unfähigkeit zur Muße, hänge mit der Trägheit zusammen; die Rastlosigkeit des Arbeitens um der Arbeit willen entspringe gerade aus der Trägheit. Wer nicht denken will, flüchtet in die Arbeit. Schon Platon behauptete, dass man nicht denken könne, wenn man es eilig habe und geschäftig sei. Das ist eine aristokratische Einstellung, aber auch wenn wir in Rechnung stellen, dass diese privilegierte Haltung auf Kosten von Sklaven und anderen Unfreien ging, bleibt es doch richtig, dass es eine Verbindung zwischen Denken und Zeit gibt. Im alten Griechenland nannte man die Geschäftigkeit des Werktages, die Arbeit, folgerichtig Un-Muße, und auch bei den Römern war *otium* die Muße und *negotium* bedeutete Geschäft, Tätigkeit, Arbeit. Da hat sich im Laufe der Geschichte der Entwicklung der modernen Arbeitsgesellschaften eine folgenschwere und kennzeichnende Umkehrung vollzogen.

Das Schlimme ist: Aus der aufgezwungenen Tüchtigkeit entstehen Ressentiments gegen den, der real oder vermeintlich sein Brot nicht im Schweiße seines Angesichts isst. Der eigene verfemte Teil, das in sich selbst fremd und bedrohlich Gewordene, wird nach außen gestülpt und auf »Faulenzer und Schmarotzer« projiziert. Am Ende des Experiments haben wir die Religion der Arbeit verinnerlicht und hassen denjenigen, der (real oder vermeintlich) nicht so hart arbeitet wie wir – statt endlich locker zu lassen und uns den wesentlichen Dingen zu widmen. Warum unser Leben weiter damit vergeuden, es uns zu verdienen?

Das »falsche Selbst« und die Wendung gegen das (eigene und fremde) Glück

> »Unserem Glück auszuweichen haben wir alles unternommen.«
> *(Vlado Kristl)*

»Früh in der Kindheit«, berichtet Theodor W. Adorno in seinem Buch *Minima Moralia*, »sah ich die ersten Schneeschaufler in dünnen schäbigen Kleidern. Auf meine Frage wurde mir geantwortet, das seien Männer ohne Arbeit, denen man diese Beschäftigung gäbe, damit sie sich ihr Brot verdienten. Recht geschieht ihnen, dass sie Schnee schaufeln müssen, rief ich wütend aus, um sogleich fassungslos zu weinen.«

Der kleine Theodor reagiert zunächst ganz im Sinne der Erwachsenenwelt, deren Urteile und Vorurteile er sich zu eigen gemacht hat. Die Schneeschaufler trifft seine mitleidlose Wut. Dann aber kriegt er die Kurve und er beginnt zu weinen – aus Scham wegen seiner Anpassung und aus Mitleid mit den frierenden Menschen. Der kleine Junge schlägt sich auf die Seite der gequälten Männer, in deren Leiden er sich wiedererkennt.

Reif und erwachsen werden bedeutet für die meisten Kinder und Jugendlichen, sich die beschädigte Existenz des durchschnittlichen Erwachsenen zu eigen zu machen. Unter dem Druck elterlicher Strafandrohungen und Strafen identifiziert sich das Kind mit den Normen und Werten der Erwachsenen. Ein Kind kann ohne das Wohlwollen und die Zuwendung der Erwachsenen nicht existieren, zu groß ist seine Angst vor Liebesverlust und Verlassenheit. Arno Gruen beschreibt diesen Vorgang in seinem neuen Buch *Wider den Gehorsam* so: »Wenn ein Kind von demjenigen, der es schützen sollte, körperlich und/oder seelisch überwältigt wird und das Kind zu niemandem fliehen kann, wird es von Angst überwältigt. Eine Todesangst sucht das Kind heim. Es kann nicht damit leben, dass die Eltern sich von ihm zurückziehen. Ohne Echo für seine ihm eigene Wahrnehmungs- und Reaktionsfähigkeit kann ein Kind nicht überleben. Es übernimmt, um seine Verbindung aufrechtzuerhalten, die Erwartungen der Eltern. Auf diese Weise wird das seelische Sein eines Kindes in seiner autonomen Wahrnehmungs- und Reaktionsfähigkeit geradezu ausgelöscht.« Das Kind unterwirft sich den elterlichen Erwartungen und wird – brav. Es lässt die Erwachsenen in sich wachsen, statt seines eigenen Selbst. Es kann nun ein Leben lang nicht aufhören, die Gefühle seiner Eltern anstelle seiner eigenen zu haben. Sein Körper wird ihm zum Fremd-Körper, die eigenen Impulse werden ihm fremd, bis es sie schließlich als bedrohlich erlebt und abwehrt. Es entwickelt notgedrungen das, was der englische Psychoanalytiker D. W. Winnicott und nach ihm Alice Miller als »falsches Selbst« bezeichnet haben. Zu viele Bestandteile des Ich erweisen sich als Nicht-Ich, als fremd-entfremdende Introjekte, so dass der auf diese Weise herangewachsene Mensch zu keinem gelassenen Umgang mit dem Anderen finden kann und sich die Einfühlung in fremdes Elend versagt. Er verschließt sein Herz gegen Mitleid und andere weiche Regungen und macht sich zum Anwalt seiner Zerstörung. Der Konformismus, der sich auf der Basis einer »Identifikation mit dem Aggressor« entwickelt, ist mit Feindseligkeit und Bösartigkeit kontaminiert. Wo Ich-Einschränkung und Wunschvernichtung in früher Kindheit, in Schule und Beruf Verletzungen zufügten und Narben hinterließen, entwickelt sich panikartige Angst vor dem Anspruch auf Glück, auf Formen von Unabhängigkeit, den man in sich selbst unter Schmerzen begraben musste. Alles, was in der Außenwelt und bei anderen an aufgegebene eigene Glücksansprüche und Hoffnungen erinnert, wird abgelehnt, im Extremfall gehasst und verfolgt. *No Pity for he Poor* nennt der erwachsen gewordene Theodor W. Adorno die dem »autoritären Charakter« eigene Verhärtung gegen die Leiden der Armen und Erfolglosen, der auch er in der oben geschilderten Kindheitsepisode einen Augenblick lang Raum gegeben hatte. Für einen Moment ist es in der Schwebe, auf welche Seite sich ein Mensch in seiner Entwicklung schlägt. Der privilegiert aufwachsende Adorno entscheidet sich für die eigenen Glücksansprüche und das Lebendige, die meisten anderen wählen unter äußerem Druck den Weg der Anpassung und der Assimilation ans Tote. »Der Weg des Faschismus ist der Weg des Maschinellen, Toten, Erstarrten, Hoffnungslosen. Der Weg des Lebendigen ist grundsätzlich anders, schwieriger, gefährlicher, ehrlicher und hoffnungsvoller«, schrieb Wilhelm Reich in seiner *Massenpsychologie des Faschismus*. Schon Mitte des 16. Jahrhunderts hatte der eng mit Montaigne befreundete französische Jurist und Autor Etienne de la Boétie sich über die Tyrannenverehrung seiner Mitmenschen gewundert und sie »Freiwillige Knechtschaft« genannt: »Diesmal möchte ich nur erklären, wie es geschehen kann, dass so viele Menschen, so viele Dörfer, Städte und Völker manchesmal einen einzigen Tyrannen erdulden, der nicht mehr Macht hat, als sie ihm verleihen, der ihnen nur insoweit zu schaden vermag, als sie es zu dulden bereit sind, der ihnen nichts Übles zufügen könnte, wenn sie es nicht lieber erlitten, als sich ihm zu widersetzen.« Auch der junge Max Horkheimer macht im frühen 20. Jahrhundert die traurige Erfahrung, dass die Masse der Menschen sich mit ihren Unterdrückern identifiziert, statt sich mit denen zu solidarisieren, die sich gegen sie auflehnen. In seinem frühen Buch *Dämmerung* schreibt er: »Auch dass die beherrschten Klassen, von den fortgeschrittensten Gruppen abgesehen, der Verlogenheit ihrer Vorbilder folgen, ist zwar schwer verständlich, aber doch hinreichend allgemein bekannt. Besteht doch die Abhängigkeit dieser Klassen nicht allein darin, dass man ihnen zu wenig zu essen gibt, sondern dass man sie in einem erbärmlichen geistigen und seelischen Zustand hält. Sie sind die Affen ihrer Gefängniswärter, beten die Symbole ihres Gefängnisses an und sind bereit, nicht etwa diese ihre Wärter zu überfallen, sondern den in Stücke zu reißen, der sie von ihnen befreien will.« Genau das können wir im Moment erneut beobachten: Statt sich im Schicksal der Griechen wiederzuerkennen und zu rufen: »Wir sind alle Griechen!«, identifiziert sich die Masse der Menschen in Nordeuropa mit denen, die den Griechen das Fell über die Ohren ziehen und sie ihrem Diktat unterwerfen wollen.

Lawrence Le Shan, der Pionier der psychologischen Krebsforschung, hat eine Methode entwickelt, um seine Patienten mit den abgewiesenen Teilen ihres Selbst in Berührung zu bringen. In ihrer ständigen Selbstzurückweisung und Selbstbestrafung erblickt er einen wesentlichen karzinogenen Faktor. Ständig hallen die Entwertungen und Verurteilungen der Eltern in den seelischen Innenräumen der Patienten nach, die sie häufig nicht nur akzeptiert, sondern sogar gutgeheißen haben. Gehorsam und loyal halten sie ihren Peinigern die Treue und geben sich selbst die Schuld.

Le Shan schildert in seinem Buch *Psychotherapie gegen den Krebs* (Stuttgart 1982) eine Sequenz aus der Therapie mit Arlene.

»Ich bat sie, sich an einer Vorfall in ihrer Kindheit zu erinnern, bei dem sie ihrer Meinung nach höchst ungerecht behandelt worden und sehr gekränkt gewesen war. Sie erinnerte sich an ein solches Geschehen und konnte es sich in allen Einzelheiten ins Gedächtnis zurückrufen. Am Ende hatte sie allein in ihrem Zimmer gelegen und geweint. Arlene konnte diese Szene ganz deutlich vor sich sehen und wusste sogar noch, welches Kleid sie an jenem Tag angehabt hatte. Nun bat ich sie, sich vorzustellen, dass wir hier im Sprechzimmer eine Zeitmaschine hätten. Sie sollte sich hineinbegeben und – die erwachsene Frau, die sie heute war – in jenes Zimmer und in jenen Augenblick ihrer Kindheit zurückreisen.

Le Shan: Jetzt betreten Sie – so wie Sie heute sind – das Zimmer, in dem die kleine Arlene weinend auf ihrem Bett liegt. Sie gehen hinein, und das Kind sieht zu Ihnen auf. Was tun Sie?

Arlene: Ich würde ihr eins draufgeben!!«

Das Erschrecken Arlenes über diese spontane Reaktion bildete den ersten Schritt in Richtung einer neuen Einstellung zu den zurückgewiesenen Teilen ihres Selbst.

Ganz ähnlich verlief die Therapie mit Stuart, der als Kind unter der Bevorzugung seines Bruders und der Zurückweisung durch den Vater gelitten hatte. Um eine Erklärung zu finden, hatte er sich eingeredet, dass er entweder etwas Schreckliches getan haben oder selbst schrecklich sein musste.

»Ich fragte Stuart, was er wohl tun würde, wenn er jetzt die Tür seines Kinderzimmers öffnen und sich selbst sehen würde – das Kind, das er gewesen war und das nun von seinem Bett aus erwartungsvoll zu ihm aufsah. Er erwiderte. ›Wahrscheinlich rausgehen und die Tür hinter mir zumachen. Es gibt nichts, was ich ihm zu sagen hätte.‹ Nach etwa vierzig weiteren Sitzungen sah er die gleiche Szene wieder vor sich. Auf die gleiche Frage – was er wohl tun würde, wenn er die Tür öffnen könnte – sah Stuart mich leicht verärgert an und sagte: ›Ihn in die Arme nehmen und drücken natürlich. Was würden Sie denn sonst mit so einem armen kleinen Kerl machen wollen?‹«

Sozialpsychologisch gewendet bedeutet die Le Shan'sche Methode der Zeitmaschine: Der Weg zur Solidarität mit anderen führt über die Wiederentdeckung der Qualen und die Einfühlung in die Leiden des Kindes, das wir einmal waren und das wir auf dem Weg zum Erwachsenwerden zum Verschwinden und Verstummen bringen mussten. Die Dressur zum Gehorsam in der frühen Kindheit und die ein Leben lang wirksame Identifikation mit dem Aggressor verhindern die Entwicklung der Fähigkeit zu Erbarmen und Mitgefühl – mit uns und anderen.

Der Neoliberalismus und die Kultur des Hasses

Es gibt gesellschaftliche Großwetterlagen, die im Sinne eines öffentlichen Klimas Haltungen wie die eben beschriebene treibhausmäßig fördern. Es macht einen nicht zu unterschätzenden Unterschied, ob man in einer Gesellschaft aufwächst und lebt, in der Schwachen und weniger Leistungsfähigen solidarisch beigesprungen und unter die Arme gegriffen wird, oder in einer, in der sie der Verelendung preisgegeben und als sogenannte Loser zu Objekten von Hohn und Spott werden. Unter günstigen lebensgeschichtlichen Bedingungen erworbene Fähigkeiten wie die, sich in andere einfühlen zu können und sich von ihrem Leid berühren zu lassen, bedürfen dauerhafter äußerer Stützung, sonst bilden sie sich zurück und zerfallen schließlich. Die Eigenschaften und Haltungen, die einen in der Konkurrenz weiterbringen: kalte Schonungs- und Skrupellosigkeit, Anpassungsbereitschaft, Wendigkeit, eine gewisse Gewieftheit etc. überwuchern diejenigen, die dem im Wege stehen und die man bislang als die eigentlich menschlichen angesehen hat. Der Andere, der Mitmensch, wird unter solchen Bedingungen zum feindlichen Konkurrenten, zum Überzähligen, schließlich zum Gegen- oder Nicht-Menschen, dem jede Einfühlung verweigert und Unterstützung aufgekündigt wird. Man gewöhnt sich daran, dass das Glück der einen mit dem Leid der anderen zusammen existiert: Glück ist, wenn der Pfeil den Nebenmann trifft. Jede Gesellschaft produziert ihr gemäße Charaktere, lebt von ihnen und reproduziert sich durch sie. Robert Stern hat die Wirkung des darwinistischen Prinzips in der Gesellschaft durch folgende Geschichte illustriert: Zwei Jungen begegnen irgendwo in den amerikanischen Wäldern einem aggressiven Grizzlybären. Während der eine in Panik gerät, setzt sich der andere seelenruhig hin und zieht sich seine Turnschuhe an. Da sagt der in Panik Geratene: »Bist du verrückt? Niemals werden wir schneller laufen können als der Grizzlybär.« Und sein Freund entgegnet ihm: »Du hast Recht. Aber ich muss nur schneller laufen können als du.«

Erich Fromm hat für die gemeinsame Charakter-Matrix einer Gruppe den Begriff »Gesellschafts-Charakter« geprägt. Dabei geht er davon aus, dass der grundlegende Faktor bei der Bildung des »Gesellschafts-Charakters« die Lebenspraxis ist, wie sie durch die Produktionsweise und die sich daraus ergebende gesellschaftliche Schichtung zustande kommt. »Der Gesellschafts-Charakter ist jene besondere Struktur der psychischen Energie, die durch die jeweilige Gesellschaft so geformt wird, dass sie deren reibungslosem Funktionieren dient.« Der seit den 1980er Jahren hegemonial gewordene Neoliberalismus hat den Sozialstaat geplündert und planiert. Er hat einen sozialen und moralischen Darwinismus etabliert, der den Kampf eines jeden gegen jeden ins Recht setzt, den Werten eines absolut asozialen Individualismus zum Durchbruch verholfen hat und das Gros der Bevölkerung dazu verurteilt, in einem Universum permanenter Verteidigung und Aggression zu leben. Wer Mitgefühl zeigt, droht aus dem Markt geworfen zu werden und einen sozialen Tod zu sterben. Insofern dürfen wir uns nicht wundern, dass die vom Sozialstaat propagierte Kultur des menschlichen Entgegenkommens und der Solidarität von einer Kultur der wechselseitigen Verfeindung und des Hasses abgelöst wird. Empathie und Mitgefühl befinden sich in den Gesellschaften des losgelassenen Marktes im freien Fall, weil sie von außen keine Stützung mehr erfahren, sondern mehr und mehr als Störfaktoren und Hindernisse im individuellen Fortkommen betrachtet werden.

Eine solidarische, egalitäre Gesellschaft – mit Freundlichkeit als vorherrschendem Kommunikationsstil – würde den Menschen nicht mehr so viel Bosheit einpressen, sondern Raum und Zeit für eigene Entwicklungen einräumen. Ihr Hauptaugenmerk gälte der Schaffung neuer verlässlicher Räume, in denen es Kindern möglich wäre, unter Bedingungen raum-zeitlicher Konstanz und leiblicher Anwesenheit ihrer Bezugspersonen ihre *psychische Geburt* zu vollenden und sich zu Menschen in einer menschlichen Gesellschaft zu entwickeln. Eine Gesellschaft, die ihre soziale Integration und den zwischenmenschlichen Verkehr auf Formen solidarischer Kooperation gründet, statt auf der letztlich a-sozialen Vergesellschaftung durch Markt und Geld, wird auch andere psychische Strukturen und andere Formen der Vermittlung von Psychischem und Gesellschaftlichem hervorbringen, für die uns Heutigen die richtigen Begriffe fehlen. Allenfalls wird man sagen können, dass der individuelle Selbstwert einen ausgeprägten Bezug zur Gemeinschaft aufweisen würde, in der der Einzelne in echter Solidarität aufgehoben wäre. Unter solch utopischen Bedingungen aufgewachsenen Menschen würde weniger Bosheit eingepresst, so dass sie nicht mehr genötigt wären, diese im sozialen Vorurteil gegen Minderheiten zu richten. Sie könnten sich diesen einfühlsam und solidarisch zuwenden.

Die Ameisen könnten zu Grillen werden

Von einer solchen Gesellschaft sind wir gegenwärtig denkbar weit entfernt. Dem Höchststand der kapitalistischen Entwicklung korrespondiert ein Tiefststand an gesellschaftsverändernden Kräften und transzendierenden Ideen. Weil man selbst glaubt, hart arbeiten zu müssen oder es wirklich muss, und weil man im Innersten weiß, dass harte physische Arbeit heute eigentlich bereits überflüssig ist, denunziert man die, von denen zu Recht oder Unrecht behauptet wird, sie hätten es leichter. Eine wahre Entgegnung auf den Faulheitsvorwurf wäre, dass Arbeit alten Stils heute überhaupt überflüssig, dass sie durch die Technik überholt ist und dass es etwas tief Verlogenes hat, einer bestimmten Gruppe Vorwürfe zu machen, dass sie nicht hart genug physisch arbeitet. Es ist Menschenrecht, sich nicht physisch quälen zu müssen, sondern sich geistig, künstlerisch und spielerisch entfalten zu können. Die Ameisen könnten längst alle zur Grillen werden.

Die Zeit ist reif, das Programm von Valerio aus Büchners *Leonce und Lena* in die gesellschaftliche Realität umzusetzen: »Wir lassen alle Uhren zerschlagen, alle Kalender verbieten und zählen Stunden und Monden nur nach der Blumenuhr, nur nach Blüte und Frucht.« Valerio fährt fort: »Und ich werde Staatsminister, und es wird ein Dekret erlassen, dass, wer sich Schwielen in die Hände schafft, unter Kuratel gestellt wird; dass, wer sich krank arbeitet, kriminalistisch strafbar ist; dass jeder, der sich rühmt, sein Brot im Schweiße seines Angesichts zu essen, für verrückt und der menschlichen Gesellschaft für gefährlich erklärt wird; und dann legen wir uns in den Schatten und bitten Gott um Makkaroni, Melonen und Feigen, um musikalische Kehlen, klassische Leiber und eine commode Religion!«

ETHNOLOGIE DES INLANDS

Stillende Mutter

Als ich eben nach einem langen Strandtag und ausgiebigem Bad nach Hause ging, sah ich bei Herweghs im Strandcafé eine junge Frau sitzen, die ihr Baby stillte. Die Mutter blickte, während das Kind an ihrer Brust lag und trank, auf das Display ihres Handys, das sie in ihrer freien rechten Hand hielt. In bestimmten großstädtischen Arealen wird das wahrscheinlich längst ein alltäglicher Vorgang sein, mich traf dieser Anblick wie ein Schock. Wenn man weiß, welche Bedeutung die allererste Kommunikation zwischen Mutter und Kind hat und dass diese vorwiegend über den Augenkontakt und den Blick beim Stillen vermittelt ist, kann einem Angst und Bange werden. Die Sehschärfe des Neugeborenen ist zunächst auf jene 20 cm eingestellt, die den an der Brust trinkenden Säugling von den Augen der Mutter trennen. Der Blick der Mutter in dieser elementaren Situation ist der erste Spiegel, in dem das Kind sich erblickt. Je nachdem, welche affektive Tönung dieser Blick aufweist, ob er Liebe und Wärme ausdrückt oder von Gleichgültigkeit und Kälte zeugt, erfährt sich das Kind in der Morgenstunde seines Lebens als »richtig« und erwünscht oder als »falsch« und unerwünscht. Der berühmte »Glanz im Auge der Mutter«, vom dem der Psychoanalytiker Kohut sprach, bildet eine der grundlegenden guten frühen Erfahrungen, aus denen Ur-Vertrauen sich zusammensetzt. Das Kind im Strandcafé erblickt beim Trinken nicht mehr den Glanz im Mutterauge, sondern unruhig flackernde Augen, die irgendwoanders hinschauen. Der nach Spiegelung suchende Blick des Kindes geht ins Leere. Die Mutter stillt zwar ihr Kind, beraubt sich und das Kind aber um das Wichtigste dabei.

Alles mitreißen in den Untergang
Über den mutwillig herbeigeführten Absturz eines Airbus' in den französischen Alpen

»Von dem Vulkan, der in mir brütet und kocht, hat kein Mensch eine Ahnung.« *(Aus den Memoiren des Amokläufers Ernst August Wagner)*

Die nach dem 11. September 2001 entstandene schizoide Großwetterlage begünstigt kollektive und individuelle Amokläufe. Wir leben seither in einem Klima von Gewalt und Krieg. Nach dem mutwillig herbeigeführten Absturz eines Airbus' befindet sich Deutschland im Ausnahmezustand.

Medialer Vampirismus

Seit am Dienstag ein Airbus der Fluglinie *Germanwings* auf dem Weg von Barcelona nach Düsseldorf in den französischen Alpen abgestürzt ist, kennt Deutschland kein anderes Thema mehr. Griechenland, Ukraine, Eurokrise, die saudi-arabischen Luftangriffe im Jemen, all das verschwindet aus der öffentlichen Wahrnehmung. Die letzte Trauer- und Empörungswelle nach dem Anschlag auf die Satirezeitschrift *Charlie Hebdo* ist gerade abgeebbt, da sehen wir Frau Merkel und Francois Hollande am nächsten Unglücksort stehen und betroffen in die Kameras schauen. Die Medien berichten rund um die Uhr über die Folgen des Absturzes und überschreiten in ihrer Jagd nach Auflagenhöhe und Einschaltquoten teilweise die Grenzen des guten Geschmacks und journalistischer Sorgfaltspflicht und Rücksichtnahme. Der Boulevard nährt sich vampiristisch vom Unglück und Leid anderer Menschen. Das ganze Land befindet sich im Ausnahmezustand. Die Fahnen hängen auf Halbmast und allenthalben werden Schweigeminuten abgehalten. Der Bundespräsident brach eine

Südamerikareise ab und reiste nach Haltern am See, um an einer Trauerfeier für 16 Schüler und zwei Lehrerinnen teilzunehmen, die bei dem Absturz ums Leben gekommen sind. Es entstehe ein »Band des Mitleidens und Mittrauerns«, sagte er nach dem Besuch des ökumenischen Gottesdienstes, und fuhr fort: »In solchen Notsituationen spürt man, dass wir in einer Gesellschaft von Menschen leben und nicht nur von funktionierenden Wesen«.

Homogenisierende Paniken

Die Nachricht über eine solche Katastrophe und die medial groß in Szene gesetzte Suche nach den Opfern und Ursachen einen die ganze Nation auf einer affektiven Ebene wie sonst nichts mehr. Die durch die Konkurrenz isolierten und durch den Konsum zerstreuten Gesellschaftsmitglieder erleben sich offenbar nur noch in Augenblicken großen Unglücks als zusammengehörig. »Moderne Nationen«, heißt es bei Peter Sloterdijk, »sind Erregungs-Gemeinschaften, die sich durch telekommunikativ (…) erzeugten Synchron-Stress in Form halten.« Mit Hilfe synchronisierender Hysterien und homogenisierender Paniken versetzen sie sich selbst fortwährend in jene Mindestspannung, die nötig ist, um von Krisen zerrissene Gesellschaften zusammenzuhalten. Alles ist, wie Brecht sagte, »in die Funktionale gerutscht«, und wir benötigen gelegentliche Katastrophen wie das Elbehochwasser, Amokläufe und andere spektakuläre Verbrechen, um uns vorübergehend als Gemeinschaft zu erleben, die sich gegen die Gefahr zusammenschließt. Wie Schopenhauers frierende Stachelschweine drängen sich die zeitgenössischen Elementarteilchen aneinander und laufen Gefahr, sich dabei zu verletzen, was sie schnell wieder auseinandertreibt – zurück in die Kälte ihrer Indifferenz und Isolation.

Obwohl die Untersuchungen der Flugzeugkatastrophe längst noch nicht abgeschlossen sind, scheint inzwischen festzustehen, dass der Kopilot Andreas L., der den Absturz des Airbus mutwillig herbeigeführt haben soll, psychische Probleme hatte und wohl unter Depressionen litt. Er soll sich deswegen in psychiatrischer Behandlung befunden haben. Außerdem soll er, wie die FAZ in ihrer Sonntagsausgabe meldet, Probleme mit den Augen gehabt haben, dem vielleicht wichtigsten Organ eines Piloten. Depressionen können in schweren Fällen zu so etwas wie einer Versteinerung führen, einen Menschen handlungsunfähig machen und seine Antriebskräfte lähmen. Das Berufsbild des Piloten zeigt in allen Punkten das genaue Gegenteil: einen aktiven, hellwachen, entschlusskräftigen, zupackenden Menschen, der jederzeit Herr der Lage ist und selbst in Momenten der Gefahr den Überblick behält. In Werbebroschüren sieht man kräftige Männer in gut sitzenden Uniformen, mit blendend weißen Zähnen und einem vertrauenserweckenden Lächeln. Wer möchte schon sein Leben einem depressiven Trauerkloß und Zauderer anvertrauen?

Depression und Aggression

Seit man begonnen hat, im Interesse der Pharmakonzerne den Begriff der Depression weiter zu fassen und natürliche Lebenskrisen zu pathologisieren und zu medizinisieren, ist die Depression die am häufigsten diagnostizierte psychische Störung.[1] Nach der neuesten, der fünften Version des Diagnosemanuals DSM gilt, wer über den Tod eines nahestehenden Menschen länger als vierzehn Tage trauert und Symptome wie Gefühle der Leere, Freudlosigkeit, allgemeine Müdigkeit bei gleichzeitiger Unruhe und Getriebenheit zeigt, als depressiv und kann mit entsprechenden Medikamenten behandelt werden. In der dritten Version des gleichen Diagnosemanuals hielt man noch eine Trauerfrist von einem Jahr, in der vierten immerhin noch zwei Monate für angemessen. Auf der Basis des neugefassten Manuals gelten 38 Prozent der Einwohner der EU als psychisch gestört. Das Bundesgesundheitsministerium schätzt, dass in Deutschland vier Millionen Menschen unter einer Depression leiden und dass gut zehn Millionen Menschen bis zum 65. Lebensjahr irgendwann einmal eine Depression durchleben. Die Masse dieser Menschen führt ein Leben in stiller Verzweiflung und nimmt brav die verordneten Antidepressiva ein. Das Leben Depressiver ist häufig eine ständige Vertagung des Selbstmor-

---

[1] In Julian Barnes' neuem Roman *Lebensstufen* stieß ich auf Seite 88 auf folgenden Satz: »Leid ist ein menschlicher Zustand, kein medizinischer, und auch wenn es Tabletten gibt, die uns helfen, unser Leid – und alles andere – zu ertragen, so gibt es doch keine Tabletten, die es heilen.«

des, der für viele von ihnen eine Option ist. Als der Begriff der Depression noch enger gefasst war und nur wirklich schwere Erkrankungen erfasste, hatten Langzeitstudien ergeben, dass circa 15 Prozent aller depressiven Patienten schließlich Suizid begehen. Bekannt ist auch, dass Depressionen gelegentlich eine gehörige Portion Aggressivität beigemischt ist. Diese kann in verschiedene Richtungen gehen. Wendet sie sich gegen die eigene Person, mündet es in den Suizid oder andere strafende und selbstschädigende Handlungen gegen den eigenen Körper. Wendet sie sich nach außen, kann die Amalgamierung von Aggression und Depression sich zu einem explosiven Gemisch verdichten, das man einen erweiterten Selbstmord nennt. Depressive Rückzüge im Vorfeld eines Amoklaufs gelten fast allen Beschreibern als typisch. Man spricht von der Phase des »Brütens«, die dem Raptus, dem blutigen Wüten, vorausgeht. In der Folge von Enttäuschungen und Misserfolgen zieht sich der zukünftige Amokläufer von der Außenwelt mehr und mehr zurück in seine seelischen Innenräume, die für das Austragen solcher Energien ungeeignet sind. Sie sind zu eng. Was Gewalt am Ausbruch hindert, sind emotionale Bindungen und libidinöse Besetzungen, und genau die werden jetzt gekappt beziehungsweise ins eigene Innere zurückgenommen. Unglückserfahrungen sind dann am explosivsten, wenn ihnen gesellschaftliche Berührung fehlt und sie nur noch in sich rotieren. Die Wahrnehmungsweise des prospektiven Amokläufers verzerrt und verengt sich und Handlungsalternativen schwinden. Zorn und Wut entmischen sich und verwandeln sich in reinen Hass, der auf Entladung drängt.

Bei den Amokläufen der jüngsten Zeit lässt sich eine Dynamik beobachten, die man »medialen Narzissmus« genannt hat. Der Täter wird von dem Wunsch angetrieben, bekannt und berühmt zu werden. Er genießt im Vorfeld der Tat seinen vorphantasierten posthumen Ruhm, will seinen Abgang grandios in Szene setzen und in seinen eigenen Untergang möglichst viele andere, am liebsten die ganze Welt mitreißen. Der Täter begibt sich sodann ins Epizentrum seiner Kränkungen und verwandelt die Stätte seiner Traumatisierungen in den Ort seines Triumphes. Er lässt sein geschundenes und verkanntes Selbst in einem gigantischen finalen Feuerwerk verglühen.

Die Fluggesellschaft hatte, so ist zu hören und zu lesen. von den Erkrankungen und psychischen Problemen des Kopiloten Andreas L.

keine Kenntnis. Das wäre aber sicher nicht mehr lange so geblieben. Irgendwann hätte Herr L. seinem Chef unter die Augen treten und ihn über seine Erkrankung informieren müssen, oder andere hätten das an seiner statt getan. Das Motiv des Verschweigens von wichtigen und dem späteren Täter peinlichen Informationen spielt auch beim Amoklauf von Erfurt eine zentrale Rolle. Robert S. hatte zu Hause verschwiegen, dass er seit einem halben Jahr nicht mehr zur Schule ging. Das Gutenberg-Gymnasium hatte sich seiner Anfang Oktober 2001 durch einen Akt bürokratischer Exklusion entledigt, nachdem er geschwänzt und Atteste gefälscht hatte. Da Robert S. volljährig war, brauchte die Schule seine Eltern nicht zu informieren. Der Schulverweis entzog seinem Lebensentwurf die Grundlagen und stürzte ihn wegen einer Besonderheit des damaligen thüringischen Schulgesetzes ins Nichts. Ohne jeden Bildungsnachweis drohte er zu dem zu werden, was man im sozialdarwinistischen Jargon der Gegenwart einen »Loser« nennt. Indem Robert S. den Schulverweis zu Hause verschwieg und so tat, als wäre alles in Ordnung, begann er, wie Gerhard Mauz einmal gesagt hat, mit seiner Umgebung »Federball mit Dynamit« zu spielen. Denn zwangsläufig musste der Tag kommen, an dem seine Lügen auffliegen würden, und er seinen Eltern mit dem Geständnis seines Scheiterns unter die Augen treten müsste. Der letzte Tag der schriftlichen Abiturprüfungen wurde so zum Tag der Entscheidung, und er beschloss, die Widersprüche, in die er sich heillos verstrickt hatte, gewaltsam zu »lösen«.

Die tödliche Dynamik des Verschweigens

Was bei Robert S. der verschwiegene Schulverweis gewesen ist, könnte bei Andreas L. seine geheim gehaltene Erkrankung gewesen sein. Er wusste, dass er diese dauerhaft nicht würde für sich behalten können und er in der Folge der Aufdeckung seines Geheimnisses Gefahr lief, seine Fluglizenz und damit seinen Job zu verlieren. Wenn die Arbeit verloren geht, geht häufig viel mehr verloren als die Arbeit. Die Berufsrolle ist in unserer Kultur eine zentrale Stütze des Selbstgefühls und fungiert für viele Menschen geradezu als Selbstwertprothese. Der Beruf des Piloten, der ja der Traum von zahllosen kleinen Jungen und von einem gewissen Glamour umgeben ist, versorgt denjenigen, der ihn ausübt, mit narzisstischen Gratifikationen mannigfacher Art und kann seine Vorstellungen der eigenen Grandiosität stützen. Wenn das für den Kopiloten Andreas L. zutreffen sollte, bekommen wir eine Ahnung von der Dramatik der Situation. Bevor es dazu kommen konnte, die Fluglizenz zu verlieren, könnte er beschlossen haben, seinem Leben ein Ende zu setzen und sich die Schmach der Enthüllung seiner Erkrankung zu ersparen. Der Kollaps des Selbstgefühls und der narzisstische Zusammenbruch gehören zu den bedrohlichsten seelischen Ereignissen. Um sie zu vermeiden, nimmt man mitunter den eigenen Untergang in Kauf. Das einzige, was in einer solchen Lage helfen könnte und den drohenden Fall aus der Welt hätte auffangen können, wäre ein Netz von emotionalen Bindungen an Verwandte und Freunde.

Wer das Glück hat, in einem solchen Netz von Beziehungen zu leben, die er als bestätigend empfindet und notfalls aktivieren kann, der ist viel besser gegen massive Einbrüche geschützt als jemand, der auf sich selbst gestellt ist. Gefahr droht immer dann, wenn jemand in einer kritischen Lebenssituation nicht den Kontakt und das Gespräch sucht, sondern sich in ein Lügengebäude und ins Verschweigen zurückzieht. Es gibt ja durchaus so etwas wie ein heilsames Sich-Aussprechen von verdrängten pathogenen Geheimnissen – ein Aussprechen, das einen instand setzt, es irgendwann selbst mit den schlimmsten Wahrheiten und den peinlichsten Kränkungen aufnehmen zu können. Was ausgesprochen werden kann, muss nicht länger agiert werden, fatale Handlungen lassen sich durch schmerzhafte Geständnisse ersetzen. Warum hat Andreas L. den Weg zu ihm nahe stehenden Menschen nicht gefunden? Bei Robert S. war es ein sehr stark auf Leistung zentriertes familiäres Klima, das ihm das Eingeständnis seines schulischen Scheiterns erschwerte oder verunmöglichte.

Ein Klima des Vertrauens

Ein weiterer protektiver Faktor wäre in Fällen wie dem des Andreas L. ein von Vertrauen geprägtes Betriebsklima, das psychische Probleme von Mitarbeitern nicht nur als Störung und Leistungsminderung wahrnimmt. Nur, wer nicht von Kündigung und beruflicher Abstufung bedroht ist, wird in einer Notlage den Weg zu Kollegen und Vorgesetzten finden.

Psychologen, Psychiater und ein Flugkapitän zeichnen gegenüber *Spiegel Online* ein besorgniserregendes Bild vom Umgang mit psychischen Problemen in der Luftfahrtbranche. Depressionen, Alkoholsucht, chronische Müdigkeit und Überarbeitung werden demnach oft totgeschwiegen. Einen offenen Umgang mit psychischen Erkrankungen gebe es nicht, stattdessen herrsche ein Klima von Verdrängung und Karriereangst. »Der Druck vom Management nimmt immer weiter zu«, sagt ein Flugkapitän, der seit 20 Jahren in der Branche tätig ist. »Die Krankschreibungen wegen chronischer Ermüdung und psychischen Problemen haben drastisch zugenommen.« Mitunter würden deshalb auch Flüge gestrichen.

Nicht alle betroffenen Kollegen würden sich krankschreiben lassen, so der Flugkapitän, der aus Angst vor beruflichen Nachteilen anonym bleiben möchte. »Die Leute funktionieren trotzdem. Manche schaffen das mit Alkohol oder Medikamenten.«

Nach dem mutwillig herbeigeführten Absturz wird nun gefordert, die Piloten nicht nur regelmäßig medizinisch, sondern auch psychiatrisch untersuchen zu lassen, als ließen sich psychische Störungen messen wie Bluthochdruck oder Harnsäure. Von einigen Politikern wird zusätzlich die Aufhebung der ärztlichen Schweigepflicht gefordert. All die Programme, von denen auf der Suche nach präventiven Möglichkeiten nun die Rede ist, sind durch einen Bindestrich mit dem Begriff »Management« verknüpft und geben sich schon dadurch als Sozial- und Psychotechniken und Teil der herrschenden ökonomischen Vernunft zu erkennen. Aus neurowissenschaftlicher Perspektive setzt man auf die Entwicklung von Gehirnscannern, mit deren Hilfe sich potentielle Terroristen und Amokläufer erkennen ließen. Auf dem Weg vom Rechts- zum Sicherheits- und Präventionsstaat werden demokratische Skrupel über Bord geworfen. Es läge durchaus im Interesse der Gesellschaft, sagte der Mainzer Neuro- und Kognitionswissenschaftler Thomas Metzinger in einem Interview, »ihre Mitglieder in jungen Jahren zu screenen«, um Dispositionen zu abweichendem Verhalten und späterer Gewalttätigkeit rechtzeitig diagnostizieren und erfolgreich therapieren zu können. Der italienische Arzt Cesare Lombroso, der im 19. Jahrhundert behauptete, dass man den »geborenen Verbrecher« an gewissen anatomisch-physiognomischen Stigmata identifizieren könne, feiert seine Auferstehung in Gestalt einer neurowissenschaftlich aufgeputzten Gedankenpolizei, die sich anheischig macht, Verbrechens-Vorhersagen direkt aus den Gehirnen auffälliger Personen ablesen zu können.

Der Kult des »Winners«

Bevor wir uns abschließend der Frage zuwenden, warum manche Suizidanten andere Menschen in ihren Tod mitreißen, werden wir uns mit der Frage beschäftigen, warum das Offenbaren einer depressiven Erkrankung als Schande und Kränkung empfunden wird.

»Prominente und Wohlhabende bekommen einen Burnout attestiert, arme Schlucker und normale Leute eine Depression«, sagte mir dieser Tage ein befreundeter Arzt. Während das *Burn-out-Syndrom* als Veteranenmedaille der Leistungsgesellschaft gilt: »Ich habe alles gegeben und mich dabei übernommen, ich brauche jetzt mal eine Auszeit«, klingt Depression nach Psychiatrie und Versagertum. Wer dem Leitbild des »Winners«, des aktiv handelnden, allzeit fitten, gut gelaunten und erfolgreichen Tatmenschen nicht entspricht, empfindet sich als »Loser«, schämt sich und zieht sich zurück. Er scheidet aus dem Rennen um Erfolg und Geld aus, das im Kindergarten beginnt, sich in den Schulen fortsetzt und in den Kampf um beruflichen Aufstieg und Karriere mündet. Das Problem ist nicht so sehr die Depression, sondern die damit verbundene Stigmatisierung und soziale Ächtung. Der Depressive wird von der Leistungsgesellschaft behandelt wie ein Deserteur, der sich unerlaubt von der Arbeitsbrigade entfernt hat. In einem gesellschaftlichen Umfeld, das sich über Leistung definiert und Anerkennung an Leistung bindet, hat Depression eine schlechte Presse und der Depressive einen schweren Stand. Das kann dazu führen, dass man Zuflucht nimmt zur Lüge und zum Versteckspiel.

Der Pariser Soziologe Alain Ehrenberg deutete schon Mitte der neunziger Jahre die Depression als symptomatische Krankheit unserer Tage. Er arbeitete in seinem Buch *Das erschöpfte Selbst* heraus, wie sich seit den siebziger Jahren das freiheitliche Versprechen der Selbstverwirklichung hinter dem Rücken der so wunderbar Selbstverwirklichten schleichend in einen dämonischen Zwang verwandelte. Indem das authentische Selbst umfunktioniert wurde zum produktiven Motor all unseres Handelns, ist die Erschöpfung vorprogrammiert. Erschöpfung als Dauerzustand aber mündet in Depression, die bei Ehrenberg definiert wird als »Krankheit der Verantwortlichkeit, in der ein Gefühl der Minderwertigkeit vorherrscht. Der Depressive ist nicht voll auf der Höhe, er ist erschöpft von der Anstrengung, er selbst werden zu müssen.« Depression, der steigende Konsum von Alkohol und Antidepressiva sind für Ehrenberg Reaktionen auf die Strapazen der den Individuen aufgebürdeten Eigenverantwortlichkeit. Damit hat das Projekt der Moderne – die Befreiung des Subjekts aus überkommenen Bindungen und Traditionen – eine paradoxe Verkehrung erfahren. War die Neurose das Produkt eines repressiven, die Triebe unterdrückenden Kapitalismus, so ist die Depression die Kehrseite einer kapitalistischen Gesellschaft, die das authentische Selbst zur Produktivkraft macht und seine Kreativität bis zur Erschöpfung fordert. Die Depression hält unserer Gesellschaft den Spiegel vor, in dem wir uns erkennen könnten. Weil wir das nicht riskieren wollen, zerbrechen wir den Spiegel, machen aus der Depression einen genetischen Defekt oder eine hirnorganische Erkrankung und verbannen die Depressiven in Krankenhäuser.

» Going postal «

Als man in den 80er Jahren in den USA im Zuge der *Reaganomics* dazu überging, die Post zu privatisieren und zu verschlanken, kehrten zahlreiche ehemalige Angestellte bewaffnet an ihren Arbeitsplatz zurück und schossen dort um sich. »Going postal«, aufs Postamt gehen, ist seither in den USA ein Synonym für Amoklaufen. In Frankreich hat die seit einigen Jahren betriebene Privatisierung des Telekommunikationskonzerns *France Telecom* eine Selbstmordwelle ausgelöst: Innerhalb von nur 18 Monaten haben sich 25 Angestellte das Leben genommen. (*Süddeutsche Zeitung* vom 30.10.2009) In Europa scheinen noch immer ein eher depressiver Modus der Reaktion auf biographische Brüche und der Modus einer Reprivatisierung gesellschaftlicher Konflikte vorzuherrschen. Die Menschen geben sich selbst die Schuld und versinken in Resignation und stiller Verzweiflung. Wie wir jetzt sehen, muss das nicht unbedingt so bleiben. Wie wir es auch drehen und wenden, am Ende unserer Überlegungen finden wir uns unter den giftigen Bäumen unseres neoliberalen Dschungels vor.

Erweiterter Suizid

»Eine unausweichlich scheinende Katastrophe muss man beschleunigen«, hat Ernst Jünger einmal gesagt, und uns damit einen Fingerzeig geliefert zur Lösung des Rätsels des erweiterten Suizids. Statt passiv zuzusehen, wie dem eigenen Lebensentwurf die Grundlagen entzogen werden, nimmt man die Zerstörung in eigene Regie. Warum aber entschließt sich der Suizidant, in seinen eigenen Untergang andere mitzureißen? Warum geht er nicht auf den Dachboden und hängt sich dort still und leise auf? Warum fährt er nicht mit dem Auto in den Wald und leitet die Abgase nach innen? Entweder ist seine Wut auf die wirklichen und vermeintlichen Verursacher seines Unglücks zu groß oder er ist so narzisstisch, dass ihm der einfache Suizid zu unspektakulär vorkommt. Der erweiterte Suizid drückt eine ins Negative gewendete Größen- und Allmachtsphantasie aus. Der Täter hält sich für Gott – er schwingt sich zum Herrscher über Leben und Tod anderer auf. Dahinter steht eine spezifische Form von narzisstischer Wut. Manche Menschen können mit Kränkungen gelassen umgehen. Sie prallen an ihrem intakten Selbstgefühl ab, während andere bei vergleichsweise harmlosen und banal wirkenden Kränkungen buchstäblich um ihre Existenz fürchten. Der Rückschlag auf eine erfahrene Kränkung fällt über die Maßen heftig aus, weil sie deutlich machen wollen, dass sie auf keinen Fall hätte passieren dürfen.

Im *Zeitalter des Narzissmus* kommt noch etwas anderes ins Spiel. Wer es nicht schafft, auf gesellschaftlich üblichem Weg Anerkennung zu finden, kann als Negativheld in die Annalen der Geschichte eingehen. Pointiert ausgedrückt: Wer bei »Deutschland sucht den Superstar« nicht landen kann, kann sich für die bösartige Variante des medialen Narzissmus entscheiden und als Amokläufer Berühmtheit erlangen. Seit dem Massaker an der Colombine-High-School in Littleton/Colorado im Jahr 1999 spielt dieses Motiv bei einigen spektakulären Amoktaten junger Männer eine dominierende Rolle. »Ich möchte, dass mich eines Tages alle kennen«, hat Robert S. im Vorfeld der Tat einer Mitschülerin anvertraut. Auch den Namenlosen und aus der Welt Herausgefallenen wird auf diese Weise Beachtung gesichert und Bedeutung verliehen. Anerkennungsverluste und -defizite machen Menschen anfällig für das, was Florian Rötzer »Aufmerksamkeitsterror« genannt hat: Du musst etwas großes Böses tun, um aus dem Nichts der Bedeutungslosigkeit herauszutreten und ein Gefühl des Existierens zu erzeugen. »Rampage killing« nennt man in den USA einen Typus öffentlichen Mordens, bei dem sich eine private Wut mit der zeitgenössischen Sehnsucht nach medialer Spiegelung zu einer explosiven Mischung verbindet. Diesem Typus des Mordens wird man wohl auch die Tat des Andreas L. zuordnen müssen.

Das Streben nach perfekter Sicherheit

Noch eine letzte Bemerkung. Die Katastrophe in den französischen Alpen offenbart, wie das nach dem 11. September 2001 um sich greifenden Bestreben, jede nur denkbare Sicherheitslücke zu schließen, neue Unsicherheiten hervorbringt. Früher durften Kinder in Begleitung der Stewardess den Piloten im Cockpit besuchen, heute hat man dieses derart gegen unerwünschte Eindringlinge gesichert, dass auch das rettende Eindringen nicht mehr möglich ist. Die nun erwogene und von einigen Fluggesellschaften umgehend eingeführte Zwei-Personen-Regel wird ebenfalls keine perfekte, lückenlose Sicherheit bringen. Diese Gesellschaft setzt nach Katastrophen wie der gerade erlebten auf den Ausbau technisch-instrumenteller Sicherheit, auf Überwachungs- und Kontrolltechniken, an denen gewisse Industrien gut verdienen. Dabei böte allein soziale Sicherheit langfristig halbwegs Schutz. Soziale Sicherheit ist ein dynamischer Faktor, der im Wesentlichen durch das in einer Gesellschaft herrschende Klima bestimmt wird, das zwischenmenschliche Akzeptanz und Vertrauen erzeugt oder eben eher unterbindet. Der vom Neoliberalismus entfesselte Sozialdarwinismus erzeugt eher ein Klima des Misstrauens und der gegenseitigen Verfeindung. Aber auch in einer freien Gesellschaft werden wir mit gewissen Risiken leben müssen. Wer nach perfekter, lückenloser Sicherheit strebt, kommt darin um.

Schlussbemerkung

Zu Vorsicht und zur Skepsis auch den eigenen Gedanken und vermeintlichen theoretischen Gewissheiten gegenüber neigend, möchte ich die

Möglichkeit nicht unerwähnt lassen, dass mein Versuch, mir und anderen den Flugzeug-Amok verstehbar werden zu lassen, letztlich etwas von einer »Sinngebung des Sinnlosen« (Theodor Lessing) haben mag. Vielleicht gibt es ihn doch, den »acte gratuit«, vom dem bei André Gide die Rede ist, also eine letztlich absurde, gewalttätige und zerstörerische Handlung ohne Sinn und nachvollziehbares Motiv. Als jene kleinen überspannten Säugetiere, über die die Katastrophe des Bewusstseins hereingebrochen ist, können wir uns mit quälender Ungewissheit und allzu vielen Schwebezuständen nur schwer abfinden und befriedigen unser Kausalitätsbedürfnis, indem wir Unbekannt-Bedrohliches auf leidlich Bekanntes reduzieren, das sich unserer Verarbeitungsroutine fügt. Alles oder fast alles, was zu Täter und Tat gesagt wird, muss einstweilen im Konjunktiv formuliert werden, und auch da, wo ich ihn nicht verwendet habe, sollte er mitgedacht werden. Aber auch, wenn die Umstände der Tat eines Tages geklärt sein werden, bewahren Gewalttaten wie die, von denen hier die Rede war, letztlich immer etwas Rätselhaftes, zu dem wir mit unseren Erklärungsversuchen nur annähernd vordringen.

ETHNOLOGIE DES INLANDS

Die Watte der Überbehütung

Auf dem Spielplatz am Citycenter möchte ein zweieinhalbjähriger Junge einen gepflasterten, sanft gerundeten Hügel erklimmen, der vielleicht einen halben Meter hoch ist. Prompt stürzt seine Mutter herbei und ruft panisch: »Nein, Liam, da kannst du dir wehtun!« Sie ergreift seine Hand und zieht ihn zurück vom Mount Everest in die Niederungen des weichen Sandes.

Jetzt dürfen Kinder sich nicht einmal mehr wehtun, dachte ich beim Weitergehen. Kein Wunder, dass sie später in ihren motorischen Fähigkeiten derart eingeschränkt sind, dass man sie zur Ergotherapie schicken muss. Dazu passt die Beobachtung eines Freundes, der als Trainer in einem Turnverein tätig ist. Er stellt immer wieder erstaunt fest, dass viele Kinder kein Sensorium für Gefahren und Risiken besitzen und sich selbst und andere dadurch mitunter nicht unerheblich verletzen. Wenn alle Stöße und Schläge, die das Kind beim Versuch erhält, den Weg von der Mama weg in die objektive Ordnung der Welt einzuschlagen, immer wieder abgefedert werden, dann bleiben diese Kinder seltsam erfahrungslos. Der Widerstand der Dingwelt wird in die Watte der Verwöhnung und Überbehütung gepackt, womit man den Kindern die Möglichkeit nimmt, sich an den Ecken und Kanten der Welt zu stoßen und sich in dieser Reibung am Widrigkeitskoeffizient der Dinge zu entwickeln. Eltern sind die Chauffeure ihrer Kinder, fahren sie von Termin zu Termin. Sie bringen sie in die Schule und holen sie dort wieder ab. Sie tragen ihnen die Schultasche bis zum Eingang. Bei etwaigen Konflikten der Kinder untereinander oder mit dem Lehrpersonal treten sofort die Eltern auf den Plan und stürzen sich für ihre Kinder in den Kampf, statt sie selbst nach einer Lösung suchen zu lassen. Nicht einmal auf dem Schulweg haben Kinder Gelegenheit, sich der ubiquitären Kontrolle und Fürsorge zu entziehen und untereinander ihre Erfahrungen zu machen. Kein Wunder, dass sie keine Balance und kein Körpergefühl haben, dass sie nicht rückwärts laufen und keinen Ball fangen können.

Aus der Welt gefallen
Eine Nachbetrachtung zum Absturz der Germanwings-Maschine

>»Ja, das ist besonders merkwürdig: Seine ganze Angst war vergeblich. Das erinnert an den großartigen Satz von Kafka, der mir jetzt einfällt, über seine Angst: Dass die ganzen Ängste, die er hatte, möglicherweise völlig überflüssig waren.« *(Wilhelm Genazino)*

Eine Tat verstehbar werden zu lassen, ist etwas anderes, als sie und den Täter zu entschuldigen. Es geht nicht darum, den Kopiloten von Schuld freizusprechen und das Leid der Opfer und ihrer Angehörigen zu schmälern. Andreas L. hat das Flugzeug zum Absturz gebracht und 149 Menschen mit in den Tod gerissen. Es müsste gerade im Interesse der Opfer liegen – der gestrigen und der von morgen –, hinter der Tat Zugang zu finden zur Psychopathologie des Täters. Nur wenn es uns gelingt, einen möglichst umfassenden Verständniszusammenhang herzustellen, werden wir vielleicht zukünftig in der Lage sein, im Vorfeld sensibler auf Warnsignale zu reagieren.

Am Mittwoch, den 10. Juni 2015 wurden den Angehörigen der Opfer die Särge mit dem Überresten der Toten übergeben, am Donnerstag waren sie nach Paris eingeladen, wo die dortige Staatsanwaltschaft sie über den Stand der Ermittlungen informierte. In der *Süddeutschen Zeitung* vom Freitag, dem 12. Juni 2015 findet sich ein Bericht über die Pressekonferenz und den gegenwärtigen Kenntnisstand in Sachen Absturz der Germanwings-Maschine am 24. März 2015. Ich fasse diesen Artikel zusammen:

Eines der letzten Wörter, die Andreas L. auf seinem iPad *gegoogelt* hat, lautet: Patientenverfügung. Eine solche Verfügung legt fest, wie weit

Ärzte im Grenzfall gehen sollen und dürfen, wenn ein Mensch sich zwischen Tod und Leben befindet, weder tot noch richtig lebendig ist. L. hat an diesem Tag auch noch die Suchwörter *Leiden, Krankenhaus, Sterben* eingegeben. Man kann daraus schließen, dass Andreas L., der offenbar suizidal gestimmt war, bis zuletzt vorhatte, nur sich selbst umzubringen. Und er hatte offenbar Angst, dass dieser Versuch misslingen und man ihn frühzeitig finden und erfolgreich wiederbeleben könnte. So lässt sich sein Interesse für die Patientenverfügung deuten. Bis zum Schluss war alles in der Schwebe und er schwankte zwischen verschiedenen Möglichkeiten hin und her.

Man hat bei insgesamt 46 Ärzten Unterlagen über Andreas L. sichergestellt. Er fürchtete zuletzt offenbar, an einer schweren Augenkrankheit zu leiden und entwickelte eine ans Wahnhafte grenzende Angst, zu erblinden, und damit das Fliegen und seinen geliebten Beruf zu verlieren. Diese Angst, so scheint es, trieb ihn in den Tod. Ende 2014 entdeckt Andreas L. erste Anzeichen dieser vermeintlichen Augenkrankheit und sucht noch kurz vor Weihnachten einen Augenarzt auf, der aber nichts findet, was auf eine ernsthafte Erkrankung hindeutet. Er traut der Entwarnung nicht und konsultiert weitere Ärzte. Er beginnt eine regelrechte Ärzte-Odyssee, die für Außenstehende kaum nachvollziehbar ist. Alle Ärzte kommen zum selben Ergebnis: Seine Augen sind vollkommen in Ordnung. »Die Botschaft erreicht L. nicht. ›Wenn die Augen nicht wären‹, schreibt er einem der Ärzte, ›wäre alles gut‹. Welche Tragik. Es war ja alles gut.«

Die Mutter empfiehlt ihm, zu einem Psychiater zu gehen und begleitet ihn Mitte März sogar, als er endlich ihrem Rat folgt. Der Psychiater und die Neurologen, die er danach aufsucht, tippen auf eine Angststörung. Schon im Jahr 2009 musste Andreas L. die Pilotenschule verlassen, um sich wegen Depressionen behandeln zu lassen. Nun, im Jahr 2015, lehnt er eine weitere psychiatrische Behandlung ab mit der Begründung, er habe es »ja nur an den Augen«.

Zum Schlüsselasservat in diesem Fall avanciert sein iPad, beziehungsweise die Suchfunktion im Internetbrowser. Ab Mitte März 2015 zeugen die Sucheinträge von einer deutlichen Zuspitzung der Lage. Er ließ sich krankschreiben. Zwischen dem 13. und dem 22. März steuert er kein Flugzeug. Gleich von drei Ärzten besorgt er sich Atteste. Einer diagnostiziert einen »psychosomatischen Beschwerdekomplex«. Dieses Attest gibt Herr L. vorsichtshalber erst gar nicht beim Arbeitgeber ab. Wie ein Ertrinkender sucht er nach einer Lösung seiner Probleme, die er zunehmend im Tod erblickt. Er fragt im Internet nach »einem schnellen Tod«, »wieviel kostet Zyankali und woher kriegt man das?« Er sucht allgemein nach Giften und tödlichen Medikamenten-Cocktails, er sucht nach Möglichkeiten, seine Schlafstörungen loszuwerden. Am 20. März klickt er auf eine Seite mit Beschreibungen von Cockpit-Türen. Da ist er also gedanklich bereits mit der Möglichkeit befasst, die er dann vier Tage später wählt. Am Tag vor dem Unglück *googelt* er die Patientenverfügung. Noch immer hat er keine endgültige Wahl getroffen. Auf dem Hinflug nach Barcelona hatte Andreas L. den Autopiloten schon einmal auf 100 Fuß eingestellt, als der Pilot das Cockpit verlassen hatte. »War das die Generalprobe? Oder wollte er das Flugzeug schon da abstürzen lassen, und zuckte dann doch zurück?«, fragt die *Süddeutsche Zeitung* abschließend.

Die Ermittlungsergebnisse zeigen uns einen verzweifelten jungen Mann, der in einer tiefen Lebenskrise steckt und den Weg zu anderen Menschen nicht findet, die ihm da raus- und weiterhelfen könnten. Was letztlich den Ausschlag gab, dass er die Methode des erweiterten Suizids wählte, werden wir nicht erfahren. Man kann darüber im Sinne meiner früheren Anmerkungen nur spekulieren. (Siehe *Alles mitreißen in den Untergang* in diesem Band)

Für jeden, der therapeutisch arbeitet, ist die scheinbar grundlose Angst ein vertrautes Phänomen. Man spricht in Fällen wie dem des Andreas L. von Hypochondrie. Der hypochondrische Mensch ist ständig und übermäßig um seine Gesundheit besorgt. Er beobachtet sich unentwegt und neigt dazu, unbedeutende Beschwerden zu lebensbedrohlichen Erkrankungen auszubauen, wobei er von der tödlichen Ernsthaftigkeit seiner Erkrankung überzeugt ist. Eine fixe Idee wie die, die Herr L. hervorgebracht hat, ist dadurch charakterisiert, dass sie gegen vernünftige Argumente und medizinisch-wissenschaftliche Aufklärungsversuche perfekt abgeschottet ist. Ein richtiger Hypochonder ist auf diese Weise nicht erreichbar. Er denkt, dass er denkt und dass alle anderen um ihn herum ihn nicht verstehen, inkompetent oder Komplizen einer gegen ihn in Szene gesetzten Verschwörung sind. Die Hypochondrie ist eine Art von körperlichem Wahn: Der Hypochonder fahndet in seinem Körper nach

Hinweisen auf gefährliche Erkrankungen, genauso wie der sich verfolgt fühlende Mensch nach Agenten und versteckten Mikrophonen sucht. Warum tut er das? Die Hypochondrie bietet den Vorteil, diffuse Ängste oder unerträgliche aggressive Tendenzen zu konkretisieren und einzugrenzen. Der Hypochonder verwandelt seine diffusen inneren Ängste in die konkrete und deshalb leichter zu ertragende Furcht vor körperlicher Krankheit. »Der Boden wankt, sie wissen nicht warum und von was. Dieser ihr Zustand ist Angst, wird er bestimmter, so ist er Furcht«, heißt es im Vorwort von Ernst Blochs *Das Prinzip Hoffnung*. Stets handelt es sich bei der Hypochondrie um einen symbolischen Hinweis auf Existenzprobleme, und es ist Aufgabe des Arztes oder Therapeuten, die körpersprachlich verrätselte und chiffrierte Botschaft zu entschlüsseln. Es gehört zur Tragik dieses Falles, dass Andreas L. auf seiner Odyssee niemandem begegnete, der das Rätsel seiner vermeintlichen Augenerkrankung zu lösen verstand, die dahinter liegende Problematik erkannte und behutsam zum Thema machte. Das Thema wäre Angst gewesen. Mit der Diagnose »Angststörung« allein ist niemandem geholfen – auch Andreas L. nicht. Das Diagnostizieren, mit dem wir heute so schnell bei der Hand sind und worauf wir uns so viel zugutehalten, erweist sich als ein Instrument, mit dem die Gesellschaft Störungen und Gefährdungen ihres Zusammenlebens gerade nicht zu verstehen lernt, sondern abdeckt, abriegelt und administrativ in den Griff zu bekommen versucht. Diagnosen befriedigen das Ordnungs- und Kausalitätsbedürfnis der Wissenschaft und der professionellen Helfer sowie den Wunsch, in einem bisher undurchschaubaren, chaotischen, gefährlichen, vielleicht auch angstauslösenden Bereich Ordnung zu schaffen durch Einordnen und Klassifizieren: »Aha, das ist es also!« Diagnosen rücken den Patienten zurecht für den medizinisch-psychiatrischen Apparat und seine Normalisierungstechniken. Vor allem bahnen sie den Weg für die Verschreibung von Medikamenten, woran die Pharmaindustrie ein großes Interesse hat. Unser Anliegen sollte deshalb nicht sein, ein Symptom schnellstmöglich zu beseitigen, sondern den Versuch zu unternehmen, seine Bedeutung aus der Vielschichtigkeit des jeweilgen Menschen und seiner Lebensgeschichte heraus zu verstehen. Diagnosen und Etiketten sind allenfalls von relativem Wert, und oft sind sie der nötigen Offenheit dem Patienten gegenüber nicht förderlich. Nimmt man ein Symptom allzu schnell unter Beschuss ohne seine Bedeutung im seelischen Gesamthaushalt eines Menschen begriffen zu haben, bringt man ihn in Gefahr. Symptome haben, wie der Psychoanalytiker Fritz Morgenthaler gesagt hat, die Funktion einer »Plombe«, die eine Lücke im Selbst, ein seelisches Loch ausfüllt. Entfernt man die Plombe, bleiben dem Patienten nur das Loch und ein namenloser Schmerz. Das Symptom ist ein körperlicher Ausweg für psychische Konflikte und bindet Ängste. Nimmt man dem Kranken diesen Ausweg, läuft man im Extremfall Gefahr ihn zu töten. Die verhaltenstherapeutische und medikamentöse Symptombekämpfung haben Konjunktur, weil sie »zielführend« und »effizient« zu sein scheinen und nicht so viel Zeit benötigen, wie eine langwierige psychoanalytische Behandlung.

Fritz Morgenthaler hat das Unzeitgemäße und Unökonomische der Psychoanalyse wie folgt beschrieben: »Mit einer Analyse kann ich nicht schnell eine Lösung finden oder irgendein Problem, das einen Patienten plagt, überbrücken. Die Analyse eignet sich auch schlecht dazu, einen Patienten in einer unangepassten Stellung der Gesellschaft gegenüber schnell wieder der herrschenden Gesellschafts-Moral anzugleichen, ihm zu helfen, ein guter Schüler, ein braver Angestellter oder ein erfolgreicher Geschäftsmann zu sein. Der analytische Prozess folgt Übertragungsstrukturen und Entwicklungslinien, die nicht den Strukturen der Gesellschaft entsprechen, in der wir leben.«

Bei manchen Menschen ist Angst das Lebensgrundgefühl. Ihre Ursprünge verlieren sich im Nebel der Kindheit. Sie reichen mitunter zurück in die vorsprachliche Zeit der frühen Mutter-Kind-Beziehung und sind deswegen für therapeutische Verfahren, die auf Sprachlichkeit basieren, schwer erreichbar. Unter lebensgeschichtlich günstigen Bedingungen bildet sich so etwas aus, wie ein Urvertrauen. Die verlässliche Zuwendung wird verinnerlicht als Gewissheit des eigenen Werts. Jean-Paul Sartre nannte diesen Vorgang *Valorisierung*. Der *Valorisierte* trägt in sich die Gewissheit, dass die Dinge kommen können und er das Leben und seine Widrigkeiten meistern wird. Wem es hingegen an Zuwendung und verlässlicher Anwesenheit der Bezugspersonen mangelt, der fühlt sich nicht hinreichend sicher genug gehalten und entwickelt anstelle eines Urvertrauens Misstrauen und Angst. Wer die allererste Liebe nicht empfangen hat und wem es in der Phase beinahe vollkommener Abhängigkeit an Halt und Geborgenheit fehlte, wird von einer Angst erfasst, die bodenlos ist und eine kaum gemilderte Todes- und Vernichtungsangst darstellt. Die Urform der Angst ist die vor dem Verlust der Mutter oder anderer früher Bezugspersonen. »Wer nicht in den vor den bewussten Erfahrungen liegenden Perioden des Lebens Urvertrauen erlebt hat, wird sich dieses Geborgenheitsgefühl später nur mit unsäglicher Mühe durch Freiheit des Denkens erwerben können, und wen umgekehrt Kindheitserfahrungen an eine paranoide Position fixiert haben, der findet nur schwer die Gelassenheit des Vertrauens«, schrieb Alexander Mitscherlich vor vielen Jahren.

Was wir am Verhalten des Andreas L. in den Tagen vor seiner Tat beobachten können, ist: Dem Verzweifelten wird die Welt enger von Tag zu Tag. Handlungsalternativen schwinden und können irgendwann nicht mehr wahrgenommen werden. Der Weg in die Katastrophe ist durch die schrittweise Verengung von Handlungsalternativen im Verlauf einer biographischen Krise gekennzeichnet. Am Ende steht die Gewalt als letzte und einzige Option. Sie kann immer noch in verschiedene Richtungen gehen. Zum Wesen der Aggression gehört es, dass sie eine verschiebbare Energie ist. Sie kann sich gegen uns selbst, wir können sie gegen uns selbst richten; dann nimmt sie die Gestalt der Selbstbestrafung und -bezichtigung an, die man Depression nennt. Ihre Extremform ist der Suizid. Aggression kann sich gegen Objekte, Mitmenschen, Leute wenden – der klassische Fall von Destruktion: Homizid, Mord. Mord und Selbstmord sind häufig austauschbar, jedenfalls auf dem Niveau des zerstörerischen Willens. Tendenzen zum Suizid oder zum Mord sind nur auf dem Papier zu trennen. In der psychischen Realität gehen sie Mischungen ein und sind häufig wie zu einem Zopf verflochten. Für einen Moment ist in der Schwebe, wohin die gestaute Wut sich wenden wird. Im Falle des *erweiterten Suizids*, den man *Amok* nennt, geht sie in beide Richtungen: ein Mensch, der zuvor einen oft langwierigen *sozialen Tod* gestorben und aus der Welt gefallen ist, ist bestrebt, möglichst viele Fremde in den eigenen Untergang mit hineinzureißen.

»Die Eule der Minerva beginnt erst mit der einbrechenden Dämmerung ihren Flug«, heißt es bei Hegel, was so viel heißen soll, dass wir mit unserem Begreifen und unseren Erklärungen oft zu spät kommen. Erst wenn die Katastrophe eingetreten ist, scheint alles einer Logik zu gehorchen, die die ganze Zeit über auf eine aggressive Eruption zusteuerte. Jetzt ist jeder Lernprozess dadurch versperrt, dass er zu spät kommt.

ETHNOLOGIE DES INLANDS

Digitale Verlassenheit

Während des Frühstücks auf dem Balkon sehe ich unten auf der Straße einen jungen Vater mit seinem vielleicht zweieinhalbjährigen Töchterchen vorübergehen. Das Kind sitzt im Kinderwagen, den der Vater mit einer Hand schiebt. In der anderen hält er sein Smartphone, dem seine Aufmerksamkeit gehört. Er trägt Shorts, ein schwarzes T-Shirt, Sonnenbrille und Bart, entspricht voll und ganz dem heute gängigen Typ von jungem Mann. Ein paar Meter weiter die Straße hinunter steigt das kleine Mädchen aus dem Kinderwagen aus und beginnt, die nähere Umgebung zu erkunden. Der Vater bleibt auf dem Gehweg stehen und starrt auf das Display. Das Kind ruft seinem Papa etwas zu. Dieser reagiert nicht, sondern bleibt in seiner digitalen Parallelwelt. Das Kind unternimmt immer größere Anstrengungen, die Aufmerksamkeit des Vaters vom Gerät weg auf sich zu ziehen. Vergebens, der Vater lässt das Display nicht einen Moment aus den Augen. Das kleine Mädchen wirft den Kinderwagen um. Erst jetzt wendet sich der Vater seiner Tochter zu, aber nur, um den Wagen wieder aufzurichten und ihr ein kleines Kinderfahrrad mit Stützrädern zu reichen, auf das das Kind steigt und in einen Hof rollt. Der Vater ist wieder in seine digitale Welt abgetaucht. Er ist für das Kind nicht erreichbar. Einem solchen Kind teilt sich mit, dass dieses merkwürdige kleine Gerät für den Vater um Vieles interessanter ist als es selbst und dass es gegen das kleine leuchtende Rechteck keine Chance hat.

Einen Moment lang überlege ich hinunterzugehen und den Mann anzusprechen. Ich möchte ihm sagen, dass er sich dem Kind gegenüber ignorant und grausam verhält. Aber ich tue es natürlich nicht, weil ich weiß, dass es sinnlos ist. Menschen, die so etwas nicht merken, ist nicht zu helfen. Er würde nicht verstehen, was ich ihm sagen will, und sagen. »Was geht dich das an, es ist mein Kind!«

In den *Tagebüchern* von Sándor Márai bin ich auf einen Eintrag gestoßen, der uns etwas über die Entdeckungslust und das Mitteilungsbedürfnis von Kindern verrät. Bei den Márais hat in den Nachkriegswirren ein kleiner Junge Zuflucht gesucht und gefunden. »Der kleine Junge ist davon überzeugt, dass er mit mir dicke Freundschaft geschlossen hat und jederzeit mein Zimmer betreten darf. ... Alle zwei Minuten stürzt er zu mir herein und berichtet begeistert von der Entdeckung der Welt. Es gibt ja auch außergewöhnliche Dinge auf der Welt: Käfer, Kiesel und auch Sand, Wasser, Schlamm und Dreck, in dem man – unter dem Vorwand des Spielens – bis über beide Ohren versinken kann; das ist ein großer Spaß.« Die Entdeckungslust und das Mitteilungsbedürfnis heutiger Kinder werden nicht geringer sein, nur haben sie häufig das Pech, auf digitalisierte Erwachsene zu stoßen, die kein Ohr für sie haben.

Ein Kind sitzt im Einkaufswagen an der Kasse eines Lebensmittelmarktes. Seine Mutter ist damit beschäftigt, die Einkäufe aufs Förderband zu legen. Das Kind ist vielleicht zwei Jahre alt. Die Mutter hat ihm eine Tüte mit Süßigkeiten in die Hand gedrückt, aus der es sich in kurzen Abständen etwas herausnimmt und in den Mund steckt. Ich schaue das Kind an und versuche, seinen Blick aufzufangen und einen Kontakt mit ihm herzustellen. Das gelingt nicht. Das Kind wirkt apathisch. Seine Augen sind traurig und leer, während es auf den Süßigkeiten herumkaut. Aus seinen Augen ist jedes Leuchten gewichen. Der Glanz, der glückliche Kinder umgibt, ist erloschen. Eine eigenartige Stumpfheit und Leere drückt sich in den Gesichtern vieler heutiger Kinder aus, die bereits alt wirken. Auch dann, wenn sie in Begleitung ihrer Eltern sind, sehen sie aus, als hätte man sie früh verlassen. Indifferenz und Kälte, Bindungslosigkeit und Einsamkeit, inkonsistentes und unberechenbares Verhalten der Eltern bestimmen ihren Alltag.

Die traurigen, bereits erloschen Augen vieler Kinder und ihre digitale Verlassenheit sind vielleicht die schwerwiegendsten Argumente gegen die bestehende Gesellschaft.

Am nächsten Morgen kommt mir vor meiner Haustür ein Vater mit seinem dreijährigen Sohn entgegen. Der kleine Junge redet lebhaft auf seinen Vater ein und erzählt ihm etwas. Der Vater sieht zu ihm hinab und legt ihm im Gehen die Hand auf den Kopf. Der Junge genießt es sichtlich, an der Seite seines Vaters durch die Stadt zu gehen und mit ihm zu reden. Seine Augen sprühen vor Lebendigkeit, während er zu seinem Vater aufsieht und auf ihn einredet. Der Vater entspricht vom Erscheinungsbild her dem gestrigen, ist aber ansonsten das genaue Gegenteil: ohne Smartphone in der Hand und Stöpsel im Ohr, zugewandt, aufmerksam, freundlich. Er ist ganz bei und mit seinem Kind. Diese Begegnung versöhnt mich etwas mit den heutigen Eltern und der Welt.

Die akrobatische Meisterleistung des Tages vollbringt eine dicke junge Frau, die in Flipflops durch die Straße watschelt, raucht, aus einem Pappbecher Kaffee trinkt, telefoniert und einen Kinderwagen schiebt. Um das alles gleichzeitig hinzubekommen, presst sie das Telefon mit der rechten Schulter ans Ohr und schiebt den Kinderwagen zwischendurch mit ihrem veritablen Bauch.

IV.

VON PSYCHOPATHEN LERNEN, HEISST SIEGEN LERNEN

Die Industrialisierung des Mitleids
Über den Einsatz von Robotern in der häuslichen Pflege

Wissenschaftler arbeiten an der Entwicklung von Robotern, die in Zukunft auch in der häuslichen Pflege zum Einsatz kommen sollen. Es wird Zeit, eine breite gesellschaftliche Debatte darüber zu führen, wie wir mit alten und pflegebedürftigen Menschen umgehen wollen. Soll auch in diesem Bereich die *ökonomische Vernunft* tonangebend sein und auf Technik statt Menschlichkeit gesetzt werden?

Vor kurzem habe ich auf *Deutschlandradio Kultur* ein Interview mit einem Mitarbeiter der Ruhr-Universität Bochum gehört, der an der Entwicklung von Pflege-Robotern arbeitet. Es gehe ihm und seinem Team darum, die Akzeptanz für Roboter im Alltag zu erhöhen und die Bereitschaft zu steigern, sich auch zu Hause von einem solchen Roboter pflegen zu lassen. Dank feinerem Übersetzungsverhältnis und besseren Sensoren soll die nächste Generation von Krankenpflege-Robotern die Patienten weniger ruppig behandeln und gefühlvoller mit ihnen umgehen. Ein solcher Roboter werde mit einem Tablet Computer gesteuert und könne zum Beispiel einen alten oder hinfälligen Menschen vom Bett in einen Rollstuhl und von dort in die Badewanne heben. Auch gehe es darum, dem Roboter beizubringen, Gemütszustände erkennen zu können und zu lernen, wo seine Grenzen liegen, wann zum Beispiel das menschliche Pflegepersonal oder ein Arzt gerufen werden muss. Wir kämen nicht umhin, uns mit solchen Entwicklungen zu arrangieren. Wie es schon jetzt in vielen Haushalten Putz-Roboter gebe, würden wir in Zukunft in vielen Lebensbereichen auf Roboter stoßen. »Wir arbeiten im Augenblick am Aussehen und an der Integration in den täglichen Haushalt«, sagte der Wissenschaftler. Der Roboter solle irgendwann einmal so alltäglich sein wie ein Radio.

Der Forscher zeigte keinerlei Neigung, kritisch über das zu reflektieren, was er da treibt. Er fragt nicht nach dem Warum und Wozu seiner Forschung. Ganz im Bann der *instrumentellen Vernunft* stellt er sein Wissen und seine Forscherenergie in den Dienst vorgegebener Zwecke, die zu hinterfragen er nicht für seine Aufgabe hält. Die auf die Forschungsergebnisse lauernde Industrie verspricht sich angesichts der wachsenden Zahl alter und pflegebedürftiger Menschen und des notorischen Mangels an menschlichem Pflegepersonal einen riesigen Markt für solche Roboter und lukrative Geschäfte. Roboter haben für die Gesundheitsindustrie den Vorteil, dass sie nicht streiken und keine Lohn- und Gehaltsforderungen stellen. Ab und zu ein Tropfen Öl und gelegentlich ein Update genügen, um ihre Funktionstüchtigkeit aufrechtzuerhalten.

Inzwischen hat mich eine als Altenpflegerin arbeitende Frau auf einen Aspekt des Themas hingewiesen, den ich in der ersten Fassung dieses Textes nicht bedacht habe. Sie schrieb mir: »Roboter in der Pflege? Natürlich fühle ich mich da angesprochen – aber ich denke, wir brauchen gar keine Roboter mehr. Wir selber sind schon zu Robotern geworden. Tagein, tagaus Hektik und Geschwindigkeit. Ein Gespräch, selbst mit Sterbenden, so gut wie nicht möglich. Stattdessen wird der Fernseher eingeschaltet.« Die Ersetzung menschlicher Quasi-Roboter durch wirkliche Roboter ist der konsequente nächste Schritt in einer langen Entwicklung in Richtung Entmenschlichung und Mechanisierung des Umgangs mit Kranken und Hinfälligen.

Zurück zu unserem Bochumer Forscher. Fragen wie die, ob zuvor eine breite gesellschaftliche Diskussion darüber stattgefunden hat, ob wir eine flächendeckende *Industrialisierung des Mitleids* wollen, ob wir in einer Gesellschaft leben wollen, die einen derartigen Umgang mit alten und pflegebedürftigen Menschen zulässt, ob die Mechanisierung der Pflege für Menschen zuträglich ist, stellt sich der Wissenschaftler nicht. Er würde verblüfft reagieren, wenn man sie ihm stellte, und darauf verweisen, dass das nicht seine Aufgabe sei, darüber nachzudenken. Unlängst las und schrieb ich von sprechendem Kinderspielzeug, das an Stelle der Eltern die Kinderbetreuung übernimmt. (Siehe *Die Verwanzung der Kinderzimmer* in diesem Band) Eines nicht so fernen Tages werden wir von Robotern aus dem Mutterleib gezogen, bekommen gleich darauf von einem Roboter einen Chip eingepflanzt, der uns per GPS mit technischen

Geräten vernetzt, die unsere Sozialisation übernehmen und uns wie auf einem Förderband durchs ungelebte Leben steuern. Schließlich landen wir in einem Sterbe-Hospiz, wo man uns einen nach dem Sterbe-Curriculum von Elisabeth Kübler-Ross programmierten Roboter zur Seite stellt, der dafür sorgt, dass unser Abgang aus der Welt regulär vonstattengeht, unsere Hand mechanisch umklammert und uns mit metallischer Stimme Trost zuspricht.

ETHNOLOGIE DES INLANDS

Von Psychopathen lernen

Am 9. Dezember 2014 brachte die *Kulturzeit* einen Bericht über ein neues Projekt in einem bayerischen Gefängnis. In der Kurzfassung des Senders 3sat heißt es: »Dealer, Bankräuber und Betrüger bringen viele Eigenschaften mit, die ein erfolgreicher Unternehmer braucht, davon sind Maren und Bernward Jopen überzeugt. Deshalb bilden sie Häftlinge zu Unternehmern aus. Das Programm ist bundesweit einzigartig. In 20 Wochen werden ausgesuchte Insassen, die eine Geschäftsidee und nur noch zwölf Monate vor sich haben, von Unternehmern und Wirtschaftsberatern in München gezielt geschult. Sie müssen Businesspläne aufstellen und Prüfungen hinter Gittern ablegen. Viele der Häftlinge seien kreativ, durchsetzungsstark und ehrgeizig, sagen die Jopens. Wer einen Drogenring aufgebaut habe, wisse viel über Kundenakquise, Personalplanung und Organisation. Elf Unternehmer hat das Projekt bisher hervorgebracht.«

Schon bei den alten Griechen war Hermes der Gott der Händler und der Diebe. Dieses zeitgenössische Projekt, das von den Medien voller Sympathie geschildert und gepriesen wird, belehrt uns darüber, wie dicht auch oder gerade heute gewisse Straftaten und die normale, gesellschaftlich lizenzierte Plusmacherei beieinanderliegen. Studien aus den letzten Jahren haben den Nachweis geliefert, dass es in den Chefetagen von Firmen und Banken vor *Psychopathen* nur so wimmelt. Symptome wie Rücksichts- und Skrupellosigkeit, Entschluss- und Risikofreudigkeit, oberflächlicher Charme bei gleichzeitiger Gefühlskälte und eine antisoziale Grundorientierung qualifizieren Psychopathen für leitende Funktionen in der heutigen Geschäftswelt. Kalte Schonungslosigkeit ist das gängige Geschäftsprinzip, wer Mitgefühl zeigt, fliegt aus dem Markt. Ein anderer Tummelplatz für *Psychopathen* sind die Gefängnisse. Forscher vermuten, dass 15 bis 20 Prozent der Insassen als *Psychopathen* diagnostiziert werden können. Kein Wunder, dass die Geschäftswelt dieses Reservoir an Nachwuchs- und Führungskräften entdeckt und *unbrauchbare Psychopathen* zu *funktionalen Psychopathen* umschulen möchte. Der englische Psychologie Kevin Dutton behauptet, wir alle könnten von Psychopathen lernen und sollten den »guten Psychopathen in uns« entdecken. Von *Psychopathen* lernen, heißt siegen lernen!

Die Verwanzung der Kinderzimmer
Spielzeuge sammeln Daten über die Kleinsten

Die Digitalisierung des Lebens schreitet voran und ist mit Überwachungstechniken wie zu einem Zopf verflochten. Über das Spielzeug dringen diese nun bis in die Kinderzimmer vor und sammeln Daten über die Wünsche und Sehnsüchte der Kleinsten.

Die *Frankfurter Allgemeine Sonntagszeitung* berichtet am 29. März 2015 unter der Überschrift *Das gläserne Kind* über die Entwicklung einer neuen Barbie-Puppe, die zu Weihnachten auf den Markt kommen soll. »Hello Barbie« heißt die Puppe und sie fragt die Kinder mit glockenheller Stimme zum Beispiel: Was ist dein Lieblingsessen? Sie kann aber auch zuhören und antworten. Wenn ein kleines Mädchen etwa zu ihr sagt: »Was soll ich mal werden, wenn ich groß bin?«, sagt die Puppe: »Vielleicht Tänzerin?« Die Puppe speichert die Fragen und Antworten der Kinder und schickt die Sounddatei automatisch per W-Lan an die Server der Herstellerfirma, die sie an Drittanbieter weitergibt. Auch die Eltern haben Zugriff auf die gesammelten Daten und können sich ein Bild davon machen, was ihre Kinder bewegt und mit was sie sich beschäftigen. Barbie ist nicht allein bei der Verwanzung der Kinderzimmer und beim Sammeln von Daten über die Kleinsten. Ihr zur Seite steht ein kleiner Dinosaurier namens »Cognitoy«. Der Dino steigert »im Gespräch« mit den Kindern peu à peu die semantischen Anforderungen und überwacht ihre Fortschritte.

Immer mehr Geräte nehmen den Eltern den Umgang mit dem Kind ab. Die Geräte haben einfach mehr Zeit. Bislang redeten die Eltern selbst mit ihren Kindern, aber das, so resümiert die FAZ, scheint ein altmodischer Ansatz. Immer mehr Kuscheltiere und Spielzeuge werden mit GPS-Chips ausgestattet, die eine ständige Ortung der Kleinen erlauben. Die Kinder werden von klein auf daran gewöhnt, dass sie überwacht werden und dass diese Überwachung zu ihrem Besten vorgenommen wird. Das Babyphone war in diesem Feld das Pilotprojekt. Auch die Smartphones und Handys, mit denen die Kleinen früh ausgestattet werden, fungieren als elektronische Fußfessel, mit deren Hilfe Eltern ihre Kinder überwachen. 20 Prozent der Sechs- bis Siebenjährigen besitzen ein eigenes Smartphone, bei den Zehn- bis Elfjährigen sind es bereits 57 Prozent. Wie soll sich auf der Basis solcher Kindheiten Widerstand gegen das universale Ausspähen und Datensammeln regen?

Welche psychischen Strukturen bilden sich auf der Grundlage der Gerätesozialisation aus? Was bedeutet die Gerätesozialisation für den Selbst- und Weltbezug der Kinder und Heranwachsenden? Wie und woran soll sich ihr Selbstgefühl erwärmen? Können wertschätzende Eltern durch einen Apparat ersetzt werden, der nach dem erfolgreichen Lösen einer Rätselaufgabe das Kind mit blecherner Stimme überschwänglich lobt? Der amerikanische Psychologe H. Harlow hat in seinen Experimenten mit Rhesusäffchen schon vor Jahrzehnten nachgewiesen, dass Affen, die von Ersatzmüttern aus Draht ernährt wurden, schwere psychische Schädigungen davontrugen und in ihrem Sozialverhalten stark beeinträchtigt waren.

»Aber nur der lernt zu lieben, der geliebt wurde«, schreibt Peter Brückner, »und nur der vermag mit anderen Lust zu empfinden, der selbst einst Lust fand. Sogar Rhesus-Affen verkümmern, wenn sie in emotionsloser, steriler Umgebung an Draht-Müttern aufgezogen werden und ihre Kindheit ohne Mutteraffen verbringen, also ohne die Vielfalt sinnlicher Kontakte mit einem fellwarmen, antwortenden, kommunizierenden Wesen der eigenen Gattung. Weibliche Affen, unter Mühen fast kommunikationslos aufgezogen, werden zwar biologisch, körperlich geschlechtsreif, aber sie verstehen nicht, was ein männlicher Affe will, der sich ihnen sexuell nähert, sie empfinden nichts, und wenn es dem Partner doch gelingt, sie zu schwängern, wiederholt sich die Verständnislosigkeit gegenüber den eigenen Neugeborenen. Klammern die sich reflexartig an das Fell der emotional und sinnlich verkümmerten Mutter, so streift diese die Jungtiere von sich ab wie ein Stück Laub oder Holz, das sich im Fell verfängt und lästig wird.« (Schülerliebe, Hamburg 1971, S. 100) Ashley Montagu ergänzt diesen Bericht über die Harlowsche Versuchsreihe durch den Hinweis, dass die emotional unterernährten Affenmütter ihre Jungen gelegentlich sogar grob misshandelten. (Körperkontakt, Stuttgart

1974, S. 29ff) Würde eine solche Gleichgültigkeit sich der menschlichen Mutter(Eltern)-Kind-Beziehung bemächtigen, wären durch und durch kalte, kontaktgestörte, in ihrer Lern- und Erfahrungsfähigkeit beschädigte Kinder die Folge, die, weil man mit ihnen nie mitgefühlt hat, mit niemandem mitzufühlen imstande wären. Ihr schwach entwickeltes Selbstgefühl hätte sich nur an erfahrener elterlicher Zuwendung erwärmen können. Denkt man an die Berichte über das, was Schüler sich heute auf Schulhöfen und via soziale Netzwerke untereinander antun, könnte man meinen, dass diese Horrorvision bereits Wirklichkeit ist.

Die gesellschaftliche Produktion von *Psychopathen* nimmt Formen an und bildet ein neues Kindheitsmuster aus, das dem System des *flexiblen Kapitalismus* entspricht.

Kein Wunder, dass immer Menschen bei der Partnersuche auf Dating-Apps zurückgreifen und analoge Formen der Anmache und des Flirts sich auf dem Rückzug befinden. Es gibt einige *Dating-Apps*, *Tinder* ist die bekannteste von ihnen. Allein in Deutschland nutzen sie bereits zwei Millionen Menschen. Das Programm kann kostenlos runtergeladen werden, die Anmeldung funktioniert nur mit einem *Facebook-Profil*. Aus diesem zieht sich *Tinder* die Daten: fünf Profilbilder, Freundesliste, Gefällt-mir-Angaben, Alter, Geschlecht. Via GPS sucht das Programm nach passenden Kandidaten in der Umgebung. So simpel das System, so simpel die Spielregeln. Nach links wischen heißt »Nein Danke, verschwinde, weg mit dir ins digitale Nirwana.« Nach rechts wischen bedeutet »Ja, kann was werden, ab in den Warenkorb.« Das Praktische daran: Ist man nicht erwünscht, gibt es auch keine Benachrichtigung. Wenn sich zwei Nutzer aber gegenseitig nach rechts wischen, ergibt das ein sogenanntes Match und nur dann kann man miteinander chatten. Diese Form der Beziehungsanbahnung schafft die Furcht vor Zurückweisung ab, sagt der *Tinder*-Erfinder Sean Rad. *Dating-Apps* bieten eine Art von Versicherung gegen Ablehnung. Bei *Amazon* einkaufen, bei *Tinder* einen Partner suchen. So läuft das heute. Warum sollte eine Gesellschaft, die alles und jedes in eine Ware verwandelt, vor der Intimsphäre halt machen? Die Mentalität des Tausches und der Austauschbarkeit findet die ihr gemäße Technik. Und Big Brother ist natürlich bei diesen Treffen immer mit von der Partie, aber die Leute haben ja, wie sie beteuern, »nichts zu verbergen«. Leute, die nichts zu verbergen haben, tun mir leid.

Schöne neue Welt! Das Bemerkenswerteste an der schönen, neuen digitalen Welt ist, dass sie es fertig bringt, dass man in der Hölle lebt und diese Hölle gleichzeitig für den Himmel hält. Die Leute stehen Schlange, um ihren Kopf freiwillig unter die Guillotine zu legen, wie es in Dave Eggers' Roman *Der Circle* heißt.

ETHNOLOGIE DES INLANDS

Riesenknast mit Grünanlagen

Mit dem Gefangenen A. habe ich neulich gesprächsweise die Idee entwickelt, einen Film zu drehen, der auf einem in zwei Hälften geteilten Bildschirm parallel das Leben eines Gefangenen und das eines sogenannten freien Menschen zeigt.

Der Gefangene steht um sechs Uhr morgens auf, putzt sich die Zähne, trinkt einen Kaffee, bekommt die Tür aufgeschlossen und geht zur Arbeit. Acht Stunden steht er an einer Werkbank und arbeitet. Mittags geht er mit den anderen in die Kantine. Um vier Uhr kehrt er in seine Zelle zurück, schaltet den Fernseher ein, dreht sich eine Zigarette und trinkt einen Kaffee. Später dreht er auf dem Hof eine Stunde lang seine Runden. Er schmiert sich ein paar Brote und isst zu Abend. Danach sieht man ihn auf dem Bett liegen und mit der *Playstation* ein Ballerspiel spielen. Gegen 23 Uhr putzt er sich die Zähne, löscht das Licht und geht schlafen.

Der sogenannte freie Mensch steht um sechs Uhr auf, putzt sich die Zähne, trinkt im Stehen einen Kaffee, fährt mit dem Fahrstuhl in die Tiefgarage und fährt zur Arbeit. Acht Stunden sitzt er in einem Großraumbüro an einem Schreibtisch und starrt auf einen Bildschirm. Mittags gehe er mit den anderen in die Kantine. Gegen Abend kehrt er in seine Wohnung zurück, schaltet den Fernseher an, raucht eine Zigarette und trinkt eine Flasche Bier. Sein Hofgang findet in den Einkaufsstraßen statt. Er schiebt einen Einkaufswagen durch die Regalreihen eines Discounters und benutzt die eingefahrenen Wege und vorgeschriebenen Bahnen. Wieder zu Hause angekommen, macht er sich ein Fertiggericht in der Mikrowelle warm und isst vor dem Fernseher. Abends legt er sich mit einer Flasche Bier auf die Couch und spielt mit der Konsole ein Computerspiel. Gegen 23 Uhr putzt er sich die Zähne, löscht das Licht und geht schlafen.

Der einzige ins Auge fallende Unterschied wäre der, dass der draußen lebende Mensch zwischendurch immer mal wieder mit seinem Smartphone befasst ist, während der Inhaftierte zum Telefonieren seine Sozialarbeiterin aufsuchen muss. Die Unterschiede sind minimal. Das da draußen: »Ein Riesenknast mit Grünanlagen«, wie Thomas Brasch einmal geschrieben hat. Wie heißt es doch bezeichnenderweise über Unsereinen: »wohnhaft« Schillerstraße 74.

John Berger schreibt in seiner Erzählung *Einst in Europa*: »Dann sagte er etwas, das mich beeindruckte, weil er es so langsam und mit Nachdruck sagte: Es kann … so nicht weitergehen … wie bisher! Diese Worte wurden eher gestöhnt als gesprochen, und die Gladiolen in ihrer Vase, die ich anstarrte, verschwammen vor meinen Augen.

Es geht aber so weiter, antwortete ich, jeden Tag … jede Stunde. Menschen arbeiten, Menschen gehen nach Hause, um zu essen, die Katze zu füttern, fernzusehen, zu Bett zu gehen, Marmelade zu kochen, Radios zu reparieren, ein Bad zu nehmen, es geht alles die ganze Zeit weiter – bis jeder von uns eines Tages stirbt.«

Gerade höre ich im Radio, dass Imre Kertész gestorben ist. In seinem *Galeerentagebuch* heißt zu unserem Thema: »Sie arbeiten, stehen Schlange, erziehen ihre Kinder – und plötzlich ist das Leben zu Ende."

Über die Gewalt
Die mediale Resonanz auf die Frankfurter Blockupy-Demonstration vom März 2015

> »Man wirft den jungen Leuten den Gebrauch der Gewalt vor. Sind wir denn aber nicht in einem ewigen Gewaltzustand? Weil wir im Kerker geboren und großgezogen sind, merken wir nicht mehr, dass wir im Loch stecken mit angeschmiedeten Händen und Füßen und mit einem Knebel im Munde.« *(Georg Büchner)*

In der medialen Resonanz auf die Frankfurter Blockupy-Demonstration vom 18. März 2015 überwiegen Begriffe wie »Krawall«, »bürgerkriegsähnliche Zustände«, »randalierender Mob«. Die präsentierten Bilder zeigen vermummte Demonstranten, brennende Polizeiwagen, Rauchschwaden, zerbrochenes Glas. Das eigentliche Anliegen der Organisatoren und der Masse der friedlichen Demonstranten verschwindet hinter der Verdammung der von kleinen Gruppen praktizierten Gewalt. Wir sollten die Ereignisse zum Anlass nehmen, über die Rolle der Gewalt im Kampf für eine befreite Gesellschaft nachzudenken.

Der Frankfurter Wachensturm

Das obige Zitat stammt aus einem Brief von Georg Büchner, den der damals 19-Jährige Student im April 1833 von Straßburg aus an seine Eltern in Darmstadt geschickt hat. Er schrieb ihn wenige Tage nach dem »Frankfurter Wachensturm« vom 3. April 1833, bei dem circa 100 republikanische Bürger und Studenten den Versuch unternommen hatten, die Haupt- und Konstablerwache der Frankfurter Polizei zu besetzen und die dort festgehaltenen politischen Gefangenen zu befreien. Danach wollte man das Bundestagsgebäude stürmen, die Bundestagsgesandten verhaften, sich der Kasse bemächtigen und die Republik ausrufen. Beim Herannahen des Militärs mussten die Aufständischen nach kurzem Feuergefecht die Flucht ergreifen, die schlecht organisierte Revolte schlug fehl. Zahlreiche Verhaftungen waren die Folge. Metternich lieferte der »Frankfurter Wachensturm« einen willkommenen Anlass, um noch härtere Unterdrückungsmaßnahmen gegen Demokraten und Republikaner durchzusetzen.

Das Thema Gewalt überlagert alles andere

Ähnliche Sätze wie die des jungen Georg Büchner könnten in Briefen oder E-Mails stehen, die 182 Jahre später Teilnehmerinnen und Teilnehmer der Frankfurter Blockupy-Aktionen an ihre Eltern und Freunde schreiben. Die mediale Berichterstattung wird beherrscht von der Gewalt, die von Teilen der Demonstranten gegen die Polizei angewandt wurde, die in Armeestärke aufgeboten worden war, um die Demonstranten vom Neubau der *Europäische Zentralbank* fernzuhalten, der an diesem Tag eingeweiht wurde. Von den eigentlichen Anliegen der Blockupy-Aktion: eine möglichst breite Öffentlichkeit über die Folgen der von der EZB betriebene neoliberale Verelendungspolitik aufzuklären, ist gar nicht oder höchstens am Rande die Rede. Ich bin dieser Tage Leuten begegnet, die schäumten vor Wut – auf die Demonstranten: »Wie kann man bloß Brandsätze und Steine auf Polizisten und Feuerwehrleute werfen? Da muss hart durchgegriffen und kurzer Prozess gemacht werden.« Wir wissen aus historischen Erfahrungen, dass, wer kurzen Prozess machen will, bald gar keinen mehr macht. Die überschießende und von der Mehrheit abgespaltene Gewalt von kleinen Teilen der Demonstranten hat dem Anliegen der Blockupy-Bewegung einen Bärendienst erwiesen und dazu beigetragen, die Bevölkerung gegen die Bewegung zu mobilisieren und gegen die von ihr vorgetragene Kritik zu immunisieren.

Die stumme Gewalt der Verhältnisse

All jenen, die nun von »Mob«, »Krawall« und »Randale« reden und die Frankfurter Ereignisse darauf reduzieren, muss man entgegenhalten: Es existiert eine Gewalt, die der medial gezeigten vorausgeht, und die, wenn auch mit zum Teil fragwürdigen Mitteln, auf sie antwortet. Zur primären Gewalt gehören:

› die Lage der Jugend in den südlichen Krisenländern, die großenteils keine Arbeit und Perspektiven hat und um Lebens- und Glücksmöglichkeiten betrogen wird
› die gestiegene Selbstmordrate
› das Leiden der Menschen, die ihre Arbeit verlieren, deren Wohnungen zwangsversteigert und enteignet werden
› die Zunahme der Säuglingssterblichkeit
› die Menschen, die nicht an ihren Krankheiten sterben, sondern daran, dass sie nicht angemessen medizinisch versorgt werden
› die erzwungenen Einsparungen im Bereich von Bildung und Ausbildung sowie im öffentlichen Sektor insgesamt
› die Verzweiflung, das Elend, der Würdeverlust und die Hoffnungslosigkeit derer, die gezwungen sind, im Müll nach Lebensmitteln zu suchen und Suppenküchen aufzusuchen

Diese Liste könnte man endlos fortsetzen. Nur wer diese Leiden in sein Kalkül mit einbezieht und die praktizierte Gewalt als Gegengewalt anerkennt, ist berechtigt, sie als unangemessen zu kritisieren. Wer von der stummen Verhältnisgewalt und dem Terror der kapitalistischen Ökonomie nicht reden will, sollte auch von der Gewalt der Demonstranten schweigen. Die jungen Männer aus den von der Krise gebeutelten und unter den Spardiktaten der *Troika* leidenden südlichen Ländern fühlen sich in Deutschland wie in Feindesland, und Frankfurt mit seinen Banktürmen – den Erektionen des Finanzkapitals – ist dessen *Kapitale*. Kann man diese Wahrnehmung so ohne weiteres als falsch oder gar paranoid abtun? Ist ihre Wut nicht verständlich und nachvollziehbar?

Als Gewalt gilt nach landläufigem Verständnis nur das, was der Staat als Gewalt definiert. Hat der Staat sich einmal das Monopol auf die körperliche Gewalt angeeignet, neigt er dazu, jede Tat als Gewalt zu denunzieren, die er nicht selbst ausübt. Weil der Staat sich selbst als Sitz und Inbegriff von Kultur begreift, möchte er eigentlich sogar untersagen, sein eigenes Handeln als Gewalt zu kennzeichnen. Die zentralisierte Gewalt will keine mehr sein. Der Staat untersagt, wie es bei Sigmund Freud heißt, dem einzelnen den Gebrauch der Gewalt, »nicht weil er sie abschaffen, sondern weil er sie monopolisieren will wie Salz und Tabak«.

Bindungen als Gegenmittel

Das wirksamste Gegenmittel gegen Gewalt sind Bindungen. Bindung bedeutet auch libidinöse Besetzung – von Menschen und Objekten. Das, wovon ich ein Teil bin und an das mich libidinös gebunden fühle, kann ich nicht in blinder Wut zerstören. Ich kann mich um seine – auch grundlegende – Veränderung bemühen, aber ich werde mich dabei nicht von Hass und Zerstörungswut leiten lassen. Oskar Negt und Alexander Kluge haben in ihrem Buch *Geschichte und Eigensinn* über das Verhältnis von Vandalismus und Klassenkampf folgendes geschrieben: »Vandalische Kämpfe und Klassenkämpfe sind grundlegend verschieden. Da Kriege zwischen Arbeitsvermögen, die miteinander nichts Gemeinsames produzieren, am Produktionsinteresse keine Grenze finden, sind sie in der Anwendung des Vernichtungsprinzips totalitär. Klassenkämpfe dagegen zwischen ökonomischen Klassen sind insofern immer relative Kämpfe, als das spezifische Klasseninteresse nicht darin bestehen kann, die Arbeitsvermögen des Klassengegners vollständig zu vernichten.« Unser Kampf um eine menschliche Welt steht in der Tradition der Klassenkämpfe. Wir wollen die Gesellschaft zum Besseren verändern, nicht aber zerstören und vernichten.

Der Hass und die Entleerung

Es gibt bei Teilen der Linken eine wachsende wertabstrakte, inhaltslose Militanz, die die Spuren dessen trägt, wogegen sie zu kämpfen vorgibt. Nicht nur das Kapital schießt in seinem Heißhunger nach Expansion und Vermehrung des Profits in die Abstraktion, auch die Gegengewalt abstrahiert von Inhalten und verliert sich in Spiralen der Eskalation. Sie droht im Sinne von Negt und Kluge »vandalisch« zu werden. Diese Gewalt wird überwiegend von jungen Männern zwischen Pubertät und Eheschließungsalter verübt, für die keine verbindlichen und wirksamen Regeln und Schranken des Verhaltens mehr bestehen. Nichts verleiht ihrer ungebunden schweifenden Trieben Dauer und Form, weder über Arbeit und Besitz noch über stabile Liebesverhältnisse sind sie in die bestehende Gesellschaft eingebunden. Sie sind abstrakte Existenzen, sie haben, wie man so sagt, mit nichts einen Vertrag, müssen auf nichts Rücksicht nehmen, fühlen sich nichts und niemandem verpflichtet. Sie stehen, muss man zu ihrer Verteidigung anführen, vor der Schwierigkeit, eine Identität in einer Gesellschaft hervorbringen zu müssen, die ihnen bedeutet, dass sie sie nicht benötigt. Bevor die Jugendlichen den Gesellschaftsvertrag gewaltsam aufkündigen, hat die Gesellschaft häufig ihre Seite des Kontrakts längst gebrochen und sie zu Außenseitern gemacht. »Wenn die Gewalt aus der Unterdrückung aufsteigt, dann der Hass aus der Entleerung«, heißt es bei Baudrillard. Während der Zorn eine gerichtete Energie und auf ein bestimmtes Objekt bezogen ist, ist der Hass ungebunden und frei flottierend. Wie das tobsüchtig gewordene und um den Erdball rasende Geld jede Bindung an reale ökonomische Produktionsprozesse verloren hat, so ist auch der Hass eine gegenstandslose, abstrakte, indifferente Leidenschaft. Er ist, wenn man so will, Aggressions-Geld, das sich seinen wechselnden Objekten gegenüber gleichgültig verhält. Bei Baudrillard heißt es: »Ein seltsamer Ausdruck: ›Ich habe einen Hass.‹ Kein Objekt. Genau wie ›Ich demonstriere‹ – aber für wen, für was? ›Ich nehme hin‹ – doch was nimmt man hin? Nichts Bestimmtes. Vielleicht nimmt man gerade das Nichts hin. Man demonstriert für oder gegen das Nichts – wer weiß? (…) ›Ich habe einen Hass‹ sagt zugleich: dieser Hass, den ich habe, ist ohne Gegenstand, er hat keinerlei Sinn. Der Hass ist wohl tatsächlich etwas, das jedes definierbare Objekt überlebt und sich vom Verschwinden dieses Objektes nährt. Wem wollen wir heute die Schuld geben? Genau das ist das Objekt: der abwesende Andere für den Hass. (…) Der Hass träumt davon, eine heftige Feindschaft wachzurufen, die unsere Welt, in der alle Konflikte unmittelbar eingedämmt werden, nicht mehr zu bieten hat.« Abschließend heißt es bei Baudrillard: »Gegen die Perfektion des Systems ist der Hass eine letzte vitale Reaktion.«

Mitunter beschleicht einen die Ahnung, dass bestimmte Aktionen vorwiegend dem Zweck dienen, spektakuläre Bilder zu erzeugen, sich an ihrer medialen Resonanz zu berauschen und sich dadurch über die eigene reale Ohnmacht hinwegzutäuschen. Über die gelegentlichen *fights* mit der Polizei und die dabei entstehenden und medial vermittelten Bilder scheinen sich die *fighter* ihrer Existenz zu versichern. Die Bilder zeigen behelmte Polizisten, die hinter vermummten Demonstranten her sind, die hinter Polizisten her sind, die hinter Demonstranten her sind, die hinter Polizisten her sind, und immer so weiter.

Die regulative Idee der Befreiung

Über einen falsch verstandenen Begriff der »Charaktermaske«, der in der Marxschen Theorie die Tendenz der bürgerlichen Gesellschaft bezeichnet, Menschen auf »Träger von ökonomischen Verhältnissen« zu reduzieren, wird der politische Gegner entmenschlicht. Der Kapitalismus tendiert dazu, die Menschen auf die für seine Zwecke verwertbare Teilperson zu reduzieren und von allem, was sein Funktionieren stören könnte, abzusehen. Die Abstraktion von der Fülle menschlicher Möglichkeiten fällt der Markt- und Kapitallogik, bürokratischen Apparaten, der Exekutive leicht und wird von ihnen täglich vollzogen. Die Linke darf das gerade nicht mitmachen. Ihre Hoffnung auf eine Veränderung der Welt lebt von der Annahme, dass Menschen in der Funktion nicht aufgehen, die sie im kapitalistischen Produktions- und Reproduktionsprozess einnehmen. Das heißt zum Beispiel: In der Polizeiuniform steckt ein Mensch, und ein Mensch ist immer der Inbegriff von Hoffnung, Erwartung, Sehnsüchten und besteht aus verschiedenen Teilpersonen. Die Rede von »Bullenschweinen« oder »Charaktermasken des Kapitals« verwandelt Menschen in Nichtmenschen oder gar Gegenmenschen, über deren Bekämpfung und Verletzung man glaubt sich keine Gedanken machen und keine moralischen Bedenken hegen zu müssen.[1]

---

[1] Diego Abad de Santillán schildert eine Episode vom Auftakt des Spanischen Bürgerkriegs, die in unseren Kontext passt. In Barcelona kommt es bereits am ersten Tag nach dem Putsch des Militärs zu einer Konfrontation zwischen den überwiegend anarchistischen Demonstranten und der Palastwache, die aus Bereitschaftspolizisten besteht. »Die militärische Disziplin gerät ins Wanken. Es kommt zur Verbrüderung zwischen Arbeitern und Wachen. Ein Gardist nestelt an seinem Gürtel und gibt seine Pistole einem Arbeiter. Bald werden auch die Gewehre an die Menge ausgeteilt. Vor den Augen der Offiziere kommt es zu einem erstaunlichen Ereignis: Polizisten verwandeln sich in Menschen.« (Zitiert nach Hans Magnus Enzensberger: Der kurze Sommer der Anarchie, Frankfurt/Main 1972, Seite 116)

Aber der Kampf um eine menschliche Gesellschaft steht nicht nur unter dem Gesetz des revolutionären Pragmatismus, sondern auch der revolutionären Moral. Linke kennen den dialektischen Zusammenhang von Mitteln und Zielen, oder sollten ihn kennen. Das Ziel – der befreite Mensch – muss in den angewandten Mitteln aufscheinen. Losgelöste Gewalt gegen Funktionsträger des Systems gehört nicht zu diesen Mitteln, sondern verwandelt sich hinter dem Rücken der Akteure in ein Instrument, den Kampf für die Einrichtung einer menschlichen Gesellschaft insgesamt zu diskreditieren. Sie stärkt das repressive Potenzial der herrschenden Gesellschaftsordnung – ohne die Opposition gegen die wachsende Repression zu aktivieren. Nun ist es natürlich so, dass jede militante Opposition sich einer zunehmenden Unterdrückung aussetzt. Das ist kein Grund zum Verzicht auf Widerstand und Opposition, sonst hätte es nie einen geschichtlichen Fortschritt gegeben. Der militante Widerstand muss der regulativen Idee der Befreiung verpflichtet sein und bedarf der Rückendeckung durch große Teile der Bevölkerung, die sich in ihm wiedererkennen und die Aktivisten schützen. Bis das hierzulande so sein wird, werden wir noch viel mühsame Aufklärungsarbeit zu verrichten haben.

ETHNOLOGIE DES INLANDS

Die Ökonomisierung der Hoffnung

Neulich hörte ich während des Frühstücks auf *Deutschlandradio Kultur* mit halbem Ohr einen Beitrag über neue Bücher zum Thema Hoffnung. Hoffnung sei »eine wichtige Ressource«, hörte ich die Sprecherin sagen, und ich zuckte zusammen. Hoffnung könne gelernt und dann gezielt eingesetzt werden. Sie sei »der Schlüssel zum Glück«. Ein gesteigertes »Hoffnungsniveau« könne zum Beispiel Heilungsprozesse bei Schwerkranken befördern und der Bewältigung anderer Lebenskrisen dienlich sein. Es wird nicht mehr lange dauern und Volkshochschulen und Krankenkassen bieten Kurse an unter dem Titel: *Hoffen leicht gemacht* oder: *Selbstoptimierung durch Entwicklung von Hoffnungspotenzialen*.

Jetzt wird auch noch die Hoffnung ökonomisiert und in eine ausbeutbare und jederzeit abrufbare *Ressource* verwandelt. Gut, dass Ernst Bloch das nicht mehr miterleben muss. Für ihn waren Tagträume und Hoffnung transzendierende Kräfte und Ausdruck der Sehnsucht nach dem ganz anderen. Menschen träumen sich aus ihrem Gefängnis heraus ins Offene, in die Zukunft des Noch-nicht-Gewordenen. Im *Prinzip Hoffnung* heißt es: »Die Hoffnungslosigkeit ist selber, im zeitlichen wie im sachlichen Sinn, das Unaushaltbarste, das ganz und gar den menschlichen Bedürfnissen Unerträgliche.« Die Hoffnung macht die Menschen weit, statt sie zu verengen. Die Hoffnung erträgt kein Hundeleben. Der Mensch ist wesenhaft von der Zukunft her bestimmt. Sie ist der Projektionsraum seiner Sehnsüchte und Entwürfe. Ohne Träumen nach vorwärts beginnt das Leben abzusterben. Bei Manès Sperber heißt es ganz gleichsinnig: »Der Mensch kann nicht leben ohne zu hoffen. Der Mensch ist ein prospektives Wesen. Wenn ich jetzt glauben müsste, dass ich in der nächsten Stunde nicht mehr sein werde und es kein Morgen für mich gibt, dann habe ich auch keine Gegenwart mehr. Die Gegenwart stirbt ab, wenn sie nicht gleichsam als Stufe erlebt wird, die zum Morgen führt.« Nun soll auch die Hoffnung ins Bestehende zurückbetrogen und domestiziert werden. Ihr werden die Flügel gestutzt, damit sie sich nur noch auf dem Boden der sogenannten Tatsachen und im Gehege der etablierten Wirklichkeit bewegen kann. Zu den unumstößlichen Tatsachen des Menschen gehört, dass ihm die sogenannten Tatsachen nicht genügen. Hoffen wir, dass das Projekt der Vereinnahmung der Hoffnung als Schmieröl des herrschenden Betriebs nicht gelingt und sich ihre vagabundierende, anarchische Kraft behauptet.

Medialer Zynismus à la FAZ
Über die Reprivatisierung gesellschaftlicher Konflikte

»Otto Gross hatte das Dilemma seines Berufs begriffen, dass nämlich auch die psychiatrische Heilmethode auf ein Normalisieren hinauslief, auf ein der Gesellschaft angepasstes Leben, als sei diese zeitlos und nicht in Frage zu stellen. Gerade dagegen aber hatte er sein Leben lang aufbegehrt, und daran war er zerbrochen.« (Gerhard Roth)

Die *Frankfurter Allgemeine* macht sich in ihrer Sonntagsausgabe über Leute lustig, die den Kapitalismus für die Ursache psychischer Erkrankungen halten. Schon das Layout der Seite und die reißerische Überschrift *Der Kapitalismus ist nicht an allem Schuld* erinnern an die BILD-Zeitung, in der man einen derartigen Artikel denn auch eher vermuten würde. »Stress, Erschöpfung, Burnout: Die psychischen Krankheiten seien heutzutage so schlimm wie noch nie, heißt es. Auch ein Schuldiger ist längst gefunden – der ach so böse Kapitalismus. Selten wurde soviel Quatsch geredet. Seelisches Leid gab es immer schon. Doch die Welt ist heute viel schöner als früher.« So wird die Philippika von Bettina Weiguny anmoderiert, die »das Gejammere satt hat«. Es herrsche ein allgemeines Wehklagen und die Schuldigen seien schnell gefunden. »Im Zweifel ist es die Arbeit, dieses Monstrum, das uns Unmenschliches abverlangt«, geht die Schmährede weiter. Dann räumt die Autorin unvermittelt ein, dass die Burnout-Fälle in den letzten zehn Jahren nach oben geschnellt seien und sich die Krankheitstage wegen psychischer Erkrankungen im gleichen Zeitraum verdoppelt hätten. Sogleich fährt sie allerdings fort: »Dabei wird völlig übersehen, dass 99 Prozent aller Deutschen nicht ausgebrannt sind.« »Nur 0,3 Prozent haben Burnout«, zitiert sie den Soziologen Martin Dornes, der in einem Aufsatz nachgewiesen haben will, dass es keine Belege dafür gebe, dass eine wachsende Anzahl von Menschen von den Anforderungen der Gegenwart überfordert wäre. Die Logik dieser Argumentation ist derart einfältig und suggestiv, dass man es kaum für möglich hält und darauf reinzufallen geneigt ist. Dabei verfährt sie nach dem Motto: »Die Mordquote soll sich in den letzten zehn Jahren verdoppelt haben. Nun, bedauerlich, aber denken Sie daran, dass 99,9 Prozent ihrer Mitmenschen keineswegs ermordet worden sind und sich bester Gesundheit erfreuen!« Frau Weiguny fährt fort, die Ärzte hätten die heute unter *Burnout* gefassten Symptome früher anders genannt. Die *Burnout*-Epidemie sei eine Folge der gestiegenen Zahl von Fachärzten: »Je mehr Fachärzte, desto mehr Diagnosen, desto mehr Kranke.« Dornes wiegelt weiter ab, indem er behauptet, zu allen Zeiten und in jeder Generation hätten sich 20 bis 30 Prozent der Gesellschaft erschöpft und müde gefühlt. Gegen Ende des 19. Jahrhunderts habe man das Neurasthenie genannt. Erst der Zweite Weltkrieg habe dieses Epidemie gestoppt, assistiert ihm mit kaum überbietbarem Zynismus der Leipziger Medizinsoziologe Elmar Brähler: »Die Menschen hatten plötzlich andere Sorgen.«

Brähler reiht sich mit dieser Bemerkung in eine unsägliche Tradition ein. Schon im Ersten Weltkrieg betrachteten die Psychiater den Krieg als »Willenstherapie«. Die ihm vorausgegangene lange Friedensperiode habe psychologisch zersetzend gewirkt, die Menschen träge und willensschwach werden lassen und sie melancholisch auf Untergang gestimmt. Der Krieg wirke hier wie ein großer Therapeut am Volkskörper: Die Menschen reißen sich plötzlich am Riemen und nehmen ihre Friedens-Zipperlein nicht mehr so ernst. Seelische Leiden gelten dieser Art von Psychiatrie als Indikator, dass es den Menschen zu gut geht. Ab und zu braucht man einen Krieg, damit die Menschen sich auf's Wesentliche besinnen und sich und ihre vermeintlichen Leiden nicht mehr so ernst nehmen.

Man fragt sich, wo die Autorin lebt, wenn sie weiter schreibt: »Die Zahlen der Frühverrentungen sinken seit vielen Jahren. Wir haben mehr Urlaub, interessantere Tätigkeiten und viel mehr Freiheiten als früher. Trotzdem wird die neue Freiheit als Übel schlechthin gegeißelt. Weil sie uns Entscheidungen abverlangt. Eigeninitiative. Ja, sogar Leistung.« In gewissen Regionen der Gesellschaft, weit oberhalb der Welt der kleinen Leute und ihres Elends, ist es leicht, sich solchen Illusionen hinzugeben und sich in Herren- und Damen-Zynismen dieser Art zu ergehen. Der

Artikel gipfelt in der Behauptung, das Buch des französischen Soziologen Alain Ehrenberg *Das erschöpfte Selbst* und die durch sein Erscheinen ausgelöste Berichterstattung in der Presse hätten die *Burnout*-Epidemie ausgelöst. Nach alter Manier wird der Bote für die schlechte Nachricht bestraft, der er überbringt. So einfach ist das oder macht man es sich bei der *FAZ*.

»Medienberichte können eine Welle einer modernen Krankheit auslösen, weil die Leser oder Zuschauer sich in der Erkrankung wiedererkennen«, assistiert Brähler und fährt fort: »Gelitten haben sie schon vorher. Sie hatten nur keinen Namen für ihr Leiden und deshalb nicht den Mut, damit zum Arzt zu gehen.« Brähler ist sich sicher: »In 50 Jahren wird man über viele der heutigen Erkrankungen lächeln – und an anderen Krankheiten leiden.« Wieso gehört Mut dazu, zum Arzt zu gehen und sich mit Tabletten abspeisen zu lassen? Mut bewiese man, wenn man sein Leiden streitbar gegen die Verhältnisse wenden würde, die es hervorgebracht haben.

Natürlich kann und muss in einer Gesellschaft darüber geredet werden, wie mit den von ihr produzierten sozialen Leiden umgegangen werden soll, ob man sie zum Anlass einer Diskussion über Sinn und Zweck des ökonomischen Systems nehmen oder sie psychiatrisieren und medizinisieren will. Das ist aber etwas ganz anderes, als diese Leidenserfahrungen schlicht in Abrede zu stellen oder zum Gegenstand von Hohn und Spott zu machen. Wir haben uns für die Medizinisierung entschieden, um die herrschenden Verhältnisse aus der Schusslinie zu nehmen und sie gegen Kritik und Infragestellung zu immunisieren. *ADHS*, *Burnout*, *Depression*, *Stress* sind im Kern soziale Leidenserfahrungen, die zu individualpsychologischen oder medizinischen Problemen umetikettiert werden. Als solche erscheinen sie ungefährlich und handhabbar. In diesem Prozess der Umcodierung sozialer Leidenerfahrungen in medizinisch-psychiatrische Krankheiten spielen in der Tat die Medien eine große Rolle. Sie liefern den Menschen Schablonen des Krankseins und propagieren die jeweiligen Krankheiten der Saison. Edward Shorter hat diese Mechanismen in seinem Buch *Moderne Leiden* schon Anfang der 1990er Jahre detailliert beschrieben.

Unsere Gesellschaft lässt es sich etwas kosten, die Ursachen vieler Erkrankungen und menschlichen Leiden bestehen zu lassen und ihre Folgen medizinisch-psychiatrisch zu bekämpfen. Vernünftig und im Sinne einer Ökonomie des ganzen Hauses letztlich auch rentabler wäre es, das aberwitzige Tempo des Alltagslebens zu drosseln, allen Menschen anständige, menschenförmige Arbeitsbedingungen zu bieten und ihnen nicht länger zuzumuten, ihr Leben in einem Universum permanenter Verteidigung und Aggression fristen zu müssen. Dann bräuchte es den ganzen psychologisch-medizinischen Reparatur- und Kompensationsaufwand nicht. Viel schlimmer als der finanzielle Aufwand im Gesundheitswesen wäre es für die kapitalistische Gesellschaft, wenn jene angeblich ehernen Marktgesetze, deren perfekte Grausamkeit man uns gegenüber als ein Naturfaktum darstellt, an das wir uns auf Gedeih und Verderb anzupassen haben, den Menschen plötzlich gestehen würden, dass sie sie ja selbst gemacht haben und also auch verändern können. Der Klassenkampf findet auch auf dem Feld der Wissenschaft statt, und gewisse Psychologen haben sich offenbar entschieden, auf der Seite der herrschenden Kapitalordnung in diesen Kampf einzugreifen. Statt ihr Wissen in den Dienst der Befreiung von entfremdeter Arbeit und blinden ökonomischen Mechanismen zu stellen, haben sie beschlossen, es in den Dienst von Unterdrückung und Betrug zu stellen und sich zu Normalisierungsagenten zu machen. Gerhard Roth hat in seinem Buch *Orkus* (Frankfurt/Main 2011) daran erinnert, dass es durchaus Psychologen und Psychiater gab und vielleicht noch immer gibt, die sich mit dieser ihnen zugewiesenen Rolle schwer taten: »Otto Gross hatte das Dilemma seines Berufs begriffen, dass nämlich auch die psychiatrische Heilmethode auf ein Normalisieren hinauslief, auf ein der Gesellschaft angepasstes Leben, als sei diese zeitlos und nicht in Frage zu stellen. Gerade dagegen aber hatte er sein Leben lang aufbegehrt, und daran war er zerbrochen.«

Otto Gross ist in den ersten Monaten der Unruhen nach dem Ende des Ersten Weltkriegs und der November-Revolution auf Berlins Straßen buchstäblich verhungert und erfroren.

ETHNOLOGIE DES INLANDS

Das Geld meditiert

In der *Frankfurter Allgemeinen* vom 12. April 2015 findet sich ein Artikel über meditierende und Yoga betreibende Banker und Manager. In Washington erregten dreihundert Banker Aufsehen, als sie zusammen mit dem Präsidenten der Weltbank, Jim Yong Kim, dem Zen-Mönch Thich Nhat Hanh und zwanzig seiner in braune Roben gekleideten Mitbrüdern eine »Gehmeditation« mitten in Downtown veranstalteten. Beim *World Economic Forum* in Davos, bei dem jedes Jahr die Mächtigsten und Reichsten der Welt zusammentreffen, stand morgens um acht eine gut besuchte *Achtsamkeitsmeditation* auf dem Programm, die der amerikanische Meditationslehrer Jon Kabat-Zinn leitete. *Goldman-Sachs*-Vorstand William George wies in Davos darauf hin, dass inzwischen Hunderte von Investmentbankern an der Wallstreet regelmäßig meditieren. Auch die *Deutsche Bank* und die EZB sollen mit Meditationsgruppen experimentieren. Insgesamt ist eine ganze Yoga-Industrie entstanden, die weltweit 80 Milliarden Dollar umsetzt und riesige Gewinne abwirft. In Deutschland sollen fünf Millionen Menschen regelmäßig Yoga betreiben und dafür viel Geld ausgeben. Marktführer ist die Yogakette *Yoga-Vidya*, die ihren Hauptsitz in Bad Meinberg im Teutoburger Wald hat. 10 Millionen Euro setzt der Inhaber Volker Bretz jährlich um – mit 300 Studios, CDs und einer eigenen Kosmetikserie. Es gibt Yoga-Kurse für alle möglichen Zielgruppen: Es gibt Yoga für Schwangere, für Singles und junge Mütter, für Frauen in den Wechseljahren und Senioren, für Männer oder Babys, Poweryoga für gestresste Manager in der Mittagspause und besondere Programme für Paare.

Wie kann man das deuten? Welcher Zusammenhang besteht zwischen Kapitalismus und Buddhismus? Es ist höchste Zeit, Max Webers Studie über die *Protestantische Ethik* fortzuschreiben und zu fragen, welche Form der Religiosität zu welcher Stufe der kapitalistischen Entwicklung passt. Die *protestantische Ethik* schien Weber der mentale, ideologische Treibstoff der beginnenden kapitalistischen Akkumulation zu sein, die auf Sparsamkeit setzte und den erzielten Gewinn reinvestierte. Welcher Zusammenhang besteht zwischen Buddhismus und dem hochfluiden, spekulativen Kapital der Gegenwart? Wie kommt es zu der perversen Verschmelzung von Spiritualität und Kapitalismus, die wir gegenwärtig erleben? Die Anforderungsstruktur des Finanzkapitalismus der Gegenwart scheint jedenfalls eher mit fernöstlicher Spiritualität oder dem, was man dafür hält, kompatibel zu sein, als mit der puritanischen Zwangsneurose vergangener Stufen der kapitalistischen Entwicklung.

Die Medienunternehmerin Arianna Huffington begründet die Begeisterung der Firmen für Yoga und Meditation so: »Das, was für uns als Individuen gut ist, ist auch für die amerikanischen Unternehmen gut.« Der Buddhismus treibt die

Dialektik von Selbstverwirklichung und totaler Inanspruchnahme durch die Firma auf die Spitze, die in der neuen Unternehmenskultur ohnehin schon seit Längerem angelegt ist. Dem erleuchteten Angestellten verschwimmen die Grenzen zwischen Arbeit und Leben, Büro und Privatsphäre. Bisher war das Büro nur in die sozialen, kulturellen und psychischen Schichten der Angestellten-Person vorgedrungen, nun könnte es auch noch ihre metaphysische Seite erobern und sie damit vollends in Besitz nehmen. Der sogenannte *Flow*, englisch für »Fließen, Rinnen, Strömen«, bezeichnet das als beglückend erlebte Gefühl eines mentalen Zustandes völliger Vertiefung und restlosen Aufgehens in einer Tätigkeit, die wie von selbst vor sich geht und keinen Anfang und kein Ende kennt. Die Unternehmen bedienen sich fernöstlicher Spiritualität, um ihre Bürowichtel in diesen für sie äußerst profitablen Zustand zu versetzen.

V.

PEGIDA UND DIE ANGST VOR DEM FREMDEN

»Überfremdung – Zur Sozialpsychologie eines Gefühls«

Ein Rückblick auf ein Jahr Pegida-Bewegung[1]

> »Die Ereignisse von 1933 bis 1945 hätten spätestens 1928 bekämpft werden müssen. Später war es zu spät. Man darf nicht warten, bis der Freiheitskampf Landesverrat genannt wird. Man darf nicht warten, bis aus dem Schneeball eine Lawine geworden ist. Man muss den rollenden Schneeball zertreten. Die Lawine hält keiner mehr auf … . Drohende Diktaturen lassen sich nur bekämpfen, ehe sie die Macht übernommen haben.« *(Erich Kästner am 25. Jahrestages der Bücherverbrennung)*

Das Ost-West-Gefälle

Pegida ist letztlich ein Ost-Phänomen geblieben. Der Funke des rassistischen Ressentiments ist trotz eifriger Bemühungen nicht so auf den Westen übergesprungen, wie es sich die Organisatoren erhofft hatten. Dort protestiert eine Mehrheit von Pegida-Gegnern gegen eine Minderheit von xenophob verstockten Verteidigern des Abendlandes. Obwohl in den sogenannten Neuen Bundesländern nur rund ein Fünftel der Deutschen lebt, findet dort fast die Hälfte aller fremdenfeindlichen und rechtsextremen Übergriffe und Anschläge statt. Auch in der aktuellen »Flüchtlingskrise« findet man dieses Ost-West-Gefälle: Während im Osten der Wider-

---

[1] Dieser Text stammt aus dem Februar 2015 und ist am 19.02.2015 im Online-Magazin *Auswege* erschienen. Ich habe ihn aus dem traurigen Anlass des Wiederauflebens des Pegida-Unwesens im Herbst 2015 leicht überarbeitet und aktualisiert.

stand gegen den Zuzug der Migranten wächst und immer militantere und gewalttätigere Züge annimmt, überwiegt im Westen das, was man »Willkommenskultur« nennt. Das Applaudieren an Bahnhöfen und das Verschenken von Plüschtieren sind nette Gesten und kurzlebige Erscheinungen, die zur Lösung der mit der massenhaften Migration verbundenen langfristigen Probleme wenig beitragen. Heribert Prantl schrieb in der *Süddeutschen Zeitung* vom 17./18. Oktober 2015: »Das Elend der Flüchtlinge ist so nahe gerückt in den vergangenen Wochen – und es hat so viele Menschen hierzulande ans Herz gefasst. Es ist aber auch die Sorge groß. Dass die Stimmung kippt, dass sich Angst Luft macht in Abwehr und Ausschreitung. Man kann dieses Kippen der Stimmung auch herbeireden, herbeischreiben und herbeisenden; ich glaube, das geschieht gerade. Es geschieht dies so ähnlich, wie zuvor die Betroffenheit herbeigeschrieben und herbeigesendet werden konnte. Wenn Stimmungen nur Stimmungen sind und keine Überzeugungen, schlagen sie schnell um. Mit einem Gezeitenspiel von Emotionen, im Wechsel von Hui und Pfui, lässt sich freilich verlässliche Flüchtlingspolitik nicht gut machen.«

Im Frühjahr 2015 schien es so, als würde das Phänomen Pegida in der Folge interner Auseinandersetzungen, Zerwürfnisse und Spaltungen von der politischen Bühne verschwinden. Die Teilnehmerzahlen der montäglichen Demonstrationen gingen zurück. Auch der Auftritt des holländischen Rechtspopulisten Geert Wilders im April konnte diesen Trend nicht aufhalten. Nun fährt der Wind der sogenannten Flüchtlingskrise den Rechtsradikalen in die Segel und sorgt für eine Wiederbelebung dumpfer Ressentiments und damit auch der Pegida-Bewegung. Am 12. Oktober 2015 – kurz vor dem einjährigen Bestehen von Pegida – sollen es in Dresden wieder an die 10.000 Demonstranten gewesen sein, die unter anderem einen Galgen für Merkel und Gabriel mit sich geführt haben. Am Samstag, den 17. Oktober 2015 hat ein 44-jähriger Rechtsradikaler die Sozialdezernentin der Stadt Köln bei einer Messerattacke auf einem Wochenmarkt schwer verletzt. Der Täter sagte unmittelbar nach seiner Tat: »Ich musste es tun. Ich schütze euch alle.« Er hatte sich Henriette Reker als Ziel ausgesucht, weil sie unter anderem für die Flüchtlingsunterbringung zuständig ist.

Das alles markiert eine neue Stufe der Eskalation und Verwilderung der politischen Sitten. Die Parallelen zu den historischen Nazi-Aufmärschen und ihrer Symbolik werden unübersehbar. Wer noch Zweifel hatte, ob man Pegida in die Nähe der Nationalsozialisten rücken könne, wurde spätestens durch die Jubiläumsveranstaltung vom 19. Oktober 2015 in Dresden eines Schlechteren belehrt. Der Auftritt des Katzenkrimi-Autors und bekannten Islamhassers Akif Pirincci fand den johlenden Beifall der Menge, die begeistert brüllte: »Wir sind das Volk!« Pirincci sprach unter anderem von Muslimen, die »Ungläubige mit ihrem Moslemsaft vollpumpen«. Der Überbau kleinbürgerlicher Geschlechtsverhältnisse ist die pornographische Phantasie. Der »lüsterne Jude« und die »rote Hure« sind Phantasmagorien, die der rassistische Sexualneid gebiert. In Erfurt sprach Björn Höcke, der Vorsitzende der AfD in Thüringen, wegen der großen Zahl von Flüchtlingen von den »Angstträumen für blonde Frauen«.

Ein älterer Mann mit Pudelmütze verkündete in Dresden vor Beginn der Jubiläums-Veranstaltung: »Das wird heute die größte Party seit dem Reichsparteitag von 33.«

Wer jetzt nicht kapiert, was die Stunde geschlagen hat und um was es geht, dem ist nicht zu helfen.

Der Staatssozialismus als Hort traditioneller deutscher Haltungen

Das oben angesprochene Ost-West-Gefälle in puncto Anfälligkeit für rechtsextreme Einstellungen, das uns auch bei den Landtagswahlen vom März 2016 wieder begegnet ist, kann nicht nur an der im Osten Deutschlands höheren Arbeitslosigkeit, der größeren Armut und Perspektivlosigkeit liegen. Daraus könnte sich ebenso gut ein rebellisch-antikapitalistisches Bewusstsein entwickeln. Aber die akkumulierte Wut der Leute verbräunt sich. Das muss auch mentalitätsgeschichtliche Ursachen haben. Unter der »Käseglocke« des Staatssozialismus haben alte preußisch-deutsche Tugenden und Haltungen überdauert, die man nach 1945 zu Insignien einer proletarischen Lebensführung und Parteidisziplin erklärte. In Jonathan Franzens neuem Roman *Unschuld* heißt es über die DDR: »In ihrem Bestreben, konsistent zu sein und die Dinge richtig zu machen, war die Republik herzzerreißend deutsch. Wie ein besonders ernsthafter kleiner Junge versuchte sie, ihren sowjetischen Vater zu beeindrucken und zu übertreffen.«

Die ehemalige DDR ist eine Gesellschaft, die 1968 nicht die kulturelle Revolution erlebt hat, welche im Westen die alten autoritären und versteinerten Verhältnisse zum Tanzen brachte und einen mentalitätsgeschichtlichen Bruch markierte. Dass fremdenfeindliche Einstellungen und daraus hervorwachsende rassistische Pogrome in den neuen Bundesländern verbreiteter sind als im Westen Deutschlands, scheint mir unter anderem darin begründet, dass in der ehemaligen DDR jene kollektive Paranoia, die man in Deutschland Erziehung nannte, ungemindert und durch keinen Liberalisierungsschub gebrochen fortbestand, wie er im Westen durch die 68er Bewegung ausgelöst wurde. Der zukünftige Kommunist sollte sich mit Kernseife waschen, kalt duschen, die Zähne zusammenbeißen und hart sein. Schläge und Strafen galten nach wie vor als die guten Köche in der Erziehung. Als mein Vater, der sich als ehemaliger Nationalsozialist und Träger tradierter antikommunistischer Vorurteile Jahre lang geweigert hatte, seinen Patenjungen in Halle/Saale zu besuchen, sich Mitte der 1970er Jahren schließlich doch zu einer Reise in die »Ostzone« durchgerungen hatte, überraschte er uns nach seiner Rückkehr mit einem fast schwärmerischen Reisebericht: »Drüben« hätten die jungen Leute noch Ideale und Manieren, sie trügen anständige Haarschnitte und stünden in der Straßenbahn unaufgefordert für ältere Leute auf. Vor allem gebe es keine aufdringliche Reklame und die damit verbundene Sexualisierung des öffentlichen Lebens. Anfang der 70er Jahre hatte ich selbst im Rahmen eines längeren Aufenthalts Gelegenheit, mich davon zu überzeugen, dass im abgeriegelten staatssozialistischen Gehege der DDR-Gesellschaft traditionelle Haltungen und Erziehungsstile ungemindert fortexistierten. Ich erinnere mich lebhaft an mein Erschrecken, als ein hoher Parteifunktionär uns Westlern anlässlich des Besuches in einer sozialistischen Kinderkrippe die heiligen Grundsätze der »schwarzen Pädagogik« (Katharina Rutschky) als Kennzeichen sozialistischer Erziehung und als Heilmittel gegen westliche Dekadenz pries. Wir Antiautoritären, die in einem Schulungslager »auf Kurs« gebracht werden sollten, hatten in unserer Auseinandersetzung mit der NS-Generation unserer Eltern erkannt, dass das, was uns da als Teil einer antifaschistischen Haltung präsentiert wurde, zu den subjektiven Bedingungen der Möglichkeit des Faschismus gehörte und auf jeden Fall autoritäre Charakterstrukturen hervorbringt. Der autoritär dressierte und »zur Sau gemachte« Mensch trägt eine lebenslang wirksame Neigung davon, sich für die erlittenen eigenen Qualen an Sündenböcken schadlos zu halten.

Dass also der Rechtsradikalismus im Osten Deutschlands eine breitere Basis hat, hängt mit einer spezifischen kulturellen und sozialpsychologischen Ungleichzeitigkeit der ehemaligen DDR-Gesellschaft zusammen. Die Masse der Pegida-Demonstranten, so war einer aktuellen Studie zu entnehmen, ist um die 50 Jahre alt oder älter, hat also Kindheit, Jugend und einen Teil des Erwachsenenlebens noch in der DDR verbracht und weist eine entsprechende Prägung auf.

»Sinnentzug« nach der Wende

Dass die Geschichte der ersehnten Wiedervereinigung für viele ehemalige DDR-Bürger zu einer Geschichte der Enttäuschungen geworden ist, liegt nicht nur an dem für viele ausgebliebenen Wohlstand und dem massenhaften Verlust der Arbeitsplätze, sondern auch daran, dass sie sich nach dem Anschluss sozio- und psychostrukturell in der Fremde befanden. Sie gerieten in die Position des Hebbel'schen Meister Anton, der am Ende des Theaterstücks *Maria Magdalena* ausruft: »Ich verstehe die Welt nicht mehr.«

Die Ostdeutschen wiesen das falsche Sozialisationsfundament für ein Leben unter kapitalistischen Markt- und Konkurrenzbedingungen auf. Aufgewachsen und sozialisiert in einer Gesellschaft des Mangels und mit klaren Rollenmustern und biographischen Vorgaben und Verläufen, gerieten sie nun in eine Gesellschaft, in der jeder selbst sehen muss, wo er bleibt, und in der Konsum über die soziale Integration entscheidet. Sie gerieten in der quasi-dadaistischen Lage desjenigen, der versucht, sich mit einem alten Stadtplan von Frankfurt an der Oder im heutigen Frankfurt am Main zu orientieren. »Sinnentzug« hat Alexander Kluge Situationen genannt, in denen kollektive Lebensprogramme von Menschen schneller zerfallen, als sie in der Lage sind, neue zu produzieren. Bestimmte Verhaltensweisen, Gewohnheiten und Routinen des Alltags werden entwertet, sind plötzlich leer und dysfunktional. Aber man hat sie doch lernend verinnerlicht und kann sie jetzt nicht einfach so beiseitelegen wie einen Anzug, der aus der Mode gekommen ist oder einem nicht mehr passt. »Sinnentzug« heißt auch, dass das Gelernte und lebensgeschichtlich Erworbene auf kein Lebensgelände mehr so richtig passt, dass das, was einem zustößt und was aus der Zukunft auf einen zukommt, sich der eigenen Verarbeitungslogik nicht mehr fügt. »Sinnentzug« ist eine Erfahrung, die Angst und Unsicherheit entbindet, mitunter flackert Panik auf. Jedenfalls hält der ans Ertragen offener und ambivalenter Situationen nicht gewöhnte Mensch so etwas nicht lange aus: Je nach Temperament und Prägung wird er wütend oder krank oder suizidal.

Viele ehemalige DDR-Bürger waren, ihrer alten kollektiven Stützen beraubt, orientierungslos. Ein Reich des Vertrauten, das gerade wegen seiner autoritären Züge eben auch barg und entlastete, war zerfallen und ein neues musste sich erst bilden. Einem braven Staatswichtel ging es gar nicht so schlecht in der DDR: Es blieben ihm allerhand strapaziöse Ich-Leistungen und Orientierungsarbeiten erspart, die eine hochindividualisierte Marktgesellschaft ihren Mitgliedern abverlangt. Der Bürger der DDR war in nahezu allen Lebenslagen Teil eines Kollektivs und deswegen nicht genötigt, ein »Einzelner« zu sein. Die seit der Währungsunion hereindrängenden Markt- und Konkurrenzverhältnisse atomisierten die Kollektive, dünnten die Sozialbezüge aus und verwandelten die Menschen in isolierte und gegeneinander konkurrierende Einzelne. »Irgendwie ist auch alles kälter geworden«, gab eine 17-Jährige ein paar Jahre nach der Wende in einem ZEIT-Interview zu Protokoll.

Der Wiedervereinigungsfrust wurde noch gesteigert durch die arrogante Hochnäsigkeit, mit der die Wessis ihren neuen Mitbürgern begegneten. Kehren wir noch einmal zum Anzug-Bild zurück: Die Ex-DDRler stecken in ihren alten Anzügen und wurden von den Westlern behandelt wie Dörfler, die in ihrem Sonntagsstaat in die Stadt fahren, um sich die Auslagen in den Schaufenstern anzusehen, die nicht genau wissen, wie man sich in der Stadt bewegt, die, wenn man sie anspricht, scheu und verlegen ihre Mützen in den Händen drehen und deren Geld nur ausreicht, um sich in einer billigen Kneipe ein Bier und ein Würstchen zu bestellen. Habermas hat in seinem 1990 erschienen Buch *Vergangenheit als Zukunft* zu Recht darauf hingewiesen, dass die herablassende Art der »Wessis« gegenüber den »Ossis« eine Wurzel hatte, die den »Wessis« ebenso verborgen gewesen sein dürfte wie den »Ossis« die Quellen ihres Fremdenhasses: »Die ›Wessis‹ reagieren ja auf manche habituellen Eigentümlichkeiten und mentalen Züge ihrer Brüder und Schwestern aus dem Osten so allergisch, weil sie sich darin wiedererkennen. Es steigen Bilder auf aus den eigenen Anfangsphasen, als die deutschen Sekundärtugenden aus ihrer politischen Verbrämung – und Verbräunung – hervortraten und aggressiv ins geschichtslos Private ausschlugen.«

Man hat bei der Vereinigung durch die Zerstörung des von ihnen Geschaffenen den Stolz der Ostdeutschen gebrochen und sie ihrer Würde beraubt. Grausamkeit ist die Rache des gekränkten Stolzes.

Emmanuel Carrère beschreibt in seinem Buch über die schillernd-anarchische Figur des Russen Eduard Limonow die Mentalität von gewissen jungen Russen, die sich »Nationalbolschewiken« nennen: »Sie hatten ihre Kindheit in der Sowjetunion verbracht, und sie war besser gewesen als die Zeit danach als Jugendliche und junge Erwachsene. Sie dachten mit Rührung und Nostalgie an die Jahre, da die Dinge einen Sinn hatten, als es nicht viel Geld gab, aber auch nicht viel zum Kaufen, als die Häuser gut instand gehalten wurden und ein kleiner Junge seinen Großvater voller Bewunderung anschauen konnte, weil er der beste Traktorfahrer seiner Kolchose gewesen war. Sie hatten den Abstieg und die Demütigung ihrer Eltern erlebt, die bescheidene Leute, aber stolz auf sich gewesen waren, und die dann in die Armut stürzten und ihren Stolz verloren. Ich glaube, vor allem letzteres ertrugen sie nicht.« Und weiter heißt es: Putin lebt von dem Gefühl vieler Russen, das man wie folgt ausdrücken kann: »Niemand hat das Recht, 150 Millionen Menschen zu sagen, dass siebzig Jahre ihres Lebens und des Lebens ihrer Eltern und Großeltern, dass alles, woran sie geglaubt und wofür sie gekämpft und sich geopfert haben, dass selbst die Luft, die sie atmeten, Scheiße gewesen sei. Der Kommunismus hat fürchterliche Dinge angerichtet, in Ordnung, aber er war nicht dasselbe wie der Faschismus. Diese Gleichsetzung, die westliche Intellektuelle mittlerweile als selbstverständlich hinstellen, ist eine Schande.«

Solche Gefühle der Entwertung und Enteignung der eigenen Geschichte und damit auch Identität werden auch ehemalige DDR-Bürger empfinden. Diese mögen am diffusen Stimmungshintergrund mitwirken, von dem das Phänomen Pegida getragen wird.

Pegida und die »friedliche Revolution« von 1989

Wahrscheinlich war Pegida schon 1989 als eine Unterströmung in der damaligen »friedlichen Revolution« enthalten. Revolutionen sind ja immer strategische Bündelungen ganz verschiedener Intentionen und Interessen, und ein Teil der gegen die DDR, SED und Stasi demonstrierenden Menschen war damals schon deutsch-national, stramm antikommunistisch und von allerhand regressiven Sehnsüchten angetrieben. »Wir sind das Volk!« war und ist eine äußerst mehrdeutige und zweifelhafte Parole, denn der Begriff »Volk« schleppt ethnische Aufladungen, Aus- und Abgrenzungen mit sich. Er enthält etwas Drohendes denen gegenüber, die nicht zum »Volk« gehören. Aus dem »Volk« ragt ein »Führer« heraus. Thomas Brasch sagte deshalb mit einem gewissen Recht: »Volk ist eigentlich ein faschistischer Begriff.« Soziologisch verweist der Begriff »Volk« auf vorbürgerlich-feudale Zustände. Könige und Kaiser sprachen von »meinem Volk«, ebenso der Gott des *Alten Testaments*. Als politischer Begriff ist »Volk« der Gegensatz zum Souverän und bezeichnet die in Stände und Kasten sich gliedernde Masse der Untertanen. Um zu verstehen, wie Ungleichheit unter formell demokratischen Verhältnissen fortbesteht, ist es nötig, sich vom Begriff des »Volkes« zu lösen und sich dem der »Gesellschaft« zuzuwenden. Diese existiert einstweilen als Klassengesellschaft, die zwar als Volk, Nation oder Staat nach wie vor eine Einheit darstellt, zugleich aber ihren inneren Gegensatz in gesellschaftlichen – anders gesagt: in Klassenkämpfen austrägt. Der Begriff »Volk« ist häufig Ausdruck von bloßen Ressentiments gegen »die da oben«, gegen »Parasiten und Schmarotzer« und ist zum Erfassen der Wirklichkeit einer hochkomplexen kapitalistischen Klassengesellschaft zu unscharf.

Die Parole »Wir sind das Volk« war sicher in erster Linie als Provokation des Arbeiter- und Bauern-Staates und der realsozialistischen Obrigkeit gedacht, die sich gern und oft auf das Volk berief und in seinem Namen zu sprechen und zu handeln vorgab. Und dennoch schwangen möglicherweise auch regressive Sehnsüchte mit, die der Begriff »Volk« symbolisiert und mobilisiert. Man kann in ihr den romantischen Wunsch nach Königen erkennen. Es ist ein Bedürfnis nach einem Wiederaufleben der Monarchie, nach einem *guten König*, bei dem sich das Volk in einem kindlichen Sinn aufgehoben fühlt. Es steckt in diesen Sehnsüchten im Sinne Ernst Blochs auch ein *utopischer Überschuss*, die Sehnsucht nach einer Welt jenseits von Verwaltungsbeamten und Funktionären, jenseits von blinder Aktion, Kapitalbewegung und gefühlloser, barer Zahlung. Ernst Bloch hat darin Recht, dass in dem Märchenbedürfnis und den Traumbildern völlig unentdeckte Energien stecken, die weithin unterschätzt oder ignoriert werden. Natürlich ist der Wunsch nach einem König regressiv. Ein Rückfall in die Kindheit, für Kinder gibt es Könige. Jeder Erwachsene ist ein erwachsen gewordenes Kind; und dieses setzt in ihm den Kampf um das kindliche Lustprinzip und seine Sehnsüchte fort. Diese werden durch gesellschaftliche Zwänge nach innen in die Phantasie und nach unten ins Unbewusste gedrückt, wo sie weiterleben und sich gelegentlich in einer chiffrierten Sprache äußern.

Wir haben uns über den Charakter der 1989er Bewegung möglicherweise Illusionen gemacht, weil die ideologische Begleitmusik von Dissidenten, kritischen Intellektuellen und Künstlern geliefert wurde. Für einen kurzen historischen Moment schien es so, als repräsentierten die die Mehrheit der DDR-Bevölkerung.

Das, was man euphemistisch »Revolution« genannt hat, war sozialpsychologisch eher das, was Erich Fromm als »Rebellion« bezeichnet hat: Der von der alten Autorität Enttäuschte stürzt, was an Macht und Glanz verliert und ohnehin bereits fällt, um es durch eine neue Autorität zu ersetzen, mit der er sich identifizieren kann, weil sie ihm Halt, Stützung und Sicherheit verspricht. Wann hätte sich ein braver deutscher Staatswichtel jemals gegen seine Entmündigung zur Wehr gesetzt, wenn er in dieser sein behagliches Auskommen hatte? Wenn es mit dem Konsumieren und der Effizienz des alten Systems besser bestellt gewesen wäre, dann hätte er es noch eine ganze Weile ertragen. So aber wandte er sich enttäuscht gegen eine Macht, die bereits auf dem letzten Loch pfiff und vor allem die Unterstützung der alten Vormacht Sowjetunion verloren hatte, und unterwarf sich flugs neuen Herren, die ihm potenter, mächtiger und in jeder Beziehung stärker zu sein schienen. Dass die neuen Herren ihre ihnen zugelaufenen Untertanen im Regen stehen gelassen haben, gehört zur Vorgeschichte jenes Unmuts, der sich nun in und durch Pegida artikuliert.

Vom Einrennen offener Türen

Wenden wir uns für einen Moment den Anti-Pegida-Demonstrationen zu. Ein nicht unbeträchtlicher Teil der Leute, die sich gegen Pegida und für ein »buntes, weltoffenes Deutschland« ausgesprochen haben, findet den Rechtsradikalismus und den Rassismus einfach nur »peinlich«, »prolo«, »uncool« und »unsexy«. Politisch-moralische Fragen sind in gewissen Milieus längst zu Geschmacksfragen geworden, die Wahrheit unterwirft sich dem Reiz. Etwas muss »sexy sein«, um gut zu sein und als angenehm empfunden zu werden.
Der Umstand, dass sich an vielen Orten Repräsentanten des Staates in die Demonstrationen eingereiht haben, belehrt uns darüber, dass man mit solchen Parolen offene Türen einrennt. Außenminister Steinmeier stellte denn auch fest, dass Pegida dem Ansehen Deutschlands in der Welt schade und man einen Rückgang ausländischer Investitionen fürchten müsse. »Weltoffenheit« ist die mentale Seite der Schaffung des Weltmarktes und der Globalisierung und die Haltung derer, die davon profitieren. Das Geld ist nicht patriotisch und reißt in seinem vampirhaften Hunger nach Profit sämtliche Begrenzungen und nationalstaatlichen Grenzen nieder. Wenn es in Taiwan oder sonst wo mehr Rendite abwirft, wandert es dorthin. Es gibt kein nationales Geld, dem Geld ist – salopp gesagt – alles egal. Die fortgeschrittenen Kapitalfraktionen sind längst über das autoritäre Stadium hinausgegangen und propagieren flache Hierarchien, Teamfähigkeit, kommunikative Kompetenz und Empathiefähigkeit. Flexibilität, Mobilität, Kreativität sind die Fetische einer *Beschleunigungs-Gesellschaft*, die nicht länger den traditionellen Begriff der Arbeit propagiert, sondern dem »Projekt« huldigt, deren flüchtige Mitarbeiter sich per Selbstoptimierungstechniken und allerhand Lockerungsübungen in Form bringen, um ihre Verwertbarkeit zu erhalten und zu steigern.
   Bei einer Anti-Pegida-Demonstration stand neben mir eine junge Frau, die ein Transparent hochhielt, auf dem zu lesen war: »Für Liebe und Kommunikation«. Das könnte auch ein Werbespruch von *Facebook* sein. Im Westen protestiert eine Mehrheit gegen eine Minderheit von verstockten,

xenophoben Betonköpfen. Eine bereits weitgehend überwundene Stufe der kapitalistischen Entwicklung liegt im Streit mit der nächst höheren.

Welche Ziele verfolgt diese Mehrheit außer der Zurückweisung der Pegida-»Dumpfbacken«, also einer ohnehin überholten Mentalität? Unangenehm haben mich Bilder von Gegendemonstranten berührt, die Besen mit sich führten, mit denen sie die Straßen symbolisch vom rechten Schmutz säuberten. In Dresden existiert seit Jahren ein Bündnis, das die Stadt »nazifrei« machen will. Eine Parole wird nicht dadurch besser, dass man das Objekt der Verachtung austauscht. Das Ziel einer freien, demokratischen Gesellschaft muss in den Mitteln, die wir im Kampf um sie anwenden, bereits vorweggenommen werden. Sauberkeit und Reinheit sind keine emanzipatorischen Werte. Man darf nicht müde werden, daran zu erinnern, dass Demokratie keine dumpfe, homogene Gesinnungsgemeinschaft ist, sondern eine Gesellschaftsform, die die Entfaltung von Verschiedenheit und Dissens ermöglicht.

Enthält die Gegenbewegung irgendwelche den gegenwärtigen Zustand transzendierenden Aspekte? Weitergehen könnte es nur, wenn die bloße Anti-Pegida-Haltung aufgegeben und man sich anderen Themen stellen würde: Wie steht es um die Verhinderung des Freihandelsabkommens TTIP, um die Kontrolle der Banken, eine neue Finanzordnung oder gar die Entwicklung von Alternativen zum Kapitalismus?

Es wäre ein Gebot der Stunde, dass wir unsere Aufmerksamkeit auf den schwelenden Ukraine-Konflikt und den Krieg in Syrien richten und unsere Energien zur Friedenssicherung einsetzen. Wenn ich in den letzten Wochen Nachrichten höre, bin ich immer wieder darüber erstaunt und befremdet, wie ruhig wir uns alle angesichts der wachsenden Kriegsgefahr verhalten. Wenn in der Ukraine keine praktikable und vor allem dauerhafte Einigung erzielt wird, droht der innerukrainische Konflikt zu eskalieren und sich zu einem europäischen Krieg auszuweiten. Als nach dem NATO-Doppelbeschluss neue Pershing-Raketen in Europa stationiert wurden, gingen Anfang der 1980er Jahre Hunderttausende auf die Straße. 300 000 Menschen versammelten sich im Oktober 1981 im Bonner Hofgarten. Ich bin damals mit vielen anderen Gießenern in einem Sonderzug nach Bonn gefahren, und wir hörten die Ansprachen von Heinrich Albertz, Heinrich Böll, Petra Kelly, Erhard Eppler und vor allem von Coretta Scott-King, der Ehefrau von Marin Luther King, der ja

1968 in Memphis ermordet worden war. Am frühen Morgen kehrten wir müde, aber auch euphorisiert von dem Massenerlebnis und voller Hoffnung, etwas bewegen und verändern zu können, nach Hause zurück. Damals existierte noch eine wie immer zersplitterte Linke, die sich auf Jahre nahezu ausschließlich mit Friedensthemen befasste. Die Lage heute scheint mir viel dramatischer, die Gefahr greifbarer, und gleichzeitig herrscht vollkommene Agonie, eine beinahe stuporöse Erstarrung. Oder ist es Indifferenz, Abstumpfung, Resignation oder von allem ein bisschen?

Offenbar ist unsere Empörungsfähigkeit angesichts der Fülle von Horrormeldungen erlahmt. Die meisten Massaker ereignen sich vor laufenden Kameras. Je drastischer die Bilder, desto schneller vergessen wir sie. Alles zeigen, alles ausbreiten, alles präsentieren: Dies ist das beste Mittel, um uns gegen das Unglück, von dem die Medien berichten und von dem sie vampiristisch zehren, immun zu machen. Die Fülle der Nachrichten wird zum Widersacher der Wahrheit, unsere Aufnahmefähigkeit und Verarbeitungskapazität kollabiert unter dem Ansturm schrecklicher Bilder. Die Metastasen des Zynismus breiten sich aus und drohen unsere Fähigkeit zu Widerstand und Revolte zu zerstören.

Herbert Marcuse hat in diesem Zusammenhang von einer »Normalisierung des Grauens« gesprochen. Es ist höchste Zeit, dass wir unsere Sensibilität und Empörungsfähigkeit wiederentdecken.

Schließlich ginge es für die europäische Linke darum, sich mit dem Bemühen der neuen griechischen Regierung zu solidarisieren, die für das Land verheerenden Bedingungen loszuwerden, die mit der Kreditgewährung durch die *Europäische Union* verbunden sind und sich von der Gängelung durch die sogenannte *Troika* zu befreien. Wer sich den Film *Agorá – Von der Demokratie zum Markt* des griechischen Filmemachers Yórgos Avgerópoulos anschaut, bekommt eine Ahnung davon, worum es geht und was auf dem Spiel steht. Er fängt die politischen und sozialen Auswirkungen der Griechenland aufgezwungenen Austeritätspolitik in intensiven, teilweise erschütternden Bildern ein. Ein ganzes Volk ist im Begriff, seine Würde zu verlieren – ein Wort, das die meisten von uns, Dieter Hildebrandt zufolge, nur noch als Konjunktiv II in dem Satz: »Für Geld würde ich alles machen« kennen. Es geht in den aktuellen Auseinandersetzungen um viel mehr als nur die Kreditvergabe an Griechenland:

Es geht um eine andere Europäische Union, die sich in ihrem politischen und ökonomischen Handeln am Wohl und Wehe der in ihr lebenden Menschen und nicht an den Bedürfnissen »der Finanzmärkte« und den Profitinteressen der Wirtschaft orientiert. Ein Scheitern von *Syriza* wäre ein Scheitern der europäischen Linken insgesamt. Danach, so steht bei einer Zuspitzung der ökonomisch-sozialen Krise zu fürchten, schlägt die Stunde der Rechtspopulisten und Faschisten.

Verschiedene »Psychoklassen«

Eine gegebene Bevölkerung zerfällt bei näherem Hinsehen in verschiedene Teilvölker. Der amerikanische Psychohistoriker Lloyd deMause spricht von »Psychoklassen«, die sich auf der Basis verschiedener Kindheitsmuster ausbilden. Unter Zuhilfenahme von Ernst Blochs Begriff der Ungleichzeitigkeit können wir gegenwärtig drei große Psychoklassen unterscheiden: Es gibt die autoritär dressierten, »ungleichzeitigen« arbeitsamen, sparsamen, pünktlichen Menschen, die politisch eine Neigung zum Autoritarismus und Konzepten ethnischer Homogenität aufweisen. Sie sind Überbleibsel aus einer vergangenen Stufe der Durchsetzungsgeschichte der kapitalistischen Gesellschaft. Die meisten Angehörigen der ungleichzeitigen Psychoklasse werden wir wegen der oben geschilderten Bedingungen auf dem Gebiet der ehemaligen DDR antreffen, aber natürlich existieren sie als Auslaufmodell auch noch im Westen. Es gibt die »gleichzeitigen« Menschen, die ein leidenschaftliches Verhältnis zum Geldausgeben und zum Konsumieren haben. Sie praktizieren einen konsumistischen Lebensstil und frönen in der Freizeit ihrem Fitnesscenter-Narzissmus. Schließlich existieren die »übergleichzeitigen« flexiblen, driftenden Menschen, die gelernt haben, sich an nichts und niemanden zu binden. Wie Taumelkraut überlassen sie sich den wechselnden Winden des Marktes. Sie hängen, wie Nietzsche gesagt hat, ihren Mantel so lange in den Wind, bis sie selbst zu diesem Mantel werden. Sie sind in bestimmten großstädtischen Arealen anzutreffen und beruflich der IT-Branche und anderen Fortschrittsindustrien zuzuordnen. Es geht ja in den fortgeschrittenen Sektoren der Ökonomie nicht mehr darum, Leute zur Erfüllung bestimmter Routinen zu dressieren, sondern umgekehrt, Leute von der Fixierung an Routinen wegzubringen und zum locker-flockigen *Driften* zu animieren. Sie sollen sich psychisch offen halten und sich permanent umorientieren können. Wenn sich nichts Gravierendes ändert, wird dieser dritten Klasse die Zukunft gehören. Politisch sind ihre Mitglieder weitgehend indifferent. Sie wollen Karriere machen, Geld verdienen, sich permanent selbst optimieren und ihren Spaß haben.[2]

Die gegenwärtig rund um Pegida und die sogenannte Flüchtlingsfrage zu beobachtenden Strömungen lassen sich grob diesen Psychoklassen zuordnen, wobei Pegida selbst der politische Ausdruck der »Ungleichzeitig-Gestrigen« ist. Immer dann, wenn in krisenhaften Zeiten der Angst- und Panikpegel steigt, setzen Ich-Regressionen ein, deren Falltiefe ungewiss ist. Es kommt dann zu einer kollektiven Regression auf frühere mentalitätsgeschichtliche Stadien. Deswegen besteht kein Anlass zur Entwarnung. Ältere Denk-, Affekt- und Handlungsgewohnheiten liegen unter einer dünnen Schicht aus Anpassung an die gewandelten Verhaltensimperative noch bereit und können in Krisenzeiten reaktiviert und politisch nach rückwärts in Gang gesetzt werden.

Das Überfremdungsgefühl

Wenn sächsische Bürger gelegentlich eine Angst vor »Überfremdung« artikulieren, kann dieses Gefühl ja nicht auf die Anwesenheit der ver-

---

[2] Nur nebenbei und in einer hastig eingefügten Fußnote: Jan Böhmermann ist das Sprachrohr genau dieser gleichzeitigen und übergleichzeitigen Psychoklassen. Zum Zweck der Kurssteigerung seiner Ich-Aktien und im Namen der Einschaltquote seiner Fernsehsendung schreckt er vor nichts zurück. Er schwingt mit den immoralistischen Enthemmungstendenzen eines sinnlos vor sich hin produzierenden Spätkapitalismus mit, der im Dienste des Absatzes des produzierten überflüssigen Krams alle hemmenden Barrieren beiseite räumt und diesen Vorgang als Weltoffenheit, Vorurteilslosigkeit und Aufgeklärtheit feiert. Der »flexible Mensch« soll alle Hemmungen ablegen, damit er zu allem fähig werde. So ist es denn auch. Deshalb hat Antonia Baum vollkommen Recht, wenn sie in der *Frankfurter Allgemeinen Sonntagszeitung* vom 10. April 2016 schreibt: »Tatsächlich ist Böhmermann das neue Establishment, er ist das, was danach kommt.« Es geht Böhmermann nicht um politisch fundierte Satire und erhellende, bewusstseinserweiternde Kritik, sondern um die Erzielung eines »Distinktionsgewinns«, wie es bei Pierre Bourdieu heißt. Das scheint ihm mit seinem »Schmähgedicht« über den türkischen Präsidenten Erdogan gelungen zu sein. Erdogan soll und muss man kritisieren und von mir aus auch schmähen, aber nicht auf diesem Niveau und unter Zuhilfenahme übler rassistischer Klischees.

schwindend kleinen Gruppe von Muslimen zurückgehen. Wenn die ehemalige DDR von irgendetwas »überfremdet« wurde, dann durch die nach der sogenannten Wende eingeführten kapitalistischen Verhältnisse, die sich wie ein Alp auf das Leben der Menschen gelegt und es in eine eisige Gletscherlandschaft verwandelt haben. Heiner Müller hat diesen Prozess nach der sogenannten Wiedervereinigung in einem Interview mit der *Frankfurter Rundschau* so beschrieben: »Eine Fahrt durch Mecklenburg: an jeder Tankstelle die Siegesbanner der Ölkonzerne, in jedem Dorf statt der gewohnten Schreibwaren McPaper & Co.«

Das »Fremde«, von dem die Menschen sich bedroht fühlen, ist die Teufelsmühle des Kapitals selbst, in der die einheimischen Industrien und tradierte Lebensformen zermahlen wurden. Da man aber gegen »kapitalistische Verhältnisse« und undurchsichtige, anonyme finanzielle Abstraktionen nicht handgreiflich vorgehen kann, zieht man es vor, sich an »die Fremden« zu halten. All die von Pegida vorgetragenen Versprachlichungen eines vagen Bedrohtheitsgefühls sind letztlich nur Chiffren für Unsicherheit, Desorientierung und Ängste, die eine Folge der Globalisierung sind, die wie ein Wirbelsturm über das Beitrittsgebiet gefegt ist und die Dächer der Häuser abgedeckt hat. Früher, könnte man mit Herbert Achternbusch sagen, ist hier einmal Sachsen gewesen. Jetzt herrscht hier die Welt. Auch Sachsen ist wie der Kongo oder Kanada von der Welt unterworfen, wird von der Welt regiert. Sachsen ist eine Kolonie der Welt. »Auch dieses Stück Erde ist Welt geworden. Und Welt ist nur ein anderes Wort für Geld. Je mehr die Welt regiert, desto mehr wird die Erde vernichtet, werden wir, die dieses Stück Erde bewohnen, vernichtet. Die Welt vernichtet uns, das kann man sagen.« (Achternbusch) Pegida artikuliert auf eine vollkommen falsche und blind-rückwärtsgewandte Weise dieses Gefühl der Vernichtung.

Pegida hat Schleusen geöffnet

Was außer zerstrittenen Fraktionen von Pegida bleibt, ist schlimm genug. Die Pegida-Aufmärsche haben eine Schleuse geöffnet, durch die eine grausige, braune Brühe strömt. So hatte sich schon im Frühjahr 2015 die Zahl der rassistisch motivierten Übergriffe seit dem Beginn der Demonstrationen mehr als verdoppelt. In den ersten drei Quartalen des Jahres

2015 gab es circa 500 Anschläge auf Flüchtlingsunterkünfte, darunter auch Dutzende von Brandanschlägen. 2015 wurden in Deutschland bis Mitte November 1610 überwiegend rechtsmotivierte Delikte gezählt, die im Zusammenhang mit der »Unterbringung von Asylbewerbern« stehen. Ende 2015 war von rund 1000 Angriffen auf solche Einrichtungen die Rede, vier Mal so viel wie im Jahr zuvor. In Sachsen ist es zum Beispiel Mitte Dezember 2015 zu schweren Ausschreitungen vor einer Flüchtlingsunterkunft gekommen. Bis zu 30 Menschen griffen in Jahnsdorf bei Chemnitz einen Bus mit Asylsuchenden bei der Ankunft an. Zunächst blockierte die Gruppe die Zufahrt zur Flüchtlingsunterkunft, dann warfen drei bis sechs Täter aus der Gruppe heraus Steine und zündeten Böller. Die Flüchtlinge seien in Angst und Schrecken versetzt worden und mussten an einen anderen Ort gebracht werden. Unter großen Entbehrungen und Strapazen dem Bürgerkrieg in Syrien entronnen, wurden sie im vermeintlichen sicheren Zielland ihrer Flucht zur Zielscheibe rassistischen Hasses. Ein Albtraum für die Betroffenen und eine Schande für unser Land.[3]

Die organisierten Neonazis und Hooligan-Gruppen begreifen sich als gewaltbereite Delegierte der Pegida-Demonstranten und einer »schweigenden Mehrheit im Lande«. Sie handeln in deren Namen und in ihrem Schutz. Der Status der Migranten in Sachsen hat sich dramatisch verschlechtert, wer anders aussieht und irgendwie fremd anmutet, wird bespuckt, beleidigt oder gar gewaltsam attackiert. Schlimm sind auch die Folgen im bürgerlichen Lager, das im Bemühen, die Motive der Pegida-Leute zu verstehen und aufzugreifen, weiter nach rechts rückt. »Der Islam

---

3 Gerade lese ich im *Gießener Anzeiger* vom 13. Februar 2016, dass sich die Zahl der Straftaten gegen Flüchtlingsunterkünfte in den ersten sechs Wochen des Jahres 2016 gegenüber dem Vorjahreszeitraum noch einmal mehr als verdoppelt hat. Zwischen 1. Januar und 9. Februar kam es zu 94 registrierten Angriffen auf Asylunterkünfte und deren Bewohner. Darunter sind auch zwölf Brandanschläge. Nach den Ereignissen in der Kölner Silvesternacht fallen offenbar noch einmal Hemmungen weg. Kristian Stemmler notiert unter dem Datum des 6. Januar 2016 auf seinem Blog *Buchholzexpress*: »Endlich, endlich! Darauf haben die neuen und alten Nazis des Landes gewartet. Die Vorfälle in der Silvesternacht in Köln und anderen Großstädten scheinen das wahr gemacht zu haben, was sie bislang mühsam herbeifantasieren mussten: Ein entfesselter Mob von Afrikanern und Arabern zieht raubend und vergewaltigend durch die Stadt. Besser konnte das Jahr für Pegida, AfD und Co. gar nicht anfangen!«

gehört nicht zu Sachsen«, ließ sich Sachsens Ministerpräsident Tillich vernehmen. Wer solche Sätze in die Mikrophone von Fernsehanstalten spricht, darf sich nicht wundern, wenn im Schutz der Dunkelheit Flüchtlingsunterkünfte angezündet und Ausländer angegriffen werden.

ETHNOLOGIE DES INLANDS

Kinder auf Bestellung

Unlängst sah ich im *Weltspiegel* einen Bericht über künstliche Befruchtung und die damit einhergehende genetische Selektion. »Blaue Augen auf Bestellung« hieß der Film. In der Mediathek stieß ich auf folgenden Begleittext: »Noahs Leben kommt aus einem Tank – 150 000 Dollar haben seine Eltern für ihn bezahlt – nochmal so viel für seinen Bruder Tristan – aufgeweckte, gesunde Kinder. Zusammen mit ihren homosexuellen Eltern David und Georges bewohnen sie mitten in Manhattan ein schickes Townhouse. Ihre Mutter haben sich ihre Eltern im Katalog ausgesucht bei CT Fertility. Zusammen zeigen sie uns, wie das damals funktioniert hat. Per Video stellen sich die Eispenderinnen persönlich vor. 8 000 Dollar bekommen sie von CT Fertility für ihre Eier. ›Hallo, ich bin die Courtney‹, sagt die Spenderin in ihrem Video, ›und ihr wollt bestimmt viel über mich wissen, warum ich Eispenderin werden möchte‹.

Herkunft, Religion, Bildung, Krankheiten – die Frauen geben alles von sich preis. Der Kunde ist König: ›Wir wollten Kinder mit blauen Augen, so wie wir sie haben‹, sagt Georges Sylvestre, ›und wir wollten eine Mutter, die klug ist, sie sollte großgewachsen sein und kerngesund sein.‹ … Noah und Tristan sind Wunschkinder – in einer glücklichen sehr wohlhabenden New Yorker Familie. Aber was passiert, wenn sich der so sorgfältig vorgeplante Erfolg für sie nicht einstellt? Medizinethiker Caplan blickt in die Zukunft: ›Sie haben das tolle Erbgut einer jungen Studentin eingekauft und das Kind wird Verkäufer im Supermarkt. Klagen sie dann über die minderwertige Ware, oder behandeln sie ihr Kind wie einen Menschen?‹ Schon klagen in den USA die ersten unzufriedenen Kunden vor Gericht.«

»Wenn es keinen Gott gibt, ist alles erlaubt«, hat Dostojewski gesagt. Warum sollte in einer Gesellschaft, die alle Stoppregln und moralischen Begrenzungen außer Kraft gesetzt und sich als Ganze den Imperativen des Marktes unterworfen hat, nicht auch das Kind zur Ware und seine Herstellung zu einem profitablen Industriezweig werden? Reiche Wallstreet-Schwule kaufen sich zwei kerngesunde, blauäugige Kinder zur Komplettierung ihres mondänen Lebensstils. Sie wachsen in der Obhut bezahlter Dienstboten auf. Arme Frauen aus den Ghettos dienen für rund 30 000 Dollar als Leihmütter. Ihnen werden die befruchteten Eier einer fremden Frau eingesetzt. Vertraglich müssen sie zusichern, die von ihnen ausgetragenen Kinder an die Auftraggeber abzugeben. Die Körper der Armen werden als Ersatzteillager ausgeschlachtet, um durch die Entnahme ihrer Organe das Leben reicher Leute zu verlängern.

Ohne Angst verschieden sein können

»Es gibt die Ungeheuer, aber sie sind zu wenig, als dass sie wirklich gefährlich werden könnten. Wer gefährlicher ist, das sind die normalen Menschen.« (Primo Levi)

»Ich habe eine bestimmte Verantwortung für die Sprache. Wenn sie missbraucht wird, ist es meine Pflicht loszubrüllen. Ich reagiere wie ein Rauchmelder. Wenn Menschen als ›unerwünschte Ausländer‹ bezeichnet werden oder als ›Parasiten‹, muss ich Alarm schlagen. Denn eine enthumanisierte Sprache ist das erste Indiz für eine enthumanisierte Gesellschaft.« (Amos Oz)

Solange die wöchentlichen Pegida-Aufmärsche stattfinden, müssen wir dazu Stellung beziehen. Das Verheerendste an der gegenwärtigen Entwicklung ist, dass sich im Schlagschatten von Pegida und weit über diese hinaus eine Diskussion entwickelt, die eine Definition sozialer Zugehörigkeit vornimmt, die festlegt, wer »zu uns gehört« und »wer nicht«. Die Lage derer, die aus dem eigenen sozialen und moralischen Bezugssystems ausgeschlossen werden, ist prekär.

In puncto Rechtsradikalismus, Ausländerfeindlichkeit und Minoritäten-Hass gleichen die Deutschen, wie Heribert Prantl einmal gesagt hat, trockenen Alkoholikern, bei denen bereits beim ersten Glas der Rückfall droht und die deswegen zu vollkommener Abstinenz verurteilt sind. Der Umstand, dass die Deutschen die Nachkriegsdemokratie nicht im Aufstand gegen Hitler erkämpft haben, sondern sie aus den Händen ihrer »Besatzer« entgegennahmen, also von oben verabreicht bekamen, hat bis in die Gegenwart spürbare Folgen. Zumal auch die ökonomischen Verhältnisse, die den Faschismus hervorgebracht haben, unverändert blieben. Mit dem Wiederaufbau der Städte und Fabrikationsanlagen wurden auch die alten Produktions- und Eigentumsverhältnisse wieder hergestellt. Demokratische Verkehrsformen wurden von vielen nur notdürftig und oberflächlich Entnazifizierten als Teil jener alliierten »Umerziehungsmaßnahmen« wahrgenommen, die die Deutschen als Quittung des »Zusammenbruchs« und als Folge ihrer Niederlage über sich ergehen lassen mussten. Leidlich akzeptiert wurden sie erst, als das »Wirtschaftswunder« ein Arrangement mit ihnen erleichterte und versüßte. Wenn in Zeiten wirtschaftlicher und sozialer Krisen die Prämien für angepasstes Verhalten ausbleiben oder spärlicher werden, liegen deswegen in Deutschland unter einer dünnen Schicht zivilisierter Verhaltensweisen alte Denk-, Gefühls- und Vorurteilsgewohnheiten immer bereit. Zeiten allgemeiner Verunsicherung lassen quasi reflexartig das Bedürfnis nach Sündenböcken ins Kraut schießen, die man für die eigene Misere verantwortlichen machen kann.

Zufällig stieß ich dieser Tage auf eine Notiz von Max Horkheimer aus dem Jahre 1959, die klingt, als hätte er vor 55 Jahren einen Kommentar zu Pegida und unserer Gegenwart verfasst:

»Daß die Demokratie or whatever you may call it in Deutschland keine Tradition hat als verlorene Kriege und re-education, erzählen die Deutschen selber. Hinter dieser Beschönigung ihrer Rancune gegen die droits de l‹homme (Menschenrechte) aber steht die Bereitschaft, in jenen fanatischen Patriotismus auszubrechen, der sich vor dem anderer Völker dadurch auszeichnet, daß er keine Idee hat, daß er in bloßer kollektiver Barbarei besteht. Nichts von Liebe ist darin, das beweist allein schon der offenkundig zum schamlosen Kitsch herabgesunkene Heimatrummel von landsmannschaftlichen pressure groups und Edelweißromanen. Nichts ist wahr als Machtgier und Aggression.

Wie sollte denn ein Volk Selbstbewußtsein aufbringen, das in der jetzt lebendigen Generation auf Befehl eines zugleich schlauen und wahnsinnige Demagogen zwölf Jahre lang den Mord als Handwerk übte, das die Nachbarn überfiel und die Welt unterjochen wollte, ein Volk, das nach der Niederlage sogleich die Feinde, weil sie jetzt die Herren waren, als Befreier begrüßte, nach dem ersten Schrecken jedoch den Haß gegen die Befreier entdeckte und mit jedem Tag, an dem es ihm auf Grund der fremden Hilfe besser geht, sich zu neuen Taten rüstet.

Nirgendwo in zivilisierten Ländern ist so wenig Grund zum Patriotismus wie in Deutschland, und nirgendwo wird von den Bürgern weniger Kritik am Patriotismus geübt als hier, wo er das schlimmste vollbracht hat. Berlin, die Wiedervereinigung, die Gebiete jenseits der Oder des zu Recht besiegten Deutschlands werden zu Stimulantien der neuen patriotischen Gesinnung, die von einem unheimlichen Willen gegen inneren, ja gegen äußeren Widerspruch sich ausbreitet. Unansprechbar, weil unreflektiert und von keinem vernünftigen Grund gestützt, vom Westen schlau die Reputation erborgend, man sei ein liberales Volk, man teile die politische Geschichte mit der freien Welt, schickt man sich an, der Freiheit den nächsten Streich zu spielen.

Die Kotaus vor den Widerstandskämpfern, die offiziellen Absagen an den Antisemitismus, von den Synagogenbesuchen der Bürgermeister bis zum Schweigen bei Anne Frank, all dieses bereits kleinlaut und formell gewordene Schuldgetue hat bloß die Funktion, sich zum rechten Patriotismus wieder das gute Gewissen zu machen, sofern es nicht bloße Reklame für amerikanische Foundations ist. Der Patriotismus in Deutschland ist so furchtbar, weil er so grundlos ist.«

Wenn Patriotismus und »Vaterlandsliebe« um sich greifen und sich im Lebensgrundgefühl größerer Bevölkerungsgruppen einnisten, muss man Alarm schlagen. Die Betonung der *nationalen Identität* geht stets mit einer strikten Abgrenzung vom Nicht-Identischen und Fremden einher. Lässt man den ersten Schritt in Richtung Ausgrenzung und Entmenschlichung gewisser Bevölkerungsgruppen und Minderheiten unwidersprochen geschehen, nimmt die Wahrscheinlichkeit zu, dass man auch den zweiten, dritten und vierten Schritt mit vollzieht. Wenn man schließlich zum Handlanger von direkt kriminellen Handlungen gemacht werden soll, kann es zum Widersprechen zu spät sein. Teile meiner Generation sind mit dem kategorischen Imperativ der *Kritischen Theorie* aufgewachsen, dass wir unser »Denken und Handeln so einzurichten haben, dass Auschwitz nicht sich wiederholt«. Gerade in einer Woche, in die der siebzigste Jahrestag der Befreiung des Konzentrationslagers Auschwitz durch die Rote Armee fällt, hätten wir uns an diese Maxime zu erinnern und auf alle Anzeichen, die auf ein Wiederaufleben nazistischer Denkstrukturen und Praktiken hindeuten, schroff und hart zu reagieren. Unerträglich und beschämend, dass siebzig Jahre nach der Befreiung von Auschwitz noch immer im Namen der

»westlichen Wertegemeinschaft« gefoltert wird. Dieser Tage erscheint Das *Guantanamo-Tagebuch* von Mohamedou Slahi, in dem er von Schlafentzug, Dauerlärm und permanente Todesdrohungen berichtet. Unerträglich und beschämend, dass 70 Jahre nach der Befreiung von Auschwitz französische Juden zu Tausenden die Flucht ergreifen müssen.

Ich hatte, um das Bewusstsein zu charakterisieren, von dem die rechtsradikalen Demonstrationen und Aufmärsche getragen werden, in meinem Text Der *Extremismus der Mitte* einen jungen Mann aus Marzahn zitiert, der Deniz Yücel von der *taz* gegenüber gesagt hatte: »Ick bin rechts. Aber nich so extrem. Ick sach ma: Judenverfolgung, die muss nich sein.« Ein Leser fragt nun: »Wenn jemand mit den einfachen Worten eines einfachen Mannes zu Protokoll gibt, ja, rechts sei er schon, aber Judenverfolgung, da sei er dagegen – ist er dann ein Nazi oder nicht?« Jemand, der sagt, er sei »rechts, aber Judenverfolgung müsse nicht sein«, gibt schon durch die Formulierung zu erkennen, dass er die Judenverfolgung lediglich für eine Geschmacksverirrung und eine Übertreibung hält. Das, was der junge Mann euphemistisch »Judenverfolgung« nennt, (als wären sie lediglich verfolgt und nicht systematisch und fabrikmäßig ermordet worden) ist keine überschüssige Zutat zum Nationalsozialismus, sondern sein Kern. Das sind die Leute, die nicht müde werden darauf hinzuweisen, dass »an Hitler nicht alles schlecht war«, dass er »die Autobahnen gebaut und die Arbeitslosen von der Straße geholt hat«. Tut mir leid, da endet mein Verständnis. Es gibt in der Tat so etwas wie ein rechtsradikales Syndrom, zu dem verschiedene »Symptome« gehören, die ich in einer Passage meines Textes »Der Extremismus der Mitte« aneinandergereiht habe. Der Rechtsradikalismus kann wechselnde Züge annehmen, aber dennoch zeigt sich, dass bestimmte Einzelseiten in seiner Physiognomie regelmäßig im Verein mit anderen auftreten. So ist, wer gegen Ausländer wettert, in der Regel auch gegen Schwule und für die Prügelstrafe. Es existiert hier eine sozialpsychologische Komplementarität, wonach bestimmte gesellschaftliche Affekte sich mit anderen verbinden. Dass ich mit meiner Einschätzung von Pegida so falsch nicht lag, zeigen die jetzt bekannt gewordenen Äußerungen von *Pegida*-Gründer Lutz Bachmann, der auf Fotos als Hitler-Double posierte und auf Facebook Flüchtlinge als »Viehzeug«, »Dreckspack« und »Gelumpe« bezeichnet hat.

Das Verheerendste an der gegenwärtigen Pegida-Diskussion ist, dass sich im Schlagschatten von Pegida und weit über diese hinaus eine Codierung sozialer Zugehörigkeit herausbildet, die festlegt, wer »zu uns gehört« und »wer nicht«. Die im »Zugehen auf Pegida« und beim Versuch, »die Beweggründe der verängstigten Bürger zu verstehen«, getroffene Unterscheidung zwischen »guten Flüchtlingen«, die beruflich gut qualifiziert sind und unseren Fachkräftemangel beheben helfen, und »bösen Flüchtlingen«, die nur kommen, »um Straftaten zu begehen, von unseren Sozialsystemen zu profitieren und uns auszunutzen«, hat fatale Folgen. Diese Unterscheidung findet Anschluss an die uralte zwischen »ehrlichen« und »unehrlichen« Armen, die tief in der arbeitsgesellschaftlichen Moderne und im kollektiven Gedächtnis verankert ist. Jenen kann staatliche und kirchliche Hilfe zuteil werden, diesen muss man ihre Faulheit mit purer Härte austreiben. Solche Codierungen legen fest, wen wir als »Unsereiner« begreifen und in wen man sich einfühlt und wem als »nicht zu uns gehörend« jedes Mitgefühl verweigert werden kann. Die Geschichte des 20. Jahrhunderts lehrt, dass die Lage derer, die als nicht-zugehörig definiert werden, prekär ist. Sind bestimmte Gruppen von Immigranten erst einmal als unnütz, unerwünscht, nicht zur eigenen Gruppe gehörig markiert, ist es, wie Harald Welzer gezeigt hat, »nur noch eine graduelle, keine prinzipielle Frage mehr, wie mit den Nicht-Zugehörigen zu verfahren sei«. Immer wenn sich solche Unterscheidungen gesellschaftlich etablieren, ist äußerste Wachsamkeit geboten, weil sich in ihrem Schatten rabiatere Umgangsformen anbahnen. Aus stigmatisierten Fremden werden schnell Gegenmenschen, Feinde, die »uns die Luft zum Atmen nehmen« und »unsere Kultur« bedrohen, und die im Namen der Wir-Gruppe beseitigt werden müssen. Diejenigen, die auf »die Ängste der Bürger« eingehen wollen, verhalten sich wie ein Psychotherapeut, der sich anschickt, eine Spinnenphobie durch Ausrottung der Spinnen zu behandeln. Bereits in den frühen 1990er Jahren hat man den damals grassierenden Hass auf Einwanderer und Flüchtlinge zum Anlass genommen, die Asylgesetzgebung zu verschärfen.

Im Kern von Pegida und anderen rechtspopulistischen Bewegungen stoßen wir auf die Idee der »Reinheit der Gesellschaft« und der »ethnischen Homogenität«. Das rechte Lager verspricht, Eindeutigkeit und Übersichtlichkeit dadurch herzustellen, dass »Ausländer, linke Zecken, Juden, Verbrecher, Sozialschmarotzer und Behinderte« verschwinden. Die dahinter stehende Idee ist die von einer guten, homogenen Gemeinschaft, die sich ihrer negativen Teile entledigt, eine Wahnidee, wie sie antidemokratischer nicht sein kann. Demokratie ist, im Gegensatz zu einem weit verbreiteten Missverständnis, keine dumpfe Gesinnungsgemeinschaft, sondern eine Gesellschaftsform, die die Entfaltung von Verschiedenheit und den friedlichen Austrag von Dissens ermöglicht. Demokratie will und soll eine Gesellschaftsform sein, in der, wie Adorno in seinem Buch *Minima Moralia* schrieb, nicht alle gleich sein müssen, sondern in der man »ohne Angst verschieden sein kann«. Sie basiert, sozialpsychologisch betrachtet, auf reifen, dialektischen Ich-Funktionen, zu deren wichtigsten Ambivalenz- und Angsttoleranz gehören. Sie setzen ihre Träger instand, in Widersprüchen zu leben und zu denken, diese, wo sie sich nicht auflösen lassen, auszuhalten und prüfend in der Schwebe zu belassen.

Demokratie ist nur möglich mit demokratischen Bürgern, die auch in krisenhaften Zeiten erwachsen bleiben und nicht auf primitivere Mechanismen der psychischen Regulation zurückfallen, die angesichts von gesellschaftlichen Turbulenzen und neuartigen Situationen nicht in Panik verfallen. Die Fähigkeit, sich in andere einfühlen zu können, hat in Deutschland nie zu den öffentlich geförderten Tugenden gehört. Sie wäre aber das einzig wirksame Gegengift gegen einen Rückfall in Barbarei, Rassismus und Xenophobie.

Wenn es stimmt, dass unter einem dünnen Firnis von Demokratie und Zivilisation ältere Reaktionsmuster erhalten geblieben und in Krisenzeiten abrufbar sind, muss eine demokratische Gesellschaft praxisorientierte Modelle entwickeln, um solche Regressionen zu verhindern. Es reicht nicht, wenn man gelernt hat, freundlich und hilfsbereit zu sein, man muss auch wissen, wie man den Gehorsam verweigern kann. Menschen mit autoritärem Charakter, der die Massenbasis des Faschismus gebildet hat, empfanden Schuldgefühle, wenn sie ihre Pflicht nicht erfüllt oder Zeichen von Ungehorsam gezeigt hatten. Nach den geschichtlichen Erfahrungen des 20. Jahrhunderts gilt: Wenn schon Schuldgefühle, dann sollten jene Menschen sie empfinden, die das, was sie tun oder was ihnen befohlen wird zu tun, zuvor nicht an den Maßstäben von Vernunft und Menschenwürde kritisch geprüft haben. Genau an dieser Stelle hatte die antiautoritäre Bewegung der späten 1960er Jahre eine eminent wichtige Funktion. Sie hat das dumpfe

Klima des Beschweigens der Nazi-Gräuel beendet, Ungehorsamsmodelle in die politische Kultur der Bundesrepublik eingeführt und gezeigt, dass man bestimmten Entwicklungen widersprechen kann und zeitig begegnen muss. Wer sein Nein gegenüber bestimmten Entwicklungen nicht rechtzeitig äußert, wird es irgendwann nicht einmal mehr denken. Außerdem unterzog die 68er Bewegung jene Erziehungspraktiken einer radikalen Kritik, die autoritäre, an Gehorsam fixierte Charaktere hervorbringen, die zu den subjektiven Bedingungen der Möglichkeit des Faschismus gehören. Demokratie ist – Oskar Negt wird nicht müde, darauf hinzuweisen – eine Gesellschaftsordnung, die gelernt und eingeübt werden muss, weil sie auf urteilsfähige Beteiligung der Menschen angewiesen ist. Demokratie ist eine Lebensform, zu deren Erhaltung es einer politischen Bildung bedarf, die verschiedene Bauelemente wie Orientieren, Wissen, Lernen, Erfahren und kritische Urteilskraft miteinander verknüpft.

Pegida ist von einem solchen Demokratie-Verständnis Lichtjahre entfernt. Man bedient diffuse Sehnsüchte nach ethnischer Homogenität, nach Übersichtlichkeit und einfachen Erklärungen für hochkomplexe Probleme. Die Kurzfassung des Programms lautet: Deutschland soll deutsch sein und deutsch bleiben.

Schließlich möchte ich noch einmal betonen, dass mein Hauptanliegen war und ist zu zeigen, dass der Nationalsozialismus kein Randgruppenphänomen gewesen ist, sondern aus der Mitte der Gesellschaft hervorgewachsen ist und dort seine Massenbasis hatte. Primo Levi, der als italienischer Jude ein Jahr in Auschwitz-Monowitz interniert und als Chemiker zur Sklavenarbeit in den Buna-Werken eingeteilt war, hat nach seinem Überleben geschrieben: »Es gibt die Ungeheuer, aber sie sind zu wenig, als dass sie wirklich gefährlich werden könnten. Wer gefährlicher ist, das sind die normalen Menschen.«

Im Zuge der Nürnberger Kriegsverbrecher-Prozesse hat man die Angeklagten von Psychologen untersuchen lassen. Erwartet hatte man, dass sich Abgründe von Psychopathie auftun würden, dass man eine allen Nazis eigentümliche krankhafte Persönlichkeitsstruktur entdecken würde. Das Resultat der gründlichen Exploration von Göring, Heß, Speer, Frank, Streicher und anderen war deshalb für viele erschreckend und verblüffend: Man fand keine krankhaften Besonderheiten, sondern stieß auf eine kompakte Normalität. Der Gerichtspsychologe Douglas Kelley resümierte: »Aus unseren Befunden müssen wir nicht nur schließen, dass solche Personen weder krank noch einzigartig sind, sondern auch, dass wir sie heute in jedem anderen Land der Erde antreffen würden.« 1961 sagte ein Gutachter über Eichmann, dass er normal sei, »normaler jedenfalls, als ich es bin, nachdem ich ihn untersucht habe.« Die etwa zeitgleich durchgeführten *Milgram-Experimente* haben diesen Befund bestätigt: Die Testpersonen waren unter bestimmten Bedingungen fast alle zu fast allem fähig. Arno Gruen hat folgerichtig vom »Wahnsinn der Normalität« und von »Normopathen« gesprochen. Halten wir fest: Bürgerliche Normalität schützt vor gar nichts, sondern scheint die grauenvollsten Verbrechen zu begünstigen.

Mit Verboten, wie immer begründet sie im Augenblick auch sein mögen, ist natürlich nichts gewonnen. Das wird eher trotzige Reaktionen begünstigen: »Das könnte euch so passen. Jetzt erst recht!« Verbote drücken etwas real Existierendes in den gesellschaftlichen Untergrund, wo es ein gänzlich unkontrollierbares Eigenleben annimmt und irgendwann giftige Blasen wirft. Außerdem wohnt solchen Verboten eine Tendenz zur Verallgemeinerung inne. Irgendwann treffen sie auch die Gegenkräfte, wie man am generellen Demonstrationsverbot in Dresden am 19. Januar 2015 bereits sehen konnte. An eine Lokomotive mit der Aufschrift islamistischer Terror werden gegenwärtig viele Güterwaggons angehängt, beladen mit allen möglichen neuen Paragraphen und sicherheitspolitischen Vorhaben, die überwiegend mit Terrorismusbekämpfung wenig oder gar nichts zu tun haben, sondern das schier grenzenlose Kontrollbedürfnis des Staates befriedigen. Die Bürger sollen nicht nur an den Anblick von Maschinengewehren im Alltag gewöhnt werden, sondern es auch widerstandslos hinnehmen, dass man diverse Notstandsübungen durchführt und im Namen der Sicherheit ihre Grundrechte einschränkt oder außer Kraft setzt.

ETHNOLOGIE DES INLANDS

Ein Lebensmittelmarkt als Sozialstation

Am Samstag machte ich auf dem Weg zum Wochenmarkt einen Abstecher zu einem Lebensmittelmarkt am Marktplatz. In der Schlange vor der Kasse stand vor mir ein junger Mann, der sich um kurz nach acht bereits mit zig Bierdosen eindeckte. Neben die Kasse hatte er eine schon halb geleerte Bierflasche gestellt. Ihm folgte eine Frau, die lediglich Pfandbons für gesammelte Flaschen einlösen wollte. Als ich an der Reihe war, beobachtete die Kassiererin aus den Augenwinkeln, dass ein Mann im Kapuzenpullover den Laden betrat. Laut sagte sie in seine Richtung: »Nicht wieder randalieren, wenn's geht!« Der Kunde versprach, sich an die Anweisung zu halten und keinen Ärger zu machen. Er habe das dem Filialleiter versprochen.

Man stelle sich vor, dieser Laden würde geschlossen! Wohin würden sich die Probleme verlagern, die hier tagtäglich – ganz nebenbei und ohne viel Aufhebens davon zu machen – weggearbeitet werden. Solche Läden und Orte sind für eine Stadt lebenswichtig und gehören zu ihrem sozialen Immunsystem. Hier verkehren die Drop-outs, Alkoholiker und Drogenkonsumenten, die sich tagsüber am nahe gelegenen Busbahnhof treffen und aufhalten. Die Kundschaft besteht zu einem hohen Anteil aus im Elend lebenden und mitunter schwierigen und aggressiven Menschen. Die Marktmitarbeiter verrichten gleichzeitig Sozialarbeit, sind nicht nur Verkäufer, sondern auch Streetworker. Oft habe ich beobachtet, wie der Chef oder andere Mitarbeiterinnen und Mitarbeiter souverän und klar und dabei sehr menschlich mit schwierigen Kunden aus diesem Milieu umgegangen sind, wenn sie aus irgendeinem Grund ausgerastet sind. Wie oft haben sie kein oder nicht genügend Geld dabei und wollen dann an der Kasse nicht einsehen, dass sie nicht alle aufs Band gestellten Dinge mitnehmen können. Der Marktleiter und das ganze Personal sollten das Bundesverdienstkreuz erhalten.

Hessischer Machiavellismus
Über Jan Seghers' Roman *Die Sterntaler-Verschwörung*

» Zuerst trachtet man nach Gerechtigkeit und zum Schluss organisiert man eine Polizei. « (Albert Camus)

Ich möchte den Leserinnen und Lesern einen Kriminalroman zur Lektüre empfehlen. Im Zentrum von Jan Seghers' neuem Buch *Die Sterntaler-Verschwörung* stehen die Ereignisse nach der hessischen Landtagswahl im Jahr 2008. Zur Erinnerung: Diese Landtagswahl endete für den damaligen Ministerpräsidenten Roland Koch, der unter anderem wegen der als »jüdische Vermächtnisse« getarnten schwarzen Kassen der CDU in Misskredit geraten war, mit einem Fiasko. Seine Partei verlor 12 Prozent, die Christdemokraten büßten ihre absolute Mehrheit ein. Die Sozialdemokraten legten kräftig zu und verfügten über die gleiche Anzahl von Sitzen im Landtag. Eine Koalition aus SPD und Grünen unter Tolerierung der Linken wäre möglich gewesen, und eine knappe Landtagsmehrheit hätte die SPD-Kandidatin Andrea Ypsilanti zur Ministerpräsidentin wählen können. CDU und FDP starteten mit massiver medialer Unterstützung umgehend eine Kampagne gegen diese Option und nannten Ypsilanti gebetsmühlenartig eine Lügnerin, weil sie vor der Wahl eine Zusammenarbeit mit den Linken ausgeschlossen hatte. Die amtierende Landesregierung hatte den Ausbau des Frankfurter Flughafens zu ihrer Sache gemacht und ihn als »Job-Maschine« gepriesen. Den Menschen wurde mit einem Verlust von Arbeitsplätzen für den Fall gedroht, dass Frau Ypsilanti Ministerpräsidentin würde und der Ausbau des Flughafens sich verzögere oder gar scheitere. Ypsilanti wollte den SPD-Linken Hermann Scheer zum neuen Wirtschafts- und Umweltminister machen, und im Hintergrund fürchteten manche Leute, er könne diese Position nutzen, um Hessen zu einem

Probierstand für die Möglichkeit eines radikalen Umstiegs auf erneuerbare Energien zu machen. In dem Dokumentarfilm Let's Make Money aus dem Jahr 2008 kommt Hermann Scheer ausführlich zu Wort und erläutert seine Ideen. Wenn man diesen Film gesehen hat, versteht man, warum gewisse Leute, vor allen aber die großen Energiekonzerne, eine solche politische Option fürchteten wie der Teufel das Weihwasser. Widerstand gegen Ypsilanti und Scheer gab es auch innerhalb der SPD selbst. So hatte Wolfgang Clement eine Woche vor der Landtagswahl wegen ihrer energie- und industriepolitischen Positionen von der Wahl Ypsilantis abgeraten. Auch das Vorhaben, nach der Wahl eine rot-grüne Regierung unter Tolerierung durch die Linke anzustreben, war in der Bundes-SPD umstritten und stieß parteiintern auf Widerstand.

Die SPD entschloss sich nach vielen Konferenzen und Probeabstimmungen dennoch, eine solche Koalition zu wagen. Auf einem Sonderparteitag unterstützte die SPD Hessen mit großer Mehrheit der Stimmen Ypsilantis Kurs. Alle Mitglieder der SPD-Fraktion sicherten zu, sie zu wählen. Buchstäblich im letzten Moment entdeckten vier SPD-Mitglieder ihr Gewissen und verweigerten Frau Ypsilanti die Gefolgschaft. Ihre Wahl scheiterte und Roland Koch blieb geschäftsführender Ministerpräsident. Frau Ypsilanti zog sich in der Folge von der großen politischen Bühne zurück. Herr Koch wurde bei den Neuwahlen im Jahr 2009 wiedergewählt und wechselte im Jahr 2010 in den Vorstand des Baukonzern *Bilfinger Berger*, dessen Interessen beim Ausbau des Flughafens er bereits zuvor gut vertreten hatte. Hermann Scheer starb im selben Jahr »nach kurzer schwerer Krankheit«, wie man in solchen Fällen sagt. Krebs ist (auch) die Krankheit der um ihre Hoffnung Betrogenen.

Die Ereignisse des Jahres 2008 geben den hessischen Linken bis heute Rätsel auf, und ich kenne einige Leute, die sich von diesem Schock nicht erholt haben und regelrecht traumatisiert sind. Viele sind davon überzeugt, dass es bei dem sogenannten »Aufstand der Anständigen« nicht mit rechten Dingen zugegangen ist. Was ließ diese vier SPD-Abgeordneten plötzlich ihr Gewissen entdecken? Was ist damals geschehen im Machtzentrum der hessischen Landespolitik? Verschwörungstheorien schossen ins Kraut. Es war die Stunde der politischen Paranoiker, die finstere Machenschaften am Werk sahen und davon ausgingen, dass das Gewissen der vier Abtrünnigen in Wahrheit deren Geldbeutel war. Vielleicht waren diejenigen, die sich von der Paranoia nicht anstecken lassen wollten und sich mit solchen Erklärungsversuchen zurückhielten, aber auch politisch zu blauäugig und unterschätzten den Machiavellismus der herrschenden Klasse, die bereit ist, zur Verteidigung ihrer Macht und ihrer finanziellen Interessen jedes Mittel einzusetzen – unabhängig von Recht und Moral. Adorno hatte schon 1961 in seinem Aufsatz *Meinung Wahn Gesellschaft* gemutmaßt: »Die objektive Welt nähert sich dem Bild, das der Verfolgungswahn von ihr entwirft.«

Auch der Frankfurter Autor Matthias Altenburg wird sich nach dem Ypsilanti-Debakel all diese Fragen gestellt haben und ist jahrelang mit diesem Stoff schwanger gegangen, bis er ihn in seiner Alias-Rolle als Jan Seghers zum Thema und Stoff eines Kriminalromans gemacht hat. Es war diesmal eine schwere und langwierige Geburt. Die Mühen des Autors und das Warten der Leserinnen und Leser haben sich gelohnt, denn herausgekommen ist ein ausgesprochen spannendes und schriftstellerisch gelungenes, gut geschriebenes Buch. Die Romanform eröffnet Seghers die Möglichkeit, eine denkbare Version des Geschehens durchzuspielen, die uns vor Augen führt, was in den Monaten nach jener Landtagswahl hinter den Kulissen geschehen sein könnte. Nirgends und nie wird die Grenze zwischen Fiktion und Realität verwischt und der Eindruck erweckt, so und nicht anders sei es zugegangen und es handele sich um einen Tatsachenbericht. »Alle Ereignisse und Personen sind frei erfunden«, stellt Seghers dem Buch voran. Dann fügt er sibyllinisch hinzu: »Selbst der Vollmond scheint, wann er will.«

Auch wenn die Handlung der *Sterntaler-Verschwörung*, wie die der vorangegangenen vier Kriminalromane von Jan Seghers, in Frankfurt und der weiteren Umgebung angesiedelt ist, legt Seghers Wert darauf, dass seine Romane nicht der grassierenden Mode der *Regionalkrimis* angehören, die in seinen Augen »eine elende Fortsetzung der Fremdenverkehrswerbung mit anderen Mitteln« darstellt und bestenfalls Parodien von Kriminalromanen hervorbringt. Seine Romane sind, wie alle wirklich guten Krimis, Gesellschaftsromane, die im Gewand von Kriminalromanen auftreten. Geschickt und gekonnt werden verschiedene Ebenen und Erzählstränge miteinander verflochten, scheinbar weit auseinanderliegende Kriminalfälle berühren sich plötzlich und lassen neue Muster und Zusammenhänge erkennen. Wir erfahren sowohl etwas über zeitgenössische Beziehungsverhältnisse und Lebensformen als auch über gewisse Praktiken im Milieu der organisierten Kriminalität und Techniken des politischen Machterhalts.

Im Zentrum des Romans steht auch dieses Mal Kommissar Marthaler, der sich im Unterschied zu seinem Gegenspieler vom Landeskriminalamt, der als verlängerter Arm der politisch Mächtigen fungiert, als einem demokratischen Gemeinwesen verpflichteter Aufklärer versteht. Aufklärung besteht für ihn nicht nur im Dingfestmachen der jeweiligen Täter, sondern auch in der Aufhellung des gesellschaftlichen Umfelds, ohne das die in Rede stehenden Taten nicht möglich wären. Er weigert sich, »Haltet den Dieb!« zu rufen und die wahren Diebe entkommen zu lassen. In Seghers Roman blitzt die Utopie einer demokratischen Polizei in einer demokratischen Gesellschaft auf, die einzig der Wahrheit und einem wohlverstandenen Gemeinwohl verpflichtet ist. Auch eine vom Terror der entfesselten Ökonomie befreite Gesellschaft wird, wenn es sie denn je geben sollte, nicht ohne Polizei (oder etwas ihr Ähnliches) und Justiz auskommen. Sie entlasten die zivile Gesellschaft wie die Individuen von zahlreichen Aufgaben, die sie nicht ohne Schaden für ihre sozialen und individuellen Beziehungen erfüllen könnten. »Die Polizei (deren Funktionen übrigens nicht als Vollzeit-Beruf ausgeübt zu werden brauchten)«, hat André Gorz bereits vor 35 Jahren geschrieben, »erspart jedem, sein eigener ›Bulle‹ zu sein.«

»Gerechtigkeit gibt's im Jenseits, hier auf Erden gibt's das Recht«, heißt es lapidar in William Gaddis' Roman Letzte Instanz. Polizei und Justiz dienen der Aufrechterhaltung eines fragilen Gebildes, das wir etwas pathetisch *Rechtsordnung* nennen. Sie stellt den Versuch dar, die Regelung von Konflikten der Hitze von Näheverhältnissen zu entziehen, die Rachegelüste der unmittelbar Beteiligten zu zivilisieren und so ein leidliches Zusammenleben zu ermöglichen. »Zuerst trachtet man nach Gerechtigkeit und zum Schluss organisiert man eine Polizei«, fasst Albert Camus diesen Prozess zusammen. Marthaler und seine Kolleginnen und Kollegen begreifen sich, ganz im Einklang mit dem ursprünglichen Wortsinn von Polizei – von altgriechisch Polis, die Stadt – als Gemeinwesenarbeiter, die die Wahrheit ans Licht bringen wollen – auch gegen den entschlossenen Widerstand jener, denen an Verdunkelung gelegen ist, weil sie im

Dunklen ihren mehr oder weniger schmutzigen Geschäften besser nachgehen können.

In Seghers' Roman wohnen wir als Leserinnen und Leser einem mühsamen und verschlungenen Ermittlungsprozess bei, der am Ende dazu führt, dass eine Struktur im scheinbar Chaotischen erkennbar wird. Die zerstreut herumliegenden Puzzleteile fügen sich schließlich zu einem erkennbaren Bild. Das Freud-Zitat, das Jan Seghers seinem Buch vorangestellt hat, könnte es auch beschließen: »Selbst wenn alle Teile eines Problems sich einzuordnen scheinen wie die Stücke eines Zusammenlegspieles, müsste man daran denken, dass die Wahrscheinlichkeit nicht notwendig das Wahre sei und die Wahrheit nicht immer wahrscheinlich.«

ETHNOLOGIE DES INLANDS

Stolpersteine

In der Altstadt von Butzbach sind, wie auch in vielen anderen Städten, hier und da sogenannte Stolpersteine in die Gehwege eingelassen. Sie erinnern an während der NS-Zeit verfolgte, deportierte und/oder umgebrachte jüdische Bürgerinnen und Bürger der Stadt. Eine Großmutter geht mit ihren zwei Enkeln durch die Fußgängerzone. Ein kleiner Junge sitzt im Kinderwagen, seine vielleicht dreijährige Schwester wird von der Frau an der Hand geführt. Sie nähern sich einer Stelle, an der drei solche Steine, mit einer beschrifteten Messingplatte auf der Oberseite, in den Boden eingelassen sind. Das Mädchen zeigt auf einen dieser glänzenden Steine und fragt: »Was ist das?« »Das ist eine Erinnerung an Leute, die man im Zweiten Weltkrieg weggejagt hat«, erklärt die Großmutter, die ihrem sprachlichen Duktus nach aus Osteuropa stammt. »Warum hat man die weggejagt?«, fragt das Kind weiter. »Weil sie böse waren«, erwidert die Großmutter. Das Kind erschrickt und fragt nicht mehr weiter. Wäre es ein paar Jahre älter, hätte es nun die Frage stellen können: »Warum erinnert man an sie, wenn sie doch böse waren?« Es ist sicher schwierig, einem dreijährigen Kind derart komplexe Vorgänge nahe zu bringen. Die Erklärung, die diese Großmutter ihrer Enkelin gegeben hat, verankert ein Geschichtsbild im Gehirn des Kindes, das den Intentionen, die man mit den Stolpersteinen verfolgt, vollkommen zuwiderläuft und die Vorgänge in ihr

Gegenteil verkehrt. Man kann nur hoffen, dass das erwachsen gewordene Kind irgendwann seine kindliche Frage noch einmal aufnimmt und zu Antworten gelangt, die dichter an die geschichtliche Wahrheit heranreichen.

Normalungetüme
Der Faschismus entspringt der »Mitte der Gesellschaft«

Immer wieder wird von Verteidigern der antiislamischen und fremdenfeindlichen Pegida-Bewegung vorgebracht, die Demonstranten seien in ihrer Mehrzahl »keine Nazis«, sondern »ganz normale Leute«, die der »Mitte der Gesellschaft« entstammten. Als könnte man nicht der Mitte der Gesellschaft entstammen und Nazi sein! Der Faschismus ist nicht von den Rändern her über die Gesellschaft gekommen, sondern entsprang und entspringt noch immer der Normalität der bürgerlichen Lebensordnung.

Der Schriftsteller Horst Krüger nahm vier Wochen lang als »stummer Zeuge« und journalistischer Beobachter am Frankfurter Auschwitz-Prozess teil. Er hat seine Beobachtungen in seinem autobiographischen Buch *Das zerbrochene Haus. Eine Jugend in Deutschland* (Hamburg 1976) festgehalten. Am ersten Prozesstag, dem er beiwohnte, fragte er in der Mittagspause einen Kollegen: »Und die Angeklagten? Wo sind denn die eigentlich?« Er hatte im Gerichtssaal nur behäbige Frankfurter Bürgergesichter und freundliche Leute wahrgenommen. Der Kollege klärt ihn auf, dass die Angeklagten direkt vor ihm säßen. Da begriff Horst Krüger, dass man sie nicht unterscheiden kann, dass sie sind wie alle. »Zweiundzwanzig Männer sind hier angeklagt, acht sind in Haft, vierzehn gegen Kaution in Freiheit, und alle sehen mit ganz wenigen Ausnahmen natürlich aus wie alle anderen, benehmen sich wie alle anderen, sind wohlgenährte, gut gekleidete Herren im gehobenen Alter: Akademiker, Ärzte, Kaufleute, Handwerker, Hausmeister, Bürger unserer neudeutschen Gesellschaft im Überfluss, freie Bundesbürger, die draußen ihr Auto vor dem Römer stehen haben und zur Verhandlung kommen wie ich. Da ist nichts zu unterscheiden.« Die Massenmörder sind inzwischen wieder das, was sie vor den Massenmorden waren. Auffallend viele von ihnen arbeiten als Buchhalter.

»Bestand denn die ganze SS aus Buchhaltern«, fragt sich Horst Krüger irritiert und erschrickt vor der Erkenntnis, dass der Faschismus aus der bürgerlichen Normalität herausgewachsen und nach 1945 wieder in ihr verschwunden ist. Der ehemalige Nazi ist kein zähnefletschendes Ungeheuer, sondern der nette Mann von gegenüber, der im Park seinen Hund ausführt und den Enkeln auf dem Rückweg vom Büro ein Eis mitbringt. Adorno nannte die KZ-Schergen, von denen einige in Frankfurt vor Gericht standen, »Normalungetüme«. Man kann aus dieser Erkenntnis die Konsequenz ziehen: Es gibt keine harmlose bürgerliche Normalität, der »Normale« ist schon auf dem Weg zum Handlungshilfen. Der loyale Bürger tut seine Pflicht und gehorcht – egal unter welcher Regierung. Peter Brückner zog daraus den radikalen Schluss: »Nur wer zu nichts Bürgerlichem taugt, taugt auch nicht zum Faschisten«.

Wenn man mir mit dem Verweis auf die »Mitte der Gesellschaft« kommt, als wäre das ein demokratisches Gütesiegel und eine vom Verfassungsgericht ausgestellte Unbedenklichkeitsbescheinigung, bin ich deswegen stets versucht zu sagen: »Genau, das ist es ja gerade. Da stammt er ja her, der Nationalsozialismus. Dass man der Mitte der Gesellschaft entstammt, heißt doch noch lange nicht, dass man kein Nazi sein kann.« Ein Mitarbeiter der Berliner *taz* erhält auf die Frage, ob unter den Demonstranten in Dresden Nazis seien, die Antwort: »Hier sind keine Nazis. Ich bin Maler, hier gibt es Professoren, Polizisten, Hausfrauen – alles.« Die einen halten das Nazi-Sein offenbar für einen Beruf, andere für eine Eigenheit gewisser Randgruppen der Gesellschaft, die an bestimmten körperlichen Stigmata zu erkennen sind. Das Nazitum ist aber kein Klassen- oder Schichtenmerkmal, sondern eine Frage des Bewusstseins und vor allem des Unbewusst-Seins, des Umgangs mit dem Unbewussten. Als Produkte dieser Gesellschaft sind wir alle nicht frei von jener »bürgerlichen Kälte«, die sich Adorno zufolge mit dem sich verallgemeinernden Tauschverhältnis wie ein Alp auf die Gesellschaft und ihre Bewohner legt und deren Fähigkeit zur Identifikation mit fremden Leiden systematisch beschädigt und einschränkt. Es gibt jenseits des politischen Begriffs einen *Faschismus der Gefühle*, einen Faschismus weit unterhalb des Kopfes. Manche Leute leiden unter einer Art braunen Juckens beim Anblick von Menschen, die nicht sichtlich Ihresgleichen sind, bei der Wahrnehmung von kleinsten Zeichen der Differenz und Fremdartigkeit.

Der durchschnittliche Erwachsene dieser Kultur ist ein Produkt von Wunschvernichtung und verinnerlichter Repression. Immer wenn ihm außerhalb seiner etwas begegnet, das auf ein Mehr an Freiheit und Glück hindeutet oder das einfach nur anders ist oder scheint, »geht ihm das Messer in der Tasche auf«. Wilhelm Reich sagte in seiner *Rede an den kleinen Mann*: »Ich sage dir, kleiner Mann: Du hast den Sinn für das Beste in dir verloren. Du hast es erstickt, und du mordest es, wo immer du es in anderen entdeckst, in deinen Kindern, deiner Frau, deinem Mann, deinem Vater und deiner Mutter.« Der autoritär erzogene und »zur Sau gemachte« Mensch wird eine Neigung davontragen, das, was er selbst unter Schmerzen in sich abtöten und begraben musste, aus sich herauszusetzen und dort am Anderen zu bekämpfen und zu vernichten. Das niedergedrückte und beschädigte Leben brütet über seinen Kompensationen und sinnt auf Rache. Auf der Basis eines an seiner Entfaltung gehinderten, durch pädagogische Dressur partiell getöteten Lebens entwickelt sich eine konformistische Bösartigkeit, ein Zugleich von Anpassung und Aggression. Ihr wohnt eine Tendenz inne, sich am Anderen schadlos zu halten und zu verfolgen, was einem lebendiger vorkommt: »Der da, der reißt sich nicht so zusammen wie ich!« Ressentiments und Feindseligkeit schlagen dem um sein Glück Betrogenem aus allen Poren. »Gleiches Unrecht für alle!«, avanciert zur unausgesprochenen Maxime seines ungelebten Lebens. Dieser Faschismus der Gefühle oder der Gefühllosigkeit ist zu verstehen als eine Parteinahme für das Abgestorbene und Tote in der eigenen Person. Faschismus oder Nicht-Faschismus sind also in erster Linie eine Frage der Achtung und Verachtung des Lebendigen und erst dann eine im engeren Sinn politische Entscheidung für *Links* oder *Rechts*. Geschichtliche Erfahrungen haben uns schmerzhaft darüber belehrt, dass auch vermeintlich linke Entwürfe in den Sog einer tödlichen und todbringenden Produktionsweise geraten können, wenn sie sich von der regulativen Idee der Emanzipation als der Erzeugung des Menschlichen allzu weit entfernen. Und: Es gibt nicht-faschistische Bürger wie es faschistische Arbeiter gibt, die Trennlinie verläuft durch jeden von uns. Anpassung ans Tote oder Emanzipation als Erzeugung des Lebendigen, auf diese existenzielle Frage antwortet jeder mit seinem Lebenslauf. Dass ein Mensch soziologisch der Mittelschicht angehört, sagt nichts darüber aus, ob er Faschist und Nazi ist oder auf der Seite derer steht, die für Freiheit und die Entfaltung des

Lebendigen kämpfen. Er kann sich entscheiden, und auch, wenn er sich nicht entscheidet, hat er sich entschieden.

Die Menschen, die unter dem Banner von Pegida demonstrieren, sehen sich selbst als *Mitte der Gesellschaft* an. »Sie würden sich nie selbst als rechtsextrem bezeichnen«, sagt Oliver Decker, Rechtsextremismus-Forscher an der Universität Leipzig und Mitautor der »Mitte-Studien«, »sie haben aber extrem rechte Gedanken.« Das Gros der Pegida-Demonstranten, sagt Decker weiter, entstammt dem Kleinbürgertum, das – wie wir wissen – auch die Massenbasis des Nationalsozialismus bildete. Sie sind die »Stillen im Lande«, die allenfalls am Stammtisch laut werden, wenn sie unter sich sind. Dort schwadronieren sie herum, schimpfen auf Obdachlose, Langzeitarbeitslose, Asylsuchende und dieses ganze Politiker-Pack, das durch und durch korrupt ist und nichts tut. Der beliebteste Pegida- und Stammtisch-Satz: «Alle Politiker in einen Sack stecken und draufhauen, du triffst immer den Richtigen!" Es sind viel zu viele »Zigeuner« im Land und auch »der Jude« har nach wie vor seine Finger überall im Spiel und »steckt letztlich dahinter«. Es müsste jeder wieder ein Arbeitsbuch haben und gegen Faulenzerei und Schmarotzertum muss endlich hart durchgegriffen werden. Dass Lehrer ihre Schüler nicht mehr züchtigen und Homosexuelle heiraten dürfen, halten sie für einen großen Unfug und eine Schande. Dass jemand wie Conchita Wurst den europäischen Schlagerwettbewerb gewinnt, ist in ihren Augen Ausdruck einer grauenhaften Dekadenz und ein Zeichen des Untergangs des Abendlandes. Sie sehnen sich nach einem »starken Mann an der Spitze«, der »das Volk eint und den ganzen Saustall mit eisernem Besen ausmistet«. Nach dem dreizehnten Bier sagt der »kleine Mann« am Stammtisch schon mal Sätze wie diesen: »Tät unser Führer noch leben, unterm Hitler hätt's des nicht geben.« Dem *taz*-Mitarbeiter Deniz Yücel sagte ein Mann, der in Berlin-Marzahn gegen eine geplante Flüchtlingsunterkunft demonstrierte, auf die Frage nach seiner politischen Orientierung: »Ick bin rechts. Aber nich so extrem. Ick sach ma: Judenverfolgung, dit muss nich sein.« Heute Morgen hörte ich auf dem Wochenmarkt im Vorübergehen einen Metzgermeister zu einem Kunden sagen: »Und wenn mer was sacht, werd mer gleich in die Eck gestellt.« Es muss nur jemand auftauchen, der diese Leute aus ihrer Ecke befreit; einer, der den ganzen jetzt noch privaten Wahnsinn prinzipialisiert und zur Partei- und Staatsideologie erhebt; einer, der diesen ganzen herumliegenden und im gesellschaftlichen Untergrund grummelnden, diffusen Unmut aufsammelt und bündelt. Das hatten wir schon einmal.

Der faschistische Agitator und die politische Rechte betreiben, hat Leo Löwenthal gesagt, »umgekehrte Psychoanalyse«. Statt das dumpf im psychischen Untergrund Schwelende und die frei flottierenden Ängste über sich selbst aufzuklären und ins Bewusstsein zu heben, wie es psychoanalytische und aufklärerisch-demokratische Praxis wäre, eignen sie sich diesen Rohstoff so an, wie er bereit liegt, und setzen ihn für ihre Zwecke in Gang. Sie bedienen wiederentflammte Spaltungsneigungen in »nur gut« und »nur böse« und rücken den verunsicherten Menschen einen Feind zurecht, den sie für ihr Unglück verantwortlich machen können. In Zeiten verbreiteter Verunsicherung und Desorientierung steigt das Bedürfnis nach entlastenden Vereinfachungen, und wer die simpelsten Polarisierungen liefert, hat die besten Aussichten, Gehör und Gefolgschaft zu finden. Wirkliche Aufklärung – unter striktem Verzicht auf alles Populistisch-Reklameähnliche – ist dagegen mühsam und schmerzhaft. Sie muss den steinigen Acker der Vorurteile bestellen, den herumliegenden Rohstoff an alltäglichen Meinungen komplizierten Bearbeitungsprozessen unterziehen, muss lange Wege und Umwege gehen, um von der Ebene der erscheinenden Wirklichkeit zum Wesen der Dinge vorzudringen, und steht deswegen oft auf verlorenem Posten.

»Die fast unlösbare Aufgabe besteht darin, weder von der Macht der anderen, noch von der eigenen Ohnmacht sich dumm machen zu lassen«, schrieb Adorno in seinem Buch *Minima Moralia*.

ETHNOLOGIE DES INLANDS

Besuch im Sterbehospiz

In der Vorweihnachtszeit führte mich mein Weg von der Fußgängerzone, wo die Leute eine menschenverachtende Plörre namens Glühwein trinken und Duschgels kaufen, die sie Weihnachten verschenken wollen, ins Sterbehospiz hinter dem Evangelischen Krankenhaus. Dort wartet ein Bekannter auf den Tod. Ein solcher Besuch lehrt einen Demut. Der Bekannte liegt auf dem Bett.

Er besteht nur noch aus Haut und Knochen, hat seit zwei Wochen nichts Festes mehr gegessen. Er behält nichts bei sich, sagt er. Er ernährt sich von Astronautennahrung, die in verschiedenen Geschmacksrichtungen auf dem Nachtschränkchen neben dem Bett steht. Eine Schwester kommt und setzt ihm eine Spritze mit Schmerzmitteln. Sie hat Mühe, eine Stelle zu finden, in die sie stechen kann, ohne gleich auf Knochen zu stoßen. Der Bekannte ist gelassen und beinahe heiter. Er zitiert Jochen Busse: »Der Tod steht noch nicht vor der Tür – aber er sucht sich schon mal 'nen Parkplatz.« Und fügt lachend hinzu: »Und das kann in der Vorweihnachtszeit 'ne Weile dauern.« Nach so einem Besuch fühlt man sich fremd im Vorweihnachts-Rummel. Es war mir, als wäre ich in Gestalt des Sterbenden meiner eigenen Zukunft begegnet, die unweigerlich der Tod ist. Nachdenklich bahne ich mir einen Weg durch die Kaufwütigen und sehe ich zu, dass ich schnell nach Hause komme. Vor dem Nebenhaus liegt seit Tagen Erbrochenes auf dem Gehweg – eine Mischung aus Glühwein, gebrannten Mandeln und Currywurst. Die Vögel schrecken vor nichts zurück und picken darin herum.

Zwischen den Buden des Weihnachtsmarktes sitzt ein frierender Bettler am Boden. Neben ihm liegt – auf einer Decke zusammengerollt – sein Hund. Ein mit Einkäufen behängtes Paar geht an den beiden vorüber. Als sie ein paar Meter weit weg sind, sagt der Mann in breitestem Hessisch: »Am liebsten würd isch higehe un ihm de Hund wegnemme. Der will doch nur Mitleid ereesche.«

Besonders in der Vorweihnachtszeit, wo viel von Mitgefühl die Rede ist, fällt mir auf, wie verhärtet sich gewisse Menschen gegenüber den Armen und Erfolglosen erweisen. Schnell wird diesen selbst die Schuld an ihrem Elend zugewiesen. Meist handelt es sich um Menschen, die selbst nicht allzu weit vom verachteten Elendsmilieu entfernt sind und insgeheim ihren Absturz befürchten. Der Bettler verkörpert die mögliche eigene Zukunft, die man nicht wahrhaben will und deshalb aggressiv abwehrt. Die hinter uns liegenden eisigen, neoliberalen Jahre mit ihrem Kult des Winners haben dieser Mentalität der Mitleidlosigkeit und der Verachtung des Erfolglosen mächtigen Auftrieb gegeben. Das Credo von Ronald Reagan lautete: »Kein Erbarmen mit den Armen! Wenn wir sie staatlicherseits unterstützen, begünstigen wir nur ihre Faulheit! Wenn man einem Pferd genug Hafer gibt, wird auch auf der Straße etwas ankommen, von dem die Spatzen sich ernähren können.« Nachdem die Pferde nun seit Jahrzehnten kräftig gefüttert werden, müsste es den Bettlern eigentlich gut gehen. Seltsam, dass die Armut ständig zunimmt, während die Reichen immer reicher werden.

Platonischer Ausländer-Hass
Von den Grenzen der Aufklärung

»Der Weg des Faschismus ist der Weg des Maschinellen, Toten, Erstarrten, Hoffnungslosen. Der Weg des Lebendigen ist grundsätzlich anders, schwieriger, gefährlicher, ehrlicher und hoffnungsvoller.«
(Wilhelm Reich: Die Massenpsychologie des Faschismus)

4,7 Prozent der Einwohnerinnen und Einwohner in der sächsischen Landeshauptstadt Dresden sind Ausländerinnen und Ausländer. Den Anteil der Muslime an der Bevölkerung Dresdens beträgt 0,4 Prozent.[1] Warum sind dort die anti-islamischen, ausländerfeindlichen und rechtsextremen

---

1 Als ein Reporter eine Pegida-Demonstrantin darauf hinweist, dass der Anteil der Muslime an der Bevölkerung Dresdens bei 0,4 Prozent liege, erwidert diese prompt: »Das seh ich anders.« Da ist er wieder, dieser eigenartige antipositivistische Gestus der Rechten: Wenn zwischen meiner Meinung und den Tatsachen Differenzen bestehen: umso schlimmer für die Tatsachen! In der Talkshow von Maybrit Illner ist mir das unlängst schon einmal begegnet. Die AFD war anwesend in Gestalt ihres schönen Gesichts, Frauke Petry aus Sachsen, die in letzter Zeit in vielen Talkshows zu sehen und zu hören war. Sie bestritt rundweg in einem mir beinahe sympathischen Antipositivismus die Forschungsergebnisse von Wilhelm Heitmeyer über die Verbreitung ausländer- und insgesamt menschenfeindlicher Einstellungen im deutschen Osten und sagte einfach: »Das bestreite ich, das stimmt nicht mit meinen Erfahrungen überein!«
Das sind zwei Beispiele für die Ohnmacht des aufklärerischen Ansatzes, der davon ausgeht, man müssen die Leute bloß mit den sogenannten Fakten konfrontieren und schon ließen sie von ihren falschen Meinungen ab. Vorurteile sind keine bloßen Fehlinformationen, sondern denktechnische Verhütungsmittel, die ihren Träger davor schützen, sich von der Wirklichkeit aus dem Konzept bringen zu lassen. Vorurteile sind gegen die Realität und Korrekturen durch sie perfekt abgeschottet. Vorurteilsbeladene Menschen sind immer bestrebt, ihre Meinung zu validieren. Dazu blenden sie störende Elemente einfach aus. Harald Welzer hat dazu in der FAS vom 25. Januar 2015 geschrieben: »Vorurteile sind Orientierungsmarken und Wegweiser in einer komplexen Welt, weshalb man gern an ihnen

Demonstrationen am stärksten? Diesen Montag sollen 15 000 Leute durch Dresden gezogen sein. Die Antwort lautet: Der Ausländerfeind braucht keine Ausländer, um sie zu hassen – wie der Antisemit keinen Juden braucht, um über die Juden Bescheid zu wissen und gegen sie zu sein. In einem Filmbeitrag für die *Heute-Show* hört man Teilnehmer einer Pegida-Demonstration richtigen Wahnsinn in die Mikrofone blubbern: »Der IS kommt zu uns rüber und schneidet uns die Köpfe ab«, »Es dauert nicht mehr lang und unsere Kinder müssen in der Schule eine Burka tragen« und Ähnliches mehr. Imre Kertész spricht in diesem Zusammenhang von »platonischem Judenhass«, der auch dort existiert, wo es praktisch keine Juden mehr gibt. Juden, Zigeuner, Muslime, Kanaken, Homosexuelle und so weiter sind die äußeren Repräsentanten des verfemten Teils der eigenen Person. Sie liefern einem diffusen Hass ein imaginäres Objekt. Es ist das Fremde – oder fremd Gewordene – in der eigenen Person, das im Fremden gehasst und verfolgt wird.

»Das Vorurteil«, heißt es bei Max Horkheimer, »ist ein Mittel, um eingepresste Bosheit loszulassen«. Erst ist der Antisemit da, dann erfindet er »den Juden«. In seinem Galeerentagebuch schreibt Kertész: »Zum letzten Mal über meine sogenannte ›Identität‹: Ich bin einer, den man als Juden verfolgt, aber ich bin kein Jude.« Kennzeichen rechtsextremer Bewegungen ist, dass sich die Verfolger aufspielen, als wären sie die Verfolgten. Dem kann man nur sehr begrenzt mit aufklärerischen Lobreden auf »unsere ausländischen Mitbürger« begegnen und auch der vielfach

festhält, insbesondere dann, wenn sie den Vorteil aufweisen, die Welt widerspruchsfrei zu erklären.«
Im Gespräch mit Georg Seeßlen (*konkret* 12/15, Seite 40/41) sagt Klaus Theweleit zu diesem Thema: »Ressentiment-Leute wie Pegida ›argumentieren‹ grundsätzlich nicht; genausowenig wie ›religiöse‹ Leute. Man hat das Prinzip des ›Kontrafaktischen‹ (Bazon Brock) nicht kapiert, wenn man glaubt, man könne da ›argumentieren‹. Jeder tief ›religiöse‹ Mensch, jeder Neonazi, alle Pegiga-Fuzzis wissen doch, dass es Quatsch ist, den sie erzählen. Das ist ihr unschätzbarer Vorteil: dass das Kontrafaktische all ihren Äußerungen die Basis gibt. Es braucht nicht zu stimmen, was sie erzählen. Das eröffnet die Freiheit, alles zu behaupten, was immer ihnen in den Sinn kommt oder ihnen geboten erscheint – eine unschätzbare Freiheit. ›Jungfrauengeburt‹? Aber klar (haha). ›Arbeitsplätze wegnehmen‹ (haha). Wenn man so etwas zur Grundlage des eigenen ›Glaubens‹ erklärt, kann man, im Kontext der Gleiches Glaubenden, behaupten, was immer man will. Das Kontrafaktische (= das Ressentiment) besteht darin, die Möglichkeit von Einwänden prinzipiell unmöglich zu machen.«

geforderte »Dialog mit den Bürgern« scheint nicht sonderlich erfolgversprechend. Wann wäre je ein Wahn einer vernünftigen Argumentation gewichen? Der ständige Verweis auf die Steuern, die die ausländischen Mitbürger zahlen, auf ihren Beitrag zur Sicherung »unseres Rentensystems«, auf den »Fachkräftemangel«, den Zuwanderung beheben könnte, geht ins Leere, weil sie den Ausländerfeind nicht wirklich erreicht und er sie mit einem lässigen »Papperlapapp« vom Tisch wischt. Außerdem ist der ständige Verweis auf den hart arbeitenden Ausländer im Sinne Adornos eine »Rancune-Argumentation«: Indem man so spreche, sagte er in seinem Vortrag *Zur Bekämpfung des Antisemitismus heute* aus dem Jahr 1962, begebe man sich selber auf die Ebene des Gegners, auf der man stets im Nachteil sei. Weil man selbst glaube, hart arbeiten zu müssen oder es wirklich muss, und weil man im tiefsten wisse, dass harte physische Arbeit heute eigentlich bereits überflüssig ist, denunziere man diejenigen, von denen zu Recht oder Unrecht behauptet werde, sie hätten es leichter. Man dürfe nicht so tun, als wäre »der Schweiß an sich etwas Verdienstliches und etwas Positives«. Was wäre denn, wenn »Ausländer« im Sinne eines ökonomischen Effizienz-Begriffs nutzlos wären? Dürfte man sie dann umbringen?

Noch eine kurze Anmerkung zu den Empörungsbekundungen gerade der Politiker, die durch ihr fortwährendes Gerede von »Zuwanderungsbegrenzung« und »Wirtschaftsflüchtlingen« den Boden bereitet haben, auf dem nun unter anderem Phänomene wie Pegida und die Brandanschläge von Vorra gedeihen, bei denen diesmal noch keine Menschen zu Schaden gekommen sind. Es gilt immer noch, was Bodo Morshäuser Anfang der 1990er Jahre anlässlich der damaligen Pogrome geschrieben hat: »Wenn der Schlips vor Scheinwerfern ›Ausländerbegrenzung‹ fordert, löst der Stiefel sie in der Dunkelheit ein. Dass aus Wörtern Taten geworden sind, will der Schlips danach nicht mit sich selbst in Zusammenhang gebracht wissen.«

Die Aufmärsche sind zum Fürchten und unsere, der Linken, Lage ist schwierig. Im Sinne Horkheimers wird es nur eine langfristige Lösung für das Problem des Rassismus und des Ausländerhasses geben. Solange den Menschen mehr Verzichtsleistungen und Triebeinschränkungen auferlegt werden, als sie ohne Beschädigung ertragen können, werden ihnen im sozialen Vorurteil auch gleich jene Ersatzobjekte markiert, auf die sie ihre akkumulierte Feindseligkeit verschieben und an denen sie sich für Enttäuschungen rächen können. Wir müssten die gesellschaftlichen Verhältnisse so einrichten, dass den Menschen in der Erziehung und durch ihre Lebensumstände weniger Bosheit eingepresst wird. Dann würden sie keine Sündenböcke mehr benötigen, auf die sie ihre Misere verschieben können.

ETHNOLOGIE DES INLANDS

Religionsersatz

In der Sendung *Kulturzeit* vom 6. April 2015 sah ich einen Beitrag über »Sunday Assemblys«. Dieses Phänomen eines Gottesdienstes ohne Gott, einer sonntäglichen Versammlung von Gottlosen, stammt natürlich aus den USA, ist aber nun auch nach Deutschland herübergeschwappt. Die Sendung zeigt eine derartige Versammlung in Hamburg. Eine Art Animateur führt durch die Versammlung und bemüht sich, gute Laune zu verbreiten, indem er einen Arm hochreißt und dabei Falsettjauchzer ausstößt. Man will – ganz zeitgemäß – Spaß haben zusammen. Es soll gemeinsam gesungen werden, was noch etwas zaghaft ausfällt. Dann ruft der Zeremonienmeister zu einer stillen Reflexion auf, die allerdings nicht wirklich in der Stille stattfindet, sondern mit Musik unterlegt ist. Schließlich spricht eine hausbackene Philosophin über Be- und Entschleunigung. Das ist das säkulare Pendant zur Predigt und fällt auch dementsprechend salbungsvoll aus. Gegen Ende des Beitrags kommen Teilnehmer zu Wort. Eine junge Frau verkündet ihr Credo: »Ich glaube nicht an Gott. Wir sind das, was die Welt ausmacht. Und deswegen sollten wir uns feiern und nicht irgendeinen Gott.«

Atheismus ist kein Ersatz für Religion, hat Marx einmal gesagt, und so sucht der metaphysisch obdachlose Mensch der Moderne nach Kompensationen für die verloren gegangene religiöse Gläubigkeit. Mit der Ermordung Gottes hat er den Ast abgesägt, auf dem er einigermaßen sicher saß. Solange er allerdings sich selbst an die Stelle Gottes setzt, wird er sein Sinndefizit nicht beheben können. Dazu ist etwas Drittes vonnöten, das uns übersteigt und unseren Handlungen eine Richtung weist, ein übergeordnetes Muster, das Zeit und Raum strukturiert und unserem Leben und Leiden einen Sinn gibt. Unsere Generation hatte das

Glück, der Göttin der Geschichte zu begegnen, die für sinnvolle Zeitabläufe zuständig war. Kurz darauf wurde auch sie entzaubert und für tot erklärt. Danach blieb Therapeutik, Esoterik und die Glückssuche im Privaten, eine wahrheitsvergessene Spaßkultur.

VI.

DAS NIRWANA DES GELDES

Die Transparenz-Hölle
Über Dave Eggers' Roman Der Circle

Ich möchte den Leserinnen und Lesern ein Buch zur Lektüre empfehlen, das ich mit einer Mischung aus Faszination und Schaudern gelesen habe. Die Rede ist vom neuen Roman des amerikanischen Autors Dave Eggers, welcher *Der Circle* heißt und im Jahr 2014 im Verlag Kiepenheuer & Witsch erschienen ist. Er vermittelt uns tiefe Einblicke in die Mechanismen der Kontrollgesellschaft und eine digitale Zukunft, die in den USA – und nicht nur dort – bereichsweise schon Gegenwart sind. Im Zentrum des Romans steht ein weltbeherrschendes IT-Unternehmen, das wie aus *Google*, *Amazon*, *Facebook* und *Twitter* zusammengesetzt scheint. Circle hat einen Anteil von 90 Prozent am Suchmaschinenmarkt, 88 Prozent am Freemail-Markt, 92 Prozent am SMS-Markt. Wer hier Einlass findet – wie Mae Holland, die Hauptfigur des Romans – erlebt das als Erfüllung seiner kühnsten Träume und wie die Erhebung in den digitalen Adelsstand. Dabei betritt man in Wahrheit eine Transparenz-Hölle mit der Pflicht zu ständiger guter Laune und Gesundheit. Das Smiley und das Service-Lächeln beherrschen die Kommunikation mit den Kunden und den Umgang untereinander. Alle sind permanent »gut drauf«, wer es nicht ist, erregt Verdacht. Die Mitarbeiter der von Eggers erfundenen Firma Circle tragen samt und sonders Armbänder, die permanent Daten über den Körper erheben und an eine Gesundheitszentrale senden, die sie auswertet. Ein in den Körper aufgenommener Sensor sammelt Daten über Herzfrequenz, Blutdruck, Cholesterin, Wärmefluktuation, Kalorienverbrauch, Kalorienaufnahme, Schlafdauer, Schlafqualität, Verdauungseffizienz und so weiter. In der Firma läuft ein Entwicklungsprojekt, das mit Hochdruck daran arbeitet, das Mäandern der Träume zu begradigen und den Schlaf dem Prinzip der Nützlichkeit und Effizienz zu unterstellen.

Wir sollen nachts nicht länger wunsch- und lustbetont umherschweifen, sondern weiter an Problemlösungen arbeiten. Alle vierzehn Tage werden alle Mitarbeiter in die firmeneigene Klinik zum Check einbestellt. Die »Work-Life-Balance« eines jeden wird ständig kontrolliert. Es soll auf diesem Weg zu ernsten Krankheiten gar nicht erst kommen. Die Rundum-Überwachung der Welt und die universelle Sichtbarkeit und Transparenz sollen die Kriminalität und den Kindesmissbrauch zum Verschwinden bringen. Kinder werden serienmäßig mit Chips ausgestattet, die ihre ständige Ortung und Überwachung ermöglichen. Die ganze Welt wird mit winzigen Kameras verwanzt. Von überall aus kann man sehen, was auf dem *Platz des Himmlischen Friedens* in Peking los ist, ob beim Lieblings-Italiener noch ein Tisch frei ist oder das Fitnesscenter überfüllt ist. Mae, die Heldin des Romans, wird gelegentlich vor irgendwelche Kontrollgremien geladen und muss sich rechtfertigen, warum sie an irgendwelchen Events nicht teilgenommen und sich der Circle-Gemeinschaft entzogen hat, die wie eine religiöse Sekte organisiert ist. Arbeit und Leben bilden eine Einheit, die Circler arbeiten, essen, feiern gemeinsam, sie suchen firmeneigene Fitnesscenter auf und kaufen in Läden ein, die zu Circle gehören. Viele Mitarbeiterinnen und Mitarbeiter nächtigen in einem Wohnheim, das sich auf dem »Campus« befindet.

»Alles sehen. Immer«, »Alles, was passiert, muss bekannt sein«, lauten zwei der Firmen-Maximen. Alle sind von zig Bildschirmen umgeben, jeder überwacht jeden, jeder ist sein eigenes Panoptikum, und alle erleben diese Überwachung als intimste ihrer Leidenschaften. Die Mitglieder von Circle konkurrieren in einem ständigen Ranking miteinander und erleben ihren Aufstieg von Platz 4798 auf 3879 der Firmenhierarchie als größtes Glück. Alle sind »fokussiert« und »organisiert« und voll bei der Circle-Sache, die sie zu ihrer eigenen gemacht haben. Auf einer großen Firmen-Versammlung erklärt sich die Kongressabgeordnete Olivia Santos bereit, als erste Politikerin ab sofort eine ständig laufende Kamera an ihrem Körper zu tragen, die jede ihrer Besprechungen, jede ihrer Bewegungen, jedes Wort von ihr der Öffentlichkeit zugänglich macht. Nur so lasse sich das Ziel vollständiger Transparenz in der Politik verwirklichen. Wer sich unter diesen Bedingungen nicht mir ihr treffen wolle, könne sich eben nicht mit ihr treffen. Santos löst durch ihr Pilotprojekt eine wahre Transparenz-Stampede unter Politikern aus. Wer es ablehnt, sich mit einer Circle-Kamera ausstatten zu lassen, gilt als jemand, der Transparenz scheut: »Wenn du nicht transparent bist, was hast du zu verbergen?«

Irgendwann wird Mae Holland ausgewählt, selbst eine dieser Minikameras zu tragen und das Ideal der Transparenz für alle Circle-User vorzuleben. Vor einem begeistert akklamierenden Publikum verkündet sie die Circle-Leitsätze: »Geheimnisse sind Lügen« und »Alles Private ist Diebstahl«. Mae glaubt an das, was sie da verkündet. Zwischen ihr und dem Programm der Unternehmensführung, die Eggers die »drei Weisen« nennt, gibt es eine vollständige Übereinstimmung. »Geheimnisse führen zu antisozialem, unmoralischem und destruktivem Verhalten.«

Als Mae ihre Eltern besucht, trifft sie dort ihren ehemaligen Freund Mercer an, der in ihrem Heimatort geblieben ist und weiter Kronleuchter herstellt und verkauft und das Auslaufmodell der Realökonomie und des analogen Menschen verkörpert. »Wenn die Kunden sie ordern, stelle ich sie her und werde dafür bezahlt. Wenn ein Kunde anschließend etwas zu sagen hat, kann er mich anrufen oder mir schreiben. Ich meine, das ganze Zeug, mit dem du zu tun hast, das ist alles Klatsch und Tratsch.« Mae hatte in ihrem Heimatort bei den Strom- und Gaswerken gearbeitet, ein Job, der ihr inzwischen wie der Inbegriff provinzieller Mittelmäßigkeit vorkommt und dessen sie sich schämt. Mercer spürt, dass Mae in eine andere Welt eingetaucht ist und sich ihm entfremdet hat. Durch seinen Mund artikuliert sich die alte Welt, wo Menschen richtige Dinge herstellten und in leiblicher Anwesenheit miteinander sprachen. »Kein Mensch braucht diese Menge an Kontakt, die ihr ermöglicht. Das verbessert nichts. Es ist nicht gesund. Es ist wie Junkfood.«

Eggers schreibt engagierte Literatur. In seinem im Jahr 2008 auf Deutsch erschienenen Roman *Weit gegangen* schildert er die Odyssee des Valentino Achak Deng, der mit sieben Jahren aus seiner Heimat Sudan flieht und über Äthiopien und Kenia schließlich in den USA landet, wo Eggers ihn kennenlernt und ihm zuhört. In dem Roman *Zeitoun* erzählt Eggers die Geschichte des aus Syrien stammenden Abdulrahman Zeitoun, der nach dem Hurrikan *Katrina* ohne eigenes Zutun und vollkommen unschuldig ins Visier der amerikanischen Terror-Fahnder gerät und Mühe hat, sich ihrem Zugriff wieder zu entziehen. Im Roman *Ein Hologramm* für den König erzählt Eggers die Geschichte von Alan Clay, der im Auftrag eines großen amerikanischen Telekommunikations-Unternehmens mit einem Team von Mitarbeitern in die Wüste Saudi-Arabiens entsandt worden ist, um eine von König Abdullah geplante Retortenstadt mit einem IT-System auszustatten und schließlich von chinesischen Billiganbietern ausgebootet wird. In all diesen Büchern bewegt sich Eggers dicht an der gesellschaftlichen Realität der Gegenwart. Er will aufklären, uns die Augen öffnen und etwas bewirken. Ob das, was dabei herauskommt, große Kunst ist, ist dabei zweitrangig. Es gibt sicher Schriftsteller, die eleganter formulieren. Eggers pfeift auf die Gebärde, die man Stil nennt. Es geht ihm in erster Linie um die Inhalte, nicht um die Schönheit und den Wohlklang der Sätze. Für Eggers ist Schreiben Teil seiner zahlreiche Aktivitäten umfassenden politischen Praxis, kein mondäner Zeitvertreib.

Jörg Häntzschel hat in der *Süddeutschen Zeitung* moniert, Eggers schildere die Zukunft mit den erzählerischen Mitteln der Vergangenheit. Doch woher sollen wir die Maßstäbe unseres Urteilsvermögens und der Kritik beziehen, wenn nicht aus der Erfahrung der Differenz und Ungleichzeitigkeit? Nur der, der erinnert, dass es einmal anders war, kann sich eine Zukunft vorstellen, die mehr ist als die Verlängerung unserer trostlosen Gegenwart. Alles wird gegenwärtig von der marktwirtschaftlichen Furie des Verschwindens ergriffen. Was einem bleibt, ist, sich zum Chronist des Verschwindens und der Zerstörung zu machen, oder man spitzt die Tendenzen der Gegenwart bis zur Kenntlichkeit zu, in der Hoffnung, dass diese Beschreibung Nachdenken und Widerstand auslöst. Wer in der digitalen Welt aufgewachsen ist, wer schon als Dreijähriger irgendwelche Kinder-Apps auf seinem Tablet-Computer hatte und mit den Fingern auf dem Smartphone herumgewischt hat, wird sich irgendwann über nichts mehr wundern und diese Welt für die einzig mögliche halten. Die Differenz ist getilgt, die Ungleichzeitigkeit ist der Gleichzeitigkeit gewichen, die keinen Dissens mehr aufkommen und jede Kritik verstummen lässt. Wir werden uns also ranhalten müssen, denn viel Zeit wird uns nicht bleiben. In ein paar Jahren, schreibt Imre Kertész in seinem Buch *Ich – ein anderer*, »wird sich alles, alles ändern – die Menschen, die Häuser, die Straßen; die Erinnerungen werden eingemauert, die Wunden zugebaut sein, der moderne Mensch mit seiner berüchtigten Flexibilität wird alles vergessen haben, wird den trüben Bodensatz seiner Vergangenheit wegfiltern, als wär's Kaffeesatz.«

Während der Eggers-Lektüre unternahm ich eine Radtour. Plötzlich tauchte eine Libelle auf, ein schönes großes und buntes Exemplar. Sie flog um mich herum und begleitete mich auf Kopfhöhe in etwa eineinhalb Meter Abstand ein paar hundert Meter weit. Dann verschwand sie ebenso plötzlich wie sie aufgetaucht war. Da ich gerade voll in die Welt von Dave Eggers eingetaucht war, dachte ich: »Wahrscheinlich war das gar keine Libelle, sondern eine Mini-Drohne, die auf mich angesetzt worden ist, weil ich mich weigere, mich von Twitter und Facebook überwachen zu lassen.«

ETHNOLOGIE DES INLANDS

Der Karneval

Mein Eindruck ist: Der Karneval befindet sich auf dem absteigenden Ast. Herrschte in früheren Jahren rund um die Ludwigstraße in Gießen von Donnerstag bis Faschings-Dienstag ein zwischen ausgelassener Fröhlichkeit und blinder Aggression schwankender Ausnahmezustand, war die Situation dieses Jahr, sieht man mal vom sonntäglichen Festzug ab, von einem normalen Wochenende kaum zu unterscheiden. Der Karneval lebte vom Kontrast zur Strenge des normalen Alltags. Für ein paar Tage verkehrten sich die Regeln der Macht, die gewohnte Ordnung wurde außer Kraft gesetzt, um nach einer befristeten Entregelung und Entgrenzung zu ihr zurückzukehren. Inzwischen ist, etwas überspitzt gesagt, das ganze Jahr über Fasching. Die Spaß- und Partygesellschaft bedarf keiner befristeten Aussetzung von Normen mehr, weil sie keine mehr kennt. Wäre sie auf der Suche nach ihrem Gegenteil, müsste sie eigentlich eine Art von Antikarneval hervorbringen: fünf Tage der Besinnung, der Askese und der Stille. Fünf Tagen müssten sich alle an die Regeln halten, deren Geltung den ganzen Rest des Jahres über ausgesetzt zu sein scheint. Fünf Tage ohne Handy, Smartphone, Facebook und Whatsapp, Tage voller gegenseitiger Rücksichtnahme und Höflichkeit.

Der Sieg der Ökonomie über das Leben
Zum Gedenken an Robert Kurz

Am 18. Juli 2012 starb der Publizist und radikale Kapitalismuskritiker Robert Kurz an den Folgen einer Operation. Er lebte und arbeitete in Nürnberg. Er war Mitherausgeber der Zeitschrift *Krisis* und Mitglied der gleichnamigen Gruppe, bis diese an internen Auseinandersetzungen zerbrach. Er mischte sich immer wieder streitbar in linke Debatten ein und schrieb unter anderem die Bücher *Der Kollaps der Modernisierung, Schwarzbuch Kapitalismus* und – posthum erschienen – *Geld ohne Wert*.

Unter vorkapitalistischen Zuständen bildeten Lebenszusammenhang und Produktion eine Einheit. Werkstatt, Hof, landwirtschaftlicher Jahreszyklus sowie der Personenkreis der Großfamilie, zu der Verwandtschaft und Gesinde gehörten, stellten einen integrierten Zusammenhang dar. Libidinöse Beziehungen und Arbeitsbeziehungen waren wie zu einem Zopf verflochten. Solange man überwiegend für den eigenen Bedarf produzierte und Gebrauchswerte herstellte, herrschte ein aufgabenbezogener Arbeitsrhythmus und eine entsprechende zyklische Zeitstruktur. Kontakt- und Geselligkeitsbedürfnisse, Kranken- und Altenpflege, Kinderaufzucht mischten sich in die Arbeitsvollzüge ein und unterbrachen sie, der Arbeitstag verkürzte oder verlängerte sich je nach zu erledigender Aufgabe und Jahreszeit. Zahllose Feste und Feiertage lockerten das Arbeitsjahr auf und sorgten für periodische Enthemmungen und Entregelungen der Sinne. Es herrschte ein Wechsel von höchster Arbeitsintensität und Müßiggang. Ein und derselbe Mensch ging im Laufe eines Tages ganz verschiedenen Tätigkeiten nach, die er insgesamt trotz aller punktueller Mühsal und Plage nicht als »Arbeit« empfand. Es war einfach seine Lebensweise. Das bäuerliche Leben hatte trotz aller materiellen Armut, Not und Abhängigkeit von weltlichen und kirchlichen Herren seine eigenen Werte und seine Würde.

Trotzdem lebten die Menschen natürlich nicht in einem goldenen Zeitalter, sondern, wie der italienische Filmemacher und Schriftsteller Pasolini schrieb, in einem »bitteren Zeitalter des Brotes.« Solange die menschlichen Tätigkeiten noch nicht der ökonomischen Rationalität und ihrem rechnerischen Kalkül unterlagen, waren sie noch keine »Arbeit«, sondern fielen mit Zeit, Bewegung und Rhythmus des Lebens selbst zusammen. Es herrschte das, was der englische Historiker Edward P. Thompson als »moralische Ökonomie« bezeichnet hat. Diese kannte die Kategorie des »Genug« und besaß präzise Vorstellungen davon, was ein gerechter und angemessener Preis für lebenswichtige Dinge war. Mehr zu produzieren, als man zur Befriedigung der eigenen Bedürfnisse benötigte, erschien sinnlos und galt darüber hinaus als unmoralisch. Die Produktion und der gelegentliche Tausch waren eingebunden in tradierte Formen von Sittlichkeit und religiös geprägte Vorstellungen vom richtigen Leben. Unter solchen Bedingungen hätten sich eine kapitalistische Gesellschaft und das, was man betriebswirtschaftliche Rationalität oder ökonomische Vernunft nennt, nicht entfalten können. Oder mit den Worten von Michel Foucault: »Denn das Leben und die Zeit des Menschen sind nicht von Natur aus Arbeit, sie sind Lust, Unstetigkeit, Fest, Ruhe, Bedürfnisse, Zufälle, Begierden, Gewalttätigkeiten, Räubereien etc. Und diese ganze explosive, augenblickhafte und diskontinuierliche Energie muss das Kapital in kontinuierliche und fortlaufend auf dem Markt angebotene Arbeitskraft transformieren.« Diesen Vorgang kann man als größtes verhaltensmodifikatorisches Experiment aller Zeiten und weltgeschichtlichen Dressurakt betrachten, die dann gelungen sind, wenn die Peitsche des Aufsehers nicht mehr nötig ist und die Menschen ihr kapitalverwertendes Unglück als eigene Erfüllung erleben.

Der »soziale Urknall« (Klaus Dörner) der industriellen Revolution hat um das Jahr 1800 herum die Einheit der agrarischen und handwerklichen Hausgemeinschaft auseinandergesprengt. »Sozialer Urknall« ist natürlich eine Metapher, die die explosive Kraft des Vorgangs zum Ausdruck bringen soll. In Wirklichkeit war die industrielle Revolution ein Prozess, der sich über Jahrzehnte hinzog und bis heute nicht zum Abschluss gekommen ist. Die Einheit der Hauswirtschaft wurde im Wesentlichen in drei Teile zerrissen: das Wirtschafts- und Produktionssystem, das Sozialsystem und die Kleinfamilie. Diese Explosion und die von ihr ausgelösten, bis in die Gegenwart spürbaren Nachbeben nennen wir *Moderne*. Sie löste die Ökonomie aus den Zusammenhängen, in die sie zuvor eingebettet war, heraus. Die Fabrik- oder Manufaktur-Arbeit war von allen Beimischungen befreite, reine Arbeitszeit und wurde in der Folgezeit in Kombination mit der Maschinerie zur Quelle einer stetig wachsenden Produktivität. Diesen Vorgang hat der englische Soziologe Anthony Giddens als *disembedding*, Entbettung, bezeichnet, der ungarisch-österreichische Historiker Karl Polanyi sprach von einer »herausgelösten Ökonomie«. In einem kleinen luziden Text, den er »Der Sieg der Ökonomie über das Leben« betitelt hat, bezieht sich Robert Kurz auf Polanyi und beschreibt den Vorgang des Herauslösens wie folgt: Erst als aus den Zusammenhängen des Lebens »herausgelöste« konnte sich die Ökonomie von den ihr auferlegten Begrenzungen befreien und zu einer anonyme Märkte beliefernden Warenproduktion werden, deren Ziel nicht länger die Bedürfnisbefriedigung ist, sondern die Vermehrung des zum Kapital mutierten Geldes. Soweit es zuvor Warenproduktion gab, blieb das Geld auf die Rolle eines Mediums beschränkt: Es stand in der Mitte zwischen zwei qualitativ verschiedenen Waren als bloßes Tauschmittel. Die moderne Ökonomie dagegen basiert auf der Verwandlung des Geldes aus einem Medium in einen Selbstzweck. Das Verhältnis von Ware und Geld hat sich verkehrt: Die Ware steht in der Mitte zwischen zwei Erscheinungsformen der gleichen abstrakten Form »Geld«. Diese Operation macht natürlich nur Sinn, wenn am Ende eine größere Summe Geldes als am Anfang steht. Das Geld als flüchtige Erscheinungsform des Wertes hat sich in Kapital verwandelt, das sich selbst vermehrt. Zweck der Produktion ist die Anhäufung von Gewinn in Form des Geldes. Erst durch diese neue ökonomische Logik konnte eine Marktwirtschaft entstehen, in der am Profit orientierte Unternehmen miteinander konkurrieren und alle Menschen davon abhängig werden, dass sie Geld verdienen. Das Geld verselbständigt sich zum Selbstzweck und Fetisch der Moderne. Der Druck der Konkurrenz sorgt dafür, dass jedes einzelne Unternehmen gezwungen ist, bei allen Entscheidungen der Rationalität des Geldes zu gehorchen. Das nennt man Marktwirtschaft. Deren Grundregel bekam der junge Walter Kempowski von seinem Vater in folgender Kurzfassung vermittelt: »Angebot und Nachfrage regele die Wirtschaft, der Schwache werde zerquetscht. Klare Sache und damit hopp!«

Der sinnliche Inhalt der Produktion wird einer abstrakten rein quantitativen ökonomischen Rechnung unterworfen. »Das Geld«, heißt es bei Robert Kurz, »arbeitet wie ein gesellschaftlicher Roboter, der nicht zwischen giftig und ungiftig, schön und hässlich, moralisch und amoralisch unterscheiden kann.« Marktwirtschaft macht hässlich, die Schönheit der Welt schwindet. Rund 200 Jahre Kapitalismus haben ausgereicht, den Planeten in eine einzige stinkende Müllkippe zu verwandeln und sturmreif zu schießen. Das nennt Kurz den »Todestrieb des Kapitals«.

Nun haben wir nicht seit 200 Jahren »den Kapitalismus« als fertig entwickeltes gesellschaftliches System, sondern, wie Robert Kurz es ausdrückt, »die Durchsetzungsgeschichte dieser Produktionsweise, die erst heute ... zum totalen Weltverhältnis geworden ist.« Das Kapital, zunächst nur ein Segment der Gesellschaft, fraß sich von Produktionszweig zu Produktionszweig voran. Im Zuge der dritten, auf der Mikroelektronik basierenden, industriellen Revolution erreicht die Steigerung der Produktivität durch das Zugleich von Automatisierung, Rationalisierung und Globalisierung eine neue Qualität: Es wird mehr Arbeitskraft überflüssig gemacht, als durch die Erweiterung der Märkte reabsorbiert werden kann. Die Massenarbeitslosigkeit wird zum strukturellen Weltzustand, und die Arbeitslosen sind keine Reservearmee der Arbeit mehr, sondern ein nicht mehr integrierbares Abfallprodukt der in die Abstraktion geschossenen Verwertung des Werts. Der Realkapitalismus ist inzwischen zu einem Anhängsel der von der Finanzindustrie aufgeblasenen Spekulationsblasen geworden. Die Vermehrung des Geldes hat sich von der lebendigen Arbeit weitgehend emanzipiert und funktioniert, ohne den Umweg über die Produktion von realen Gegenständen oder Dienstleistungen zu gehen. Das Geld selbst wird zur einzigen Ware, die die Finanzindustrie mittels immer waghalsiger und immer weniger beherrschbarer Operationen auf dem Finanzmarkt erzeugt.

Rund zweihundert Jahre, nachdem sich die Produktion aus vorbürgerlichen Lebenszusammenhängen herausgelöst und als abstrakte, kapitalverwertende Arbeit verselbständigt hat, durchdringt die Logik des entbetteten Geldes alle Lebensbereiche, und es kommt zu einer pervertierten Wiedervereinigung von Arbeit und Leben. Das vom »sozialen Urknall« zerrissene und fragmentierte Leben wird wieder ein Ganzes, aber eben ein vollständig kapitalistisch integriertes und von den Imperativen des entfesselten Geldes beherrschtes. Als Francis Fukuyama angesichts des einstürzenden Ostblocks die marktwirtschaftlich verfasste liberale Demokratie zum Sieger der Geschichte ausgerufen und die Geschichte für beendet erklärt hatte, kommentierte Robert Kurz ironisch, die Menschheit sei tatsächlich ins »Nirwana des Geldes« eingetreten. Die Logik von Ware und Geld triumphiert in allen Bereichen, dringt in alle Poren der Gesellschaft bis in die alltägliche Lebensführung und intimen Binnenwelten der Menschen vor. Diese sind und begreifen sich als lebende Waren, Geldsubjekte. Sie sprechen von sich selbst und ihrer Lebensführung in ökonomischen Termini und streben nach ihrer permanenten warenförmigen Selbstoptimierung. Das Gesicht ist zum Logo ihrer persönlichen Marke geworden, das in den sogenannten sozialen Netzwerken zu Werbezwecken ausgestellt wird.

Die neueste Sumpfblüte der Waren- und Geldgesellschaft: Partnersuche per App. Marktführer bei diesen Dating-Apps ist *Tinder*, allein in Deutschland nutzen sie zwei Millionen Menschen. Das Programm kann kostenlos runtergeladen werden, die Anmeldung funktioniert nur mit einem *Facebook-Profil*. Aus diesem zieht sich *Tinder* die Daten: fünf Profilbilder, Freundesliste, Gefällt-mir-Angaben, Alter, Geschlecht. Via GPS sucht das Programm nach passenden Kandidaten in der Umgebung. So simpel das System, so simpel die Spielregeln. Nach links wischen heißt »Nein Danke, verschwinde, weg mit dir ins digitale Nirwana.« Nach rechts wischen bedeutet »Ja, kann was werden, ab in den Warenkorb.« Das Praktische daran: Ist man nicht erwünscht, gibt es auch keine Benachrichtigung. Wenn sich zwei Nutzer aber gegenseitig nach rechts wischen, ergibt das ein sogenanntes *Match* – und nur dann kann man miteinander chatten. Diese Form der Beziehungsanbahnung schafft die Furcht vor Zurückweisung ab, sagt der *Tinder*-Erfinder Sean Rad. Dating-Apps bieten eine Art von Versicherung gegen Ablehnung. Bei *Amazon* einkaufen, bei *Tinder* einen Partner suchen. So läuft das heute. Warum sollte eine Gesellschaft, die alles und jedes in eine Ware verwandelt, vor der Intimsphäre halt machen? Die Mentalität des Tausches und der Austauschbarkeit findet die ihr gemäße Technik.

Eine Gesellschaft, deren einzige Imperative die der Bereicherung, des Konsumierens und Spaßhabens sind, darf sich nicht wundern, wenn die Waren- und Geldsubjekte moralisch verwildern und verwahrlosen und die Rücksichtslosigkeit grassiert. Schon der Aufklärer Helvétius wusste, dass sich aus einer bloß instrumentellen Vernunft kein Argument gegen Raub und Totschlag herleiten lässt. Erlaubt ist, was Nutzen bringt, alles andere ist Metaphysik. Einer vollständig durchkapitalisierten und ökonomisierten Welt wohnt eine Tendenz zu Barbarei und Gewalt inne. Haben wir angesichts der weltumspannenden Gräuel der letzten Monate und Jahre Grund, dieser Prognose von Robert Kurz zu widersprechen? Als ich Anfang des neuen Jahrtausends den Züricher Ethnologen und Psychoanalytiker Paul Parin zu einem Seminar mit Lothar Baier und Robert Kurz nach Italien einlud, schrieb er zurück, er habe die von Robert Kurz in seinem Buch *Der Kollaps der Modernisierung* vorgetragenen Thesen zunächst für etwas übertrieben und apokalyptisch gehalten, nun aber – nach dem Platzen der Dotcom-Blase und der Serie von Kriegen im ehemaligen Jugoslawien – bleibe ihm nur zu sagen: »Ich fürchte, er hat Recht.«

Statt dass eine zur Vernunft gekommene Menschheit die gigantischen materiellen und intellektuellen Kräfte, die sich im Schoße der kapitalistischen Produktionsweise entwickelt haben, zur Einrichtung einer freien Gesellschaft einsetzt, wird sie mehr und mehr zum Anhängsel einer losgelassenen Ökonomie. Längst könnte sich die Gesellschaft aufgrund der gestiegenen Produktivität von ihren ökonomischen Zwängen befreien; längst müssten Geist und Körper keine bloßen Werkzeuge im Dienst unlustvoller Verrichtungen mehr sein; längst müsste auf dem Leben nicht mehr die Strafe achtstündiger täglicher Arbeit oder aufgezwungener Nichtarbeit stehen.

Robert Kurz wurde nicht müde, uns an die Notwendigkeit und Möglichkeit zu erinnern, die wild gewordene Ökonomie zurückzupfeifen und an eine gesellschaftliche Leine zu legen. Der Kapitalismus erweist sich als die Kraft der permanenten technisch-industriellen Revolution. Sein »Werwolfshunger nach Mehrarbeit« (Marx) treibt ihn zum rastlosen Überschreiten aller Begrenzungen und zwingt ihn zu ständigen Innovationen. In seinem rastlosen Bestreben, seine eigene Logik, die eine Geld- und Kapitallogik ist, auf alle Lebensbereiche auszudehnen, schreckt er auch vor der Zerstörung jener Teile der vorkapitalistischen Vergangenheit nicht zurück, die für seine eigene Entwicklung notwendig waren und sind. Die kapitalistische Gesellschaft der Gegenwart ist dabei, einige der Äste abzusägen, auf denen sie selber sitzt: Sie zerstört nicht nur die natürlichen Lebensgrundlagen, sondern auch die Formen, in denen »Kultur« – nach der Auflösung des »ursprünglichen Gemeinwesens der agrarischen Hausgemeinschaft« – sich die menschliche »Natur« angeeignet hat. Ein gewisses Mindestmaß an familiärer Sozialisation – also an Stabilität und Verlässlichkeit von persönlichen Bindungen und leidlich geglückten Beziehungserfahrungen – scheint unerlässlich zu sein, damit der Mensch seine »psychische Geburt« (Margaret S. Mahler) vollenden und sich zum Menschen entwickeln kann.

All jenen, die für die gegenwärtige Krise die »Gier« verantwortlich machen, entweder die »Gier« gewisser Manager oder die »Gier von uns allen«, muss man entgegen halten: Das, was diese Leute in ihrer realitätsgerechten Empörung »Gier« nennen, ist eine dem Kapital innewohnende Tendenz zur schranken- und maßlosen Plusmacherei, die über weite Strecken der kapitalistischen Durchsetzungsgeschichte hinter allerhand vorbürgerlichen Residuen oder ihr staatlicherseits aufgezwungenen Begrenzungen verborgen geblieben ist. In dem Maße, wie die Marktwirtschaft sich zur Marktgesellschaft entwickelt und alle Barrieren wegfallen, tritt das kapitalistische Profitprinzip nackt und ungeschminkt in Erscheinung. Die Leute, die der »Gier« die Schuld zuweisen, halten die gegenwärtige Krise für das Produkt schlechter Charaktereigenschaften einiger Schufte, die sich Manager nennen, und gehen davon aus, wir könnten durch ein paar Korrekturen und »Implementierung« von ein bisschen Wirtschaftsethik zu den alten Tugenden des »ehrlichen Kaufmanns« und »seriösen Bankiers« zurückkehren. Es kursiert innerhalb der Linken seit einiger Zeit die These, man müsse zum »Realkapitalismus« zurückkehren und könne und müsse seine spekulativen »Fehlentwicklungen« korrigieren. Man erklärt die Abkehr vom keynesianischen Modell der Regulierung des Kapitalismus zum Sündenfall, den es nun in einer Rückwendung zum sozialstaatlichen Krisenmanagement rückgängig zu machen gelte. Dies hat Robert Kurz stets für eine verhängnisvolle Illusion gehalten. Die Kritik muss viel tiefer ansetzen und die basale Abstraktion, die Wertform der Produkte, in Frage stellen, aus der sich die weitere expansive Entwicklung mit einer gewissen Zwangsläufigkeit ergibt. Wie eine Frau nicht ein bisschen schwanger sein kann, kann auch eine Gesellschaft nicht ein bisschen kapitalistisch sein. Hat eine Gesellschaft erst mal den Kapitalismus im Hause, wird sie von ihm über kurz oder lang zerfressen und aufgezehrt.

Man kann den schlimmsten Auswirkungen des Kapitalprinzips politisch phasenweise etwas entgegensetzen, wenn es in einer Gesellschaft eine starke Arbeiterbewegung oder nennenswerte sonstige Oppositionsbewegungen gibt. »Der Kapitalismus«, hat der österreichische Sozialist Günter Nenning einmal gesagt, »ist nur nett, wenn er muss, und gegenwärtig muss er nicht.« Zu Zeiten des Kalten Krieges war der Kapitalismus weniger reich als jetzt, und dennoch finanzierte er, wenn auch nie begeistert und gelegentlich maulend, den vollen Sozialstaat. Mangels kommunistischer oder auch nur sozialdemokratischer Herausforderungen oder sonstiger ernsthafter Alternativen sieht er sich jetzt zu solchen Nettigkeiten nicht mehr genötigt, legt seine Beißhemmungen ab und erklärt den Sozialstaat zum unbezahlbaren und dem Marktgeschehen abträglichen Luxus. Das Kapitalprinzip frisst sich durch alle Schichten der Gesellschaft hindurch und dringt noch in die intimen Binnenwelten der Individuen ein. Die Erscheinungsweise des Kapitals wird seinem Begriff adäquat: Es ist sich selbst verwertender Wert, Geld heckendes Geld, das zum Zwecke seiner Vermehrung kaum noch den Umweg über die Produktion realer Dinge geht. Das Finanzkapital ist der automatische Fetisch, die vor sich hin nullende Null, die Marx als logischen Endpunkt der Verselbständigung des Wertes begriffen hat.

Wir benötigen eine Ökonomie, die nicht länger nach Geldkategorien und den Äquivalenzkriterien des Warentauschs verfährt, sondern ihre Praxis an naturalen Größen und sinnlichen Bedürfnis- und ökologischen Verträglichkeitskriterien ausrichtet. Es wird immer dringlicher, den intellektuellen Mut aufzubringen, uns eine Welt jenseits von Ware und Geld vorstellen zu können und uns praktisch für ihre Verwirklichung einzusetzen.

Alles andere schien Robert Kurz utopisch.

ETHNOLOGIE DES INLANDS

Uniformierte Arbeiter

Immer öfter begegne ich in der Stadt Gruppen von Arbeitern, die Overalls oder Jacken tragen, auf die der Name der Firma oder ihr Logo aufgedruckt ist. Mitarbeiterinnen von Bäckereien und anderen Geschäften und Kaufhäusern werden in einheitliche bunte Kittel gesteckt. Die Einheitskleidung soll den »Teamgeist fördern«, die Identifikation mit dem Arbeitgeber und gilt als Zeichen einer »gemeinsam gelebten Unternehmensphilosophie«. Die Vorteile einer einheitlichen Kleidung der Mitarbeiter für Unternehmen liegen auf der Hand: sie steigert den Profit. Solange der Ostblock existierte, hätte man so etwas nicht gewagt. Man hätte die Parallelen gescheut. Jetzt muss man solche Vergleiche nicht mehr fürchten und legt Scham und Hemmungen ab. Ungeniert gibt man den Arbeitern das Aussehen von Sträflingskolonnen und markiert sie als Firmeneigentum.

Nachruf auf einen Räuber
Ein nachgetragenes »Biogramm«[1]

> »Das, was die Jungen zum Verbrechen treibt, ist ein schwärmerisches Gefühl, das heißt: die Projektion des eigenen Ich in ein äußerst wunderbares, kühnes und schließlich auch extrem gefährliches Leben.«
> (Jean Genet)

Am 19. März 2014 hat jemand Thomas S. erschossen. Er hatte sich ein halbes Jahr zuvor zwischen Gießen und Marburg ein Haus gekauft und war dabei, es zu renovieren. In der zum Haus gehörenden Garage stand seine Harley. Abends gegen 22:30 Uhr muss er Besuch bekommen haben, und dieser Besucher hat dann vier Mal auf ihn geschossen. Es war so etwas wie eine Hinrichtung. Thomas S. hat sich noch aus dem Haus geschleppt und ist dann sterbend auf dem Gehweg zusammengebrochen. Der von Nachbarn gerufene Notarzt kam zu spät und konnte nichts mehr tun. Der mutmaßliche Täter wurde schnell fest- und in Untersuchungshaft genommen. Bei dem Tatverdächtigen handelt es sich um einen 34-jährigen Mann aus einem Dorf in der Umgebung, der spielsüchtig sein und jede Menge Schulden haben soll. Er war ein Arbeitskollege von Thomas S. – Opfer und Täter hätten sich also – im Falle seiner Täterschaft – gut gekannt. Man stochert auf der Suche nach Gründen und Motiven der Tat im Nebel. Alles was man bisher vermutet, steht in keinem Verhältnis zur Schwere der Tat und

---

1 Alfred Andersch hat solche verdichteten biographischen Skizzen »Biogramme« genannt. Unter dem Titel *Berichte aus dem Dunklen* sind in den Jahren 2009/2010 eine ganze Reihe solcher Biogramme in der Berliner Wochenzeitung *Der Freitag* erschienen. Unter dem Titel *Der Fremde* erschien auch diese Geschichte im Mai 2014 in einer stark gekürzten Fassung im *Freitag*.

vermag die entgrenzte Gewalt nicht zu erklären. Tötungen ohne ersichtliches oder nachvollziehbares Motiv hinterlassen bei den Angehörigen und Freunden der Opfer eine große Ratlosigkeit und Verstörung. Sie können sich das Geschehen nicht aneignen und kommen nicht zur Ruhe.

Thomas ist 52 Jahre alt geworden. »Rest in Peace« schreiben seine Freunde in sozialen Netzwerken. Und: »Thomas hat als Gangster gelebt und ist als Gangster gegangen.«

Ich kenne Thomas S. aus dem Gefängnis, in dem er Häftling war und ich als Gefängnispsychologe arbeite. Er hat eine Weile an einer Gesprächsgruppe teilgenommen, die ich zusammen mit einer Kollegin angeboten habe. Es ging in dieser Gruppe darum, die Zusammenhänge zwischen der jeweiligen Biographie und der kriminellen Entwicklung aufzudecken. Jeder war mal dran, sein Leben zu erzählen und zu berichten, wie und warum er im Gefängnis gelandet ist. Thomas berichtete von einer problemlosen Kindheit. Er und seine zwei Geschwister seien in einem Dorf bei Gießen zur Welt gekommen und zur Schule gegangen. Seine Eltern seien rechtschaffene Leute. Vater und Mutter arbeiteten als Angestellte in einer Firma im nahegelegenen Gießen. Die Mutter blieb nach der Geburt der jüngeren Schwester zu Hause. Man wohnte in einem Haus, das der Großvater gebaut hatte. Thomas ist der Älteste der Geschwister. Nachdem er an einer Gesamtschule den Hauptschulabschluss erworben hatte, begann er eine Schlosser-Lehre in dem Betrieb, in dem auch der Vater tätig war. 1978 schloss er diese mit dem Gesellenbrief ab. In der Freizeit spielt Thomas Fußball und Handball. Im Handball sei er besser gewesen und er habe eine Weile in der A-Klasse gespielt. Irgendwann begann Thomas mit dem Bodybuilding. Er besuchte das erste Fitnessstudio in Gießen. An der Wand seiner Zelle hatte Thomas ein Bild aus Bodybuilding-Tagen aufgehängt, auf dem er in einer Schwarzenegger-Pose zu sehen ist. Der männliche Körper – von einem Muskelpanzer umgeben. Der Mann als Gesamt-Phallus. Im Fitnessstudio kam er mit Leuten in Berührung, die im Rotlichtmilieu tätig waren und ihre Tage damit zubrachten, ihre Muskeln zu trainieren. Sie ›verdienten‹ an einem Tag mehr als er in einem ganzen Monat, und das, ohne sich krummzulegen. Er begann, mit diesen Leuten herumzuziehen und zu feiern. Er lernte über seine neuen Bekannten Frauen kennen, die als Prostituierte arbeiteten. Plötzlich entdeckte er, dass es jenseits der soliden, kleinbürgerlichen Welt seines Elternhauses und des Dorfes noch eine andere Welt gab, von deren Existenz er bis dato nichts geahnt hatte. Diese Halb- und Unterwelt faszinierte ihn. Eine Weile führte er eine Art Doppelleben: Tagsüber ging er weiter arbeiten, abends und in der Nacht trieb er sich in Nachtclubs herum. Seine neuen Freunde nannten ihn etwas abschätzig einen »Halbsoliden«. Er kam mit Drogen in Kontakt, rauchte Haschisch und konsumierte gelegentlich Kokain. Um in der neuen Umgebung Anerkennung zu finden, waren Statussymbole wie Autos, Uhren und Hunde enorm wichtig. Man musste gewisse Insignien vorweisen, wenn man dazugehören und respektiert werden wollte. Diese waren durch rechtschaffene Arbeit allein nicht zu finanzieren. Thomas zog sich aus der ersten Welt zurück und stieg ganz ins Milieu ein. Er übernahm einen Nachtclub und ließ Frauen für sich arbeiten. Er gefiel sich in der Rolle des Zuhälters und Mackers. Als der Club pleiteging, geriet er in finanzielle Nöte. Um seinen liebgewordenen Lebensstil weiter aufrechterhalten zu können, überfiel er Mitte der 1990er Jahre mit einem Mittäter und massiv bewaffnet den Geldboten einer Sicherheitsfirma. Sie erbeuteten rund 200.000 DM. Thomas wurde der Tat überführt, der Mittäter blieb unbekannt. 1996 wurde der bis dahin lediglich geringfügig vorbestrafte Thomas zu einer Freiheitsstrafe von sieben Jahren verurteilt. Er verbrachte vier Jahre im Gefängnis in Butzbach. Er arbeitete in der anstaltseigenen Schlosserei und hielt sich auch ansonsten an die Regeln. Zwei Mal pro Woche ging er mit dem Anstaltspfarrer im nahegelegenen Wald laufen. Es ist Pfarrer Seesemanns Verdienst, Thomas vom Bodybuilding abgebracht und seine Leidenschaft fürs Laufen geweckt zu haben. Im Jahr 2000 wurde Thomas auf Bewährung entlassen. Er arbeitete eine Weile in einem Autoteile-Geschäft, später in einer Kopiergeräte-Firma. Als diese Firma pleiteging, stand er mit seinen Schulden da. Thomas konnte sich nicht vorstellen, »aufs Amt zu gehen« und von staatlichen Transferleistungen zu leben. Er war noch nicht bereit, sich vom Milieu zu verabschieden, seine Ansprüche zu mäßigen und sich mit einem bescheidenen Leben zufrieden zu geben. Während der Butzbacher Haftzeit hatte er Leute kennengelernt, mit denen er nun in großem Stil Raubüberfälle plante. Eine wesentliche ungewollte Nebenfolge des Gefängnisses besteht ja darin, dass Kriminelle andere Kriminelle kennenlernen und ihre Kenntnisse perfektionieren. Ziel der geplanten Raubüberfälle sei gewesen, soviel Geld zu erbeuten, dass sie ausgesorgt hätten und ihre Geschäfte betreiben könnten. Sie waren schließlich zu fünft und bereiteten ihre Überfälle akribisch vor. Tage- und Wochenlang wurden Objekte ausgespäht, der Modus des Überfalls eingeübt und Fluchtwege sondiert. Zwei schwerbewaffnete Überfälle auf Geldtransporter klappten und brachten eine Beute in Millionenhöhe. Sie achteten bei ihren kriminellen Unternehmungen darauf, dass niemand körperlich zu Schaden kam. Dass sie Furcht und Schrecken verbreiteten, gehört zum Geschäft und ist unvermeidlich. Ein Räuber, der vor Mitgefühl mit seinen Opfern vergeht, wird keinen Erfolg haben. Eine gewisse Grundhärte und Kälte sind unabdingbar. Man muss massive Gewalt glaubhaft androhen, um dann auf ihre Anwendung verzichten zu können. Statt nun aufzuhören und sich mit dem bisher Erbeuteten zufriedenzugeben, sagten sie: »Kommt, Jungs, einen weiteren Überfall ziehen wir noch durch. Danach ist dann endgültig Schluss.«[2] Bei den Vorbereitungen zum dritten Überfall wurden

---

2 Eines der Rätsel bei den kriminellen Aktionen unter anderem der Gruppe, der Thomas S. angehörte, ist, warum ›erfolgreiche‹ Kriminelle nicht nach drei oder vier geglückten Überfällen auf Geldtransporter oder Banken einfach aufhören und sich es mit der beträchtlichen Beute gut gehen lassen. Sie machen so lange weiter, bis sie auffliegen und im Gefängnis landen. Auch sie kennen, wie die Gesellschaft, in der sie leben und agieren, offensichtlich nicht die Kategorie des *Genug*. Oder ist es, wie ich manchmal vermute, so, dass sie es letztlich nicht aushalten, dass niemand weiß, dass sie die Urheber solch spektakulärer Taten sind? Verhaftung, Prozess und vor allem die mediale Resonanz auf beides lassen sie als Täter kenntlich werden und verbreiten ihren Ruhm, der ihnen bereits ins Gefängnis vorauseilt.
In Nikolai Lilins Buch *Sibirische Erziehung* stieß ich auf Seite 180 auf folgende Passage, die mich in diesem Verdacht bestärkte: »In der Stadt wurde über nichts anderes gesprochen: ›Die Polizeiwache ist überfallen worden‹, sagte einer. ›Von wem?‹, fragte ein anderer. ›Offenbar von einer Bande Unbekannter‹, antwortete ein Dritter. Und wir kamen uns vor wie Helden, jedes Mal, wenn ich jemanden über diese Geschichte reden hörte, hätte ich ihm am liebsten ins Gesicht geschrien: ›Das waren wir, wir!!!‹«
In Thea Dorns Roman *Mädchenmörder* findet sich der Satz: »Ein Serienmörder, der alle seine Leichen im Moor versenkt, ist wie ein Künstler, der seine Bilder vernichtet, anstatt sie auszustellen.« Oder, so könnte man ergänzen, ein Schriftsteller, der immer unter Pseudonym publiziert. Alle Leute reden über seine Bücher und niemand weiß, wer der Autor ist. Damit ist ein Dilemma bezeichnet, in dem viele Verbrecher stecken. Der Verbrecher lebt davon, dass sein Tun im Verborgenen stattfindet und unentdeckt bleibt. Kriminalität basiert auf Verschwiegenheit und Geheimhaltung. Andererseits will der Verbrecher als Kind seiner und unserer Zeit, dass alle Welt von seinen Taten erfährt. Der »sekundäre Krankheitsgewinn« des Verbrechens besteht in seiner medialen Resonanz und dem damit verbundenen Anerkennungsmehrwert, den der Täter einstreichen kann. Deswegen können es manche Verbrecher nur schwer ertragen, unentdeckt und unsichtbar zu bleiben. Sie

sie beobachtet. Ein Mann ging mit seinem Hund spazieren, der plötzlich an einem Baumstamm hochsprang und anschlug. Eine Schnur baumelte herab, und der Mann verständigte vorsichtshalber die Polizei. Die Räuber hatten vorgehabt, einen Baum zu sprengen und auf die Straße fallen zu lassen, um der Polizei nach dem Überfall auf einen Geldtransporter die Verfolgung zu erschweren. Sie werden am Tatort gestellt und nach einer dramatischen nächtlichen Verfolgungsjagd festgenommen. Einer an ihrer Verfolgung und Verhaftung beteiligten Kripo-Beamten soll am Ende bei einer Vernehmung im Gefängnis zu Thomas gesagt haben: »Es hat Spaß gemacht mit euch, Jungs!« Im Sinne von: »War eine faire Begegnung!«

Diesmal wurde Thomas zu einer Freiheitsstrafe von 14 Jahren und vier Monaten verurteilt. Wir begegneten uns in Butzbach wieder. Er war ein Gefangener, der sich nicht beklagte. Er kam in der rauen, männlich geprägten Welt des Gefängnisses gut zurecht. Thomas war ein unbewusster, quasi-instinktiver Hegelianer, der sich und anderen sagte: »Mit dem Wollen der Tat habe ich auch bereits die Straffolge akzeptiert. Wer die Gesetze überschreitet, ist der wahre Urheber der Strafe, die der Staat über ihn verhängt. Such is life!« In unserer Gesprächsgruppe hat er gelegentlich andere Teilnehmer, die sich über den Umstand ihrer Inhaftierung und die Modalitäten der Haft beklagten, darauf hingewiesen, dass sie selbst es waren, die den Anlass zu ihrer Inhaftierung geliefert haben. »Übernehmt die Verantwortung für das, was ihr getan habt«, sagte er oft – an die Adresse larmoyanter Mitgefangener gerichtet. Nur wer gelernt hat zu sagen: Ich habe das getan, ich habe es gewollt, kann irgendwann auch sagen: Ich werde das in Zukunft nicht mehr wollen und tun!

In der Nachfolge von Jaques Mesrines Buch *Der Todestrieb* hat Thomas während der zweiten Butzbacher Inhaftierung einen Bericht über sein Leben und die von ihm begangenen Verbrechen geschrieben. Ich habe das Manuskript gelesen und bin es anschließend mit Thomas durchge-

---

sammeln die Zeitungsmeldungen über ihre Straftaten wie Schriftsteller die Besprechungen ihrer Bücher. Was für einen Romanschriftsteller der Büchner-Preis, ist für den Verbrecher eine Fahndung in der Sendung *XY- ungelöst*. Sichtbarkeit schreckt Straftäter immer weniger ab, im Gegenteil: Manche suchen Orte, die öffentlich sind und von Kameras überwacht werden. Sichtbarkeit ist der Kick, um den es geht. Straftaten werden begangen, damit sie gefilmt und gesendet werden. Sendezeit in der Tagesschau und Auftritte bei *XY* entscheiden über den Status in der Parallelwelt des Verbrechens und der Straße.

gangen. Einen Verlag, der bereit gewesen wäre, den autobiographischen Bericht zu drucken, hat er nicht gefunden. Es bestünde derzeit kein Interesse an solcherart Literatur, ließ man ihn wissen. Als wir uns vor einiger Zeit einmal in der Stadt begegneten und einen Kaffee trinken gingen, vereinbarten wir, als Nachtrag zur Serie *Berichte aus dem Dunklen* in der Wochenzeitung *Der Freitag* gemeinsam eine Kurzfassung seines Buches zu erstellen. Dazu ist es leider nicht mehr gekommen. Nun habe ich das allein versucht, weiß mich aber bei diesem Versuch im Einvernehmen mit ihm. Auch meine Distanz und kritischen Anmerkungen zu einzelnen Kapiteln seiner Lebensgeschichte und manchen seiner Lebensäußerungen waren Thomas aus Gesprächen und Auseinandersetzungen in der Gruppe bekannt. Schade, dass mein Bericht über sein Leben nun zugleich ein Nachruf ist.

Meine Kollegin und ich verfolgten mit dieser Gesprächsgruppe nicht die Intention, aus Bankräubern Bankangestellte zu machen. Wir verfolgten eher den Ansatz, die Kreativität und Intelligenz, die in den Straftaten steckt, auf etwas anderes zu lenken. Wir wollten die Gefangenen dazu ermuntern, ihre unbürgerliche Renitenz so zu organisieren, dass sie nicht erneut als Objekte fremden Willens im Gefängnis landen würden.

Irgendwann tauchte in Butzbach ein junger Mann auf. Nennen wir ihn Nils. Er hatte sich mit 22 Jahren auf eigenen Wunsch aus dem Jugendgefängnis herausnehmen und in den Erwachsenenstrafvollzug verlegen lassen. Als 14-Jähriger hatte er als Zuschauer dem Prozess gegen Thomas und seine Mittäter beigewohnt. Diese Männer waren Nils' Heroen und er beschloss, in ihre Fußstapfen zu treten und ebenfalls Gangster zu werden. Obwohl überdurchschnittlich intelligent, ließ er die Schule schleifen und wurde Chef einer Gang, auf deren Konto eine ganze Reihe von Einbrüchen und Raubüberfällen gingen. Mit 18 Jahren wurde er deswegen zu einer längeren Jugendstrafe verurteilt, die er zunächst in einem Jugendgefängnis verbüßte. Das empfand er auf die Dauer als nervig und irgendwie auch unter seiner Würde. Nach seiner Verlegung nach Butzbach begegnete er dort zwei seiner ehemaligen Heroen, die hier noch immer wegen der Anfang des Jahrhunderts überfallenen Geldtransporter einsaßen. Einer ihrer Mittäter hatte sich noch während der Untersuchungshaft das Leben genommen. Nils wurde Mitglied der Gesprächsgruppe, an der auch zwei seiner Heroen teilnahmen. Diese trugen in der Folge viel dazu bei, Nils den Star zu stechen und ihm klarzumachen, dass er im Begriff war, sein Leben zu ruinieren. »Schau dir an, was aus uns geworden ist! Soll das deine Zukunft sein? Wir wissen inzwischen, worauf es im Leben wirklich ankommt«, sagten sie ihm, und: »Es gibt nichts Schlimmeres, als sein Leben in Einrichtungen wie diesen zu verplempern.« Hätte ich Nils das Gleiche gesagt, hätte es wahrscheinlich seine Wirkung verfehlt, so aber verhalfen ihm die gleichen Männer, die in gewisser Weise für den Einstieg in seine kriminelle Karriere verantwortlich waren, auch zu deren Beendigung. Nils lebt inzwischen seit einigen Jahren in Berlin, hat auf der Abendschule sein Abitur nachgeholt, eine tolle Frau geheiratet und ist Vater eines Jungen. Er hat – auch dank der beiden Alt-Räuber – die Kurve gekriegt, wie man so sagt.

Als wir gemeinsam den Schlöndorff-Film *Der plötzliche Reichtum der armen Leute von Kombach* anschauen wollten, erklärte Thomas sich bereit, ein Referat über die Geschichte der Räuberbanden in Deutschland und in Hessen zu halten, ein Referat über seine Vorfahren gewissermaßen. 1822 überfielen acht Tagelöhner, Bauern und Hausierer aus einem kleinen Dorf bei Gladenbach einen von Pferden gezogenen Geldkarren, der Steuereinnahmen von Gladenbach nach Gießen transportieren sollte. Der Tatort liegt vielleicht 25 Kilometer von Thomas' Geburtsort entfernt. Die armen Leute von Kombach flogen bald auf, weil arme Leute auffallen, wenn sie plötzlich über Geld verfügen. Sie wurden ergriffen und, sofern sie sich nicht in der Haft selbst das Leben nahmen oder – wie der fliegende Händler – über die nächste Grenze fliehen konnten, öffentlich hingerichtet. Thomas hat dieses Referat mit spürbarer innerer Beteiligung gehalten und uns allen ein unterschlagenes Kapitel deutscher Geschichte nahegebracht.[3] Eine Kurzfassung der Geschichte des Postraubs in der Subach findet man in dem von Martin Maria Schwarz und Ulrich Sonnenschein herausgegebenen Band *Hessen Kriminell*. (Marburg 1999)

---

3 Als wir nach der Beisetzung von Thomas in seinem Elternhaus noch zusammensaßen, erfuhr ich von seinem Vater, dass die ganze Familie, als Thomas und seine Geschwister noch klein waren, einmal einen Ausflug in die Subach unternommen hat und Thomas die Geschichte dieses Postraubs also von klein auf kannte. Manchmal hinterlassen solche Ereignisse einen Abdruck in einer empfänglichen Kinderseele, dessen Folgen erst Jahrzehnte später zutage treten.

Die oben geschilderte Nils-Episode hat mich noch einmal darüber belehrt, von welchen Motiven Straftaten wie die von Thomas begangenen ursprünglich angetrieben werden. Es ist das diffuse Gefühl, dass das Leben anderswo ist, der Wunsch nach einem Leben außerhalb der bürgerlich-kleinbürgerlichen Konvention, der Wunsch, aus der Hamstertrommel auszusteigen, die da heißt: Schule – Arbeit – Rente – Tod. Den gleichen Motiven begegnen wir bei den beiden Hauptfiguren von Wolfgang Herrndorfs Roman *Tschick*. Auf ihrer Reise in die Walachei machen sie die Erfahrung: Nur als Außenseiter kann man Erfahrungen machen, die der Mühe wert sind. Nur außerhalb, jenseits oder unterhalb der Normalität der bürgerlichen Lebensordnung, nur wenn man sich der Normalität verweigert, kann sich Lebendigkeit entfalten. *Tschick* zeigt: Freiheit beginnt mit der Bereitschaft, Chancen zu nutzen, Winke der Götter wahrzunehmen und auf sie einzugehen. Die Abenteuer finden nicht zu Hause in der elterlichen Villa oder auf der Party von Tatjana statt, sondern gleich hinter der nächsten Ecke und auf der Reise in die Walachei, in einem geklauten Lada und auf der Müllkippe – im gesellschaftlichen Abseits. Dort trifft man auf ein Mädchen wie Isa, die zwar nicht so gut riecht und aussieht wie Tatjana, dafür aber Sachen weiß, von denen die beiden Jungs keine Ahnung haben und die für ein Leben an den Rändern wichtig sind. Man sieht: Die Reise in einem geklauten Lada und der Besuch einer Müllkippe beleben den Blick von unten und weiten den Horizont. Die beiden kehren am Ende ihrer Grenzüberschreitung, um manche Erfahrung reicher, nach Hause und in ihr Alltagsleben zurück.

Am Grunde vieler Straftaten, wie sie Thomas und Nils begangen haben, stößt man auf eine solche antibürgerliche Renitenz und die Sehnsucht nach einem abenteuerlichen Leben. Wie für Ernst Jünger der Krieg kein Mittel zur Erreichung irgendwelcher politischen Ziele war, sondern Selbstzweck, so trägt auch die Kriminalität einer kleinen Gruppe von Straftätern den Zweck in sich selbst. »Der Jäger«, hat Pascal einmal treffend gesagt, »ist nicht am Hasen, sondern an der Jagd interessiert.« Pascal abwandelnd könnte man sagen: Gewisse Verbrecher sind nicht – oder doch nicht in erster Linie – am Geld interessiert, sondern am Überfallen von Banken oder Geldtransportern. Es ist ihre Art zu leben – und manchmal auch zu sterben.

Meine Generation hatte das Glück, ihr Unbehagen und ihren Ekel vor Formen bürgerlichen Verkehrs politisieren und in eine kämpferische Auseinandersetzung mit der etablierten Gesellschaft überführen zu können. Wäre Thomas 10 Jahre früher geboren worden, wäre ich ihm vielleicht im Rahmen einer Lehrlingsgruppe begegnet, die wir damals in unserem Bestreben, uns mit dem Proletariat zu verbünden, organisiert hatten. Er wäre dann möglicherweise ein politischer Kämpfer geworden und hätte seine Abenteuer in der streitbaren Auseinandersetzung mit den herrschenden Verhältnissen erlebt. Und die bot ja durchaus Abenteuerliches. Wie Herbert Marcuse hätten wir damals alle gesagt: »Eine Revolution, die nicht ein wenig Abenteuerlichkeit enthält, ist nichts wert. Alles andere ist Ordnung, Gewerkschaft, Sozialdemokratie, Establishment. Das Abenteuer geht immer darüber hinaus.« Als Thomas in die Pubertät kam, war die Revolte abgeflaut und in dogmatische Sekten zerfallen, die wenig Abenteuerliches zu bieten hatten. So wandte er sich mit seiner frei flottierenden Renitenz der Unterwelt zu, die davon mehr zu bieten schien. Zu Anfang meiner Arbeit im Gefängnis hatte ich Brechts berühmte Fragen aus der *Dreigroschenoper* im Ohr: »Was ist ein Dietrich gegen eine Aktie? Was ist ein Einbruch in eine Bank gegen die Gründung einer Bank?« In ihrem Bann neigte ich dazu, in gewissen Straftaten – vor allem in größeren und raffiniert durchgeführten Eigentumsdelikten – verhinderte Staatsstreiche und in Verbrechern missglückte Revolutionäre zu sehen, bis ich begriff: Der Verbrecher ist nicht ein Feind dieser Gesellschaft, sondern jeder Gesellschaft. Ja, mehr noch: Der erfolgreiche Parasit muss auf das Wohl seines Wirts bedacht sein, und so hat der Bankräuber keinerlei Interesse an der Abschaffung des Privateigentums, sondern lebt von und in ihm, wie die Made im Speck. »Du vernichtest nicht das Kapital, du schmeichelst ihm«, wirft der linksradikale Charlie Bauer seinem Freund Mesrine vor, der glaubte, das kapitalistische System durch Banküberfälle aus den Angeln heben zu können.

Warum tun Männer so etwas, warum ziehen sie in den Krieg, warum überfallen sie Banken und Geldtransporter? Sie wollen sich der Gefahr aussetzen und sich erproben, sie wollen sich spüren, sich selbst erfahren, sie wollen wissen, wie stark und kaltblütig sie sind, was sie aushalten können. Das fanden junge Männer früher im Krieg heraus. In Friedenszeiten werden die einen Verbrecher, die anderen Polizisten. Peter O. Chotjewitz beantwortet die Frage, warum Männer so etwas tun, so: »Damit sie nicht zu Hause bei Frau und Kindern bleiben müssen, damit sie nicht den Müll runtertragen müssen, sondern Heldentaten vollbringen können.« Das Leben als Bandit und Räuber besitzt die Würde der Gefahr. Mit derselben Würde bringt man dann auch den Knast hinter sich. Es ist eine Lebensform, die dem Stechuhrdrücken und dem Vertikutieren des Rasens ums Einfamilienhaus allemal vorzuziehen ist.

Mir ist das Männlichkeitskonzept, das im Milieu und im Knast gelebt wird, immer fremd geblieben. Es ist für mich durch die Generation meines Vaters historisch diskreditiert und wegen seiner Frauenverachtung kein lebbares Modell. Klaus Theweleit hat die Zusammenhänge zwischen dieser Form von (soldatischer) Männlichkeit und den Gräueln des Faschismus in seinem Buch »Männerphantasien« aufgezeigt. Aber man muss dieses Männlichkeitskonzept verstehen und zur Kenntnis nehmen, wenn man mit diesen Männern arbeiten will. Es ist bis heute im Schwange und hat seine Anziehungskraft auf junge Männer nicht eingebüßt.

Respekt, Ehre und Männlichkeit sind für die meisten Gefängnisinsassen wichtige Kategorien, und ihre Identität ist um diese Werte herum aufgebaut. Die Männer sind von klein auf von Frauen umgeben, um nicht zu sagen: umzingelt, die ihnen sagen: »Es geht auch ohne Aggressivität und Gewalt. Seid nicht so laut und grob!« Aber die Jungen und Männer denken: Das ist Frauengerede. Hans-Ludwig Kröber hat in einem *Töten ist menschlich* betitelten Essay in der Wochenzeitung *Die Zeit* vom 21.10.2012 darauf hingewiesen, dass man der Gesellschaft einen Bärendienst erweist, wenn man die traditionellen Männlichkeitskonzepte ignoriert oder als bloß defizitär stigmatisiert und pathologisiert. Die moderne – weiblich dominierte – weiche Pädagogik versucht, den Kindern die Aggression auszureden und abzugewöhnen. Gewalt ist böse und muss vermieden werden. In der Lebensphase, in welcher männliche Jugendliche ein Selbstkonzept entwickeln, wer sie denn sind und wer sie sein wollen, lockt stets die Rolle des Kämpfers, des Kriegers, des Banditen. Dem am nächsten kommt das Konzept des Sportlers. In beiden Fällen geht es um den Einsatz und das Riskieren des Körpers. Die Anziehungskraft bestimmter jugendlicher Subkulturen liegt weniger in ihrer Ideologie, sondern in ihrer Gewaltbereitschaft und der Möglichkeit, Aggressionen auszuleben und sich auszuprobieren. Kröber sagt sinngemäß: Ein männlicher Umgang mit jugendlichen Straftätern ist absolut notwendig. Sie müssen spüren, dass man sie nicht zu Mädchen umziehen möchte, sondern zu selbstdisziplinierten

Männern. Den eigenen Körper zu beherrschen, ist ein lohnendes Ziel. Sie müssen nach Regeln kämpfen lernen. Sie brauchen gestandene Männer als Vorbilder und männliche Paten, die sich um sie kümmern. Gewalt darf nicht tabuisiert werden, sondern muss in *Power* verwandelt werden.

In unseren Jugendgefängnissen sind der *Sozialdienst* und der *Psychologische Dienst* häufig weiblich dominiert. Damit wir uns nicht missverstehen: Das Eindringen von Frauen in die einstige Männerdomäne Gefängnis ist insgesamt segensreich gewesen und hat zu einer Entbrutalisierung der Umgangsformen entscheidend beigetragen. Aber die Übermacht der Frauen in der Behandlung männlicher Straftätern birgt auch die Gefahr, dass Aggressivität ignoriert oder als tumb abgetan wird. Die solcherart verpönten Lebensäußerungen verfügen über keine Ausdrucksformen mehr und ziehen sich in den Untergrund zurück, wo sie ein unkontrolliertes Eigenleben entfalten und roh und unbearbeitet bleiben. So wird man nichts zur Entwicklung und Förderung »annehmbarer Verhaltensweisen« im Zusammenhang mit Gewalt beitragen können, wie Bruno Bettelheim in seinem bahnbrechenden Aufsatz *Gewalt – eine gern verleugnete Verhaltensweise* früh angemerkt hat. (in: Bruno Bettelheim: Erziehung zum Überleben, Stuttgart 1980) Die Quintessenz seiner Thesen lautet: Nur wer Aggressivität als grundlegende menschlich-männliche Lebensäußerung anerkennt und mit ihr rechnet, kann an ihrer Zähmung arbeiten und sie in eine sozialverträgliche Energie umwandeln.

Im Jahr 2009 wurde Thomas in den offenen Vollzug verlegt und arbeitete auf dem Bau. Ich traf ihn gelegentlich in der Stadt und stellte feste, dass seine Hände von Mal zu Mal rauer und schwieliger wurden. Im Sommer 2012 wurde er von der Strafvollstreckungskammer aus der Haft entlassen. Nach fast zehn Jahren im Gefängnis war Thomas nun wieder ein freier Mann. Er zog zunächst zu seinem Bruder und arbeitete weiter in der alten Firma. Nun wäre es naiv anzunehmen, einer wie Thomas könnte ein vollständig und rundherum »anständiger Mensch« werden und bruchlos im bürgerlichen Leben aufgehen. Er wurde wieder zu dem »Halbsoliden«, zum Grenzgänger, der er zu Beginn seiner kriminellen Laufbahn gewesen war – ein Bein in der bürgerlichen Normalität, eins im Milieu. Über ihm schwebte wie ein Damoklesschwert der zur Bewährung ausgesetzte Strafrest. Er balancierte auf dem schmalen Grat zwischen Normalität und

Delinquenz und richtete sein Leben auf eine Weise ein, die ihn vor strafrechtlicher Verfolgung schützte. Er plante offenbar, sich niederzulassen und zur Ruhe zu setzen. Warum sonst kauft man ein Haus in einer hessischen Kleinstadt? Natürlich keine Ruhe im Sinne einer kleinbürgerlichen Idylle, sondern mit einer Harley in der Garage.

Thomas' Beziehungen zu Frauen gestalteten sich kompliziert. Der in vielen Frauen lebendige Wunsch nach häuslichem Glück, Kindern und Familie passte mit seinem Lebensstil nicht zusammen. Mal war er mit ›soliden‹ Frauen zusammen – und es ging schief, dann mit ›unsoliden‹ Frauen aus dem Milieu – und das ging auch schief. Eine der soliden Frauen bekam ein Kind von ihm. Sie gingen im Streit auseinander, und er klagte das Umgangsrecht nicht ein, das sie ihm nach der Trennung verweigerte. Er hat seinen Sohn nie kennengelernt. Wie viele Straftäter kannte auch Thomas den Wunsch, zu einem Punkt zurückzukehren, der vor der falschen lebensgeschichtlichen Abzweigung liegt. Wenn es einen solchen Punkt gegeben habe, dann sei es die Trennung von der Frau gewesen, die nach der Trennung zur Mutter seines Sohnes wurde. Vielleicht hätte er in Zukunft noch einmal die Richtige getroffen, die das Leben auf dem schmalen Grat mitgemacht und darauf verzichtet hätte, ihn zu normalisieren und domestizieren.

So aber erschien am 19. März 2014 ein junger Mann und setze Thomas' Leben ein rabiates Ende. Die Motive des Mannes liegen auch Wochen nach der Tat noch im Dunklen. Ein solches Ende greift in die Phantasie und lädt zum Spekulieren ein. Im Gefängnis kursieren zahllose Versionen über die möglichen Hintergründe der Tat. Ich erinnere mich an den Film *Die Ermordung des Jesse James durch den Feigling Robert Ford*. Jesse James lebt unter falschem Namen unbehelligt mit seiner Frau und seinen beiden Kindern auf dem Land in Missouri. Da alle Mitglieder der alten Bande im Gefängnis oder tot sind, umgeben er und sein Bruder sich für einen weiteren Zugüberfall mit einer Reihe einheimischer Strauchdiebe und Taugenichtse. Darunter befindet sich auch der seltsame 19 Jahre alte Robert Ford. Er verehrt und bewundert Jesse James, den er aus Groschenromanen und von Abziehbildern seiner Kindheit kennt. Robert Ford buhlt um Jesses Anerkennung, doch dieser hat für ihn nur Hohn und Spott übrig. Schließlich erschießt Robert Ford Jesse James, als dieser unbewaffnet ein Bild abstaubt und ihm den

Rücken zukehrt. Robert Ford genießt einige Zeit lang das Interesse der Öffentlichkeit an seiner Person und münzte seinen Ruhm zu klingender Münze um. Zwölf Jahre nach der Tat wird er in seinem eigenen Saloon von einem ihm unbekannten Mann erschossen, der James' Tod rächen wollte.

Es wimmelt in der Halb- und Unterwelt von Hitzköpfen und nach Bestätigung und Anerkennung dürstenden jungen Männern, die davon träumen, groß rauszukommen. Der ständige und mitunter scheinbar anlasslose Einsatz von Gewalt dient den jungen Wilden und Möchtegern-Gangstern dazu, in einer Art fortwährendem Turnier Hierarchien zu etablieren und sich einen Namen zu machen. Die Tötung eines bekannten Kriminellen, der in der Hierarchie weit über einem steht, bedeutet einen enormen Karrieresprung: Der Täter ist in unserem Fall ab sofort derjenige, der Thomas S. erschossen hat. Es geht im kriminellen Milieu viel filmischer zu als man denkt. Der Oxforder Soziologe Diego Gambetta hat die These aufgestellt, dass die Beziehung zwischen Film und Wirklichkeit keineswegs einseitig sei. Es sei nicht nur die kriminelle Realität, die die Filmemacher inspiriere, sondern die Filme wirkten, besonders wenn sie Kultstatus erlangten, auf das kriminelle Milieu zurück. Mafia- und Gangsterfilme versorgten die kriminelle Szene mit einem spezifischen Vokabular, mit Gesten und leicht verstehbaren Symbolen sowie Handlungsschablonen.[4] Sie liefern möglicherweise auch Modelle dafür,

---

4 Kürzlich entdeckte ich eine weitere Schnittstelle zwischen Film und Wirklichkeit. Bei einem der Überfälle auf einen Geldtransporter hatten Thomas und seine Mittäter das Auto, das sie während des Überfalls benutzt hatten, kurz darauf in einem Lastwagen verschwinden lassen. Sie hatten einen LKW so präpariert, dass es von oben aussah, als hätte er alte Autoreifen geladen. Darunter befand sich eine Art Garage, in die sie über zwei ausgelegte Schienen das Auto hineinfuhren und verschwinden ließen. Da die Polizei nach einem PKW fahndete, konnten sie unbehelligt entkommen. Als ich neulich mit Gefangenen den Film *Jimmy Hoffa* sah, der das Leben des gleichnamigen charismatischen und mafiösen amerikanischen Gewerkschaftsführers schildert, kam mir der Gedanke, dass Thomas sich bei der Planung dieses Verbrechens möglicherweise von diesem Film hatte inspirieren lassen. Am Ende wartet Jimmy Hoffa auf einem Parkplatz auf der Rückbank seines Autos sitzend auf einen Typen, mit dem er eine geschäftliche Verabredung hatte. Stattdessen erscheint ein junger Mann und erschießt ihn. Kurz darauf fährt ein LKW vor. Die hinteren Türen werden geöffnet, zwei eiserne Planken ausgelegt, über die das Auto mit der Leiche ins Innere gesteuert wird. Die Türen schließen sich, der LKW mit dem Auto und der Leiche Jimmy Hoffas darin verschwindet.

wie man als junger Gangster von sich reden macht und sich durchsetzt. Das Jesse James-Modell beschreibt eine Möglichkeit, wie es gewesen sein könnte.

Vielleicht wollte der junge Mann Geld von Thomas, das dieser ihm nicht geben wollte oder konnte. Möglicherweise wollte er den berühmten und erfahrenen Thomas aber auch überreden, noch einmal »ein richtig großes Ding mit ihm zu drehen«, um sich seiner Geldsorgen zu entledigen, und Thomas hat ihn abfahren lassen, sich vielleicht sogar über ihn lustig gemacht: »Du glaubst doch nicht im Ernst, dass ich wegen einem wie dir meine Bewährung aufs Spiel setze?« Die Kränkung lässt Bewunderung und Heldenverehrung unvermittelt in Hass umschlagen, der sich in den Schüssen entlädt. Das sind, wie gesagt, bloß Fantasien und Vermutungen, und es kann alles auch ganz anders und viel prosaischer gewesen sein. So mutmaßen die Ermittler inzwischen, Thomas habe Anfang des Jahres zusammen mit zwei jüngeren Männern einen Kurierfahrer überfallen. »Die Räuber kamen aus dem Wald und legten einen abgesägten Baumstamm quer über die Fahrbahn«, schreibt die *Gießener Allgemeine* am 8. Mai 2014. Man vermutet, dass es zwischen den drei Komplizen wegen der Aufteilung der Beute zum Streit gekommen ist, der dann tödlich eskalierte.

Man muss kein Prophet sein, um dem jungen Mann, der Thomas erschossen haben soll, vorherzusagen, dass er im Strafvollzug einen schweren Stand haben wird. Thomas war nicht Jesse James, aber er war in der Parallelwelt der Kriminellen und Gefängnisinsassen eine Berühmtheit – und der tote Thomas wird erstrecht zur Legende werden.

Nicht umsonst ist Jaques Mesrine der Heroe vieler Gefangener aus der Generation von Thomas gewesen. In einem Interview mit der Zeitung *Libération* aus dem Januar 1979 wird Mesrine gefragt: »Sie haben gesagt, bei Ihrer Lebensweise laufen Sie Gefahr, getötet zu werden. Wie fühlen Sie sich, wenn Sie an so etwas denken?«

Die Antwort, die Mesrine gegeben hat, könnte auch als Motto dem Buch von Thomas vorangestellt sein oder über seinem Leben stehen: »Wir wissen alle ohne Ausnahme, dass wir von Geburt an zum Tode verurteilt sind. Unser erstes Strafurteil besteht darin, dass wir zum Tode verurteilt sind (es ist eigentlich banal, was ich Ihnen sage). Ich finde es nicht idiotischer, durch eine Kugel im Kopf zu sterben als am Lenkrad eines R 16 oder in der USINOR-Fabrik bei einer Arbeit, die den Mindestlohn einbringt. Ich persönlich lebe vom Verbrechen. Von einer bestimmten Art Verbrechen, die nicht darin besteht, Greise anzugreifen, sondern Banken und bestimmte Fabriken. Ich will mich nicht rechtfertigen, aber das Geld, das ich den Banken klaue, ist nicht das Geld der Leute, die es in die Banken gebracht haben … Ich nehme nur die Zinsen, die die Banken mit dem Geld der Arbeiter machen. Wenn ich einer Bank 20 Millionen klaue, ist das gar kein Drama … Ich wiederhole es: Banken zu überfallen ist mein Beruf. Nun – sterben bzw. die Gefahr auf sich nehmen zu sterben, wenn man einmal mit der Gewalt lebt … Ich will nicht behaupten, mit der Pistole in der Hand zu sterben sei wie ein Mann zu sterben, nein. Wie ein Mann sterben – das gibt es nicht. Den Tod gibt es, sonst nichts.«

PS: Seit Ende des Jahres 2014 lief vor dem Landgericht Gießen der Prozess gegen den mutmaßlichen Mörder von Thomas S. Ich habe eine Menge ehemalige Butzbacher Gefangene auf den Gängen des Gerichts getroffen oder im Zeugenstand erlebt. Vom vorsitzenden Richter gefragt, in welchem Verhältnis sie zu Thomas standen, sagten alle: »Wir waren enge Freunde.« Auf die Frage, woher man sich kenne, sagten sie: aus Butzbach, aus der JVA Kassel oder Weiterstadt, aus Diskotheken oder einem Bordell im Kreis Gießen. Ich habe gelernt, dass sich die Stammgäste dieses Etablissements von der Laufkundschaft dadurch unterscheiden, das diese ein Handtuch um die Hüfte geschlungen haben, jene Bademäntel tragen. Der Tenor der Aussagen der Freunde über Thomas: »Er war ein Gangster, aber einer mit Ehre. Er war gradlinig und korrekt, auf ihn war immer Verlass!«

An einem der letzten Verhandlungstage war eine Kripobeamtin geladen, die das Manuskript von Thomas gelesen hatte. Sie sollte dem Gericht ihre Lektüreerfahrungen mitteilen und konnte dabei ihre Bewunderung kaum verhehlen. Dem Richter wurde das irgendwann zu viel: »Ich höre da eine gewisse Begeisterung heraus! Zügeln Sie sich bitte, es geht hier um schwere Straftaten!« Der ganze Saal lachte.

Ein Polizist erläuterte die Fotos, die er vom und am Tatort gemacht hatte: »Das ist eine Nahaufnahme von der Blutlache, die man hier sehr schön sehen kann.«

Der Prozess war eine Sternstunde einer neuen kriminalistischen Disziplin, die sich »digitale Forensik« nennt. Telefonkontakte wurden ermittelt, gelöschte Gespräche, E-Mails und Kurzmitteilungen rekonstruiert. Wer hat sich wann in welcher Funkzelle aufgehalten? Ohne die Zuarbeit der Computerfreaks vom Landeskriminalamt wäre der Täter wohl kaum zu überführen gewesen.

So erging am Freitag, den 27. Februar 2015 das Urteil. Der heute 35-jährige Roman G. wurde des Mordes an Thomas S. für schuldig befunden und zu einer lebenslangen Freiheitsstrafe verurteilt. Als Motiv machte das Gericht die wachsenden Geldnöte des Verurteilten aus. Er habe sich in ein Netz von Verschuldungen verstrickt, aus dem er nicht mehr herausgefunden habe. Das Gericht stellte eine besondere Schwere der Schuld fest, was bedeutet, das Roman G. nicht nach 15 Jahren bedingt entlassen werden kann. Er nahm das Urteil stoisch entgegen, das heißt, er zeigte keine erkennbare Regung. Beim Verlassen des Gerichtsgebäudes hörte ich jemanden sagen: »Das Beste wird für ihn sein, er hängt sich uff.«

Thomas' Beteiligung am Raubüberfall im Runkeler Wald in der Nähe von Weilburg im Februar 2014 steht für das Gericht fest. Das Gericht geht davon aus, dass er den Überfall geplant und die Schüsse auf den Geldtransporter abgegeben hat, die den Fahrer nur um Zentimeter verfehlten. Es muss wohl so sein, dass von der Planung und Durchführung eines solchen Verbrechens ein starker Reiz ausgeht, für den man ein geordnetes Leben bereitwillig aufs Spiel setzt. Thomas scheint kein biederes Leben gewollt zu haben, sondern zog auch nach den beiden langen Haftstrafen ein gefährliches Leben außerhalb der bürgerlichen Normalität vor. Ganz im Sinne von Mesrines Gangster-Philosophie: Es ist besser, lebend zu sterben, als tot zu leben! Das Verbrechen ist grausam und blutig, das stimmt, und es ist letztlich sinnlos, weil es einen in den Knast bringt, aber verdammt: Das zivile Leben ist genauso sinnlos, weil es öde und vernünftig ist und die Triebe in Schach hält. Wer einmal das Aroma der Gefahr gekostet hat, will mehr, das ist wie bei anderen Drogen auch. Schon während der Planungsphase eines Verbrechens gerät man in einen Zustand fiebriger Erregung. Im Kopf werden alle möglichen Szenarien durchgespielt und verschiedene Varianten der Durchführung der Tat gegeneinander abgewogen. Der Tatort wird in Augenschein genommen, das Objekt der Begierde ausgespäht und die Beute vorwegphantasiert. Das ganze Leben wird vom Adrenalin beflügelt, es ist, als pulsiere reines Kokain durch die Adern. Die Wahrheit, die niemand zu sagen wagt und die sich vor allem der Kenntnis der Justiz entzieht, ist, dass das Verbrechen eine Lust ist, die größte Lust sogar, sonst würde man sofort damit aufhören. Um noch mal an Pascal zu erinnern: Auch bei gewissen Raubdelikten scheint es nicht in erster Linie um die Beute zu gehen, sondern um den Akt der Beraubung selbst. Unsere Logik ist zu stark von der ökonomischen Vernunft durchdrungen und zu instrumentell, um solche Motive erkennen zu können. *Zweckrationalität* ist der Idealtypus der Erkenntnisorientierung, der dem modernen Menschen als plausibelster Verstehensmodus erscheint; er kann Sachverhalte am besten begreifen, wenn verfügbare Mittel auf möglichst rationale Weise Zwecken zugeordnet werden. Die Justiz nähert sich sogar dem Verbrechen mit dieser Logik. »Jener hat die Tat begangen, dem sie nützt«, lautet einer ihrer Grundsätze. Schon André Gide stellte fest, dass die Rechtsprechung »die schlimmsten Irrtümer riskiert«, wenn sie immer und überall diesem Grundsatz folgt. Auch für die Motive des Thomas S. scheint das zu gelten. In der Aussage des einen oder anderen Zeugen, der zu Thomas befragt wurde, klang etwas von dieser anderen Ebene an, aber die Versprachlichung dieser Dimension ist schwierig und gelang selten.[5]

Verbrechen wie die des Roman G. erschüttern das stets prekäre Gleichgewicht des gesellschaftlichen Zusammenlebens, das Strafverfahren und die im Urteil ausgesprochene Strafe sollen es wiederherstellen. Die Familie von Thomas hofft, dass das durch die Tötung des Sohnes, Bruders, Schwagers gestörte Gleichgewicht sich nun nach der Urteilsverkündung wiederherstellen kann und in das Leben aller Ruhe einkehrt.

---

[5] In einem Interview mit der Frankfurter Allgemeinen Zeitung vom 28. Mai 2015 wird Peter Zingler, der wegen Einbrüchen lange Jahre unter anderem auch in der JVA Butzbach einsaß und heute Schriftsteller und Drehbuchautor ist, gefragt: »Ihre Schilderungen aus dem Gefängnis in Ihrem Buch ›Im Tunnel‹ sind erschütternd – warum sind Sie immer wieder straffällig geworden?« Seine Antwort: »Es ist immer ein bisschen wie Zocken. Man will ja nicht erwischt oder überführt werden. Außerdem gehörte es zu meinem damaligen Leben im kriminellen Milieu, in dem ich mich wohlgefühlt habe.«

ETHNOLOGIE DES INLANDS

Männer tragen wieder Bärte

Vor ein paar Abenden gingen U. und ich durch die Stadt. Wir kamen an einem italienischen Imbiss vorüber, der auch ein paar Tische draußen neben den Eingang gestellt hat. Dort saßen vielleicht zehn junge Männer. U. lachte plötzlich und sagte dann zur Erklärung: »Hast du bemerkt, dass die alle gleich aussehen?« Tatsächlich fällt mir seither verstärkt auf, dass viele junge Männer aussehen, als wären sie geklont: abrasierte Schädel, kantige Kinnpartien, Dreitagebart, Gangster-Sonnenbrillen, muskulöse Oberarme mit Tätowierungen drauf, festungsgleiche Körper. Warum müssen sie sich alle die Schädel rasieren, die wie winzige Denkbeulen auf ihren massigen Körpern wirken? Wie Lagerinsassen oder Soldaten. Es ist eine enorme Remaskulinisierung zu beobachten. Das Straßenbild wird bestimmt von brutal wirkenden Jungmännern, die aussehen, als würden sie gleich in den Krieg ziehen wollen oder sich schon in einem befinden. Dann gibt es neuerdings einen anderen Typ von Jungmann, der richtige Bärte trägt, allerdings säuberlich getrimmte und gepflegte, häufig kombiniert mit einer großflächigen Hornbrille und einer samuraiartigen Frisur. Diese Bartträger nennt man wohl »Hipster«. Stefan Zweig hat beschrieben, wie in der Zeit vor dem Ersten Weltkrieg junge Männer sich einen Bart stehen ließen, um entschlossen zu wirken, wild und bereit zum Kampf. Bärte sind ein Attribut der Männlichkeit, das eine Weile beinahe ganz verschwunden war. Im Sinne von Stefan Zweig könnte ihre Wiederkehr etwas Ungutes signalisieren.

Eine Kultur, die das Männliche stark betont und demonstrativ hervorhebt, ist immer eine Kultur des Hasses und der Gewalt. Wegen ihrer Fixierung an überfürsorgliche, kontrollierende Mütter werden viele junge Männer von der geheimen Sorge umgetrieben, es könnte zu viel Weibliches in und an ihnen sein. Die auf dieser Basis sich ausbildende männliche Identität ist stets prekär und von Fragmentierung bedroht, besonders an der Grenze zum Weiblichen. Die Angst vor Identitätsverlust wird in der Folge gewaltsam abgewehrt, nach dem Motto: »Unsere Entschlossenheit zur Gewalttätigkeit und unser martialisches Aussehen beweisen, dass wir keine Schwuchteln und Muttersöhnchen sind.« Der Zweifel an der eigenen Männlichkeit wird durch Demonstrieren einer ramboartigen Männlichkeit, ostentative Gefühllosigkeit und starke Muskeln zerstreut.

Der älteste Hass der Geschichte, der Hass, der noch älter ist als der Juden- oder Zigeunerhass, ist der auf die Frau. Adorno und Horkheimer haben in der

Dialektik der Aufklärung gezeigt, dass die Ursache für einen derartigen Hass auf die Frau über die Jahrhunderte und die Kontinente hinweg ihre Schwäche ist, die die Schwäche aller ist. Der Hass auf die Frau verbirgt Angst, Enttäuschung, letztlich Selbsthass. »Furchtbares hat die Menschheit sich antun müssen, bis das Selbst, der identische, zweckgerichtete, männliche Charakter des Menschen geschaffen war, und etwas davon wird noch in jeder Kindheit wiederholt. Die Anstrengung, das Ich zusammenzuhalten, haftet dem Ich auf allen Stufen an, und stets war die Verlockung, es zu verlieren, mit der blinden Entschlossenheit zu seiner Erhaltung gepaart.« (Dialektik der Aufklärung, Frankfurt/Main 1969, Seite 40)

VII.

SARAJEVO UND DER HUNGER NACH SINN

Die Schüsse von Sarajevo – oder: Die Abdrift der Geschichte

In der Schule bekamen wir beigebracht: Am 28. Juni 1914 hat in Sarajevo ein fanatischer Serbe den österreichischen Thronfolger Franz Ferdinand feige ermordet. Die Folge war der Erste Weltkrieg. Um 1968 herum hieß es dann: Papperlapapp – der Imperialismus und seine Widersprüche führten zum Krieg. Die Attentäter von Sarajevo kamen in dieser Version der Geschichte gar nicht mehr oder nur als willenlose Marionetten vor. Heute geht es mir um die dialektische Vermittlung beider Erklärungen, in der sowohl die konkreten Gestalten der Attentäter und ihre Intentionen, als auch der Imperialismus – als übergreifender Rahmen und Bedingungsgefüge der Ereignisse – vorkommen.

Besuch am »Vidovdan«

> »Was einen Terroristen ausmacht, ist zunächst einmal eine bestimmte Art der Verzweiflung. Oder genauer gesagt, das Streben, über die Verzweiflung hinauszugehen, indem er sein Leben einsetzt und so der Verzweiflung einen Sinn gibt.« *(John Berger)*

»Es war ein schöner Sommertag, wie es sich für einen 28. Juni gehörte. Der Himmel war von einem makellosen Blau, und die Stadt badete geradezu im klaren Licht der Morgensonne. Ein herrliches Sonntagswetter für alle gebetenen und ungebetenen Gäste, die heute nach Sarajevo kommen würden«, dachte der Untersuchungsrichter Leo Pfeffer, als er an diesem Sonntagmorgen in Begleitung einer seiner Töchter das Haus verließ. Sie schlugen den Weg zum Rathaus ein, um die Ankunft des österreichischen Thronfolgers Franz Ferdinand mitzuerleben. Der war etwa um diese Zeit mit dem Zug in Sarajevo angekommen. In den Tagen zuvor hatte er Manöver beobachtet, die unweit der bosnischen Landeshauptstadt stattgefunden hatten. Nun sollten er und seine Frau Sophie einen offenen Wagen besteigen, um in einem Konvoi zum Rathaus zu fahren. Im Vorfeld des Besuchs waren Warnungen ausgesprochen worden. Der 28. Juni war der Vidovdan, der Veitstag, an dem sich die serbische Bevölkerung an die Schlacht auf dem Kosovo Polje, dem Amselfeld, vor 525 Jahren erinnerte. Im Jahr 1389 war dem Serbentum dort durch die osmanischen Heere eine furchtbare Niederlage zugefügt worden, in deren Folge das mittelalterliche serbische Reich zugrunde gegangen war. Damit begann die 500 Jahre währende Herrschaft der Türken auf dem Balkan. Die Serben seien wahrscheinlich das einzige Volk auf der Erde, das die größte und entscheidendste Niederlage seiner Geschichte zum Nationalfeiertag erhoben hat, merkt Milo Dor in seinem Buch *Die Schüsse von Sarajevo* an. Die Gedenkfeiern würden 1914 besonders intensiv ausfallen, weil das Kosovo im Jahr zuvor im Zuge des Ersten Balkankriegs zurückerobert worden war. Ein Besuch des Thronfolgers ausgerechnet an diesem Tag könne als Affront empfunden werden, der möglicherweise nicht unbeantwortet bleiben würde. Irgendein junger bosnischer Serbe habe womöglich eine Kugel im Lauf, die auf den Thronfolger abgefeuert werden könne, hatte der serbische Gesandte in Wien auf Geheiß von Nikola Pašić, dem serbischen Regierungschef, der österreichischen Regierung gegenüber etwas nebulös verlauten lassen. Seit der Besuch des Thronfolgers zu Beginn des Frühlings bekannt geworden war, schwirrte die Stadt vor Anschlags- und Attentatsgerüchten. Auf den Straßen und in den Kneipen von Sarajevo sprachen die Jugendlichen unablässig über ein bevorstehendes Attentat. Wer immer wollte, konnte wahrnehmen, dass etwas in der Luft lag. Pašić hatte darüber hinaus die Grenzbehörden des Landes angewiesen, streng darauf zu achten, dass in den Tagen vor dem Besuch des Thronfolgers keine Schüler und Studenten die Grenze nach Bosnien überschritten. Diese Maßnahme kam allerdings zu spät, denn eine Gruppe junger Männer war bereits Ende Mai über die Grenze geschleust worden und inzwischen längst in Sarajevo eingetroffen. Der Thronfolger ließ sich von der Reise nach Sarajevo nicht abhalten. Das wäre ja noch schöner, wenn sich der künftige Kaiser von Österreich-Ungarn von bosnischen Serben einschüchtern und den Termin für den Besuch in einer seiner Provinzen vorgeben ließe! Dabei war es in Sarajevo nach der österreichischen Annexion Bosniens im Jahr 1908 bereits verschiedentlich zu Attentaten und Attentatsversuchen gekommen. Der Student Bogdan Žerajić schoss 1910 bei der Eröffnung des bosnisch-herzegowinischen Landtags auf den bosnischen Gouverneur, verfehlte ihn aber, woraufhin er sich mit der letzten Kugel selbst tötete. Žerajić war der Held vieler junger Bosnier, die die Verwandlung ihrer Heimat in eine österreichische Kolonie nicht hinnehmen wollten. Sein Grab war eine Pilgerstätte für die revolutionär und/oder nationalistisch gesinnte bosnisch-serbische Jugend. Auch zwei der über die Grenze geschleusten jungen Männer besuchten in der Nacht vor der Tat noch einmal sein Grab und legten dort Blumen nieder.

Ungeachtet all der Warnungen und diffusen Vorahnungen bestiegen der Thronfolger und seine Frau am Morgen des 28. Juni ein offenes Automobil. In Lebensgefahr, hatte er bei einer ähnlichen Gelegenheit verlauten lassen, sei man immer und ansonsten müsse man »auf Gott vertrauen«. Der Konvoi aus sechs Wagen setzte sich in Bewegung. Franz Ferdinand, Sophie und der österreichische Statthalter in Bosnien namens Potiorek saßen im dritten Wagen. Trotz der Vorwarnungen gab es so gut wie keine Sicherheitsvorkehrungen entlang der Strecke. Die Wagenkolonne fuhr über den Appel-Kai entlang des Miljačka-Flusses praktisch ungeschützt an den dicht stehenden Menschen vorbei, die sich zum Empfang des Thronfolgers eingefunden hatten. Sogar Franz Ferdinands Leibwache fuhr nicht in seinem Wagen mit. Welchen Weg der Konvoi nehmen würde, hatte in den Tagen vor dem Besuch in den Zeitungen gestanden, um möglichst viele Menschen zum Jubeln an die Strecke zu locken. So waren auch die Attentäter bestens informiert und hatten sich entlang der Strecke aufgestellt. Sieben junge Männer hatten sich am Morgen in einer Konditorei getroffen. Dort wurden die Waffen – vier Pistolen und sechs kleine Bomben – verteilt und die Positionen an der Strecke zugewiesen. Gegen 10 Uhr passierte der Konvoi den ersten Attentäter, einen jungen Mann aus Montenegro namens Muhamed Mehmedbašić. Als er die im Hosenbund steckende Bombe scharf machen wollte, meinte er zu bemerken, dass jemand aus der Menschenmenge dicht hinter ihn trat. Vor Schreck war er wie gelähmt und er ließ die Wagenkolonne unverrichteter Dinge passieren. Der nächste in der Reihe der Attentäter war Nedeljko Čabrinović. Er holte seine Bombe hervor und zerschlug das Zündhütchen an einem Laternenpfahl. Er warf die Bombe in Richtung Erzherzog, der an seinem hoch aufragenden Federbusch gut zu erkennen war, aber sie landete hinter ihm auf dem Verdeck des Wagens und fiel von dort zu Boden. Die Bombe explodierte unter dem nachfolgenden Auto und verletzte den Adjutanten des Landeschefs Potiorek, den Oberst von Merizzi. Dieser blieb zwar bei Bewusstsein, erlitt aber eine stark blutende Kopfwunde, die im Krankenhaus versorgt werden musste. Außerdem wurden einige umstehende Zuschauer leicht verletzt. Čabrinović nahm das Zyankali ein, das jeder der Attentäter bei sich trug, und stürzte sich über die Brüstung in die Miljačka. Das Gift war zu lange gelagert worden und zeigte außer Verätzungen in Mund und Rachen und einer leichten Übelkeit keine Wirkung. Der Fluss führte zu wenig Wasser, um sich ertränken zu können. Man überwältigte ihn und nahm ihn fest. Der Konvoi fuhr nach einer kleinen Pause weiter. Die an der Strecke zum Rathaus postierten übrigen Attentäter unternahmen nichts. Einem tat die Herzogin leid, ein anderer bekam es mit der Angst zu tun und war handlungsunfähig. Im entscheidenden Moment waren sie nicht so kaltblütig, wie sie sich das im Vorfeld des geplanten Attentats vorgestellt hatten. Der Konvoi erreichte das Rathaus ohne weitere Zwischenfälle. Der Bürgermeister von Sarajevo las eine vorbereitete Rede vor, unterbrochen von einem empörten Zwischenruf des Erzherzogs: »Da kommt man nach Sarajevo, um einen Besuch zu machen, und man wirft auf einen mit Bomben. Das ist empörend!« Anschließend beriet man, wie es nun weitergehen sollte. Sollte man alles Weitere absagen oder mit dem Programm fortfahren? Das Attentat war vergleichsweise glimpflich abgegangen und aus der Sicht der Attentäter gescheitert. Franz Ferdinand beschloss, den verletzten Oberst von Merizzi im Garnisonsspital zu besuchen, das am westlichen Stadtrand lag. Man bestieg also die Wagen und der Konvoi setzte sich erneut in Bewegung. Da man versäumt hatte, die Fahrer von der Änderung der Route zu informieren, bog der Fahrer des ersten Wagens, statt geradeaus Richtung Garnisons-Krankenhaus weiterzufahren, vom Appel-Kai in die Franz-Joseph-Straße ein. Potiorek machte den Fahrer durch einen lauten Zuruf auf seinen Fehler aufmerksam. Dieser stoppte, kuppelte aus und setzte langsam auf die Hauptverkehrsstraße zurück. Dieser merkwürdige Zufall ist verantwortlich dafür, dass ein weiteres Mitglied der Verschwörergruppe, Gavrilo Princip, eine zweite Chance erhielt und doch noch ins Geschehen eingreifen konnte. Dieser hatte sich nach der Bombenexplosion unschlüssig wartend ans »Schiller-Eck« zurückgezogen. Er wusste nicht, wie es weitergehen sollte, und überlegte, ob er das Zyankali einnehmen und seinem Leben ein Ende setzen sollte. Da kam der Wagen, in dem der Erzherzog und seine Frau saßen, direkt vor dem Feinkostgeschäft Schiller an der Lateinerbrücke zum Stehen. Da er in der Eile die Bombe nicht scharf machen konnte, zog er die Pistole, sprang ein paar Meter auf den Wagen zu und schoss zwei Mal aus nächster Nähe. Die eine Kugel durchschlug die Tür des Wagens und drang in den Unterleib der Herzogin, die zweite Kugel traf den Erzherzog am Hals und zerriss die Halsvene. Beide verbluteten in den nächsten Minuten. Princip schluckte das Zyankali, das allerdings auch in seinem Fall ohne größere Wirkung blieb, und als er sich selbst erschießen wollte, entriss man ihm die Pistole. Er wurde von umstehenden Leuten geschlagen und mit Spazierstöcken traktiert, und man hätte ihn auf der Stelle gelyncht, wenn es der Polizei nicht gelungen wäre, in festzunehmen. Als sich kurz nach 11 Uhr die Nachricht vom Attentat verbreitete, begannen in ganz Sarajevo die Glocken zu läuten. Čabrinović und Princip wurden, vom Zyankali gehandicapt und mit Wunden und blauen Flecken übersät, dem Untersuchungsrichter Pfeffer vorgeführt, der sie ärztlich versorgen und nach einer ersten Vernehmung ins Gefängnis einliefern ließ. Ein weiterer Verschwörer, Danilo Ilić, bei dessen Mutter Pincip in Sarajevo gewohnt hatte und den die Behörden als Agitator und Verfasser linker Artikel kannten, wurde noch am gleichen Tag verhaftet. Am Tag darauf wurde Trifun Grabež, ein enger Freund und Tatgenosse von Čabrinović und Princip, beim Versuch festgenommen, die Grenze nach Serbien zu überschreiten. Nach schweren Misshandlungen wurde auch er dem Untersuchungsrichter Pfeffer vorgeführt. Damit war der harte Kern der Verschwörergruppe aufgeflogen und verhaftet. Die österreichischen

Behörden verhängten den Ausnahmezustand, die Gefängnisse füllten sich mit Verdächtigen und mehr oder weniger wahllos Verhafteten, die durch Folterungen und Schläge zu irgendwelchen Geständnissen gebracht werden sollten. In der Stadt brachen unter Duldung der Behörden Pogrome aus, ein Lynch-Mob schlug serbische Geschäfte kurz und klein. Die inhaftierten Attentäter konnten die Schreie der Verhafteten hören und entschlossen sich nach einer ihnen von Pfeffer zugestandenen gemeinsamen Beratung, die Namen aller Beteiligten zu nennen. »Ich werde alles erzählen und die Schuldigen nennen, damit nicht unschuldige Menschen leiden«, sagte Princip dem Richter. Danilo Ilić, der mit 23 Jahren älteste und politisch erfahrenste der Verschwörer, hatte vorher die Maxime ausgegeben, dass umfassende Geständnisse und eine politische Verteidigung vor Gericht die probaten Mittel seien, um ein breite politische Wirkung zu erzielen. Ein Lehrer, einige Schmuggler und ahnungslose Bauern, die die jungen Männer über die Grenze gelotst, ihnen unterwegs geholfen oder Quartier geboten, Waffen transportiert oder versteckt hatten, wurden festgenommen. Der Prozess gegen alle an der Verschwörung Beteiligten begann am 12. Oktober 1914 in einem Saal des Militärgefängnisses von Sarajevo. 25 Personen waren wegen Hochverrats, vorsätzlichem Meuchelmord oder Beihilfe zu diesen Taten angeklagt. Nach seinen Motiven gefragt, sagte Princip vor Gericht: »Ich bin ein jugoslawischer Nationalist. Mein Ziel ist die Vereinigung aller Jugoslawen, in welcher Staatsform auch immer und befreit von Österreich. Das Hauptmotiv, das mein Handeln bestimmt hat, war die Rache für all das Leiden, welches mein Volk unter Österreich erdulden musste.« Und er sagte auch, dass es ihm leid tue, die Frau des Erzherzogs getötet zu haben. Das sei nicht seine Absicht gewesen. Čabrinović, dem anarchistische Tendenzen nachgesagt wurden, ergänzte: »Wir sind keine Verbrecher, wir sind ehrliche, edle, idealistische Menschen. Wir wollten etwas Gutes tun, wir lieben unser Volk.« Wer bereits volljährig, also älter als 20 Jahre war, wurde zum Tode verurteilt und am Würgegalgen aufgehängt. Insgesamt wurden im Prozess von Sarajevo 16 Angeklagte verurteilt und neun freigesprochen. Gavrilo Princip, der 27 Tage nach dem Attentat 20 Jahre alt geworden war, erhielt 20 Jahre Festungshaft, mit einem Fastentag im Monat und mit verschärfter Haft am 28. Juni jeden Jahres. Auch Čabrinović und Grabež wurden zu je 20 Jahren verurteilt. Das Gesetz verbot bei den zum Tatzeitpunkt 19-Jährigen die Verhängung der Todesstrafe – aber es geht ja auch anders. Alle drei starben innerhalb weniger Jahre an den Folgen der grauenhaften Haftbedingungen in den Kasematten der Kleinen Festung von Theresienstadt. Princip war 417 Tage an der Kerkerwand angekettet und in strikter Isolationshaft gehalten worden. Die Folgen des Attentats für sie serbische Bevölkerung Bosniens waren verheerend: Massenverhaftungen, Schnellverfahren, ein Klima der Verdächtigung, universaler Spionage-Verdacht, Internierungen in grauenhaften Lagern. Die Hoffnungen der Verschwörer, das Attentat könnte die bosnische und südslawische Bevölkerung wachrütteln und zum Fanal eines Aufstands gegen die Besatzungsmacht Österreich werden, wurden enttäuscht. Diejenigen, die mit ihrer Tat zum Kampf gegen die herrschenden Verhältnisse aufrütteln wollten, wurden selbst von diesen Verhältnissen verschlungen.

Nachdem Gavrilo Princip am 28. April 1918 in der Haft an Knochentuberkulose gestorben war, fand man in seiner Zelle folgende mit einem Löffelstiel in die Wand geritzten Zeilen:

Unsere Schatten werden durch Wien wandern,
durch die Paläste irren
und die Herren erschrecken.

Die Attentäter und ihre Motive

> »Der politische Mord ist der Vorgänger der Revolution. Überall ist das so – in Italien, Polen, Russland – Russland kann nur durch eine Revolution gerettet werden, dann aber wird es einer der führenden Staaten sein. Und das faule Österreich wird durch eine Revolution vollständig vernichtet werden.«
> *(Nedeljko Čabrinović in der Vernehmung durch Leo Pfeffer)*

Was wissen wir über die Attentäter und ihre Motive? Princip, Čabrinović und Grabež waren hochpolitische junge Leute und Teil der Bewegung

Mlada Bosna (Junges Bosnien), die nach der Annektion Bosnien/Herzegowinas durch Österreich-Ungarn aktiv wurde. Gavrilo Princip wurde an der Handelsschule in Sarajevo eingeschrieben. Er wohnte bei der Witwe Ilić. Der Sohn der Vermieterin wurde sein Freund – ein flammender Revolutionär und Verfasser aufrührerischer Artikel und Schriften. Er war während seines Studiums in Zürich Trotzki und Lunatscharski begegnet und in den Bannkreis sozialistischer Ideen geraten. Das spätere Attentat erwuchs, schreibt Gregor Mayer in seinem Buch *Verschwörung in Sarajevo*, aus der Dynamik dieser Beziehung. Als er 1916 in der Festung Theresienstadt mehrfach vom Wiener Psychiater Dr. Martin Pappenheim aufgesucht und in Gespräche verwickelt wurde, bezeichnete Princip das gescheiterte Attentat des Bogdan Žerajić im Jahr 1910 als Moment seiner politischen Erweckung. Das habe ihn und seine Freunde als 15-Jährige aufgerüttelt. Seither wollten sie die österreichisch-ungarische Monarchie zerstören, weil diese die südslawischen Völkerschaften in Bosnien-Herzegowina, Kroatien, Dalmatien und Slowenien daran hinderte, sich mit Serbien zu einem südslawischen Staat zu vereinigen. Sie lasen die Schriften von Bakunin, Kropotkin, Netschajews *Katechismus eines Revolutionärs* genauso wie nationalistische Pamphlete, die Miloš Obilić feierten, der sich am Tag der Schlacht auf dem Amselfeld ins türkische Hauptquartier geschlichen und dem Sultan die Kehle durchgeschnitten hatte. Das Bewusstsein der jungen Rebellen war so eklektisch wie ihre Lektüre, es schwankte zwischen serbischem Nationalismus, Anarchismus und Terrorismus. Alles war in der Schwebe, unfixiert wie Quecksilber – offen für neue Entwicklungen, aber auch für Beeinflussung.

Der Anarchismus war in der zweiten Hälfte des 19. Jahrhunderts in Südeuropa noch sehr aktuell, und der Tyrannenmord gehörte durchaus ins Repertoire seiner Praktiken. »Propaganda der Tat« schien das probate Mittel, blockierten geschichtlichen Prozessen auf die Sprünge zu helfen und lethargische Massen wachzurütteln. 1881 ermordete die russische Gruppe *Narodnaja Volja* Zar Alexander II. Lenins älterer Bruder gehörte zu den Mördern und wurde dafür hingerichtet. Die unmittelbare Aktion gegen das System und seine Repräsentanten sollte demonstrieren, dass das System nicht so unverwundbar war, wie es schien, und dass seine Macht zu Anteilen darauf beruhte, dass die ihr Unterworfenen an sie glaubten und sich beeindrucken ließen. »Propaganda der Tat« und »Tyrannenmord« stellen natürlich nur eine Facette des Anarchismus dar und er geht darin bei weitem nicht auf, wie man in denunziatorischer Absicht immer behauptet hat. Der Anarchismus tritt für eine antiautoritäre Gesellschaft ein, ohne Herrschaft und Unterdrückung, ohne entfremdete und stupide Arbeit als Vollzeitbeschäftigung. Anarchisten sind eigentlich libertäre Sozialisten, die wissen, dass der Sozialismus nicht nur unter dem Gesetz des revolutionären Pragmatismus steht, sondern auch der revolutionären Moral. Sein Ziel, der befreite Mensch, muss in den Mitteln aufscheinen, die im Kampf gegen eine repressive Gesellschaft angewandt werden. Ein gutes halbes Jahrhundert später trug Herbert Marcuse in der Auseinandersetzung mit dem Terror der *RAF* Argumente vor, die mutatis mutandis auch auf das Attentat von Sarajevo zutreffen: »Revolutionäre Moral verlangt, solange die Möglichkeiten dafür bestehen, den offenen Kampf – nicht die Verschwörung und den hinterlistigen Überfall. Und der offene Kampf ist der Klassenkampf.« Die Methoden der Terroristen sind nicht die der Befreiung. »Die physische Liquidierung einzelner Personen, selbst der prominentesten, unterbricht nicht das normale Funktionieren des kapitalistischen Systems, wohl aber stärkt sie sein repressives Potential – ohne (und das ist das Entscheidende) die Opposition gegen die Repression zu aktivieren oder auch nur zum politischen Bewusstsein zu bringen.«

Der individuelle Terror steht dort hoch im Kurs, wo Formen der Machtausübung anzutreffen sind, die über persönliche Herrschaft und körperliche Unterdrückung vermittelt sind. Es ist eine vorbürgerlich-bäuerliche Welt, die noch nicht durch Markt und Geld zusammengehalten wird, eine Welt der Herren und Knechte, wo die Peitsche des Aufsehers und körperliche Gewalt regieren und man die Ursachen der eigenen Misere tagtäglich sehen und mit Händen greifen kann. Besonders unter der Besatzung durch fremde Mächte blüht die Widerstandsform des Attentats. Das eigene Unglück und das Elend des ganzen Volkes scheinen ihren Grund in der Fremdherrschaft zu haben, gegen die Kampf mit allen Mitteln geboten ist. Gavrilo Princip hat während der Haft Lernprozesse durchlaufen, die ihn von terroristischen Praktiken Abstand nehmen ließen. Dem Psychiater Pappenheim, antwortete er auf dessen Frage, ob er nach dem, was er inzwischen wisse, noch einmal so handeln würde: »Sagen wir so: Ich denk' heit' anders. Heut' ist die soziale Revolution in ganz Europa meglich.« (zitiert nach Gregor Mayer: *Verschwörung in Sarajevo*)

Man diskutierte in Sarajevo aber nicht nur über Attentate und Terror, sondern auch, nach dem Vorbild der russischen Narodniki »unters Volk zu gehen«, das heißt paarweise durch die Dörfer zu ziehen, um unter den Bauern für die Revolution zu agitieren. Daraus wurde nichts, und die drei Freunde beschlossen, im Alter von 17 Jahren, Bosnien zu verlassen und nach Belgrad zu gehen, um dort ihre schulische Ausbildung zu beenden oder sich, wie der Druckereiarbeiter Čabrinović, eine erträgliche Arbeit zu suchen. Grabež war der Schule verwiesen worden, nachdem er einen Lehrer geschlagen hatte.

Serbien strotzte nach der Befreiung aus 500-jähriger türkischer Herrschaft vor Selbstbewusstsein. Serbien war ein junger Staat, der aus einem antikolonialen, bewaffneten Aufstand heraus entstanden und immer wieder in militärische Konflikte verstrickt war. Im Zuge der Balkankriege von 1912/13 war es Serbien gelungen, sein Territorium beinahe zu verdoppeln und die Bevölkerung zu vergrößern. Es war von einer kleinen zu einer Mittelmacht aufgestiegen. Gavrilo Princip, frisch aus Sarajevo eingetroffen, genoss es, ohne Angst vor den Gendarmen »Nieder mit Österreich!« rufen zu können. Junge serbische Bosnier stellten damals die größte Gruppe unter den Belgrader Zuwanderern. Die meisten von ihnen waren Schüler und Studenten, die dem österreichischen Schulwesen entflohen oder aus diesem ausgeschlossen worden waren. Auf Belgrads Straßen gingen die Menschen mit hocherhobenem Haupt, in den Gaststätten sprachen sie laut und lachten. Von der in Belgrad herrschenden nationalen Euphorie angesteckt, wollte sich Princip als Freiwilliger für den serbisch-bulgarischen Krieg melden. Er begab sich zur türkischen Grenze, aber ein bärtiger alter Haudegen wies ihn ab und sagte angesichts seiner Jugend und schmächtigen Gestalt: »Geh zu deiner Mutter, Kleiner. Der Krieg ist eine Sache für Männer.« In seinem Stolz verletzt und tief gekränkt zog er von dannen. Eines Tages würde er es ihnen beweisen, dass er sehr wohl ein Mann war!

Zurück in Belgrad besuchten Princip und Grabež weiter die Schule. Nach deren Abschluss hatten sie vor, ein Studium aufzunehmen. Čabrinović hatte Arbeit in einer staatlichen Druckerei gefunden. Danilo Ilić war arbeitsloser Lehrer und schlug sich so durch. Sie lebten unter bescheidenen Verhältnissen, hatten aber ihr Auskommen. Belgrad befand sich in jenen Jahren im Kriegsfieber und vibrierte vor nationaler Euphorie und kämpferischer Energie. In den rauchgeschwängerten Kneipen und Kaffeehäusern begegneten die bosnischen Immigranten alten serbischen Kämpfern und Freischärlern, sogenannten *Komitatschis*, die dort Hof hielten und Schüler und Studenten um sich versammelten, die ihnen an den Lippen hingen. Zu den *Komitatschis* gehörte auch ein alter Haudegen namens Dragutin Dimitrijević, der wegen seiner imponierenden Gestalt Apis, Stier, genannt wurde. Dieser war der informelle Führer einer Geheimorganisation namens *Schwarze Hand*, die sich dem Kampf für ein Groß-Serbien verschrieben hatte und an der Grenze zwischen Legalität und Illegalität operierte. Teile ihrer Mitglieder waren in den Staatsapparat integriert und bekleideten öffentliche oder militärische Ämter, andere bewegten sich eher im Untergrund. Wegen seiner Rolle beim Königsmord von 1903, als eine Gruppe von Offizieren den Königspalast gestürmt und den damaligen serbischen König Alexander und seine Frau Draga ermordet hatten, genoss Apis unter den Soldaten und *Komitatschis* große Beliebtheit. Die alten Kämpfer erkannten, dass die jungen zugewanderten Bosnier reich an Idealismus, aber arm an Erfahrung waren, und nahmen sich ihrer an. Die unsicher schweifende Suchbewegung der jungen bosnischen Immigranten geriet ins Gravitationsfeld der alten Haudegen und des von ihnen propagierten kruden serbischen Nationalismus. Man wird sagen können, dass von Apis und der *Schwarzen Hand* eine, wenn auch nicht gerade verlaufende, Linie zu Slobodan Milošević und Radovan Karadžić führt, deren serbischer *Nationalkommunismus* in den 1990er Jahren zu ethnischen Säuberungen und Massakern an bosnischen Muslimen führte. Wer Identität durch nationale Zugehörigkeit definiert, grenzt den, der anders und nicht sichtlich Unsereiner ist, zwangsläufig aus. Wer einer anderen Nation oder einer fremden Ethnie angehört, gehört nicht zu uns, ist eigentlich kein Mensch und muss eliminiert werden. Wenn die Liebe zum Vaterland erst einmal zum Lebensgrundgefühl der Leute geworden ist, haust sie innen und außen plündernd, mordend und vergewaltigend. Die von denselben Vorurteilen mobilisierten Männer werden zu *Kameraden*, deren Gehorsam sich mit Bösartigkeit und Feindseligkeit anreichert. Die nationale Verblendung verhindert, dass der Mensch im anderen den Menschen entdeckt – der andere wird zum Gegenmensch und Feind, dem jedes Mitgefühl entzogen wird. Der Fundamentalismus ist beherrscht vom Gespenst der Reinheit und Homogenität der Gesellschaft. Dahinter steht die Idee von einer guten Gemeinschaft, die von ihren negativen Teilen gereinigt ist – von jenen Elementen, von denen man annimmt, dass sie die gute Gemeinschaft korrumpieren. Die Vorstellung von einem homogenen sozialen Körper, von einer »guten Gemeinschaft«, ist eine Wahnvorstellung und trägt den Keim der Vernichtung in sich. Sie ist zutiefst undemokratisch, denn Demokratie ist keine dumpfe Gesinnungsgemeinschaft von Volksgenossen, sondern ein System von Verkehrsregeln, das vor allem die Entfaltung von Verschiedenheit und Dissens ermöglicht. Wahrhafte Demokratie, die es bislang immer nur in kurzen historischen Glücksmomenten gegeben hat, wäre ein gesellschaftlicher Zustand, in dem nicht alle gleich sein müssen, sondern »in dem man ohne Angst verschieden sein kann«. (Adorno) Der großserbische Nationalismus von Apis und seinen Kampfgenossen, mit dem die jungen Bosnier in Belgrad Bekanntschaft machten, hatte die Vereinigung aller Serben in einem gemeinsamen Staat zum Ziel und war in diesem Sinne zutiefst antidemokratisch.

Im Bannkreis der alten *Komitatschis* bildeten sich die sozialistisch-anarchistischen Komponenten des Bewusstseins der jungen Bosnier zurück und wurden vom absoluten Primat des Kampfes gegen die österreichisch-ungarische Kolonialmacht im Namen eines serbischen Nationalismus überlagert. Begünstigt wurde dieser Prozess durch die männerbündische Struktur des Milieus, das sie in Belgrad vorfanden. Sie hatten dort keine Gelegenheit, Frauen ihres Alters zu begegnen, ihre Schüchternheit zu überwinden, sich zu verlieben und sexuelle Erfahrungen zu machen. Ihr Drama bestand darin, wie Heiner Müller mit Blick auf Ernst Jünger und seine Generation bemerkte, dass sie zunächst die Abenteuer des Krieges und des Kampfes und erst dann die Frauen und die Wonnen der körperlichen Liebe kennengelernt haben. »Waren Sie je verliebt?«, wurde Princip vom Psychiater Pappenheim, der von der Psychoanalyse beeinflusst war und zum engeren Kreis um Sigmund Freud gehörte, bei einem seiner Besuche in der Festung Theresienstadt gefragt. Princip berichtete von seiner Verliebtheit in Vukosava, die Schwester seines Freundes und Mitgefangenen Čabrinović. »Fand diese Liebe auch körperliche Erfüllung«, fragte Pappenheim weiter. Princip blickte überrascht auf : »Wo denken Sie hin, Herr Doktor. Es war ... wie soll ich sagen? ... eine ideale Liebe.

Wir haben uns nicht einmal geküsst.«» Will da nicht weiter aus sich heraus«, notierte Pappenheim und stellte seine Nachforschungen zu diesem Thema ein. Nicht nur in diesem Punkt finden sich auffällige Parallelen zwischen den bosnischen Attentätern und dem Profil heutiger Selbstmordattentäter und jugendlicher Amokläufer.

Bei den Treffen mit den erfahrenen *Komitatschis* im Milieu belgrader Kneipen begegnete Princip einem alten Bekannten wieder, dem Oberst Tankosić. Dieser war es gewesen, der ihn bei seinem Versuch, sich als Freiwilliger zu melden, so rüde abgewiesen und zu seiner Mutter zurückgeschickt hatte. Die Anerkennung, die ihm und seinen Freunden nun durch ihn und seine Kampfgefährten zuteilwurde, war Balsam für Princips verletzten Stolz und für alle ein starkes Motiv, etwas wirklich Großes zu planen und durchzuziehen. Christopher Clark schreibt in seinem Buch *Die Schlafwandler*: »Innerhalb der nationalistischen Netzwerke gab es ältere Männer, die nicht nur bereit waren, ihnen mit Geld und Ratschlägen zur Seite zu stehen, sondern auch ihnen Zuneigung und Respekt zu erweisen. Darüber hinaus vermittelten sie ihnen das Gefühl, dass ihr Leben einen Sinn hatte, dass sie in einem historischen Moment lebten und dass sie Teil eines großartigen und blühenden Projekts waren – ein Gefühl, das die jungen Männer bislang so sehr vermisst hatten.«

Zum Ansprechpartner der jungen Männer bei der *Schwarzen Hand* wurde ein gewisser Milan Ciganović, ein bosnischer Serbe, der unter Tankosić gegen die Bulgaren gekämpft hatte und nun bei der serbischen Eisenbahn arbeitete. Am 27. Mai 1914 bekamen sie von den beiden die Waffen: vier Pistolen und sechs kleine Bomben mit einem Gewicht von weniger als zweieinhalb Pfund, die aus serbischen Armeebeständen stammten. Darüber hinaus wurden sie mit Gift ausgestattet in Form von kleinen Phiolen mit Zyanid. Ciganović ging mit Princip und Grabež in den Stadtwald, um sie im Umgang mit Schusswaffen zu trainieren. Getrennt wurden sie über die Grenze geführt und nach Bosnien eingeschleust. Sie trafen sich in Tuzla, wo auch die Waffen zwischengelagert wurden. In Sarajevo stießen dann noch drei weitere junge Männer zu der Verschwörer-Gruppe hinzu, die Danilo Ilić ausgewählt hatte. Zwei dieser Einheimischen lernten die aus Serbien angereisten Attentäter erst nach der Tat im Garnisonsgefängnis kennen. Die serbische Regierung hatte von den wabernden Attentatsgerüchten rund um den bevorstehenden

Besuch des österreichischen Thronfolgers Wind bekommen und auf das Zentralkomitee der *Schwarzen Hand* eingewirkt, Apis anzuweisen, das Attentat zu stoppen. Die *Schwarze Hand* bildete eine Art Staat im Staate und war keineswegs immer auf Regierungskurs. Man wird den Auftrag der Regierung, die im Falle eines durchgeführten Attentats diplomatische Verwicklungen befürchtete, entsprechend halbherzig umgesetzt haben. Ilić soll in Apis' Auftrag am Abend vor dem geplanten Attentat den Versuch unternommen haben, den jungen Männern die Sache auszureden, aber Princip ließ sich nicht mehr umstimmen. Die Dinge nahmen ihren eingangs geschilderten Lauf.

Die Instrumentalisierung des Attentats

> »Das Problem beim Aufspüren der Ursachen des Ersten Weltkriegs besteht also nicht darin, ›den Angreifer‹ ausfindig zu machen. Es liegt vielmehr in der Natur einer sich zusehends verschlechternden internationalen Lage, die zunehmend der Kontrolle der Regierungen entglitt.«
> *(Eric J. Hobsbawm)*

Die Trauer der Wiener über den Tod des designierten Nachfolgers von Kaiser Franz Joseph, der die Kaiserkrone seit 1848 innehatte, hielt sich in Grenzen. Franz Ferdinand war bei den Leuten nicht sonderlich beliebt. Es mangelte ihm, wie Stefan Zweig in seinem autobiographischen Bericht *Die Welt von gestern* anmerkte, »an persönlicher Liebenswürdigkeit, menschlichem Charme und Umgänglichkeit der Formen«. In einem Nachruf von Karl Kraus hieß es lapidar: »Er war kein Grüßer.« Die Leute auf der Straße waren sich einig, dass der Täter ein Serbe sein müsse, maßen aber dem Ereignis in einem entlegenen Winkel Europas ansonsten keine große Bedeutung bei. »Gottlob kein Jud«, lässt Karl Kraus einen vermutlich jüdischen Korsobesucher zu seiner Frau sagen, nachdem ihnen zu Ohren gekommen war, wie Zeitungsausrufer die Nachricht aus Sarajevo verkündet hatten: »Extraausgabee – ! Ermordung des Thronfolgers. Da Täta ein Serbee!« Die Propaganda-Maschinerie lief an. Die »Kriegspartei« in der Wiener Hofburg frohlockte und beschloss, Kapital aus dem Zwischenfall auf dem Balkan zu schlagen. Leute wie Außenminister

Graf Berchtold und Generalstabschef Conrad von Hötzendorf warteten schon seit einiger Zeit auf eine Gelegenheit, einen Präventivkrieg gegen das in ihren Augen zu mächtig gewordene und weiter expandierende Serbien führen und es der K. u. K.-Monarchie einverleiben zu können. In der Serbien-Frage hatte Franz Ferdinand eher zu jenen gehört, die zur Mäßigung rieten, wenn auch aus eher pragmatischen Erwägungen. Im Gespräch mit Erzherzog Eugen hatte er 1913 gesagt: »Nehmen wir sogar den Fall an, dass kein anderer uns stört und wir in aller Ruhe mit Serbien abrechnen können. Was hätten wir davon? Nur einen Haufen Diebe und Mörder und Halunken mehr, und ein paar Zwetschkenbäume.« Von Clausewitz hatte die »Kriegspartei« aber gelernt, dass der Krieg mit der Verteidigung beginnt, sonst ist er nur ein einseitiger Gewaltakt. Auch der Angreifer kann nicht darauf verzichten, seinen Angriff als Verteidigung zu deklarieren und als Notwehr erscheinen zu lassen. Solange es Wehrpflichtarmeen gab, war man, wenn man Krieg führen wollte, auf die Mitwirkung von Massen von Menschen angewiesen. Sie mussten, zumindest in der Anfangsphase, mit dem Krieg einverstanden sein, ihn im günstigsten Fall wollen und herbeiwünschen. Es gibt immer Konflikte, auf die man sich stürzen und die man zum Anlass eines Krieges nehmen kann, wenn massenhafte Bedürfnisse danach existieren, sich zu schlagen und in den Krieg zu ziehen. Das Attentat in Sarajevo lieferte einen solchen Anlass, und die Stimmung in der Bevölkerung schien kriegsbereit. Der Ruf zu den Waffen stieß nirgends in Europa auf nennenswerten Widerstand. Mit der patriotischen Begeisterung, die 1914 um sich griff, hatte allerdings niemand gerechnet. Der österreichische Schriftsteller Robert Musil, der die Erziehung in einer Kadettenanstalt über sich ergehen lassen musste, die den Erfahrungshintergrund des Romans *Die Verwirrungen des Zöglings Törleß* bildet, meldete sich im August 1914 freiwillig und wusste über die Stimmung jener Tage zu berichten: »Leute werfen sich vor den Zug, weil sie nicht ins Feld dürfen.«

Man wartete in Wien darauf, dass der mit der Untersuchung des Attentats beauftragte Richter Leo Pfeffer den Kriegsgrund lieferte, indem er nachwies, dass die Täter im Auftrag der serbischen Regierung gehandelt hatten. Das tat der aber keinesfalls. Leo Pfeffer war ein Jurist, der es mit der Wahrheitsfindung genau nahm. Er sprach tagelang mit den jungen Attentätern und kam zu dem Schluss, dass sie im Wesentlichen aus eigenem

Antrieb gehandelt hatten. Der aus Wien angereiste Sonderbeauftragte des Österreichischen Außenministeriums, Herr von Wiesner, suchte Leo Pfeffer auf und ließ sich vom Stand der Ermittlungen berichten. Er hörte sich an, was Pfeffer herausgefunden hatte, und sagte dann: »Mich interessiert aber die Beziehung der Attentäter zur serbischen Regierung.« »Da gibt es keine.« »Auch nicht über Mittelsmänner?« »Ciganović und sein Freund, der Komitatschiführer Major Tankosić, sind Gegner der gegenwärtigen serbischen Regierung, ...« Pfeffer zitierte aus seinem Bericht: »Mitwisserschaft serbischer Regierungsleitung an Attentat oder dessen Vorbereitung und Beistellung der Waffen durch nichts erwiesen oder auch nur zu vermuten. Es bestehen vielmehr Anhaltspunkte, dies als ausgeschlossen anzusehen.« Und wie steht es mit der *Schwarzen Hand*, fragte Wiesner weiter. Dieser Geheimbund, entgegnete Pfeffer, verfolge eigene Ziele, die den Intentionen der Regierung oft entgegengesetzt seien. Dieser Geheimbund sei auch nicht an die jungen Leute herangetreten und habe sie für seine Zwecke eingespannt? »Nein, nein, keineswegs«, erwiderte Pfeffer. »Die Initiative für das Attentat ist eindeutig von den jungen bosnischen Verschwörern ausgegangen. Niemand in Belgrad hat sie dazu verleitet. Sie haben dort nur nach Helfern gesucht und sie in den zwei Dunkelmännern Tankosić und Ciganović gefunden.« Leo Pfeffer musste in der Folge erleben, dass er bei gewissen Leuten in Wien in Ungnade fiel, weil er ihnen nicht prompt den Beweis für die Beteiligung der serbischen Regierung am Attentat geliefert hatte. In Milo Dors Roman *Die Schüsse von Sarajevo* sagt Leo Pfeffer seinen Freunden gegenüber abschließend: »Ich habe keine Beweise für ihre Schuld gefunden. Im juristischen Sinn ist sie also nicht schuldig. Und das ist das einzige, was für mich zählt. Ich bin Jurist, kein Politiker, ...«

Man beschloss, die Ergebnisse der Pfefferschen Untersuchung zu ignorieren. Serbien steckte hinter diesem feigen Meuchelmord am Thronfolger, und damit basta! Da Russland eine Art Patenschaft für Serbien übernommen hatte, musste man im Falle eines Angriffs auf Serbien mit einem Eingreifen Russlands rechnen. Für diesen Fall wollte man sich des deutschen Beistands sicher sein. Nach Rücksprache stellte man den Österreichern von Seiten des Deutschen Kaiserreichs den berühmten »Blankoscheck« aus und versicherte ihnen, dass man sie gegen Serbien und gegebenenfalls auch gegen Russland bedingungslos unterstützen werde.

Berlin hätte das Verhängnis stoppen können, stattdessen aber goss man Öl ins Feuer. »Mit den Serben muss aufgeräumt werden ...«, notierte Kaiser Wilhelm II, und General von Moltke stellte fest: »Lieber jetzt als später.« Die deutsche Generalität sah ihre Felle davonschwimmen und fürchtete, in ein paar Jahren einer russischen Übermacht gegenüberzustehen. Das Deutsche Reich sah sich seit Jahren mit einer von Wahlen zu Wahlen erstarkenden Sozialdemokratie konfrontiert. Der Krieg erschien als eine Möglichkeit, ein großes nationales *Wir*, ein Pseudo- oder Schein-Ganzes, in und über der zerrissenen Klassengesellschaft entstehen zu lassen, die SPD zu domestizieren und ins System hineinzunehmen. Die SPD konnte man aber nur zur Mitwirkung gewinnen, wenn es gelang, Russland als Aggressor erscheinen zu lassen und damit die Urangst vor dem zaristischen Despotismus zu aktivieren. Je deutlicher Russland die Partei Serbiens ergriff, desto mehr wuchsen die Aussichten, dass sich diese Wirkung erzielen ließ. Und tatsächlich tat Russland den Deutschen den Gefallen, zuerst die Generalmobilmachung zu verkünden. Die Versicherung des Kaisers, er kenne nun keine Parteien mehr, sondern nur noch Deutsche, wurde auch von vielen Sozialdemokraten begeistert aufgenommen, die sich zuvor ausgegrenzt und als »vaterlandslose Gesellen« beschimpft fühlten und es genossen, nun endlich dazuzugehören. Am 4. August stimmte die SPD den Kriegskrediten einstimmig zu. Der Parteivorsitzende Hugo Haase erklärt vor dem Reichstag pathetisch: »Wir lassen in der Stunde der Gefahr das eigene Vaterland nicht im Stich.«

Der Krieg gehört zum Wesen einer Gesellschaft, die auf Ausbeutung und Unterdrückung gründet und basal auf Kälte, Konkurrenz und Feindseligkeit gestimmt ist. Die bürgerlich-kapitalistische Gesellschaft zwingt die Menschen, ihre physischen und geistigen Energien im ständigen Kampf um ihre Existenz, um Status und Vorteile zu verausgaben und in einem Universum permanenter Verteidigung und Aggression zu leben. Unter einem dünnen Firniss des sozialen Friedens ist ein Kern von Gewaltförmigkeit verborgen, der jederzeit abrufbar ist und nach innen und außen durchbrechen kann. Der soziale Verkehr in einer über den Markt integrierten, klassengespaltenen Gesellschaft hat die permanente Kriegsdrohung zu ihrem verborgenen Kern. Das Kommando des Kapitals, dem die Menschen unterstellt sind, beruht auf einem suspendierten Todesurteil, das, wie Canetti wusste, »unter jedem Befehl durchschimmert«. Im Alltag existiert diese Drohung für uns nur noch als unendlich vermittelte – für gewöhnlich entkommt man dem Tod, aber der Schrecken vor ihm, die Drohung ist immer darin enthalten. Sobald die Menschen sich nicht mehr fügen, kommt irgendwo Gewalt hervor, die stets in Reserve gehalten wird und auf der Lauer liegt.

Das imperialistische Stadium, in das der Kapitalismus seit den 1880er Jahren eingetreten war, hat diese Gefahren aus der Abstraktion gerissen und zu einer greifbaren Möglichkeit werden lassen. Die Atmosphäre in Europa war seit Jahren auf Krieg gestimmt. In verschiedenen Weltregionen war es zu geopolitischen und wirtschaftlichen Konflikten um Märkte, Rohstoffe und Einflusssphären gekommen, die über kurz oder lang zu einem großen Krieg führen konnten. Nach 1890 wuchs die Kriegsgefahr derart, dass man fortwährend Friedenskongresse einberief und ein Friedensnobelpreis gestiftet wurde. Nach 1900 rückte ein Krieg in sichtbare Nähe, und nach 1910 rechnete man allgemein fest mit seinem baldigen Ausbruch. Eine Phase hektischer Rüstungsanstrengungen hatte eingesetzt, und die beiden großen europäischen Blöcke, die sich nach und nach herausgebildet hatten, belauerten sich wie Duellanten, die darauf warten, dass die Hand des Kontrahenten zum Revolver zuckt. Als ideologische Begleitmusik der sich zuspitzenden imperialistischen Interessensgegensätze wurde der Nationalismus geschürt, der sich mitunter zu einer Art kollektiven Hysterie auswuchs und ins Groteske steigerte. Heinrich Mann hat das nationale Tschingderassabum in seinem Buch *Der Untertan* für Preußen-Deutschland karikierend beschrieben. Viele Zeitgenossen waren sich einig in der Wahrnehmung: Es herrschte im Vorkriegs-Europa eine unerträgliche *Gewitterschwüle* aus Vorahnungen, Befürchtungen und Sorgen. Der Krieg wurde wie ein reinigendes Gewitter erwartet, ja mitunter regelrecht ersehnt. Vom Krieg erhoffte man sich das Ende der Oberflächlichkeit und der Frivolitäten der bürgerlichen Gesellschaft. Der Krieg, so nahm man an, hieß: Entscheidung, Erneuerung und Wiederentdeckung alter Tugenden.

Inmitten dieser Atmosphäre beschloss die österreichische Kriegspartei, das Attentat von Sarajevo als den Funken zu benutzen, um das ganze hochexplosive Gemisch, das sich zwischen den europäischen Großmächten angesammelt hatte, in die Luft gehen zu lassen. Im Vielvölkerstaat Österreich-Ungarn waren starke Zentrifugalkräfte wirksam, die das

Habsburger Reich zu zerreißen drohten. Der Krieg erschien als ein probates Mittel, den inneren Zerfall zu stoppen und ein marodes System aufrechtzuerhalten, indem man die heterogene Bevölkerung gegen einen Außenfeind mobilisierte. Am 23. Juli stellte man Serbien ein Ultimatum, das Klauseln enthielt, die ein souveräner Staat unmöglich akzeptieren konnte. Die Österreicher verlangten, auf serbischem Hoheitsgebiet mit eigenem Personal Ermittlungen wegen des Attentats durchführen zu dürfen. Karl Kraus lässt in seinem Buch *Die letzten Tage der Menschheit* einen Grafen mit einem endlos langen Namen und einen Baron mit einem ebenso langen Namen am Wiener Ballhausplatz die Lage rund um das Ultimatum kommentieren. Der Graf sagt: »Das Ultimatum war prima! Endlich, endlich!« Und der Baron fährt fort: »Foudroyant! No aber auf ein Haar hätten sie's angenommen.« Darauf wieder der Graf: »Das hätt mich rasend agassiert. Zum Glück hab'n wir die zwei Punkterln drin gehabt, unsere Untersuchung auf serbischem Boden und so – na dadrauf sind's halt doch nicht geflogen. Haben's sich selber zuzuschreiben jetzt, die Serben.«

Am 25. Juli beantwortete Serbien das Ultimatum Österreichs derart entgegenkommend, dass selbst Wilhelm II. nun keinen Kriegsgrund mehr sah. Da Serbien sich aber außer Stande sah, seine Souveränität aufzugeben und deswegen nicht auf alle der österreichischen Bedingungen einging, erklärte Österreich-Ungarn am 28. Juli um 11 Uhr vormittags Serbien den Krieg. Die Kriegserklärung an Belgrad löste wiederum eine Kettenreaktion von bündnisbedingten militärischen Beistandshandlungen aus, die geradewegs in den Großen Krieg führten, in dem schließlich rund 17 Millionen Menschen ums Leben kamen.

Die Intentionen der Verschwörer von Sarajevo wurden, wie wir gesehen haben, von fremden Interessen mehrfach durchkreuzt und negiert. Zunächst gerieten sie in Belgrad unter den Einfluss der alten *Komitatschis*, die sie vor den serbischen Karren zu spannen und ihre sozialistisch-anarchistischen Ideen national einzufärben versuchten. Nach der Tat geriet das Attentat ins Gravitationsfeld österreichisch-ungarischer Großmachtinteressen und imperialistischer Interessengegensätze. Die Tat riss sich von den Attentätern los und gewann ein Eigenleben. Man bediente sich ihrer zur Erreichung fremder Zwecke. Die Tat kam gewissen Leuten wie gerufen, wirkte wie bestellt. Jean-Paul Sartre sprach angesichts solcher Entfremdungsprozesse von »Gegenfinalität«, worunter er den Rückstoß des kollektiven Resultats gegen die individuellen Handlungsziele verstand. Unter Bedingungen gesellschaftlicher Entfremdung werden Handlungen von Individuen vom sozialen Feld, in dem sie stattfinden, in einer Weise totalisiert, die den Handlungszielen der individuellen Akteure zuwiderläuft und – wie Marx sagte – »ihre Erwartungen durchkreuzt, ihre Berechnungen zunichtemacht«. Solche Entfremdungs- und Enteignungsprozesse kann man auch als *Abdrift der Geschichte* bezeichnen. In einem dritten Schritt sorgte eine Ironie der Geschichte dafür, dass nach dem vier Jahre währenden Gemetzel des Ersten Weltkriegs die Träume der Attentäter doch noch in Erfüllung gingen, und aus den Trümmern des Habsburger Reiches ein Königreich Jugoslawien entstand. Man kann annehmen, dass das zweite, sozialistische Jugoslawien, das nach dem Zweiten Weltkrieg aus dem Geist des titoistischen Partisanentums entstand, den ursprünglichen Hoffnungen der Verschwörer eher entsprochen hätte.

Die wechselvolle Geschichte der Aneignung des Attentats spiegelt sich auch in den Inszenierungen seines Gedenkens. Zunächst errichteten die Österreicher am Ort des Geschehens ein zwölf Meter hohes »Sühnedenkmal« für das Thronfolgerpaar. Nach dem von den Mittelmächten verlorenen Krieg wurde es 1918 unverzüglich entfernt. Stattdessen brachte man nun an selber Stelle eine granitene Gedenktafel zu Ehren Gavrilo Princips an. Diese wiederum wurde nach dem Überfall der Wehrmacht auf Jugoslawien im April 1941 entfernt und Hitler zum 52. Geburtstag als Kriegssouvenir überreicht. Nachdem Sarajevo 1945 von den Tito-Partisanen befreit worden war, wurde eine neue Gedenktafel an Stelle der nach Berlin verschleppten angebracht. Die Lateinerbrücke wurde in Gavrilo-Princip-Brücke umbenannt. An der Stelle, von der aus Princip geschossen hatte, ließ man eine Steinplatte mit seinen Fußabdrücken in den Gehsteig ein. Beide Platten wurden während des Bosnienkrieges 1992 zerstört. Dieser Tage war zu lesen, dass man zum 100. Jahrestag des Attentats eine Statue von Gavrilo Princip auf der Festung Kalemegdan in Belgrad errichten wird. Wie man sieht, nimmt die Geschichte der Instrumentalisierung der jungen bosnischen Revolutionäre und ihrer Tat kein Ende. Auch bei Spiegel-Online, der diese Meldung mit den Sätzen einleitet: »Mit seinen Schüssen auf Thronfolger Franz Ferdinand löste Gavrilo Princip den Ersten Weltkrieg aus. Für viele Serben ist er dennoch ein Held. Die Regierung in Belgrad will den Nationalisten zum 100. Jahrestag des Attentats mit einem Denkmal ehren.«

Das alte Feindbild unserer Großväter oder Ur-Großväter, die bei Kriegsbeginn 1914 »Serbien muss sterbien« riefen, das während der Nato-Angriffe auf Serbien 1999 wiederbelebt wurde, wirkt bis heute fort. Das Bild des »Bösen«, das uns in Gestalt des jeweiligen Sündenbocks und Feindes präsentiert wird, ist das beste Gefäß für alle möglichen Bedrohtheits- und Unsicherheitsgefühle, und der Krieg scheint nach wie vor als eine Möglichkeit, sich von inneren Spannungen und Konflikten zu entlasten. Man möchte sich eine Erfahrung ersparen, die Heiner Müller wie folgt umschrieben hat: »Wer keinen Feind mehr hat, trifft ihn im Spiegel.«

Aber auch die Prophezeiung des Gavrilo Princip ist eingetroffen: Die Schatten der Attentäter von Sarajevo geistern noch immer durch die Hauptstädte der westlichen Welt, irren durch die Regierungspaläste und versetzen die Herren in Schrecken.

LITERATURHINWEISE:

Canetti, Elias: Masse und Macht, München 1976
Clark, Christopher: Die Schlafwandler, München 2013
Dor, Milo: Die Schüsse von Sarajewo, München 1989
Guérin, Daniel: Anarchismus, Frankfurt/Main 1969
Hobsbawm, Eric J.: Das imperiale Zeitalter, Frankfurt/Main; New York 1989
Mayer, Gregor: Verschwörung von Sarajevo, St. Pölten – Salzburg – Wien 2014
Kraus, Karl: Die letzten Tage der Menschheit, Frankfurt/Main 1986
Krumeich, Gerd: Der erste Weltkrieg. Die 101 wichtigsten Fragen, München 2014
Mann, Heinrich: Der Untertan, Berlin und Weimar 1984
Marcuse, Herbert: Mord darf keine Waffe der Politik sein, in: Die Zeit vom 16. September 1977

Winkler, Heinrich August: Der lange Weg nach Westen. Deutsche Geschichte 1806–1933, München 2000

Zweig, Stefan: Die Welt von Gestern, Frankfurt/Main 1982

ETHNOLOGIE DES INLANDS

Der Untergang der Lusitania

7. Mai 2015: Heute vor 100 Jahren wurde das englische Passagierschiff *Lusitania* von einem U-Boot der deutschen Kaiserlichen Marine vor der Südküste Irlands versenkt, wobei rund 1.200 Menschen ums Leben kamen.

Am 7. Mai 1915 saß Michael, das Double des Autors in Leonhard Franks autobiographischem Roman *Links wo das Herz ist*, in Berlin im Café des Westens. »Plötzlich sah er, dass vorne bei der Eingangstür, wo die Börsenberichte und daneben die Heeresberichte hingen, grauhaarige Börsianer einander unter Freudenausrufen umarmten. Er dachte, der Krieg sei aus. (...) Der Journalist, ein wohlmeinender Mann, der später Redakteur an einer sozialistischen Zeitung wurde – nach dem Krieg –, eilte vor zu den Berichtszetteln. Als er zurückkam, sagte er, außer sich vor Begeisterung: ›Wir haben die Lusitania versenkt, mit 1198 Passagieren.‹ Er sagte: ›Die Versenkung der Lusitania ist die größte Heldentat der Menschheitsgeschichte.‹ Michael, der genügend Phantasie hatte, um sich vorstellen zu können, was das ist, wenn 1198 Menschen im nachtschwarzen Meer ums Leben kämpfen und hilflos versinken, verlor den letzten Rest an Selbstbeherrschung. Er stand auf und schlug dem Journalisten wortlos ins Gesicht. Ringsum schnellten alle von den Stühlen hoch.

Michael verließ das Café durch eine Gasse feindseliger Gäste. Er ging sofort heim, packte einen Handkoffer und fuhr ab, nach der Schweiz.

Den folgenden Morgen erschienen zwei Polizisten in Zivil in der Wohnung. Sie fragten Lisa nach Michael und zeigten ihr den Haftbefehl.«

Leonhard Frank – einer der ganz wenigen Lichtblicke im Milieu deutscher Intellektueller, Künstler und Schriftsteller, die in ihrer Mehrheit von der nationalen Hysterie erfasst wurden und in das Kriegsgeschrei einstimmten.

Getaktete Muße ist keine Muße
Über zeitgenössische psychische Fitness-Übungen

In Berlin fand im November 2013 die Jahrestagung der *Deutschen Gesellschaft für Psychiatrie und Psychotherapie* zum Thema *Von der Therapie zur Prävention* statt. Dr. Iris Hauth, die Präsidentin dieser Vereinigung, wurde im Vorfeld der Tagung in *Deutschlandradio-Kultur* zum Thema der Tagung interviewt.

Circa 30 Prozent der Deutschen seien psychisch krank und erhielten ein Mal pro Jahr eine entsprechende Diagnose, erfahren wir. Jedes fünfte Kind gelte als psychisch gestört. Das habe mit dem gewachsenen Stress zu tun, dem wir alle, und eben auch bereits Kinder, ausgesetzt seien. Manche Eltern möchten, dass ihre Kinder durch schulischen Erfolg eine gute Startposition im Rennen um wirtschaftlichen Erfolg erreichen und setzten sie auf diese Weise unter Druck, dem viele nicht standhalten könnten. Was man denn gegen den zunehmenden Stress tun könne, wird Frau Dr. Hauth gefragt. Achtsamkeits- und Entspannungsübungen seien ein probates Mittel. Wenn allerdings gewisse Symptome über einen längeren Zeitraum aufträten, sei es ratsam, sich professionelle Hilfe zu holen und einen Arzt aufzusuchen. Das Wort Muße klinge für viele Menschen altbacken und manch einer wüsste sicher gar nicht mehr, was das sei. Es sei aber immens wichtig, »Zeiten der Muße in unseren Alltag einzutakten«.

Es fiel Frau Dr. Hauth gar nicht auf, dass das *Eintakten von Muße* das genaue Gegenteil von Muße ist und sie im Keim bereits wieder zunichtemacht. Von Muße kann nur gesprochen werden, wenn die dafür zur Verfügung stehende Zeit unserer freien Gestaltung unterliegt und nicht fremdbestimmt ist. Muße stellt sich nur ein, wenn der Rhythmus von Produktion und Konsum außer Kraft gesetzt wird und wir in eine andere Zeitzone eindringen. Was wir heute unter Freizeit verstehen, ist die Ergänzung der

Arbeit und in der Regel ebenso entfremdet wie diese. Was Frau Dr. Hauth empfiehlt, sind psychische Fitness-Übungen, die der Aufrechterhaltung der Arbeitsfähigkeit unter gegebenen Bedingungen dienen. Mit Muße hat das etwa so viel zu tun, wie ein schneller Fick mit Liebe.

Mich hat das Interview und die Muße-Empfehlung an eine Geschichte erinnert, die Oskar Negt und Alexander Kluge in ihrem Buch *Geschichte und Eigensinn* erzählt haben. »In einem Vortrag vor Behavioristen in den USA erläuterte Jean Piaget den Satz: ›Wenn Sie das Kind etwas lehren, so hindern Sie es daran, es selber zu entdecken, Sie stiften Schaden.‹ In der Diskussion sagte daraufhin ein Behaviorist: ›Es fällt mir wie Schuppen von den Augen. Meine Frage: Wie kann man diesen Vorgang beschleunigen?‹ Hierauf lacht Piaget. Er antwortet nicht.«

Ich bin sicher, dass die versammelten Behavioristen sein Lachen nicht verstanden haben. Vom Kabarettisten Dieter Hüsch stammt folgende Geschichte: Der Direktor einer anthroposophischen Schule tritt in der großen Pause auf dem Balkon. Indem er in die Hände klatscht, fordert er die auf dem Hof spielenden Kinder auf: »Seid ungezwungen, Kinder!« Man ahnt, dass die Aufforderung des Direktors ins Leere gehen wird und Zwang sich nicht auf Kommando abstellen lässt. Und selbst wenn: Eine befristete Aussetzung der herrschenden Regeln bekräftigt letztlich die herrschenden Regeln und dient so der Aufrechterhaltung des Status quo.

»Die großen, die glücklichen, die niemals erjagbaren Einsichten und Einfälle«, sagt der Philosoph Josef Pieper, »werden uns im Zustand der Muße zuteil«, wenn es zu einer »schweigenden Geöffnetheit der Seele« kommt. Schon Platon wusste, dass es einen Zusammenhang zwischen Denken und Zeit gibt: Man kann nicht denken, wenn man es eilig hat. Zum Denken muss man innehalten, aus dem Rhythmus des Alltags aussteigen und eine Pause der Besinnung einlegen. Das birgt für die herrschende Gesellschaft die Gefahr, dass die Menschen ihren Funktionsprinzipien auf die Schliche kommen und herausfinden, dass es auch ganz anders sein könnte. Denken ermöglichende Muße birgt Gefahren und ist potenziell subversiv. Frau Dr. Hauth steht auf den Schultern des Psychiaters Emil Kraepelin, der in seiner 1896 erschienenen Schrift *Zur Hygiene der Arbeit* der sich gerade herausbildenden Arbeitsgesellschaft ins Stammbuch schrieb, Pausen und Unterbrechungen der Arbeit so zu dosieren, dass sie die mühsam erreichte Gewöhnung der Menschen an die »Mühen der Arbeit« und ihren Rhythmus nicht gefährden. So ist es auch mit der in den Alltag eingetakteten Muße. Sie wird sie zu einem Stück Hygiene, die dazu dient, die Ausbeutbarkeit der Arbeitskraft aufrechtzuerhalten und die Menschen instand zu setzen, das eigentlich nicht Aushaltbare weiter auszuhalten.

ETHNOLOGIE DES INLANDS

Spirituelle Kompetenzen

Auf dem Weg nach Kassel haben wir auf HR 2 die Sendung *Doppelkopf* gehört, zu der man mich auch schon mehrfach eingeladen hat. Ich habe diese Einladungen ausgeschlagen, aus Gründen, die in meiner Person liegen, also aus Angst. Diesmal sprach eine Moderatorin mit einer äußerst nervigen Stimme mit einem Professor aus München, der an der dortigen Universität einen Lehrstuhl für »Spiritual-Care« innehat. Dieser Eckhard Frick, der Jesuit, Psychiater, Psychoanalytiker und Hochschullehrer in einem ist, sagte dann Sätze, die mich zusammenzucken ließen. Jeder Mensch verfüge über »spirituelle Kompetenzen«. Ja, spürt dieser Mensch denn nicht, dass dieses Wortungetüm alles zunichtemacht, was in dem Gedanken stecken mag? Damit aber nicht genug: Diese »spirituelle Kompetenz« müsse der behandelnde Arzt sich als »Ressource« zu Nutze machen, um den Heilungsprozess zu fördern. In Worten wie Metaphysik, Spiritualität, Sinn hat sich etwas versteckt, das sich verliert, wenn man es auf Begriffsflaschen ziehen möchte. Vollends verflüchtigt es sich, wenn man es in Termini der ökonomischen Vernunft zu fassen versucht und in eine *Ressource* verwandelt. Im Zeitalter der »Selbstoptimierung« soll sich jeder zum Unternehmer seiner selbst aufschwingen und seine kreativen *Ressourcen* effizient managen. Der Imperativ: Du sollst, musst kreativ, innovativ, flexibel sein! Das ist in den letzten Jahrzehnten zu einer hegemonialen Forderung geworden. Selbst eine zutiefst menschliche Qualität wie das Vermögen, sich in andere einfühlen und die Dinge aus ihrer Perspektive betrachten zu können, wird zu einer Produktivkraft des Kapitals: »Ich werde mich im Empathiefeld noch weiter entwickeln müssen«, sagt im Dokumentarfilm »Work Hard – Play Hard« von Carmen Losmann ein angehender Chef nach seiner Teilnahme an einem *Assessment-Center*.

Sinnentzug – Hunger nach Sinn
Zum 80. Geburtstag von Alexander Kluge

Öffentlichkeit und Erfahrung

Zum ersten Mal kam ich mit dem Autor Alexander Kluge in Berührung, als 1972 in der *Edition Suhrkamp* der Band *Öffentlichkeit und Erfahrung* erschien, den er zusammen mit seinem langjährigen Doppelpartner und Freund Oskar Negt verfasst hat. Das Buch griff in die politischen Debatten innerhalb der sich in verschiedene Fraktionen entmischenden 68er Bewegung ein und lieferte uns nachmaligen Spontis wichtige Argumente gegen die verschiedenen Varianten der Dogmatisierung des Protests. Der wichtigste Impuls, der von diesem Buch ausging, bestand darin, die Begriffe der Marx'schen Theorie nach unten, zu den wirklichen Erfahrungen der Menschen hin zu öffnen. Begriffe wie *Alltagsleben*, *gelebte Erfahrung* und *menschliche Sinnlichkeit* wirkten inmitten des Schulungswesens, das die linke Theoriebildung auf den Status von stalinistisch-maoistischen Parolen und einen scholastischen Kanon von Grund-, Haupt- und Nebenwidersprüchen herunterbrachte, ungemein befreiend und subversiv. Das Buch beginnt mit einer etwas verklausulierten Widmung: *11. September 1903, 6. August 1969*. Diese Daten markieren Geburts- und Todestag von Theodor W. Adorno, dem Alexander Kluge nach seinem Jurastudium Ende der 1950er Jahre in Frankfurt begegnete, und der ihn mit Fritz Lang in Kontakt brachte. Beide Begegnungen sollten richtungsweisend werden und Leben und Werk Alexander Kluges prägen. Seit 1960 dreht er als Regisseur und Produzent Filme, von denen mir vor allem *In Gefahr und größter Not bringt der Mittelweg den Tod* (1974), *Deutschland im Herbst* (1978) und *Die Patriotin* (1979) in Erinnerung geblieben sind. Mein Favorit aber unter den Kluge-Filmen ist *Der starke Ferdinand* aus dem Jahr 1976, in dem Heinz Schubert einen Werkschützer spielt, der Opfer seiner eigenen Sicherheits-Obsession wird. Als der ständig trainierte und insgeheim ersehnte Ernstfall endlich eintritt, versagt er kläglich und bringt die ganze Produktion zum Erliegen. Unvergesslich sind für mich auch die Gespräche zwischen Alexander Kluge und Heiner Müller, die spätnachts auf irgendeinem dieser ansonsten unsäglichen Privatkanäle zu sehen waren, auf denen Alexander Kluge seit vielen Jahren seine Kulturmagazine veröffentlicht.

Geschichte und Eigensinn

Ich erinnere mich gut an den Sommer 1981. Wir waren mit einer Gruppe von Freundinnen und Freunden nach Italien gefahren und durften im Haus eines Professors wohnen. Alle hatten einen dicken, blauen Band im Gepäck, der in Farbe, Format und Goldprägung des Titels ein wenig ironisch auf die heiligen blauen Bände der Ostberliner Marx-Engels-Ausgabe Bezug nahm. Nun saßen wir unter Olivenbäumen oberhalb des Gardasees an kleinen Marmortischen und vertieften uns in die Lektüre dieses gerade bei *Zweitausendeins* erschienen Buches von Oskar Negt und Alexander Kluge: *Geschichte und Eigensinn*. Auf der Innenseite des Umschlags sieht man die beiden Autoren sich gegenüber sitzen, Tee trinkend, Pfeife rauchend, in Lektüre und Notizen vertieft. Die gemeinsame Produktionsweise dieses Buches faszinierte uns genauso wie sein Inhalt, der in nichts weniger als dem Versuch besteht, der Marx'schen Analyse des Kapitals eine Analyse seines Gegenpols folgen zu lassen: eine Geschichte der lebendigen Arbeitskraft. Abends saßen wir in der riesigen Küche des Landhauses, lasen uns bestimmte Passagen vor und redeten uns die Köpfe heiß. Seit diesen Tagen in Italien hieß es unter uns, wann immer von Alexander Kluge die Rede war, mit respektvoller Ironie: »Alexander Kluge, der nicht nur so heißt ...«

Geschichte und Eigensinn ist eines der Bücher, deren Lektüre tiefe Spuren in Hirnen und Lebensläufen hinterlässt. Ganze Passagen habe ich damals bei der ersten Lektüre nicht oder nur ansatzweise verstanden, dann aber stieß ich auf Sätze und Gedanken, deren sprachliche Brillanz und inhaltliche Prägnanz für all die Mühen und Frustrationen bei der

Lektüre entschädigten. Es gehört zu den Büchern, mit denen man nie fertig wird. Beim eigenen Schreiben befindet es sich wie ein theoretischer Handwerkskasten immer in meiner Reichweite.

Als ich mich in der zweiten Hälfte der 1990er Jahre mit dem Thema *Amok* zu befassen begann, hatte ich oft die eindringliche Stimme von Alexander Kluge im Ohr, die beinahe flüsternd aus dem Off des Films *Die Macht der Gefühle* kommt: »Menschen, die etwas nicht mehr aushalten, ertragen es noch lange. Dann plötzlich brechen sie aus – unerwartet und brutal!« Diese beiden Sätze erschlossen mir ebenso einen Zugang zu diesem rätselhaften Phänomen *Amok* wie Passagen aus Geschichte und Eigensinn: »Unglück kann aber nicht stillstehen. Ist es wie ein Schatz aufgehäuft, so bleibt es nicht ruhen, wie ein Schatz von Gold oder Zerstörungsgerät, sondern beginnt, auch als tote Arbeit Arbeitsvermögen zu hecken. Man kann sagen: Solche inneren Vorräte an Unglückserfahrung sind am explosivsten, wenn ihnen menschliche Berührungsfläche (lebendige Arbeit) fehlt, wenn sie in sich rotieren.« Und weiter: »Der Entstehungsprozeß solcher Katastrophen ist verkleidet als menschliche Beziehung, die äußerlich so aussieht wie andere auch, erst nach der Katastrophe scheint alles einer Logik, einem Grundgesetz zu folgen, das auf aggressive Eruption die ganze Zeit über zusteuerte. Jeder Lernprozeß ist dadurch versperrt, daß er zu spät kommt. Es sind aber millionenfach Prozesse und Reibungen solcher Energien im Gange, die sich nicht immer in einem Springpunkt, in einer solchen tödlichen Katastrophe zusammenfassen, sondern über das Leben von 90 Jahren in kleiner Münze verteilt sein können. Dann hat das ganze Leben gewissermaßen die Form einer Katastrophe, und ein solches Leben kann äußerlich wie bei Philemon und Baucis aussehen, harmonisch. Die Energie solcher stillen Krisen ist aber keine andere als diejenige, die die Eruptionen auslöst.«

Sinnentzug

Es gibt lakonische Bemerkungen von Alexander Kluge, die hoch verdichtet, gewissermaßen in Pillenform, den ganzen Kosmos der gegenwärtigen Gesellschaft enthalten und erhellen. Zum Beispiel diese: »Sinnentzug. Eine gesellschaftliche Situation, in der das kollektive

Lebensprogramm von Menschen schneller zerfällt, als die Menschen neue Lebensprogramme produzieren können.« Dieser Satz, mit dem Alexander Kluge sein Buch *Lernprozesse mit tödlichem Ausgang* aus dem Jahr 1973 eröffnet, hat mir einen verstehenden Zugang von weit verbreiteten gegenwärtigen Leidenserfahrungen eröffnet. Das Kapital ist schnell und dynamisch, die Menschen sind eher langsam. Ihre Fähigkeit, innerhalb ihrer Lebenszeit und auf der Basis einer erworbenen Identitätsstruktur und charakterlicher Prägungen Veränderungen zu verarbeiten, ist begrenzt. Immer mehr Menschen machen angesichts des forcierten gesellschaftlichen Wandels die Erfahrung von *Sinnentzug*: Was sie in Kindheit und Jugend gelernt und verinnerlicht haben, passt irgendwann auf kein Lebensgelände mehr so richtig. Vielen von ihnen geht es wie Meister Anton, der am Ende von Friedrich Hebbels Theaterstück *Maria Magdalena* sinnend stehen bleibt und ausruft: »Ich verstehe die Welt nicht mehr.« Sie haben mit dem Fortgang des Ganzen nichts mehr zu tun und fühlen sich angesichts des Zusammenbruchs des Reichs des Vertrauten verstört und entwertet. Der forcierte gesellschaftliche Wandel erschüttert das eingespielte Gleichgewicht zwischen der Struktur der äußeren Realität und der Identitätsstruktur der Menschen und wird zur Quelle von Wirklichkeitsverlust und seelischer Krankheit. Das, was aus Gegenwart und Zukunft auf die Menschen zukommt, fügt sich ihrer Verarbeitungsroutine nicht mehr. Immer mehr bisher gut angepasste Menschen haben das Gefühl, dass der Film der äußeren Realität schneller läuft als der innere Text, den sie dazu sprechen. Sie fühlen sich aus ihrer Ordnung der Dinge katapultiert, desorientiert, entwicklicht und werden von der Angst heimgesucht, eines nicht mehr fernen Tages vollends aus der Welt zu fallen.

In *Geschichte und Eigensinn* heißt es zu diesen Erfahrungs- und Wirklichkeitsverlusten:»Es muß etwas an sich und zugleich für mich eine zusammenhängende Bewegung ergeben, damit ich sagen kann: Das hatte einen Sinn. ... Ist etwas zusammenhanglos, konsensunfähig (d. h. unvernünftig), entwicklicht und unglücklich, so wird wohl niemand das als menschlichen Sinn bezeichnen. Ich lebe bis zum Tode, und am Ende merke ich, daß dieses Leben nicht meins war und außerdem leer blieb. Das hatte keinen Sinn. Es entwickeln sich historisch, unter enormen Motiven berufliche Qualifizierungen, die Entwicklung macht sie gegenstandslos, überflüssig; jetzt waren Anstrengung, Hoffnungen und Loyalitäten unnötig.«

Frühe Glücksüberschüsse

Wie nah Alexander Kluge Adorno stand und wie gut er sich in ihn und die Motive seines Denkens einzufühlen vermochte, verdeutlicht ein Gespräch mit ihm über Adorno, das in dem Film *Es gibt kein richtiges Leben im falschen – Th. W. Adorno* enthalten ist. Seine Bemerkungen über Adorno haben mich derart beeindruckt, dass ich mir die Mühe gemacht habe, sie von einem Videoband abzuschreiben. Da Alexander Kluge die alte Rechtschreibung bevorzugt und in seinen Büchern beibehalten hat, habe auch ich am guten, alten Eszett festgehalten und die roten Markierungen des Korrekturprogramms ignoriert.

> »Das merken Sie sehr schnell bei ihm, daß er Glück in der Kinderzeit kennengelernt hat oder meint, es kennengelernt zu haben, und das läßt er sich nie wieder ausreden. Das hat wohl sicher auch zu tun mit seiner Mutter, einer Sängerin, der Tochter eines korsischen Generals, die hier in Frankfurt-Bockenheim in Gefangenschaft war und mit einem Freifahrschein zwischen Riga und Paris als Sopranistin hin und her reiste. Eine bewunderte Mutter, die dieses Wunderkind jetzt so liebte, Frau eines Weinhändlers, der sich auf Durchschnittsweine spezialisiert hatte. Dies ist durchaus ein Gegensatz. Er hat nie mit dem gleichen Respekt oder der gleichen Zuneigung von seinem Vater gesprochen, dem Wiesengrund, wie von seiner Mutter, der Adorno. Er muß also in Beziehung zu seiner Mutter Glück kennengelernt haben, mindestens die Sehnsucht, die dann überraschende Erfüllung findet, und sehr vieles jetzt ist Rekonstruktion dieser Momente. Sehen Sie, es gibt Physiker, die können auf Mikrosekunden die Plasmaphysik beherrschen oder irgendetwas anderes und daraus nehmen sie die Gewißheit, für die eine ganze naturwissenschaftliche Entwicklung geradestehen muß. Und so ähnlich ist es in der Geisteswissenschaft oder der Philosophie: wenn Sie an irgendeiner Stelle ein Glück erkannt haben, dann wissen Sie, daß es das gibt, das kann Ihnen die ganze Realität nicht wieder ausreden. Die Realität hat als Realitätsprinzip in uns und als umbauter Raum in unse-

ren Städten oder unseren Gesellschaften – als verbauter Raum – eine ungeheure Überredungskraft, daß es diese ganzen Kinderzeiten nie gegeben hätte und manchmal auch, daß es sie geben möge, es könnte ja chaotisch werden, und hier tritt Adorno als Ungläubiger heran. Es ist eine zweite Säkularisierung, die er hier predigt: Man soll, man kann nur an das Glück glauben, sonst kann man nicht weiterleben.«

»Die westeuropäische Geschichte hat seit 200 Jahren die Vorstellung, daß in der Kinderzeit Glück steckt. Nun ist Adorno natürlich nicht einer, der sagt: Wer Glück erlebt hat, lebt von diesem Glück. Das würde er so nicht sagen ... sondern, wer Glück erlebt hat, entbehrt es gleich darauf, darunter leidet er und das macht ihm ein Gedächtnis. Und nur wer dieses Gedächtnis hat, hat die Sehnsucht nach dem Glück in sich, und dies ist eigentlich das Glück, von dem er spricht; davon lebt man. Man lebt also von der Sehnsucht nach dem Glück, von dem man eine Ahnung hat, aber die könnte man nicht haben, wenn man nicht irgendeine Spur davon kennengelernt hätte. Einer, der glücklich ist, sagt Adorno, der vergißt es gleich darauf. Beispielsweise der Held Siegfried, der hat überhaupt kein Gedächtnis, der war glücklich mit Brunhilde, und nach einem Schluck Met oder Zaubertrank vergißt er sie und liebt bald darauf eine andere. Das geht von Frau zu Frau: genießen und wegwerfen, ohne ein Don Juan zu sein. Dieses pure, unreflektierte Glück ist es nicht, das Adorno in der Kinderzeit vermutet. Kinder sind leidensfähiger, sie lernen etwas Glückliches kennen, meist über die Mütter, und anschließend entbehren sie es umso intensiver: Dies treibt sie an ein Leben lang. Man muß sich das als eine Art von Diaspora-Erfahrung vorstellen. Adorno hat nie die Vorstellung, daß am Anfang ein Paradies liegt oder ein natürlicher Zustand à la Rousseau, sondern es ist verwirrend von Anfang an und es ist falsch gelaufen. Der ganze Planet lief falsch, sowie er Bewußtsein hatte. Aber es ist diesem Falschen etwas Richtiges beigemengt, untrennbar, und jetzt kämpfen diese Dinge miteinander, und aus den Spuren dieses wenigen Richtigen, das nur in Form von Mißverständnissen überliefert ist, damit sich verbunden zu halten, diese Flaschenposten lesbar zu halten, das ist das, was Adorno eigentlich selber als Nachrichten weiterleitet. Und er sagt: Keiner kann das Glück ausschließen, daß plötzlich durch ein Bündnis aller Spuren mit allen Spuren, durch eine plötzliche Ankunft mehrerer Flaschenposten in einem glücklichen Hafen hier eine gesellschaftliche Veränderung stattfindet. Die Revolution geht aber nicht dadurch, dass die Postämter besetzt werden«

Der faszinierende Kerngedanke Kluges, dass es Glückerfahrungen der frühen Kindheit sind, die uns ein Leben lang an- und umtreiben und beim Erwachsenen zum Ferment von politischen Rekonstruktionsversuchen und Utopien werden können, zieht die bange Frage nach sich, was aus diesen Glücksüberschüssen wird, wenn die *bürgerliche Kälte* sich universalisiert, die intimen Binnenwelten und frühen Sozialisationsprozesse erfasst und einen Kälteschatten auf das Verhältnis zwischen Eltern und Kindern wirft. Stürzen Kinder aus dem Mutterleib direkt in die Gesellschaft des entfesselten Marktes, ohne dass der Airbag der Familie und liebevolle elterliche Zuwendung diesen Aufprall abfedern, werden sie die Differenzerfahrung nicht mehr machen können. Der lebensgeschichtliche Anfang besitzt Naturform, sagt Alexander Kluge. Hier hat sich inmitten einer von Ware, Geld und Tauschbeziehungen beherrschten Gesellschaft eine alternative, am Gebrauchswert und an Bedürfnissen orientierte Logik durchgehalten. Und nur, wer die kennengelernt hat, wird die Geld- und Kapitallogik, die den Anfang dann überlagert und zum Verschwinden bringen will, als befremdlich erleben. Die bürgerlich-kapitalistische und vollends vom Markt beherrschte Gesellschaft wird nur dann als menschenfeindliche Eiswüste erlebt, wenn man noch die Wärme eines liebevollen Empfangs in den Knochen verspürt und den Geruch von etwas anderem in der Nase hat. Von Warencharakteren und Geldsubjekten werden nur Warencharaktere und Geldsubjekte hervorgebracht, deren Innenwelt eine Gletscherlandschaft eingefrorener Gefühle ist, und die lediglich die psychischen Korrelate von Geld und Markt hervorbringen: kalte Schonungslosigkeit, Indifferenz, Skrupellosigkeit und Feindseligkeit.

Wir werden uns sputen müssen, wenn wir noch einen Zipfel der alternativen Logik zu fassen bekommen und als Ansatzpunkt einer gesellschaftlichen Veränderung in Gang setzen wollen. Wenn alles homogenisiert und pasteurisiert, verkabelt, digitalisiert, modularisiert und vernetzt sein wird, wenn alle Flüsse begradigt, Straßen betoniert, alle alten Bahnhöfe unter die Erde verlegt sind, wenn der Durst endgültig in Nachfrage nach Coca-Cola verwandelt und allen menschlichen Wünschen und Bedürfnissen eine Warenhaut übergezogen worden ist, wenn Eltern ihre Kinder als börsennotierte Bio-Aktien und werdende Ich-AGs betrachten und behandeln, von denen eine gute Performance erwartet wird, wenn auch die Liebe ökonomisiert ist und über sogenannte soziale Netzwerke wie eine Ware gehandelt und getauscht wird, könnte es zu spät sein. Dann wären wir gezwungen, in einer *eindimensionalen Gesellschaft* (H. Marcuse) zu leben, die alle Hoffnungen und Alternativen unter sich begraben hat.

»In ein paar Jahren«, schreibt Imre Kertész in seinem Buch *Ich – ein anderer,* »wird sich alles, alles ändern – die Menschen, die Häuser, die Straßen; die Erinnerungen werden eingemauert, die Wunden zugebaut sein, der moderne Mensch mit seiner berüchtigten Flexibilität wird alles vergessen haben, wird den trüben Bodensatz seiner Vergangenheit wegfiltern, als wär's Kaffeesatz.«

Auch das ist von Alexander Kluge und der *Kritischen Theorie* zu lernen: Dass wir kalte gesellschaftliche Verhältnisse mit dem analytischen Blick kalter Kenntnisse anblicken und analysieren müssen und dennoch nicht aufhören dürfen, an ihre Veränderbarkeit zu glauben und an ihr zu arbeiten. Als kritische Theoretiker sind wir zum Pessimismus verpflichtet und müssen die Dinge und Entwicklungen bei ihren Namen nennen, als Menschen können wir nicht aufhören, optimistisch zu sein und zu hoffen, dass »plötzlich durch ein Bündnis aller Spuren mit allen Spuren, durch eine plötzliche Ankunft mehrerer Flaschenposten in einem glücklichen Hafen doch noch eine gesellschaftliche Veränderung stattfindet.«

Der Griff nach der Notbremse

Damit diese Hoffnungen nicht purer Voluntarismus sind oder den Status quasi-religiöser Gläubigkeit annehmen, bedürfen sie der *Spuren,* von denen bei Kluge die Rede ist. Wir bedürfen einer aufgeklärten und geprüften Hoffnung – »docta spes«, wie es bei Ernst Bloch heißt, und die er vom naiven Hoffen und dem Ausspinnen von Wolkenkuckucksheimen abgrenzt. Wenn Hoffnungen nicht bloße Hirngespinste sein wollen, müssen sie sich auf ein Fundament in der Realität, auf gesellschaftlich-geschichtliche Tendenzen berufen und stützen können. Sie brauchen ihren geschichtlichen Atem, den Wind historischer Tendenzen im Rücken und in den Segeln. Die Hoffnung der *Kritischen Theorie* basiert letztlich auf der Annahme, dass Herrschaft über äußere und innere Natur auf Grenzen stößt, dass es in der Natur und im menschlichen Subjekt Schichten und Bereiche gibt, in die die Gewalt von Abstraktionsprozessen nicht vordringen darf. In dem Maße, wie die Familie auf ein reines Geldverhältnis reduziert wird und die *gefühllose*, bare Zahlung (Marx) von ihrer Binnenstruktur Besitz ergreift, zerstört die kapitalistische Gesellschaft der Gegenwart die Formen, in denen Kultur – nach der Auflösung des ursprünglichen Gemeinwesens der agrarischen Hausgemeinschaft (Negt/Kluge) – sich menschliche Natur angeeignet hat. Ein gewisses Mindestmaß an familiärer Sozialisation, Stabilität und Verlässlichkeit von persönlichen Bindungen scheint unerlässlich zu sein, damit der Mensch seine psychische Geburt (Margaret S. Mahler) vollenden kann. Wird dieses Minimum unterschritten, dann lösen sich jene Reste von Identität, also leib-seelischer Stabilität und Kontinuität auf, die auch für den Fortbestand der kapitalistischen Gesellschaft unabdingbar sind. Die globalen Revolten der Gegenwart zeugen davon, dass diese Grenzen in beiden Richtungen überschritten sind und permanent weiter überschritten werden. Die Geldvermehrung und Plusmacherei hat sich von allen Beschränkungen losgerissen und ist gänzlich in die Abstraktion geschossen: Die Null nullt vor sich hin und die wild gewordenen ökonomischen Prozesse schleifen die Menschen und ganze Gesellschaften nur noch wie lästige Anhängsel mit. Neben den ökonomischen und ökologischen Krisen draußen gibt es auch eine *innere ökologische Krise*, hat Peter Brückner, der auch ein Spross der *Kritischen Theorie* gewesen ist, schon Mitte der 1970er Jahre bemerkt. Deren Folgen treten als psychische Störungen, psychosomatische Erkrankungen, dem, was Ärzte vegetative Dysfunktion, ADHS, Depression, Burn-out-Syndrom nennen, als Frühinvalidität, Drogen- und Tablettenkonsum, aber auch als Wut und vage Empörung zu Tage. Der Körper formuliert sein stummes Nein gegenüber den Verhaltenszumutungen einer Realität, die immer unerträglicher werden und eigentlich nicht länger lebbar sind. Aufgabe einer kritischen Theorie der gegenwärtigen Gesellschaft ist es, die exotisch-verrätselte Sprache der Symptome zu dechiffrieren, die Leidenserfahrungen der Menschen beredt werden zu lassen und ihre

Ursachen ins Bewusstsein zu heben. Der diffuse Rohstoff der Rebellion und des Unbehagens bedarf der Regulierung durch eine intellektuelle und moralische Instanz, die ihn dem Sog der Regression entreißt und in eine aufklärerisch-emanzipatorische Richtung bringt. Sonst besteht die Gefahr, dass die diffusen, frei flottierenden Unruhe- und Leidenszustände von rechts angeeignet werden. Das hatten wir schon einmal und droht uns gegenwärtig erneut.

Was meint Kluge, wenn er am Ende der Adorno-Passage sagt: »Die Revolution geht aber nicht dadurch, dass die Postämter besetzt werden«? Wenn sich die verschiedenen Bruchlinien der sozialen Integration überhaupt noch einmal zu so etwas wie einer Revolution bündeln lassen, können wir uns diese nicht mehr nach dem Bild der russischen Oktoberrevolution vergegenwärtigen. Längst kommt die Macht nicht mehr nur aus den Gewehrläufen und den politischen Institutionen. Sie hat sich verzweigt und ist molekular geworden, sie hat von unseren Wünschen und Bedürfnissen Besitz ergriffen, ist bis in unsere Denk-, Gefühls- und Handlungsgewohnheiten vorgedrungen. Die Revolution der Zukunft wird ihren theoretischen Bezugsrahmen eher in den *geschichtsphilosophischen Thesen* Walter Benjamins finden als in der Tradition des Arbeiterbewegungs-Marxismus, der viel zu stark von den Prinzipien der instrumentell-ökonomischen Vernunft und dem bürgerlichen Fortschrittsdenken durchdrungen war. Revolution im Sinne Benjamins wäre nicht bloße Machteroberung und die Beschleunigung des von seinen bürgerlich-kapitalistischen Fesseln befreiten Fortschritts, sondern der Sprung aus diesem Fortschritt und seiner Logik der Natur- und Menschenbeherrschung heraus. Benjamin erinnert daran, dass Marx die Revolutionen als *Lokomotiven der Weltgeschichte* begriffen hat und fährt fort: »Aber vielleicht ist dem gänzlich anders. Vielleicht sind die Revolutionen der Griff des in diesem Zuge reisenden Menschengeschlechts nach der Notbremse.« Eine geschichtsangemessene Theorie der Revolution hätte die traditionelle Fetischisierung der Produktivkräfte, der Arbeit und des technisch-wissenschaftlichem Fortschritts zu überwinden und müsste ihre Intentionen eher im Bezugsrahmen einer sinnlichen Vernunft und in Begriffen wie Entbrutalisierung, Entmachtung, Nachlassen, Verlangsamung und Versöhnung formulieren. Eine an Gebrauchswerten und Bedürfnisbefriedigung orientierte Ökonomie akzeptiert sinnvolle Begrenzungen und tritt in den Dienst gesellschaftlich-kultureller Zwecksetzungen. Sie wird nicht länger von der sinnentleerten, abstrakten Dynamik von Markt und Geld zu Wachstum und ständiger Innovation angetrieben, sondern kennt die Kategorie des *Genug*. »Vielleicht«, heißt es bei Adorno, »wird die wahre Gesellschaft der Entfaltung überdrüssig und lässt aus Freiheit Möglichkeiten ungenützt, anstatt unter irrem Zwang auf fremde Sterne einzustürmen.«

Der Antirealismus der Gefühle

Gerade rechtzeitig zu seinem 80. Geburtstag sind im Suhrkamp-Verlag unter dem Titel *Das fünfte Buch. Neue Lebensläufe* noch einmal Geschichten von Alexander Kluge erschienen. Zum Thema *Reprivatisierung* und *Medizinisierung* gesellschaftlicher Konflikte findet sich darin folgende Geschichte: »Ein Arbeiter in Frankfurt am Main hatte sein Leben in ein und demselben Betrieb verbracht. Diese Fabrik wurde insolvent. Der Arbeiter besuchte eine Ärztin. Er hatte heftige Magenschmerzen, nicht erst seit Schließung des Betriebs. Die Ärztin verschrieb ihm Tabletten. Ich habe die Tage meines Lebens hingegeben, sagte der Arbeiter, und als Gegenleistung erhalte ich diese Tabletten. Damit bin ich nicht einverstanden.«

Ich werde den Gefangenen, mit denen ich mich einmal in der Woche zur Kulturgruppe treffe, aus Anlass seines Geburtstags eine ältere Geschichte von Kluge vorlesen. Sie heißt *Eine, deren Unterschrift unter dem Gesellschaftsvertrag gefälscht ist*. Erzählt wird die Geschichte einer Frau, die sich als Hausgehilfin durchs Leben schlägt und nicht aufhört zu stehlen. Unter anderem betätigt sie sich als Beischlafdiebin. Auch ständige richterliche Ermahnungen und Verurteilungen bringen sie nicht davon ab. Sie verhält sich wie ein Ein-Personen-Indianerstamm, der sich nicht an die Rechtsordnung gebunden fühlt und aus irgendeiner schwer fassbaren Regung für sich bleibt. Auch die zurate gezogene Gutachterin Dr. Brille vermag das Geheimnis ihrer hartnäckigen Klauerei und Unbelehrbarkeit nicht zu lüften. Als der Richter schließlich entnervt fragt, wie er denn entscheiden solle, antwortet die Gutachterin: »Gar nicht entscheiden. Diese Person kann gar nicht anders leben. Das sind keine Diebstähle, sondern ihre Lebensäußerungen. So wie unsereins Luft holt.«

Alexander Kluges Anmerkungen und Geschichten zum *Antirealismus der Gefühle* haben mir einen verstehenden Zugang zu einem Phänomen eröffnet, dem ich im Kontext meiner Tätigkeit als Gefängnispsychologe immer wieder begegne. In einem Interview mit der *Süddeutschen Zeitung* vom 14./15. Januar 2012 erläutert er noch einmal, was er darunter versteht: »Denn die Wünsche und das Mögliche gehören zur Realität. Und der Antirealismus des Gefühls: Dass ich mich weigere, eine Realität, die nicht auf mich eingeht, zu akzeptieren, sondern sage, ich setze meine eigene Realität dagegen, dieser Eigensinn ist etwas, was für Menschen zum Realismus gehört. Realismus ist nicht Abbildung von Tatsachen.« Nirgends kann man diesen Mechanismus und seine lebensdienliche und identitätserhaltende Kraft intensiver erleben als im Gefängnis, wo Menschen oft auf Jahre einer Realität ausgeliefert sind, die sich ihnen gegenüber als kompaktes Nein behauptet. Weil das Gefängnis alle Lebensäußerungen seiner Kontrolle unterwirft und den Wunsch der Gefangenen, Subjekte mit eigenen Ziel- und Zwecksetzungen und nicht nur Objekte eines fremden Willens und damit im Sinne Kants würdelos zu sein, negiert, ist es zugleich der Ort, der die meisten Träume beherbergt, und wo der *Antirealismus des Gefühls* treibhausmäßig gedeiht. Man trifft hier regelmäßig auf Ein-Mann-Indianerstämme, die ihren Eigensinn gegen eine Übermacht aus Reservats-Verwaltung und Kavallerie zu behaupten versuchen. Ihre phantasiegeleitete, mitunter ans Wahnhafte grenzende Realitätsverleugnung ist gegen jede wohlmeinende Korrektur perfekt abgeschottet. Das Gefühl wehrt sich gegen die Wahrnehmung einer Realität, die unerträglich ist, und ersetzt sie durch eine Illusion. In *Das fünfte Buch* schreibt Alexander Kluge: »Weder eine kasernierte Arbeit noch eine Gefangenschaft machen deshalb bis zum Nullpunkt unglücklich. Kurz vor diesem Nullpunkt macht die Hoffnung Sprünge.« Dieser Kampf um Selbstbehauptung ist erstaunlich robust und phantasievoll, manchmal aber auch verzweifelt bis zur Selbstverletzung und zum Suizid.

Für Alexander Kluge schließt sich mit *Das fünfte Buch. Neue Lebensläufe* ein Kreis. Schon sein erstes, im Jahr 1962 erschienenes Buch hieß *Lebensläufe*. Kluge beobachtet, hört hin und notiert seit dieser Zeit, was er sieht, hört und erlebt. Den Rest erfindet er hinzu. Programmatisch heißt es eingangs des neuen Buches: »Für Menschen sind Lebensläufe die Behausung, wenn draußen Krise herrscht. Alle Lebensläufe gemeinsam bilden eine unsichtbare Schrift.« Diese zu entziffern und lesbar zu machen, hat Alexander Kluge zu seiner Lebensaufgabe gemacht.

ETHNOLOGIE DES INLANDS

Blickverhältnisse

Neulich begegnete mir vor der Haustür ein junger Mann. Er hatte die Haare kurz geschnitten und einen dieser getrimmten Bärte, wie sie heute viele junge Männer tragen. Er trug ein Baby in einem Tragetuch vor seiner Brust. Mit der einen Hand stützte er das Kind etwas ab, in der anderen hielt er sein Smartphone, auf das sein Blick und seine Aufmerksamkeit gerichtet waren. Das Smartphone befand sich direkt neben dem Kopf des Kindes. Das Kind sieht, dass der Vater in seine Richtung schaut, aber sein Blick geht knapp daneben. Das Kind sucht die Augen des Vaters, findet sie aber nicht. Unsicherheit und Angst beschleichen das Kind, die durch den Kontakt zum Körper etwas gemildert werden und ihren Umschlag in Panik verhindern. Noch verstörender ist es, wenn das Kind die Stimmen seiner telefonierenden Eltern hört und gleichzeitig registriert, dass sie nicht ihm gelten. Stets bin ich verwundert, wenn ich solche Szenen beobachte, dass Eltern nicht spüren, was sie ihren Kindern antun, welche Missachtung darin liegt, dass sie in ihrer Gegenwart mit einem Gerät befasst sind, statt sich voll und ganz dem Kind zu widmen. Bestimmte Formen von Grausamkeit werden unter unseren Augen normal, so dass sie als Grausamkeit nicht mehr wahrgenommen werden. Was diese neuen Formen der Missachtung des Kindes in dessen Innerem anrichten, wie sie die sich bildende Identität beschädigen, werden wir erst später erfassen – wenn es für Korrekturen zu spät sein könnte. Was abgestorben ist, ist unwiderruflich dahin und kann nicht auf Befehl von oben wiederbelebt oder synthetisch nachproduziert werden. »Der wirkliche Gegensatz zur Liebe ist Gleichgültigkeit, die jede Liebe unmöglich macht. Gleichgültigkeit gegenüber den wichtigen und bedeutsamen Erlebnissen und Erfahrungen des Kindes auf der ersten Lebensstufe führt zu zerstörerischen Konsequenzen, wenn sie zur kollektiven Haltung einzelner Gruppen oder ganzer Gesellschaften wird, die sich auf diese Weise den eigenen Untergang bereiten«, schrieb Tobias Brocher in seinem Buch *Stufen des Lebens*.

Die im Verhältnis zwischen Eltern und Kindern um sich greifende Indifferenz scheint Methode zu haben. Blickverhältnisse sind die Urform menschlicher Beziehungen. Sie schlagen eine Brücke zwischen Menschen und bahnen emotionale Bindungen an. Ohne Blickkontakt kann sich die Bindungsfähigkeit nicht oder nur eingeschränkt entwickeln. Die Bindung an die Eltern bildet die Matrix für alle anderen späteren Bindungen. Sie ist die primäre und tiefste, alle anderen sind von ihr abgeleitet. Auch die Entwicklung der Empathiefähigkeit steht in einem Zusammenhang mit der Bindungsfähigkeit. Nur in Bindungen erlebe ich, wie andere sich in mich einfühlen, und nur, wenn mir diese Erfahrung zuteilwurde, entwickele ich die Fähigkeit, mich in andere einfühlen zu können. Seelische Bindungsfähigkeit ist die Voraussetzung dafür, dass der Weg in die Fremde jenseits der Familie halbwegs angstfrei eingeschlagen werden kann. Sie ist auch die Vorbedingung der Erziehbarkeit. Auch Therapien sind auf Ansätze von Bindungsfähigkeit angewiesen. Finde ich als Therapeut im Gegenüber keinen Ansatzpunkt in Gestalt von gelungenen frühen Bindungserfahrungen, kann therapeutisches Handeln nicht gelingen. Angesichts der heute dominant werdenden Formen der Interaktion zwischen Eltern und Kindern, bei denen sich permanent Bildmaschinen zwischen die interagierenden Personen schieben und die Aufmerksamkeit auf sich ziehen, müssen wir uns ernsthaft fragen, wie sich Bindungsfähigkeit überhaupt entwickeln soll? Mitunter beschleicht mich der Verdacht, dass sie im Zeitalter der Flexibilität und Mobilität gar nicht mehr erwünscht ist. Das neue Kindheitsmuster wäre dann zu deuten als Einübung in das Leben als digitale Monade. Die Imperative des »flexiblen Kapitalismus« (Richard Sennett) sind inzwischen auf die Sozialisation durchgeschlagen und in den Lebensentwürfen der heranwachsenden Generation angekommen und verankert. Wer *driftet*, das heißt sich von wechselnden Strömungen des Marktes treiben lässt, kann nirgends dauerhaft vor Anker gehen und stabile Bindungen eingehen. Bindungen gelten als Behinderung.

Warum macht man keine Revolution?
Zum 100. Todestag des Dichters Georg Heym

Am 16. Januar 1912 hatte sich der Dichter und Gerichtsreferendar Georg Heym, der als Sohn eines preußischen Staatsanwalts die »Scheißjuristerei« verachtete, mit seinem Freund Ernst Balcke zum Schlittschuhlaufen auf der Havel verabredet. In Berlin lag die Temperatur an diesem Tag bei minus 13,7 Grad. Nachdem sie gegen Mittag noch eine Rast eingelegt und etwas gegessen hatten, betraten sie gegen 14 Uhr wieder das Eis und fuhren auf der Havel Richtung Strommitte. Dort geriet Ernst Balcke in eine Öffnung, die man für die Wasservögel ins Eis gehackt hatte. Er schlug mit dem Kopf auf die Kante und soll sofort tot gewesen sein. Bei dem Versuch, den Freund zu retten, brach auch Heym ein und geriet unter die Eisdecke. Man fand seine Handschuhe und seine Mütze später an der Einbruchstelle. Er muss lange gekämpft haben. Waldarbeiter, die in einiger Entfernung ihrer Arbeit nachgingen, aber nicht helfen konnten, hörten noch eine halbe Stunde lang seine gellenden Schreie. Die Leiche Georg Heyms fand man am 20. Januar, die des Freundes erst am 6. Februar. Die Hände Georg Heyms sollen wund und zerkratzt gewesen sein von seinen verzweifelten Versuchen, sich aus dem Wasserloch herauszuziehen. Seine Leiche wurde zum Selbstmörderfriedhof Schildhorn gebracht. Am 24. Januar 1912 wurde er auf dem Friedhof der Luisengemeinde Westend am Fürstenbrunner Weg in Berlin beigesetzt. Sein Grab wurde 1942 eingeebnet, der Grabstein entfernt. Georg Heym ist 24 Jahre alt geworden.

Hier eins seiner Gedichte, das mich aus nahe liegenden Gründen besonders beeindruckt hat. Ich habe täglich mit Gefangenen zu tun, und da, wer andere einschließt, sich selbst mit einschließt, bin in gewisser Weise auch ich Gefangener. Georg Heym hat sich zu diesem Gedicht von einem Bild van Goghs anregen lassen, das wiederum auf einen Stich Gustave Dorés zurückgeht:

Die Gefangenen

Sie trampeln um den Hof im engen Kreis.
Ihr Blick schweift hin und her im kahlen Raum.
Er sucht nach einem Feld, nach einem Baum,
Und prallt zurück von kahler Mauern Weiß.

Wie in den Mühlen dreht der Rädergang,
So dreht sich ihrer Schritte schwarze Spur.
Und wie ein Schädel mit der Mönchstonsur,
So liegt des Hofes Mitte kahl und blank.

Es regnet dünn auf ihren kurzen Rock.
Sie schaun betrübt die graue Wand empor,
Wo kleine Fenster sind, mit Kasten vor,
Wie schwarze Waben in dem Bienenstock.

Man treibt sie ein, wie Schafe zu der Schur.
Die grauen Rücken drängen in den Stall.
Und klappernd schallt heraus der Widerhall
Der Holzpantoffeln auf dem Treppenflur.

Aus seinen Tagebüchern, die er mit 17 Jahren, also im Jahr 1904, zu schreiben begann (Rechtschreibung wurde original belassen):
8. Februar 1905
Ach, was das für eine Qual ist. Ich habe heute einen Aufsatz zurückbekommen: Frieden und Streit in Göthes Herrmann und Dorothea. Note: »mangelhaft. Phrasen können die Gedanken nicht ersetzen.« Was das für eine Qual ist unter einem solchen hölzernen Kerl von Pauker zu arbeiten. Steif wie ein Ladestock.

23. April 1905

Ein Bekannter meines Freundes Ernst Balcke, mir auch gut bekannt, beging Selbstmord. Er war einer der klügsten Menschen, die ich kenne. Er erfand in einsamen Nächten schon ganze mathematische Sätze. Dafür war er in der Schule durchaus ungenügend, trotzdem er seine Mitschüler an Schärfe des Verstandes weit überragte. Ich glaube, diese Schule ist der Verderb jedes Genies. Was wollte ich wohl arbeiten, wenn ich mir meine Lehrer zu allem Guten und Schönen selbst wählen könnte.

24. Juni 1905

Ich schreibe immer dasselbe eigentlich. Meine Pensionsmutter nahm mich eben wieder vor, ich sollte nicht so grübeln. Ich sollte den Kopf hochhalten. Sie macht sich wirklich, scheint es, die Mühe, auf mich aufheiternd einzuwirken. Ich konnte ihr wohl für ihre Liebe danken. Aber ich habe den Kopf schon oft nach oben gerichtet und die Liebe, um die ich bat, nicht gefunden. Jetzt bete ich nicht mehr. Ich sehe nur noch abends zu den Sternen auf und grüble, doch eigentlich nutzlos.

30. Mai 1907

Aber ganz verborgen immer diese Hoffnung auf ein unerhörtes Glück. D. h. allmählich wird's langweilig.

April und Mai und Junius sind ferne

Ich bin nichts mehr

Ich lebe nicht mehr gerne.

Ich habe eben wieder mein Tagebuch durchlesen. Alle Tage fast das gleiche. Nur ab und zu mal eine kurze Freude, sonst alles grau in grau.

6. Juni 1907

Das Beste ist, nie geboren werden, und danach, jung sterben. ... Die Götter sind zu lang schon tot. Ich allein bin nicht im stande, sie wieder zu erwecken.

15. März 1908

Wohl, ich kenne mein Geschick. Irrsinnig zu werden wie Hölderlin. Doch anders, nach einem Leben ohne Liebe. Als sicheres Ende dieser Tage des Leids. Denn ich wüßte, mich heilte die Liebe wohl. Sicher ginge ich hinaus. Und wie lächerlich, wenn das nicht eintrifft. Wenn ich Amtsrichter oder dergleichen würde und mit 60 Jahren vielleicht endlich stürbe.

20. Juli 1909

Ich liebe alle, die in sich ein zerrissenes Herz haben, ich liebe Kleist, Grabbe, Hölderlin, Büchner, ich liebe Rimbaud und Marlowe. Ich liebe alle, die nicht von der großen Menge angebetet werden. Ich liebe alle, die oft so an sich verzweifeln, wie ich fast täglich an mir verzweifle.

17. Juni 1910

Warum macht man keine Revolution? Der Hunger nach einer Tat ist der Inhalt der Phase, die ich jetzt durchwandere.

6. Juli 1910

Ach, es ist furchtbar. Schlimmer kann es auch 1820 nicht gewesen sein. Es ist immer das gleiche, so langweilig, langweilig, langweilig. Es geschieht nichts, nichts, nichts. Wenn doch einmal etwas geschehen wollte, was nicht diesen faden Geschmack von Alltäglichkeit hinterläßt. Wenn ich mich frage, warum ich bis jetzt gelebt habe. Ich wüßte keine Antwort. Nichts wie Quälerei, Leid und Misere aller Art. ... Geschähe doch einmal etwas. Würden einmal wieder Barrikaden gebaut. Ich wäre der erste, der sich darauf stellte, ich wollte noch mit einer Kugel im Herzen den Rausch der Begeisterung spüren. Oder sei es auch nur, daß man einen Krieg begänne, er kann ungerecht sein. Dieser Frieden ist so faul ölig und schmierig wie eine Leimpolitur auf alten Möbeln. Was haben wir auch für eine jammervolle Regierung, einen Kaiser, der sich in jedem Zirkus als Harlekin sehen lassen könnte. Staatsmänner, die besser als Spucknapfhalter ihren Zweck erfüllten, denn als Männer, die das Vertrauen des Volkes tragen sollen.

15. September 1911

Mein Gott – ich ersticke noch mit meinem brachliegenden Enthousiasmus in dieser banalen Zeit. Denn ich bedarf gewaltiger äußerer Emotionen, um glücklich zu sein. Ich sehe mich in meinen wachen Phantasien immer als einen Danton oder einen Mann auf der Barrikade, ohne meine Jacobinermütze kann ich mich eigentlich gar nicht denken. Ich hoffe jetzt wenigstens auf einen Krieg. Auch das ist nichts. Mein Gott, wäre ich in der französischen Revolution geboren, ich hätte wenigsten gewußt, wo ich mit Anstand hätte mein Leben lassen können, ...

Seinen Zorn auf seine Jura-Professoren kleidete Georg Heym in folgendes Gedicht, das aus dem Jahr 1911 stammt:

Die Professoren

> Zu vieren sitzen sie am grünen Tische,
> Verschanzt in seines Daches hohe Kanten.
> Kahlköpfig hocken sie in den Folianten,
> Wie auf dem Aas die alten Tintenfische.
>
> Manchmal erscheinen Hände, die bedreckten
> Mit Tintenschwärze. Ihre Lippen fliegen
> Oft lautlos auf. Und ihre Zungen wiegen
> Wie rote Rüssel über den Pandekten.
>
> Sie scheinen manchmal ferne zu verschwimmen,
> Wie Schatten in der weißgetünchten Wand.
> Dann klingen wie von weitem ihre Stimmen.
>
> Doch plötzlich wächst ihr Maul. Ein weißer Sturm
> Von Geifer. Stille dann. Und auf dem Rand
> Wiegt sich der Paragraph, ein grüner Wurm.

Wäre Georg Heym damals nicht ums Leben gekommen, was wäre aus ihm geworden? Wahrscheinlich wäre er zwei Jahre später, wie viele junge Männer seiner Generation, mit der Erwartung in den Krieg gezogen, dass aus ihm eine neue Welt und neue Menschen entstünden. Hätte er sich im Laufe des Krieges in die Richtung Ernst Tollers oder Ernst Jüngers entwickelt? Ernst Toller, der sich im August 1914 freiwillig gemeldet hatte und in die Kämpfe bei Verdun verwickelt war, erlitt 1916 einen sogenannten Nervenzusammenbruch, wurde psychiatrisch »behandelt« und 1917 als »nicht mehr kriegsverwendungsfähig« eingestuft. Zunächst wegen Tapferkeit ausgezeichnet und zum Unteroffizier befördert, schlägt er sich unter dem Eindruck der Grabenkämpfe und Kriegsgräuel auf die Seite der Kriegsgegner und später der *Münchner Räterepublik*. Jünger verbringt vier Jahre an der Westfront, wird 14 Mal verwundet und mit höchsten Orden dekoriert.

Er verwandelt sich im Schützengraben in eine *Stahlgestalt*, verherrlicht Krieg und Gewalt und wird zu einem der schriftstellerischen Wegbereiter des Faschismus. Der existenzielle Ekel an Formen bürgerlichen Verkehrs ist all diesen jungen Leuten gemeinsam und kann sie in alle möglichen Richtungen treiben. Solange die Sehnsucht nach Liebe die Triebfeder Georg Heyms geblieben wäre, hätte ihn die Dominanz der Lebenstriebe wohl davor bewahrt, der Nekrophilie des Krieges zu verfallen und in den Sog des Todestriebes zu geraten. Der Faschismus ist ja, wenn man so will, der Vitalismus der im Ersten Weltkrieg bei lebendigem Leib Gestorbenen, die nun als SA- und SS-Leute ihre grausige Auferstehung feiern und die Welt in ein blutiges Schlachtfeld verwandeln (Klaus Theweleit). Das Problem von Leuten wie Ernst Jünger hat Heiner Müller darin erblickt, dass sie zunächst die Abenteuer des Krieges und erst dann die Frauen und die Wonnen der körperlichen Liebe kennengelernt hätten.

Der Schweizer Schriftsteller Urs Widmer hat im Gespräch mit Hans-Jürgen Heinrichs einmal gesagt: »Ich mag, was lebt, und hasse, was tötet.« Prägnanter kann man nicht zusammenfassen, worum es letztlich geht. Jeder Mensch muss sich entscheiden, welches der beiden Prinzipien in seinem Lebenslauf bestimmend wird und ob libidinöse oder destruktive Energien sein Handeln antreiben.

Bei Georg Heym ist, als er am 16. Januar 1912 mit seinem Freund Ernst Balcke übers Eis der Havel gleitet, noch alles in der Schwebe, unfixiert wie Quecksilber.

Toller verbringt nach der Niederschlagung der *Münchner Räterepublik* – wegen Hochverrats zu fünf Jahren Festungshaft verurteilt – Jahre im Gefängnis, emigriert 1933 über Zürich, Paris, London nach Amerika. Am 22. Mai 1939 erhängt er sich aus Verzweiflung über die gescheiterten revolutionären Hoffnungen und zermürbt von langer Schlaflosigkeit in einem Zimmer des Hotels *Mayflower* in New York. In den letzten Jahren soll Ernst Toller im Koffer stets einen Strick mit sich geführt haben.

Der Freund Klaus Mann notiert in sein Tagebuch: »Grosses Grauen; grosse Erschütterung. Erinnerungen; Vorwürfe; all das Versäumte – was nie wieder gutzumachen ist. – Das Grauenhafte für uns alle. Ich will es nicht tun. Es ist zu grauenvoll. Man muss aus allen menschlichen Bindungen treten, ehe man es tut.«

Die Druckwellen der Erschütterung, die dieser Tod für die deutschen Intellektuellen und Schriftsteller im Exil darstellte, waren noch in Paris spürbar. Joseph Roth brach, als er vom Tod Tollers erfuhr, zusammen und starb wenige Tage nach ihm in einem Armenspital.

Ernst Jünger avanciert zum Lieblingsschriftsteller der NS-Spitze, geht dann zaghaft auf Distanz zum von ihm als geistlos und kleinkariert erlebten *Dritten Reich*. Im Krieg steht er in einer Bombennacht in Paris mit einem Glas Champagner auf dem Dach des Hotels »Raphael« und genießt die Ästhetik der brennenden Stadt. Im Kaukasus notiert er inmitten der von den Einsatzgruppen und der Wehrmacht hinterlassenen Leichenbergen in sein Tagebuch: »Es schneet der Wind das Ärgste zu – «

Er bleibt letztlich unbehelligt, überlebt, zieht nach Wilflingen, schreibt, sammelt Pilze und Käfer bis ins hohe Alter und wird an runden Geburtstagen von Helmut Kohl besucht. Zu diesen Anlässen legte er den *Pour le Mérite an*, einen Orden, den er als junger Mann aus der Hand von Hindenburg empfangen hatte. Der Sohn seines Verlegers, Michael Klett, erzählte dem Schriftsteller Thomas Hettche, der sich auf Spurensuche begeben hat, von einem schmerzhaft-archaischen Verfahren der Ich-Erhaltung bei Ernst Jünger. Dieser habe stets eine Nadel unter dem Revers getragen. »Und wenn eine Schmerzwallung in ihm hochkam, hat er sich diese Nadel in den Unterarm gestochen, durch das Jackett hindurch, um sich vom psychischen Schmerz durch einen physischen abzulenken.« Er stirbt 1998 im Alter von 102 Jahren.

Zwei deutsche Lebensläufe im 20. Jahrhundert. Wie wäre der Georg Heyms verlaufen?

Am Todestag von Georg Heym ging ich ein paar Schritte durch den Wald. Es war ein klarer und kalter Wintermorgen. Raureif lag auf den Gräsern. Eine bleiche Wintersonne stieg langsam in den blauen Himmel und sandte ihr Licht schräg durch die kahlen Bäume. In Gedanken war ich bei Georg Heym, der etwa um diese Stunde vor 100 Jahren zu seiner Schlittschuh-Tour aufgebrochen war. Worüber mochte er mit seinem Freund Ernst gesprochen haben, als sie so nebeneinander übers Eis der Havel glitten? Über die unerträgliche Enge des Lebens im wilhelminischen Deutschland, über Erstickungsgefühle? Über ihre frei flottierenden Sehnsüchte nach Veränderung, die notfalls sogar die Form eines Krieges annehmen könnte?

Plötzlich stand ich am Ufer des Weihers unterhalb des Klosters. Eine dünne Eisdecke überzog das Wasser. Als ich so auf die im Sonnenlicht glitzernde Eisfläche starrte, war mir plötzlich, als bewege sie sich wie in einem Zoom-out von mir weg, als wolle sie mich durch ihre langsame Fortbewegung ansaugen.

Ich dachte darüber nach, warum ich mich diesem rätselhaften Dichter so nah und verbunden fühle. Mit fünfzehn beginnt er zu schreiben, weil er das Leben so nicht mehr aushält. Oder mit vierzehn, oder mit siebzehn, je nachdem, ob man die Gedichte als Anfang wählt oder das Tagebuch. Das genaue Alter tut auch nichts zur Sache. Die Sache ist bei ihm, wie übrigens auch bei Robert Walser: Er fühlt sich von seiner Mutter und also von der Welt nicht genügend geliebt und also zurückgewiesen. Wem die Mutterliebe fehlt, fehlt das Mandat zu leben. Man wird in die Welt gepresst und dann liegen gelassen wie ein Fisch auf dem Trockenen. Ungeliebte Kinder stürzen aus dem Mutterleib direkt in die bürgerliche Kälte. Es ist, als hätte man sie zur Welt gebracht und dann vergessen, ihnen ein Visum fürs Leben auszustellen. Sie bleiben »Zaungäste des Fortschritts«, wie es bei Adorno in der *Minima Moralia* heißt. Georg lebt in seiner Familie wie in einer Fremde, erlebt den Vater und die Lehrer, die hinter ihm her sind, als Mörder seiner Jugend. Liebe lehrt, fehlt sie, ist alles nur Dressur und Schinderei. Man sehnt sich heraus und diese Sehnsucht wird zur Quelle einer hungrigen Suchbewegung und des Schreibens.

Robert Walser träumt wie viele unglückliche Kinder, dass er tot ist und gleichzeitig lebendig, um aus dem Verborgenen seines Totseins hervor, wie aus einer Wolke oder einem Gebüsch, zu erspähen, ob er von den Lebenden denn wenigstens vermisst wird, wenn er von ihnen schon nicht geliebt worden ist. Robert Walser setzt diesen Traum schon als Knabe oder junger Mann in Szene, genauer: in Szenen. Und er nennt diese Szenen: *Der Teich*.

Das alles und noch viel mehr ging mir durch den Kopf, während ich am Ufer des Teichs stand. Irgendwann riss ich mich los und ging.

Marion Braschs Buch *Ab jetzt ist Ruhe* verdanke ich den Hinweis darauf, dass ihr ältester Bruder Thomas ein Theaterstück über Georg Heym geschrieben hat, das *Lieber Georg* heißt. Brasch hatte in ihm einen Bruder im Geist und Leidensgenossen erkannt: »Er hatte auch einen autoritären Vater und ein zerrissenes Herz«, erläuterte er Heiner Müller bei einer Begegnung nach seiner Emigration aus der DDR. Das Stück beginnt mit einem *Ödipus in Charlottenburg* betitelten Dialog zwischen Vater und Sohn:

> *Heym:* Ich kann dich nicht mehr tragen Papa du
> bist so schwer Steig ab Warum weinst du denn
> *Papa:* Weiter Georg weiter Es muss vorwärts gehen
> Was soll denn aus dir werden Als ich in deinem Alter
> war habe ich schon zwei Todesurteile beantragt und
> beide Prozesse gewonnen Aber du Erst pisst du fünf
> Jahre lang ins Bett und jetzt Und jetzt Der einzige
> Sohn ein Stotterer Lachhaft Mann
> *Heym:* Ohne dich wär ich der größte deutsche Dichter Längst
> *Papa:* Lachhaft Mit deine Gedichte wisch ich mir den Arsch
> Jawohl den Arsch Weiter jetzt Los Und halt die Fresse
> Ins Gerichtsarchiv werd ich dich stecken In den Staub
> Und dann mit dem Säbel ein paar Ausrufezeichen
> Auf die Backen Das ist Lyrik Vorwärts jetzt
> *Heym:* Wohin Papa wohin Die Richtung
> *Papa:* Die geht dich einen Dreck an
> Knackknack Da hab ich wieder einen

Der Auftakt des Stückes ging mir unter die Haut, berührte mich sehr. Das kam mir bekannt vor, diesen Ton kannte ich. Auch ich hatte einen autoritären Vater, den ich bis heute auf dem Rücken trage und der mich niederdrückt. Aber der Fortgang des Stückes machte mich ratlos, irre und konfus. Vielleicht habe ich es nicht verstanden, weil ich – so früh am Tag – nüchtern war bei der Lektüre oder weil ich nicht verrückt genug bin.

Ich nehme Zuflucht zu Heyms Texten und stoße auf das Gedicht *Der Gott der Stadt*:

> Auf einem Häuserblocke sitzt er breit.
> Die Winde lagern schwarz um seine Stirn.
> Er schaut voll Wut, wo fern in Einsamkeit
> Die letzten Häuser in das Land verirrn.

Vom Abend glänzt der rote Bauch dem Baal,
Die großen Städte knien um ihn her.
Der Kirchenglocken ungeheure Zahl
Wogt auf zu ihm aus schwarzer Türme Meer.

Wie Korybanten-Tanz dröhnt die Musik
Der Millionen durch die Straßen laut.
Der Schlote Rauch, die Wolken der Fabrik
Ziehn auf zu ihm, wie Duft von Weihrauch blaut.

Das Wetter schwelt in seinen Augenbrauen.
Der dunkle Abend wird in Nacht betäubt.
Die Stürme flattern, die wie Geier schauen
Von seinem Haupthaar, das im Zorne sträubt.

Er streckt ins Dunkel seine Fleischerfaust.
Er schüttelt sie. Ein Meer von Feuer jagt
Durch eine Straße. Und der Glutqualm braust
Und frißt sie auf, bis spät der Morgen tagt.

Nachdem eine frühere Fassung dieses Textes im Internet erschienen war, meldete sich eine Düsseldorfer Rockband namens *Schwarzbrenner* bei mir. Sie hat es sich zur Aufgabe gemacht, die Gedichte Georg Heyms in Blues- und Rocksongs zu verwandeln und uns so auf eine ganz eigenständige und eindringliche Weise nahe zu bringen. Anlässlich des 100. Todestages von Georg Heym haben die Schwarzbrenner das Doppelalbum »HEYM-KEHR« aufgenommen und mir zugeschickt. Darauf findet sich auch eine Version von Der *Gott der Stadt*. Nachdem ich dieses wunderbare Stück ein paar Mal gehört habe, legt sich meine Brasch-Verwirrung und ich sehe wieder einigermaßen klar – so klar, wie man auf Georg Heym, den Rätselhaften und Dunklen, eben schauen kann.

ETHNOLOGIE DES INLANDS

Der Einkaufszettel

In einem antiquarischen Buch fand ich einen zu einem Lesezeichen zusammengefalteten, mit Bleistift geschriebenen Einkaufszettel. *Kaiser* steht oben drüber, was wohl den Namen des Kaufhauses bezeichnet, in dem die Einkäufe getätigt werden sollen. Dann folgt, in einer ausgereiften, markanten Schrift, die Liste der einzukaufenden Sachen, wobei jeder Posten am linken Rand des Blattes mit einem Gedankenstrich gekennzeichnet ist.

- Rotwein
- Sanddornsaft
- Reis
- Br. Zucker
- Tee
- Pfeffer Ganz
- Rosmarin
- Staubsaugerbeutel
- Zahnbürste
- Joghurt
- Walnüsse
- Tiefkühlkräuter

Da der Zettel hier endet, der ein Viertel eines DIN A4-Blatts groß ist, sind am rechten Rand noch ein paar Dinge nachgetragen:

- Salz
- Pfirsich
- Eier
- Haferflocken
- Saft

Offenbar hatte das Kaufhaus *Kaiser* die gewünschten Dinge vorrätig, denn alle Posten sind säuberlich ausgestrichen, wobei manchmal ein, manchmal zwei Bleistiftstriche die Worte durchkreuzen. Das Buch, in dem ich den Zettel fand, heißt *Die Dame mit dem Hündchen* und stammt von Anton Tschechow. Das Buch ist 1976 in dritter Auflage im Verlag »Rütten & Loening« in Berlin erschienen. Gesetzt wurde es im Karl-Marx-Werk Pößneck. Das Buch stammt aus der ehemaligen DDR. Das in Leinen gebundene und 600 Seiten dicke Buch kostete damals 9,60 Mark.

Meine Recherche hat ergeben, dass es in Erfurt ein altehrwürdiges Kaufhaus »Römischer Kaiser« gab, das der jüdischen Kaufmannsfamilie Tietz aus Berlin gehörte. 1937 wurden die jüdischen Eigentümer von den Nazis enteignet. Ab 1. Oktober 1948 wurde das Kaufhaus »Römischer Kaiser« auf Geheiß der sowjetischen Besatzungsmacht in Volkseigentum überführt und entwickelte sich in den 1950er Jahren zu einem der größten Warenhäuser der DDR. Nach der sogenannten Wende fiel das Kaufhaus der Kaufhauskette *Hertie* in die Hände, die 1999 mit *Karstadt* fusionierte. Heute ist es eine sogenannte Einkaufsgalerie mit eigenem Parkhaus und beherbergt 50 Geschäfte. Sie befindet sich am Anger 1 in Erfurt.

Der Einkaufszettel ist die Rückseite eines bunt bedruckten DIN-A 4-Blattes. Vor einem blauen Hintergrund, der ein Himmel sein könnte, sieht man Teile eines Mobiles. Ein Fisch, eine Muschel, ein Seestern, ein Reptil und ein Schlüssel sind an Fäden aufgehängt, deren Enden nicht sichtbar sind, denn der Einkaufszettel umfasst nur das untere rechte Viertel des Blattes. An einer Stelle ragt die rechte Hälfte eines runden Hölzchens ins Bild, an dem der Schlüssel aufgehängt ist. Was als Gegengewicht auf der linken Seite aufgehängt ist, ist unsichtbar.

Ein Einkaufszettel in einem Buch. Was sagt uns das über den Menschen, der da irgendwann im Kaufhaus *Kaiser* eingekauft hat? Die Schrift verrät nichts über das Geschlecht des Schreibenden, obwohl ich spontan dazu tendierte, mir eine ältere Dame als Verfasserin des Einkaufszettels und auch als Leserin des Buches vorzustellen. Sie las und trennte sich nicht einmal auf der Fahrt zum Einkaufen von der gerade begonnen Lektüre. Ich sehe sie mit der Straßenbahn nach Hause fahren, die Einkäufe auf dem leeren Sitz neben sich. Sie sitzt lesend am Fenster, das Buch mit dem roten Leineneinband auf dem Schoß. Sie war oder ist ein sparsamer, ordentlicher und gründlicher Mensch, der beim Einkaufen nichts dem Zufall überlässt und in langen Handlungsketten denkt. Sie warf Papier nicht weg, sondern verwendete es weiter, wenn die Rückseite nicht beschrieben oder bedruckt war. All diese Verhaltensweisen waren zu der Zeit, da diese Geschichte spielt, typisch und weit verbreitet – das, was man *normal* nennt. Inzwischen haftet meinem Fund der Geschmack des Untergangs an, nicht nur wegen des Geruchs, der den Seiten des Buches entsteigt. Die DDR ist bereits untergegangen, Buch und Einkaufszettel sind Auslaufmodelle oder sind im Begriff unterzugehen. Einkaufszettel gelten als Ausdruck von Rückständigkeit und extrem

»uncool«, weil die Supermärkte davon leben, dass man sich durch die Regalreihen treiben und zu Impulskäufen verführen lässt. Bücher wird es irgendwann nur noch antiquarisch geben. Die Schreckensvision von »Fahrenheit 451« droht Wirklichkeit zu werden, ohne dass es dazu einer finsteren Zentralmacht bedürfte, die Jagd auf Bücher und ihre Leser macht. Die sogenannten »digital natives«, die Angehörigen der Handy- und Computergeneration, nehmen die Abschaffung des Buches in eigene Regie und werden dafür sorgen, dass es in absehbarer Zeit keine Bücher und Buchhandlungen mehr geben wird.

Bindungen eingehen!
Unzeitgemäße Anmerkungen zum Umgang mit Menschen – nicht nur im Gefängnis

Ich möchte versuchen, meine Einwände gegen die sich breitmachende mechanisch-maschinelle Terminologie im Umgang mit den Gefangenen – aber nicht nur mit ihnen, sondern auch mit Schülern und Patienten zum Beispiel – und die damit einhergehenden sozial- und psychotechnischen Praktiken thesenartig zu erläutern.

Immer mehr Kollegen stellen sich die biografischen Beschädigungen der Gefangenen wie Wackelkontakte oder Schaltfehler vor, die davon Betroffenen wie defekte Autos, deren Schaltung zu reparieren oder denen Öl zuzusetzen ist. Pointiert gesagt: Das Gefängnis soll nach dem Muster einer Autofabrik und dem Fließprinzip organisiert werden. Mit der Einlieferung gerät der Gefangene auf ein Förderband, das ihn durch die verschiedenen Abteilungen transportiert. Eingangs soll er gecheckt und vermessen werden. »Den Gefangenen XY werde ich mal mit dem HCR scannen«, hört man Psychologen-Kollegen sagen. Eine Mängelliste wird erstellt, aus der sich Reparaturaufträge ergeben. Dann werden die Gefangenen irgendwo zwischengelagert und geparkt, bis sie eines Tages in der Reparaturableitung anlangen, wo von verschiedenen externen Experten und Dienstleistern an ihnen herumgeschraubt wird. Sodann wird der TÜV gerufen, der per Gutachten prüft, ob die Reparaturen erfolgreich durchgeführt worden sind.

Zum Traum von der Vermessung der menschlichen Innenwelt merkte Eberhard Schorsch in seinem Buch *Kurzer Prozeß?* an: »Hält man daran fest, dass die menschliche Person nicht wie eine Bremsspur ist, die sich vermessen lässt, dann sind solche Messlatten auch in Zukunft nicht zu erwarten.« Ein lebender Mensch ist ein offener, vieldimensionaler Prozess, er ist der Inbegriff von Hoffnung, Erwartung, Sehnsüchten und besteht aus verschiedenen Teilpersonen. Wir müssen versuchen, uns an die Teilperson im Gefangenen zu wenden, die leben und glücklich sein will. Vor allem jüngere Gefangene halten in sich ein Double gefangen und verborgen, das sich nach idealisierungsfähigen Personen sehnt, mit denen es sich identifizieren, an denen es sich orientieren kann. Diese Rolle können auch gestandene und strukturierte Gefangene einnehmen, die als väterliche Objekte dienen oder die Position eines älteren Bruders ausfüllen. Ein solcher Gefangener zeigte mir unlängst den Brief eines jungen Mitgefangenen, der dieser Sehnsucht unverstellt und beinahe rührend Ausdruck verleiht. »Ach«, sagt er, »hätte ich doch einen wie dich zum Bruder oder Vater gehabt, ich wäre nicht hier gelandet und mein ganzes Leben wäre anders verlaufen.« Manche Gefangenen sehnen sich nach einem Erwachsenen, der sie bei der Hand nimmt und ihnen zeigt, »wie Leben geht«.

Wenn es richtig ist, dass die aktenkundigen Auffälligkeiten, die die Gefangenen ins Gefängnis gebracht haben, das Produkt von Bindungslosigkeit, missglückten Beziehungen, wiederholten Beziehungsabbrüchen sind, wird man schnell verstehen, dass ein technizistisches Modell des Umgangs mit den Gefangenen keinen Segen bringen kann. Es fehlte den meisten Gefangenen die Bindung, verlässliche Beziehungen, die ihn halten und ihm die Gewissheit geben, dass er im Konfliktfall nicht verstoßen und weitergereicht wird, auch wenn ihm schwerste Fehler unterlaufen. *In Beziehung sein* und *in Beziehung bleiben* ist das einzige Mittel, das Gewalt hemmt. Sobald man sich verbunden und gebunden fühle, kann man sich nicht mehr so ohne weiteres rücksichtslos und gewalttätig gegenüber seiner Um- und Mitwelt verhalten. Die *Süddeutsche Zeitung* berichtet in ihrer Ausgabe vom 19.02.2013 von der Studie des neuseeländischen Bildungsforschers John Hattie, der 800 Metastudien über die Frage untersucht hat, was die wichtigsten Faktoren für einen guten Unterricht sind. Und was fand er heraus? Dass es die finanziellen Ressourcen einer Schule sind? Die fallen kaum ins Gewicht. Didaktische Reformen? Kann man vergessen. Ausgefuchste Mechanismen der Qualitätssicherung? Das ist lediglich Energie und Zeit raubender Firlefanz. Was zählt, ist der einzelne Lehrer! Die stärkste Motivationsdroge für den Menschen ist der andere Mensch. Derjenige, der einem sagt: »Ich sehe dich! Ich nehme dich wahr! Mit liegt etwas an dir.« Entscheidend sind

Respekt, Anspruch, Autorität und Liebe, Liebe zum Fach und Liebe zu den Schülern.

Ganz Ähnliches hat Michael Balint bereits in den 1950er Jahren über die Person des Arztes gesagt: »Das am allerhäufigsten verwendete Heilmittel ist der Arzt selbst.« Manchmal, wenn der Arzt im Inneren des Patienten seinen Platz hat, hilft es schon, wenn er sagt: »Das wird schon wieder.«

Warum soll, was für guten Unterricht und Schulen gilt, nicht auch für Resozialisierungsbemühungen und Gefängnisse gelten?

Es wäre also »Beziehungsarbeit in Näheverhältnissen« (Oskar Negt) vonnöten, das Eingehen von Bindugen, die Anschluss finden an irgendwann gekappte lebensgeschichtlich positive emotionale Bindungen, »gute« frühe Bezugspersonen und deren innere Repräsentanzen. Solche positiven Bindungserfahrungen haben ihren Niederschlag im Inneren hinterlassen und wurden später von anderen, gegenläufigen Erfahrungen überlagert und schließlich verdrängt. Nur wenn es gelingt, an die guten Bindungs-Erfahrungen anzuknüpfen, erreicht man die Gefangenen im Innersten, nur so rutschen Werte und Normen, die man mit ihnen praktizieren und leben muss, nach innen und können sich dort festsetzen. Die Mitarbeiter eines Behandlungsvollzugs, der diesen Namen verdient, müssten den perspektivlosen Gefangenen durch die Kraft persönlicher Übertragung Hoffnung auf sich selber geben und ihnen inmitten einer flüchtigen Welt ein stabiles, uneingeschüchtertes menschliches Gegenüber bieten. Statt die vom Gefängnisalltag arbeitsteilig abgespaltenen Behandlungsstrukturen zu stärken, die auf technikorientierte Maßnahmenkataloge zur Reparatur aktenkundiger Auffälligkeiten setzen, käme es darauf an, Bindungen zwischen Mitarbeitern und Insassen entstehen zu lassen und Behandlung wieder in den Alltag der Gefangenen zurückzuholen und zur Sache aller am Vollzug Beteiligten zu machen. Bindungen entstehen nur unter der Bedingung der leiblichen Anwesenheit und der Bereitschaft, sich als »Mensch zu geben« und in die Waagschale zu werfen. Nur auf der Basis von »Beziehungsarbeit in Näheverhältnissen« und tragfähigen Bindungen hat das Gefängnis die Chance, die Gefangenen zur Umkehr zu bewegen und Normen und Werte menschlichen Zusammenlebens in ihnen zu verankern. Im Gefängnis gilt, was auch sonst im Leben zutrifft: Folgebereitschaft und Respekt bekunde ich nur demjenigen gegenüber, den ich anerkenne und der auch mich anerkennt! Wer Gefängnisse zu Dienstleistungsbetrieben machen möchte und an Input-Output-Modellen misst, setzt die Produktion von Autos mit der Herstellung von lebensgeschichtlicher Identität gleich.

Entscheidend scheint, dass wir die Gefangenen mit unserer Leidenschaft anstecken und mitreißen und so das in ihnen verborgene Potenzial aus ihnen herauslocken. Die alten Griechen nannten das Enthusiasmus. Den hat ein Mensch und strahlt ihn dann auch aus, oder er hat ihn nicht und dann vermag er auch andere Menschen nicht mitzureißen und anzustecken.

Die Krux der sogenannten *Kriminaltherapie* besteht darin, dass sie die Gefangenen auf ihre Vergangenheit fixiert. Die ständige Betonung der Schuld, die der Gefangene durch seine Tat auf sich geladen hat, und der »kriminogenen Faktoren« hält die Vorherrschaft des Gewesenen über das Kommende aufrecht und droht die Fähigkeit zu hoffen und nach vorne zu schauen außer Kraft zu setzen. Gefühle von Schuld und Scham sind zutiefst menschliche Regungen, die wir auch dann vom Straftäter erwarten, wenn wir wissen, dass es keinen zwingenden Zusammenhang zwischen Reue und Besserung gibt. Die in unseren Gefängnissen inzwischen vorherrschenden behavioristischen, kriminaltherapeutischen Konzepte und Verfahren reduzieren den Gefangenen auf denjenigen, der die Tat begangen hat und deswegen ein reparatur- und hilfsbedürftiges Mängelwesen ist. Im Zentrum kriminaltherapeutischer Interventionen stehen »risikorelevante Defizite«, die zur »Reduzierung des Delinquenz-Risikos« behoben werden sollen. »Kriminaltherapie ist Risikomanagement«, heißt es im technizistischen Neusprech der BWL-Psychologen, die sich unkritisch zu dem machen, was Stalin als »Ingenieure der Seele« bezeichnet hat. Die *Frankfurter Rundschau* publizierte vor einiger Zeit einen Text des Lüneburger Professors Maelicke zur Reform des Strafvollzugs, den nur verstehen kann, wer über ein »Neusprech«-Lexikon verfügt. »Nach wie vor«, heißt es da, »fehlt es bei den Praktikern und Politikern am Verständnis für die Notwendigkeit eines ›Prozessnetzwerks‹, das in jedem Einzelfall (Case-Management) und einzelfallübergreifend (Devianz-Management) den Prozess der Resozialisierung vor allem an den Übergängen und Schnittstellen der beteiligten Institutionen optimiert. Resozialisierung als durchgehende personenbezogene Wertschöpfungskette setzt sich international immer mehr durch (vgl. dazu den Reformprozess in England – National Offender Management Service – oder die EQUAL-Projektergebnisse in Nordrhein-Westfalen und Österreich mit verbesserter sozialer Integration und verringertem Rückfall).« Verblüfft nehmen wir zur Kenntnis, dass Resozialisierung als »Prozessnetzwerk« und »Wertschöpfungskette« begriffen wird. Dem Internet-Lexikon *Wikipedia* können wir entnehmen, dass »Wertschöpfung vorhandene Güter in Güter mit höherem Nutzen transformiert und damit – in einer Geldwirtschaft – in Güter höheren Geldwertes. Der geschaffene Mehrwert wird zu Einkommen.«

Gegen den Vormarsch solchen Denkens und der aus ihm resultierenden psycho-technischen Praktiken hat unser ehemaliger evangelischer Anstaltspfarrer Otto Seesemann stets darauf beharrt: »Mein Büro ist keine KFZ-Werkstatt, sondern ein Fluchtpunkt der Seele.« Seelische Prozesse mäandern wie Bäche, die im Naturzustand nicht schnurstracks von a nach b fließen, sondern sich so dahinschlängeln. »Das machen sie gern, die Bäch«, sagte Karl Valentin. Und Herbert Achternbusch ergänzt: »Früher hat man einen Bachlauf nicht verstanden, heute wird er begradigt, das versteht ein jeder.« Alle Bereiche, in denen es um Heilen, Therapieren, um menschliche Bildungs- und Identitätsfindungsprozesse geht, müssen von der BWL-Logik freigehalten werden und verschont bleiben. Von Waren und wie eine Ware kann menschliche Identität nicht gefertigt werden. Dort, wo man es dennoch versucht hat und weiter versucht, erleben wir, wie diese Projekte gegen die Wand fahren und scheitern. In einigen dieser Bereiche wächst die Kritik und es sind erste Ansätze eines Umdenkens erkennbar. Die wie Fabriken organisierten Krankenhäuser verlassen die Patienten kränker als sie hineingekommen sind, in wie Lernfabriken funktionierenden Schulen und Universitäten werden junge Menschen nicht *gebildet*, sondern allenfalls mit Blick auf ihre ökonomische Verwertbarkeit *ausgebildet*, in nach dem Fließprinzip organisierten Gefängnissen wird der Versuch scheitern, straffällig gewordene Menschen für die Gesellschaft zurückzugewinnen.

Kein Mensch möchte eine Zukunft, die in Risiko- und Rückfallvermeidung besteht. Ein Mensch braucht Ziele, für die es sich lohnt zu leben und auf kriminelle Eskapaden und die falschen Himmelfahrten der Drogen zu verzichten. Solche Ziele sind aber nur in einem Sich-Losreißen von der Vergangenheit zu finden, nicht in deren ständiger Durcharbeitung. Es geht um nichts weniger als die Korrektur und den Widerruf von Lebensprogrammen und das Hervorbringen neuer Lebensentwürfe. Und die kommen nur zustande, wenn ich neue Erfahrungen mache, die mir sagen: »Du bist etwas wert, das macht Sinn.«

Therapeuten erwarten von ihren Patienten eine Haltung, die man »Compliance« nennt, was so viel heißt wie Willfährigkeit, Gehorsam, Einverständnis. Diese wird der Patient dem Therapeuten aber nur entgegenbringen, wenn es diesem gelingt, die Nachfolge der »guten frühen Objekte« anzutreten und sich an ihre Stelle zu setzen. Die frühen Bindungen sind häufig ambivalent und der Therapeut muss sich mit der Teil-Person im Inneren des Patienten zu verbünden versuchen, die leben und glücklich sein will. Die Bindung an die Eltern oder andere frühe Bezugspersonen ist primär, alle späteren Bindungen, die »Compliance« ermöglichen sollen, müssen sich auf diese beziehen und sich aus ihnen ableiten. Die frühen Bindungserfahrungen gehen im Leben des Erwachsenen nicht völlig verloren, sondern treten in den merkwürdigsten Verkleidungen auf und gehen dabei ungeheuer komplexe neue Verbindungen ein. Voraussetzung für das Gelingen einer Therapie ist, dass es zu einer Bindung zwischen Therapeut und Patient kommt, die an gelungene frühere emotionale Bindungen und deren innere Repräsentanzen Anschluss findet und es so ermöglicht, irgendwann abgebrochene positive Entwicklungen fortzusetzen. Nach wie vor gilt: Wenn psychische Beschädigungen das Resultat missglückter oder gar fehlender Beziehungen sind, können sie nur innerhalb von Beziehungen wiederhergestellt oder nachgeholt werden.

Gefangene, die aus dem Labyrinth krimineller Wiederholungszwänge heraus und in ein straffreies Leben zurückgefunden haben, berichten häufig von einem *Schlüsselerlebnis*, das ihrem Leben eine andere Wendung gegeben hat. Ein *Schlüsselerlebnis*, was können wir uns darunter vorstellen? Es ist auf jeden Fall etwas, was im geregelten Ablauf einer Therapie eher selten vorkommt und das man Menschen durch noch so ausgefeilte therapeutische Techniken nicht vermitteln kann. Ein *Schlüsselerlebnis* ist ein individueller geistiger Akt, der aufgrund seiner einmaligen inneren Stärke eine Fixierung – zum Beispiel an Drogen, an ein eingeschliffenes Muster kriminellen Agierens oder ein »perverses Skript« – aufheben kann.

Ein *Schlüsselerlebnis* ist etwas, was nicht von anderen oder von außen kommen kann; man muss es selbst zulassen oder sogar herbeiführen. Nötig ist dazu jenes »zögernde Geöffnetsein« des Bewusstseins, von dem Siegfried Kracauer einmal gesprochen hat, eine Haltung, die man als *aktives Warten* bezeichnen könnte: Wer sich nach einem *Schlüsselerlebnis* sehnt, wird eines Tages auch eines haben können. Umgekehrt wird man mit Seneca sagen können: »Wer nicht weiß, welchen Hafen er ansteuert, für den ist kein Wind günstig.« Dieser Satz Senecas benennt auch die Bedingungen des Scheiterns so mancher therapeutischer Pflichtübung, die den Gefangenen inzwischen als Teil der Strafe auferlegt wird. Von oben verordnete »Behandlungsmaßnahmen«, denen der Gefangene sich unterziehen muss, wenn er in den Genuss von Haftlockerungen und einer vorzeitigen Entlassung kommen will, erzeugen häufig nichts anderes als eine Knechtsgesinnung, eine Atmosphäre systematischer Heuchelei. Der Gefangene lernt Sätze zu sagen, die man von ihm hören will. Er legt sein *Argot* ab, den Slang der Straße und der Knäste, unterwirft sich dem psycho-sozialen Code der Behandlung und Besserung und reproduziert ihn in mitunter peinlichen Ritualen der Selbstbezichtigung.

Wenn meine Grundannahme richtig ist, dass Kriminalität (überwiegend) die Folge negativer Beziehungserfahrungen ist, würde sich daraus ein ganz anderes Konzept des Umgangs mit den Gefangenen ergeben. Nämlich eines, das auf Kontinuität und Verlässlichkeit setzt. Ich könnte mich mit dieser Annahme sogar auf Resultate der Hirnforschung berufen, die nachgewiesen hat, das Lernen in emotional besetzten Kontexten und mit emotionaler Begleitung leichter und besser in Gang kommt. Es braucht also persönliche Übertragung zwischen lebendigen Menschen, damit Lernen in Gang kommt. Fehlt sie, ist Unterricht nur eine Dressur und seine Inhalte bleiben den Schülern äußerlich.

Es bedarf eines Milieus, in dem jenes »zögernde Geöffnetsein« der Seele und des Bewusstseins zustande kommen kann, das die Voraussetzung für das Erleben von *Sternstunden des Lebens* darstellt. Es sind solche *Schlüsselerlebnisse*, die dem Leben eine andere Richtung geben, plötzliche Erleuchtungen, die einem zu ungeahnten Einsichten verhelfen. Das kann sich natürlich auch in einem sogenannten therapeutischen Setting ereignen. Was Imre Kertész in seinem Galeerentagebuch geschrieben hat: »Gott kann man überall finden, sogar in der Kirche« lässt sich auch auf unseren

Kontext übertragen: Man kann sein Leben überall ändern, sogar im Gefängnis und im Rahmen einer von ihm auferlegten Therapie oder eines sozialen Trainings. Wenn das der Fall sein sollte und auch gelegentlich der Fall ist, dann ist es einem Moment der Faszination geschuldet, der persönlichen Übertragung zwischen zwei Menschen oder einer bestimmten glücklichen Gruppenkonstellation. Ich denke aber, dass es andere Formen gestalteter Gemeinschaft gibt, die für das Erleben von *Schlüsselerlebnissen* günstigere Voraussetzungen bieten. Ein *Schlüsselerlebnis* kann sich ereignen, wenn ich die Erfahrung mache, dass mir jemand »grundlos« solidarisch zur Seite springt, wenn ich irgendwo Schwäche zeigen konnte, ohne Stärke zu provozieren; wenn mir plötzlich in einem Gespräch »ein Licht aufgeht« und ich ein so genanntes »Aha-Erlebnis« habe; wenn es mir gelingt, über meinen Schatten zu springen und mich als jemanden zu erleben, der seine noch nicht gelebten Möglichkeiten entfaltet und über sich hinauswächst. Das kann überall da geschehen, wo Menschen sich auf etwas Drittes beziehen, das sie berührt, wenn sie etwas gemeinsam tun und dabei Bindungen eingehen. Das ist riskant, aber anders geht es nicht.

ETHNOLOGIE DES INLANDS

Die Gefängnispforte

An oder in der Tür der Innenpforte des Butzbacher Gefängnisses, in dem ich seit rund drei Jahrzehnten arbeite, hat der 125 Jahre währende Gebrauch des Schlüssels eine Mulde in die massive, eichene Tür gegraben. Während man die Tür mit einem gewöhnlichen BKS-Schlüssel öffnet und schließt, schabt der Bart des sogenannten Knochens, des großen Gefängnisschlüssels, den man im Inneren des Gefängnisses zum Öffnen der Zellen benötigt, über das Holz. Jede einzelne Berührung zwischen Schlüssel und Holz mag flüchtig und folgenlos erscheinen, als Teil einer endlosen Serie von Schließvorgängen gräbt sie sich langsam in das so unveränderbar wirkende Material ein.

Welche Spuren, denke ich manchmal, hinterlässt der ständige Gebrauch des Schlüssels in der Seele des Schließenden? Wer andere einschließt, schließt sich selbst mit ein, oder mit den Worten Kants: Die Unmenschlichkeit, die einem anderen angetan wird, zerstört die Menschlichkeit in mir. Jedes Vergehen gegen die Menschenwürde zerstört die Würde in uns selbst. Wie steht es nach dreißig Berufsjahren im Gefängnis und der jahrzehntelangen Teilnahme am Wegsperren anderer Menschen um meine Würde? »Eine der Tragödien des Gefängnislebens liegt darin, dass es das Herz eines Mannes zu Stein macht«, schrieb Oscar Wilde nach seiner Entlassung aus dem Gefängnis. Dieser Satz gilt nicht nur für die Häftlinge, denen es mitunter gelingt, dieser Versteinerung durch die Entwicklung von Brüderlichkeit und Solidarität zu entgehen, sondern vor allem für Menschen, die dort arbeiten und die sich im Laufe der Jahre zur bloßen Negation des Gefangenen entwickeln, zum personifizierten Nein. Sie negieren den Gefangenen und indem sie ihn wegschließen, schließen sie immer aufs Neue den Teil der eigenen Person mit ein, der ihnen fremd und bedrohlich geworden ist.

NAMENSREGISTER

A

Achternbusch, Herbert 11, 99, 177, 307
Adorno, Theodor W. 43, 70, 102, 104, 186, 193, 198, 201, 205, 244, 260, 275, 279, 280, 284, 285, 296
Alexander II. 256
Altenburg, Matthias 193
Améry, Jean 56
Andersch, Alfred 227
Anders, Günther 43
André, Elisabeth 41, 42, 45, 122

B

Bachl, Anton 87
Baier, Lothar 222
Bakunin, Michail Alexandrowitsch 256
Balcke, Ernst 289, 291, 294
Balint, Michael 305
Ball, Hugo 93
Barnes, Julian 113
Baudrillard, Jean 151
Benjamin, Walter 284
Berchtold, Leopold Graf von 263
Berger, Jens 80
Berger, John 17, 30, 80, 145, 249
Berk, Richard 61, 62, 63, 64
Bernhard, Thomas 93
Bettelheim, Bruno 237
Bloch, Ernst 15, 26, 34, 128, 153, 171, 175, 282
Boétie, Etienne de la 12, 37, 104
Bogdanovich, Peter 27
Böhmermann, Jan 94, 176
Böll, Heinrich 97, 173
Bourdieu, Pierre 176
Bové, José 18
Brähler, Elmar 156, 157

Brasch, Thomas 100, 145, 170, 296, 298
Brecht, Bertold 43, 112, 235
Brocher, Tobias 287
Brock, Bazon 204
Brückner, Peter 16, 142, 198, 283
Büchner, Georg 14, 109, 147, 148, 231, 292
Bush, George W. 70
Busse, Jochen 202

C

Čabrinović, Nedeljko 252, 253, 254, 255, 258, 260
Camus, Albert 191, 194
Canetti, Elias 265, 269
Cardon, Jacques Armand 12
Cardon, Jacques-Armand 12
Carrère, Emmanuel 169
Chotjewitz, Peter O. 235
Ciganović, Milan 261, 264
Clark, Christopher 261, 269
Clausewitz, Carl von 263
Cleckley, Hervey M. 44
Clement, Wolfgang 192

D

Danton, Georges Jacques 292
deMause, Lloyd 78, 175
Devereux, Georges 27, 28, 29
Dimitrijević, Dragutin 259
Dor, Milo 250, 264, 269
Dörner, Klaus 99, 218
Dornes, Martin 155, 156
Dorn, Thea 230
Dostojewski, Fjodor Michailowitsch 179
Dutton, Kevin 48, 140

313

E

Egersdörfer, Matthias 46
Eggers, Dave 42, 63, 144, 211–216
Ehrenberg, Alain 118, 119, 157
Eichmann, Adolf 188
Enzensberger, Hans Magnus 152
Eppler, Erhard 173
Eugen von Österreich-Teschen,
 Erzherzog 263

F

Fallon, James 64
Ford, Richard 13, 86
Frank, Anne 183
Frank, Hans 187
Frank, Leonhard 22, 187, 270
Franzen, Jonathan 19, 165
Franz Ferdinand von Österreich-Este
 249, 250, 251, 252, 262, 263, 268
Franz Joseph, Kaiser 262
Freud, Sigmund 79, 150, 195, 260
Frick, Eckhart 273
Fromm, Erich 107, 171
Fukuyama, Francis 221

G

Gabriel, Sigmar 164
Gaddis, William 194
Gambetta, Diego 239
Gamm, Hans-Jochen 45
Gauland, Alexander 24
Genazino, Wilhelm 125
Genet, Jean 20, 227
George, William 28, 70, 159
Giddens, Anthony 219
Gide, André 122, 243
Glucksmann, André 34
Goethe, Johann Wolfgang von 11, 95
Göring, Hermann 187
Gorz, André 44, 194
Grabbe, Christian Dietrich 292
Grabež, Trifun 253, 255, 258, 261

Gramsci, Antonio 14, 26, 32
Grass, Günter 73
Gronemeyer, Marianne 17
Gruen, Arno 68, 103, 188
Grybauskaite, Dalia 95
Gustafsson, Lars 27

H

Haase, Hugo 265
Hamsun, Knut 61
Han, Byung-Chul 42, 67, 70
Hänny, Reto 79
Häntzschel, Jörg 214
Hare, Robert D. 44
Harlow, Harry 142
Harris, Eric 27, 28
Hattie, John 304
Hauth, Iris 271, 272
Hebbel, Friedrich 167, 278
Hegel, Georg Wilhelm Friedrich 36, 49,
 130, 231
Heidegger, Martin 42
Hein, Christoph 33
Heitmeyer, Wilhelm 203
Helvetius 48
Helvétius 222
Herrndorf, Wolfgang 75, 234
Heß, Rudolf 187
Hettche, Thomas 295
Heufer-Umlauf, Klaas 94
Heym, Stefan 289, 290, 293, 294, 295,
 296, 297, 298
Hildebrandt, Dieter 174
Hindenburg, Paul von 295
Hitler, Adolf 25, 27, 30, 181, 184, 200,
 268
Hobsbawm, Eric J. 262, 269
Höcke, Björn 24, 165
Hoeneß, Uli 49
Hölderlin, Friedrich 291, 292
Hollande, Francois 111
Horkheimer, Max 13, 19, 43, 49, 63,
 104, 182, 204, 205, 244
Hötzendorf, Conrad von 263

Huelsenbeck, Richard 18
Huffington, Arianna 159
Hüsch, Dieter 272

I

Ilić, Danilo 253, 254, 256, 258, 261, 262
Illich, Ivan 16
Illner, Maybrit 203

J

Jopen, Bernward 139
Jopen, Maren 139
Jünger, Ernst 83, 120, 234, 260, 293, 294, 295

K

Kabat-Zinn, Jan 159
Kafka, Franz 125
Kant, Immanuel 13, 48, 49, 100, 286
Karadžić, Radovan 259
Kassovitz, Mathieu 29
Kästner, Erich 163
Kelley, Douglas 187
Kelly, Petra 173
Kempowski, Walter 219
Kertész, Imre 23, 145, 204, 214, 282, 309
Keun, Irmgard 75
Kisch, Egon Erwin 75
Klebold, Dylan 27, 28
Kleist, Heinrich von 292
Klemperer, Victor 78
Klett, Michael 295
Kluge, Alexander 13, 150, 167, 272, 275, 276, 277, 278, 279, 281, 282, 283, 284, 285, 286, 287
Koch, Roland 191
Kohl, Helmut 295
Kozel, Teal 61
Kracauer, Siegfried 309
Kraepelin, Emil 272
Kraus, Karl 262, 267, 269

Kristl, Vlado 102
Kröber, Hans-Ludwig 236
Kropotkin, Pjotr Alexejewitsch 256
Krüger, Horst 197, 198
Kübler-Ross, Elisabeth 139
Kühl, Stefan 47
Kurz, Robert 217–226

L

Lady Diana 67
Lafargue, Paul 101
La Fontaine, Jean de 96
Lang, Fritz 275
Lenin, Wladimir Iljitsch 256
Le Shan, Lawrence 105, 106
Levi, Primo 181, 187
Lichtenberg, Georg Christoph 26
Lilin, Nikolai 230
Lombroso, Cesare 117
Losmann, Carmen 273
Löwenthal, Leo 201
Luhmann, Niklas 47
Lunatscharski, Anatoli Wassiljewitsch 256

M

Mahler, Margaret S. 223, 283
Mann, Heinrich 75, 266, 294
Mann, Klaus 75, 294
Márai, Sándor 49, 131
Marcuse, Herbert 11, 39, 174, 235, 257, 269, 282
Marx, Karl 100, 101, 206, 222, 224, 268, 275, 276, 283, 284, 299
Mauz, Gerhard 64, 115
Mayer, Gregor 256, 257, 269
Mayer, Hans 14
McLuhan, Marshall 82
Mehmedbašić, Muhamed 251
Meier, Christian 72
Merkel, Angela 79, 95, 111, 164
Mesrine, Jaques 231, 235, 240, 242
Metternich 148

Metzinger, Thomas 117
Meuthen, Jörg 24
Miller, Alice 35, 103
Milošević, Slobodan 259
Mohammed 30
Moltke 265
Montagu, Ashley 142
Morgenthaler, Fritz 129
Morshäuser, Bodo 205
Müller, Heiner 177, 260, 269, 276, 294, 296
Musil, Robert 263

N

Negt, Oskar 85, 150, 187, 272, 275, 276, 283, 305
Nenning, Günter 224
Netschajew, Sergei Gennadijewitsch 256
Nietzsche, Friedrich 98, 101, 175
Nooteboom, Cees 43

O

Obilić, Miloš 256
Orwell, George 11, 19, 61, 63
Oz, Amos 78, 181

P

Pappenheim, Martin 256, 257, 260, 261
Parin, Paul 222
Pascal, Blaise 234, 243
Pašić 250
Pasolini, Pier Paolo 218
Paul, Jean 79
Petry, Frauke 24, 203
Pfeffer, Leo 249, 253, 254, 255, 263, 264
Piaget, Jean 272
Picabia, Francis 11
Pieper, Josef 272
Pirincci, Akif 165
Platon 102, 272
Polanyi, Karl 219
Potiorek, Oskar 251, 252, 253
Prantl, Heribert 43, 164, 181
Precht, Richard David 13
Prévert, Jaques 101
Princip, Gavrilo 253, 254, 255, 256, 257, 258, 260, 261, 262, 268, 269

R

Rad, Sean 143, 221
Reagan, Ronald 202
Regling, Klaus 94, 95
Reich, Wilhelm 104, 199, 203
Reker, Henriette 164
Richard Huelsenbeck 18
Roth, Joseph 75, 76, 155, 158, 295
Rötzer, Florian 121
Rousseau, Jean-Jacques 11, 17, 280
Rutschky, Katharina 166

S

Safranski, Rüdiger 11
Sartre, Jean-Paul 20, 86, 99, 129, 267
Schäuble, Wolfgang 99
Scheer, Hermann 191, 192
Schlöndorff, Volker 233
Schopenhauer, Arthur 112
Schorsch, Eberhard 303
Schubert, Heinz 276
Schwarz, Martin Maria 233
Scott-King, Coretta 173
Seesemann, Otto 229, 307
Seeßlen, Georg 204
Seghers, Jan 191–196
Seneca 309
Sennett, Richard 99, 288
Shorter, Edward 157
Sinn, Hans-Werner 80
Slahi, Mohamedou 184
Sloterdijk, Peter 47, 112
Snowden, Edward 71
Sofri, Adriano 83
Sokrates 18
Sonnemann, Ulrich 49
Sonnenschein, Ulrich 233

Speer, Albert 187
Sperber, Manès 154
Spielberg, Steven 63
Spinoza, Baruch de 12
Stalin, Josef 25, 306
Steinbeck, John 38
Stemmler, Kristian 178
Stern, Robert 107
Streicher, Julius 187
Sylvestre, Georges 179

T

Theweleit, Klaus 55, 78, 204, 236, 294
Thompson, Edward P. 218
Tillich, Stanislaw 179
Tobey, Mark 75, 83
Toller, Ernst 75, 76, 293, 294, 295
Trotzki, Leo 256
Tschechow, Anton 299
Tugce 68
Turkle, Sherry 72

V

Vanderbeke, Birgit 17, 83
Varoufakis, Yanis 94

W

Wagner, Ernst August 111
Walser, Robert 296
Warhol, Andy 71
Weber, Max 97, 159
Weiguny, Bettina 155, 156
Welzer, Harald 185, 203
Whitman, Charles 27
Widmer, Urs 93, 294
Wilde, Oskar 311
Wilders, Geert 164
Wilhelm II 265, 267
Willemsen, Roger 18
Winnicott, Donald Woods 33, 103
Wolf, Christa 79, 98
Wurst, Conchita 200

Y

Ypsilanti, Andrea 191, 192, 193
Yücel, Deniz 184, 200

Z

Žerajić, Bogdan 251, 256
Zingler, Peter 243
Zweig, Stefan 26, 75, 244, 262, 270